KB165203

대학 때 놓친 수학

2/e

대학 때 놓친 수학

2/e

정대권 옮김
토마스 A. 개리티 지음

i!i
에이콘

 에이콘출판의 기틀을 마련하신 故 정완재 선생님 (1935-2004)

로버트 미즈너를 기억하며 헌정

| 대학 때 놓친 수학 |

수학 과학과 물리학, 컴퓨터, 과학, 공학과 관련된 분야의 대학원 신입생들은 수학의 폭넓은 범위에 익숙할 것이라 기대되지만 그러한 배경지식을 가진 사람은 거의 없다. 많은 독자들이 선택해 가장 잘 팔리고 있는 이 책은 학생들의 지식의 간격을 채우는 데 도움이 된다.

토마스 A. 개리티Thomas A. Garrity는 수학의 학부 과정에서 가장 중요한 모든 주제에 대해 주제 뒤에 숨겨진 직관을 강조하며 기본 논점과 핵심 결과를 다수의 예제와 연습 문제를 포함해 설명한다. 또한 다양한 제안을 통해 핵심 주제들을 이해하고 테스트하는 데 그치지 않고 발전시킬 수 있다.

4개의 장과 다른 많은 개선이 추가된 이 대학 때 놓친 수학All the Math You Missed 2판은 진지한 수학을 속히 배우기를 원하는 고학년 학부생들과 대학원 신입생들에게 필수적인 자료다.

| 옮긴이 소개 |

정대권(dgjeong@kau.ac.kr, daegwonjeong@gmail.com)

한국항공대학교에서 항공전자공학 학사 후(1979.2), ADD에 병역특례로 입사해 유도 및 제어연구실에서 INS(관성항법장치)를 연구 및 구현하다가 특례기간이 끝난 후 유학을 떠나 (1984.8) 텍사스 A&M 대학^{Texas A&M University}에서 전자공학 석사학위와 박사학위를 받았다 (1987.5, 1990.12). 귀국 후(1990.10) ETRI에서 1년간 HDTV 관련 연구를 하고, 한국항공 대학교로 이전해서(1991.9) 멀티미디어 신호처리 관련 연구와 강의를 진행하다 정년 퇴임해(2022.2) 현재 항공전자정보공학부 명예교수이다. 한국방송공학회 회장을 역임하고 (2013) IEEE Seoul Section Chair를 역임했다(2015~2016). 나의 적은 지식과 경험을 필요로 하는 사람들을 돕는 일에 관심이 많다.

우연히 이 책 제목을 들었을 때 정확한 주제를 다루는 기존에 만났던 많은 수학책 제목과는 상당한 괴리가 있었다. 어떻게 All the Math를 다루겠다는 것인지? 중요한 정의들과 공식들을 나열하는 그저 뻔한 요약이지 않을까? 염려와 선입견들은 수학의 큰 틀을 동등성 문제로 바라보고, 관념적 수학이 아니라 물리학과의 연계를 바라보게 하는 저자의 탁월함으로 완전히 해소됐다. 이 책 전반에 걸쳐 수학 전 분야에 대한 저자의 깊이와 애정이 다양한 표현 가운데 드러나며, 이론들의 발전이 역사적인 배경과 함께 엮여 있어 철학적 사고까지 느껴진다.

저자의 말대로, 수학은 흥미진진하다. 그러나 힘들다. 수학을 배우고 창조하는 것은 진실로 한 사람의 인생을 쏟아부을 가치가 있는 길이다. 이 책은 수학과 대학원생들의 입문서로 쓰여졌지만 물리학, 전자공학, 기계공학, 산업공학, 컴퓨터과학, 최근의 AI, 양자컴퓨터 등의 분야의 진지한 연구자라면 도전해 볼 만한 책이다. 책 제목이 제시하듯이 대학 기간에 배운 수학 교과목들은 타분야에서는 응용을 전제로 하고, 수학과에서도 관심 분야로 세분돼 있어 놓치는 부분들이 많았다. 이제 이 책을 통해 한국 독자들도 수학의 모든 분야를 맛보는 재미에 빠져들기를 바란다. 이 책은 계산적 능력보다는 이론의 배경이 되는 수학적 직관에 중점을 두고 있다. 정확한 정의와 이를 뒷받침하는 정리들과 예제들과 연습 문제들이 이론을 균형 있게 확립하게 한다. 또한 보다 깊은 연구를 위해 해당 주제에 대한 폭넓은 참고문헌들을 제공한다.

역자도 전자공학도로서 유학 중 수학과, 통계학과 과목들을 10과목 이상 수강했고 대학에서 오랫동안 응용 관련 수학 과목들을 강의해 왔지만 한글 교재를 사용하지 않아 한글 용어와 설명이 낯설었다. 그러나 이것도 새로운 도전이라 흥미로웠다. 수학자들이 일상적으로 사용하는 평범한 용어에도 번역이 적절한지 자주 망설였다. 한글 용어 표현을 위해 대한수학회 수학 용어를 참고했고 수학적 용어 번역 시 원어를 병기해 이해를 높였다. 현재 수학 교재 등에서 사용 중인 일부 한글 용어와 실제 현장과의 조화는 늘 어려웠다. 고민 끝에 용어를 발음대로 사용하고 원어를 병기했다. 예를 들면 디터미넌트, 그룹, 링, 그래프 등이다.

꼭 필요한 책이지만 국내에 소개되지 않은 책들을 찾아다니는 권성준 대표님의 열정에 숟가락 없는 심정으로 번역에 참가하게 됐다. 책 소개와 발간을 허락해 준 권 대표님과 늘 필요한 부분의 지원을 아끼지 않은 김진아 대리님, 책이 책답도록 편집한 송지연님 그리고 에이콘출판사에 깊이 감사드린다.

| 감사의 글 |

먼저, 이 책의 삽화와 다이어그램을 만드는 일을 아주 멋지게 해낸 로리 페더슨^{Lori Pedersen}에게 고마움을 표하고 싶다.

여러 해에 걸쳐 많은 사람이 피드백과 아이디어를 아끼지 않았다. 네로 부다^{Nero Budar}, 크리스 프렌치^{Chris French}, 리처드 헤인스^{Richard Haynes}는 이 원고의 초기 버전들 중 하나를 읽은 학생들이었다. 에드 던^{Ed Dunne}은 필요한 많은 조언과 도움을 줬다. 윌리엄스^{Williams} 대학에서의 2000년 봄 학기에서 티건 체슬락-포스타바^{Tegan Cheslack-Postava}, 벤 쿠퍼^{Ben Cooper}, 켄 데니슨^{Ken Dennison}은 책을 한 줄 한 줄 다 읽었다. 아이디어를 준 다른 사람들은 빌 렌하트^{Bill Lenhart}, 프랭크 모건^{Frank Morgan}, 세사 실바^{Cesar Silva}, 콜린 아담스^{Colin Adams}, 에드 버거^{Ed Burger}, 데이빗 배럿^{David Barrett}, 세르게이 포민^{Sergey Fomin}, 피터 힌만^{Peter Hinman}, 스마다 카르니^{Smadar Karni}, 딕 캐너리^{Dick Canary}, 야체크 미에키시^{Jacek Miekisz}, 데이빗 제임스^{David James}, 에릭 쉬퍼스^{Eric Schippers} 등이다. 이 책을 끝내기 위한 막바지 진행 동안에는 트레버 아놀드^{Trevor Arnold}, 얀 버나드^{Yann Bernard}, 빌 코렐 주니어^{Bill Correll Jr}, 바르트 캐스터맨스^{Bart Kastermans}, 크리스토퍼 케네디^{Christopher Kennedy}, 엘리자벳 클로진스키^{Elizabeth Klodginski}, 알렉스 퀘료냐^{Alex Köronya}, 스콧 크라비츠^{Scott Kravitz}, 스티브 루트^{Steve Root}, 크레이그 웨스터랜드^{Craig Westerland}가 놀랄 만한 도움을 줬다. 마릿사 바르쉬도르프^{Marissa Barschdorff}는 이 원고의 초기 버전을 타이핑했다. 윌리엄스 대학 수학 및 통계학과는 이 큰 책을 쓰기에 경이로운 곳이었다. 윌리엄스의 모든 동료에게 감사를 전한다. 이 책의 초판의 마지막 개정 작업은 수학을 하기에 적합한 정말 좋은 장소인 미시건대학교^{University of Michigan}에서 필자가 안식년을 가질 때였다. 케임브리지^{Cambridge}대학교 출판부의

내 책 편집자인 로렌 카울스Lauren Cowles에 감사를 표하고 또한 케임브리지의 케이틀린 도거트Caitlin Doggart에게도 감사를 표한다. 2판에 대해서는 케임브리지의 탐 해리스Tom Harris와 데이빗 트라나David Tranah에게 감사를 표한다. 게리 냅Gary Knapp은 정신적인 지지를 보내줬고 원고의 초안을 세밀하게 읽어 줬다. 내 아내 로리Lori는 필요한 많은 용기를 북돋아 줬고 또한 많은 시간을 들여서 내 실수를 잡아내줬다. 이 모든 일에 감사한다.

초판이 나온 지 몇 년 후에 데이빗 도먼David Dorman과 대화 중에 데이빗과 필자가 대학원 시절에 나눴던 대화가 갑자기 떠올랐다. 입학하는 대학원생들의 지식에 대해 교수들이 품고 있는, 무거운 기대들에 관해 이야기했었다. 필자의 기억으로는 대학원 개강 전 3개월 전 수학의 신들이 이러한 모든 수학적 지식을 내려 준 것에 대해 데이빗과 필자는 '기적의 여름'이라고 불렀었다. 현재로 돌아와 데이빗과 필자는 브라운대학교의 커피숍에서 오래전의 그날에 대해 농담들을 주고받고 있었다. 아직도 이 책 아이디어의 핵심이 그 때에 시작된 게 아닌가 한다. 그 점에 대해 데이빗에게 감사한다.

끝으로 이 작업의 초판이 끝나갈 무렵 밥 미즈너Bob Mizner가 이른 나이에 유명을 달리했다. 아직도 그가 그립다. 그를 기억하며 책을 헌정한다(그가 내 책의 써내려 가는 방식과 주제의 선택 대부분에 대해 동의하지 않을 것이 의심이 없고 그는 단연코 엄격함이 부족하다고 놀리겠지만).

| 지은이 소개 |

토마스 A. 개리티[Thomas A. Garrity]

메사추세츠 주 윌리엄스 대학의 수학과의 1921년 졸업반 웹스터 앳웰 석좌교수로서 효과적인 강의를 위한 윌리엄스 대학 프로젝트의 감독을 여러 해 동안 역임했다. 그의 수상 실적은 라이스 대학교[Rice University]의 니콜라스 살고 우수 강의 상[Nicolas Salgo Outstanding Teaching award]과 미국수학학회[MAA]의 하이모 상[Haimo award]이 있다. 그가 저술한 다른 책으로는 『Algebraic Geometry: A Problem Solving Approach』(2013 공저)와 『Electricity and Magnetism for Mathematicians』(2015)가 있다.

수학은 흥미진진하다 우리는 이제껏 보지 못한 수학의 전성기에 살고 있다. 1930년대에 어떤 사람들은 20세기 초 추상화의 부흥이 수학자를 무미건조하고 어리석은 지적 연습으로 인도하거나 자연 철학이 물리학, 화학, 생물학, 지질학으로 나눠진 것처럼 수학이 명확하게 구별되는 하위 학문으로 나눠질 것이라는 두려움을 가졌다. 그러나 정반대의 일이 일어났다. 제2차 세계 대전 이래 더욱더 분명해진 것은 수학이 하나의 통일된 학문이라는 것이다. 이전에 분리됐던 분야는 이제는 서로의 힘이 된다. 수학을 배우고 창조하는 것은 진실로 한 사람의 인생을 쏟아부을 가치가 있는 길이다.

수학은 힘들다 안타깝게도 사람들은 그저 수학을 잘하지 못한다. 강렬하게 즐길 만하지만 수학은 힘든 노력과 자기 훈련이 요구된다. 수학이 쉽다고 하는 진지한 수학자를 본 적이 없다. 사실 대부분은 얼마 정도의 맥주를 들이킨 후에야 그들이 얼마나 멍청하고 둔한지를 고백한다. 이는 대학원 신입생들이 마주쳐 넘어가야 하는 개인적인 장애물들 중 하나이다. 말하자면 이 장애물은 우리 자신의 수학에 대한 천박한 이해와 비교할 때 수학의 심오함을 어떻게 다뤄야 할지의 어려움이다. 이는 대학원의 이탈률이 왜 그렇게 높은지에 대한 부분적인 이유이다. 가장 성공적인 대학원 유지율을 보이는 최고의 대학에서도 일반적으로 대학원 입학 인원의 절반 정도가 마침내 박사 학위를 받는다. 최고 20위 안에 있는 대학에서조차도 때로는 대학원 입학 인원의 80%가 졸업하지 못한다. 이러한 현상은 대부분의 대학원 신입생이 일반적인 사람들과 비교할 때 놀랄 만큼 수학을 잘하는 학생들임에도 그렇다. 이들 대부분은 그들이 빛날 수 있는 한 분야가 수학임을 발견했었다. 그러나 갑자기 대학원에서 그들은 자기들만큼 수학을 잘하는(또한 더 나은 것처럼 보이는) 사람들로 둘러싸이게 됐다. 설상가상으로 수학은 능력주의다. 교수들은 자기주장 대로만 가르치며 신입생들을 기분 좋게 하지 않는다(이는 교수의 일은 아니다. 그들의 일은 새 로운 수학을 발견하는 것이다). 벌어먹고 살 수 있는 손쉬운(수학자에게 만족스럽지는 않지만) 방 법이 있는 것이 사실이다. 한 명의 수학자가 되도록 최선을 다해야 한다는 말에는 진리가 들어 있다.

그래도 수학은 흥미진진하다. 좌절은 새로운 수학의 배움과 궁극적인 창조(또는 발견)의 전율로 보상 이상의 것으로 갚아진다. 결국 대학원을 다니는 주 목표는 연구 수학자가 되 는 것이다. 모든 창조적인 시도와 함께 희로애락을 경험할 것이다. 일상적이고 지루한 일 만이 이러한 높고 낮음이 없다. 대학원의 어려움의 일부는 낮아지는 시기를 어떻게 다루 는지를 배우는 것이다.

책의 목표 최고의 대학원의 신입생이 당연히 알아야 하는 다양한 주제에 대한 최소한의 개략적 개념을 제공하는 것이 이 책의 목표다. 안타깝게도 대학원과 연구를 위해서는 단 지 4년의 대학 과정에서 배울 수 있는 것보다 훨씬 더 많은 것이 필요하기 때문에 이러 한 모든 주제를 다 아는 신입생은 거의 없고 모든 학생들이 내용의 일부라도 알기를 희망 한다. 사람마다 아는 주제가 다를 것이다. 이러한 이유로 다른 사람들과 함께 일하는 장 점을 강력하게 제안한다.

또 다른 목표가 있다. 많은 비수학자가 어느 순간 어떤 진지한 수학을 알 필요가 있음을 깨닫게 된다. 책 한 권을 가지고 씨름하는 것은 매우 벅찰 수 있다. 이 책은 각 장을 통해 이러한 친구들이 관심 있는 주제의 개략적인 개념과 개관을 얻을 수 있는 곳을 제공한다.

어떤 수학적인 분야를 정리하는 데 도움을 주려는 힌트로는 누구나 새로운 정의와 맞닥 뜨릴 때 항상 간단한 예제와 비예제non-example를 찾으려고 노력해야 한다. 여기서 비예제 는 정의를 거의 만족시키나 그러나 정확히 만족시키지 않는 예제를 말한다. 그러나 이러 한 예제를 찾는 것을 넘어 기본적인 정의가 주어진 이유를 분석해야 한다. 이를 통해 수 학을 어떻게 해야 할지의 두 줄기로 나뉜다. 하나는 정의가 단순하지 않다면 합리적인 정 의로부터 출발해 정의에 관한 정리를 증명한다. 흔히 정리의 진술은 많은 서로 다른 경우 와 조건에 따라 복잡하고, 증명은 특별한 트릭으로 가득 차 매우 뒤얽혀 있다.

20세기 중반에 더 많이 취하는 다른 접근 방식은 정의에 따르는 정리가 분명히 진술되고 증명이 바로 되는 목표를 가지고 기본적인 정의에 시간을 좀 더 들이는 것이다. 이러한 철학 아래에서 증명에 트릭이 존재할 때는 항상 정의에 대해 더 큰 노력이 필요함을 의미한다. 이는 왜 모든 사람이 이를 중요하게 생각하는지를 알아내는 수준까지 정의 그 자체를 이해하려고 노력해야 한다는 의미이기도 하다. 이제 정리는 명확하게 선언되고 증명된다.

이러한 접근에서 예제의 역할이 핵심이다. 보통은 성질이 이미 잘 알려진 기본적인 예제가 있다. 이러한 예제는 추상적인 정의와 정리가 형체를 갖추게 한다. 사실상 정의는 그 결과 만들어지는 정리가 예제에 대해 우리가 기대하는 답들을 제공하도록 만들어진다. 그리고 나서 성질이 알려지지 않은 새로운 예제와 경우에 대해 정리가 적용될 수 있는 것이다.

예를 들면 도함수와 그에 따른 접선의 기울기에 대한 기본적인 개념은 다소 복잡하다. 그러나 어떤 정의가 선택되든지 수평선의 기울기(따라서 상수 함수의 도함수)는 0이어야 한다. 도함수의 정의를 통해 수평선이 0의 기울기를 가지지 않는다면 잘못된 것은 예제에 숨어 있는 직관이 아니라 정의인 것이다.

또 다른 예로 7장에서 주어지는 평면 곡선의 곡률을 살펴보자. 공식은 다소 흉측스럽다. 그러나 정의가 무엇이건 간에 직선은 곡률이 0이며 원의 모든 점에서 곡률은 동일하며 반지름이 작은 원의 곡률은 반지름이 큰 원의 곡률보다 크다는(농구공 위에서보다는 지구 위에서 균형을 잡기가 쉽다는 것을 보여주는) 결과를 보인다. 곡률의 정의가 이렇게 작용하지 않는다면 예제가 아니라 정의가 거부될 것이다.

따라서 핵심 예제를 아는 것은 보상이 있다. 새로운 주제의 미로를 헤쳐 나가려고 애쓸 때 이러한 예제를 아는 것은 정리와 정의가 왜 그 모습인지 설명하는 데 도움을 줄 뿐만 아니라 정리가 어떻게 돼야 하는지를 예측하는 데에도 도움을 준다.

물론 이는 모호하며 첫 번째 증명은 거의 항상 눈에 들어오지 않고 트릭으로 가득 차 있어서 진짜 직관은 보통 숨겨져 있다는 사실을 무시한다. 그러나 기본적인 내용을 배울 때 핵심 아이디어와 핵심 정리를 찾고 이들이 어떻게 정의를 세워 나가는지를 보라.

비평가를 위한 주의 사항 이 책은 어떤 주제에 관해서도 엄밀하게 다루는 것과는 거리가 멀다. 스타일과 엄격함에 있어서 고의적인 느슨함이 존재한다. 필자는 핵심을 전달하고 대부분의 수학자가 서로 대화하는 것처럼 글을 쓰려고 노력했다. 이 책에서 적용하고 있는 엄격함의 수준은 연구 논문에는 전혀 적합하지 않을 것이다.

어떤 지적인 학문이라도 다음과 같은 3가지 임무가 존재한다는 것을 생각하자.

1. 새로운 아이디어를 가져옴
2. 새로운 아이디어를 입증함
3. 새로운 아이디어를 나눔

수학에서(또는 어떤 다른 분야에서) 사람들이 어떻게 새로운 아이디어를 가져오는지는 전체적으로 하나의 신비스러운 미스터리이다. 수학에서는 기껏해야 몇 가지 경험적 방법이 존재한다. 즉 그것이 고유한지 아니면 규범적인지를 묻는다.

새로운 아이디어를 입증하는 데는 수학자가 최고다. 우리의 표준은 엄밀한 증명이어야 한다. 그 외 어떤 다른 것은 안 된다. 이는 수학 문서들이 그렇게 신뢰성이 있는(실수가 모르는 사이에 들어갈 수 없다기보다는 그것이 일반적으로 주요 오류가 아니라는 점에서) 이유이다. 사실 어떤 학문이 입증의 표준으로서 엄격한 증명을 가진다면 그 학문은 바로 수학의 일부일 것이라고까지 말할 것이다. 분명히 대학의 처음 몇 년 동안 수학 전공자를 위한 주요 목표는 엄격한 증명이 무엇인지를 배우는 것이다.

안타깝게도 수학자는 수학을 나누는 일을 잘하지 못한다. 매년 수학 과목을 수강하는 사람들은 수천만이나 된다. 당신이 길거리에서 또는 비행기 안에서 만나는 많은 사람은 대학 수준의 수학을 이미 수강했었다. 그들 중 얼마나 많은 사람이 수학을 즐겼을까? 얼마나 많은 사람이 수학의 진정한 의미를 발견하지 못했을까? 이 책은 비행기 안의 어느 개인에게 전달되는 것이 아니라 신입 대학원생에게 주어진다. 이들은 이미 수학을 즐기지만 아무런 의욕 없이 엄격한 방법으로 제공되는 수학에 의해 수학의 물 밖으로 너무 자주 내쳐지는 사람들이다. 당신이 엄격하지 않을 때, 그것을 알고 분명하게 꼬리표를 붙일 때를 아는 한 엄격하지 않은 것이 문제가 되지는 않는다.

도서 목록에 대한 언급 이 책에는 많은 주제가 있다. 이러한 각각의 주제에 대한 서적들을 전부 다 안다고 말할 수 있으면 좋겠으나 이는 거짓말일 것이다. 도서 목록은 동료들의 추천, 필자가 가르쳤던 책 그리고 사용했던 책으로 채워졌다. 필자가 알지 못하는 탁월한 책이 있다고 확신한다. 여러분이 좋아하는 책이 있다면 tgarrity@williams.edu로 알려주기를 바란다.

이 책의 초판을 쓰는 동안 파울로 네이 드 수자^{Paulo Ney De Souza}와 호르헤 누노 실바^{Jorge-Nuno Silva}가 『Berkeley Problems in Mathematics』(1998)[44]을 저술했다. 이 책은 수년간 버클리 수학과 자격시험(보통 대학원 1학년 또는 2학년에 치름)에 나왔던 문제를 모은 탁월한 문제집이다. 여러 가지 면에서 그들의 책은 필자 책의 보조 역할을 했다. 필자의 책이 배경이 되는 직관에 중점을 두는 반면, 계산적 능력을 테스트하기를 원할 때는 그들의 책이 적합하다. 예를 들어 당신이 복소해석학에 대해 공부하기를 원한다고 하자. 그러면 복소수에 대한 기본에 대한 개관을 얻기 위해 우선 이 책의 13장을 읽어야 한다. 그리고 나서 좋은 복소해석학 책을 선택해 나오는 연습 문제의 대부분을 풀어 보라. 그후 자신의 지식을 마지막으로 테스트하는 것으로서 드 수자와 실바의 문제를 사용하라.

매클레인^{Mac Lane}의 책 『Mathematics Form and Function』(1986)[127]은 탁월하다. 수학의 많은 부분의 개관을 제공한다. 여기에 게재하는 이유는 다른 어떤 곳에서도 자연스럽게 언급되기 어렵기 때문이다. 대학원 2, 3학년 학생들이라면 이 책을 읽는 것을 신중하게 고려하기 바란다.

이 책의 초판이 출간된 이후 놀랄 만한 책 『The Princeton Companion to Mathematics』(2008)[73]가 발간됐다. 티머시 가워스^{Timothy Gowers}가 준 배로 그린^{June Barrow-Green}, 임레 리더^{Imre Leader} 등과 함께 많은 세계 최고의 수학자들을 초청해 현대 수학의 모든 것에 대해 저술하려고 한 것 같다. 이 책은 역사적으로 중요하다. 몇 년 후에 니겔 하이암^{Nigel Higham}이 마크 데니스^{Mark Dennis}, 폴 글렌디닝^{Paul Glendinning}, 폴 마틴^{Paul Martin}, 파딜 산토사^{Fadil Santosa}, 자레드 태너^{Jared Tanner}와 함께 편집한 『The Princeton Companion to Applied Mathematics』(2015)[91]가 발간됐다. 이 또한 위대한 보고이다.

| 차례 |

| 수학의 구조에 대해 |

현재 발간되는 저널의 논문을 보면 주제들의 범위가 엄청나다. 이러한 모든 주제로부터 어느 누가 어떻게 이해하기 시작할 수 있을까? 그리고 진실로 이 안에 희미한 진실의 빛이 존재한다. 사람들이 하나의 연구 분야에서 다른 분야로 아무런 노력 없이 바꿀 수는 없다. 그러나 모든 것이 혼란은 아니다. 모든 수학에 적어도 어떤 형태의 구조를 놓는 두 가지 방법이 존재한다.

동등성 문제

수학자는 사물이 언제 동일한지 또는 그들이 언제 동등한지 알고 싶어 한다. 동일하다는 것은 수학의 하나의 가지를 다른 가지와 구분하는 것을 의미한다. 예를 들면 어떤 위상 수학자는 두 기하적 대상(기술적으로 두 위상 공간)이 하나를 찢지 않고 휘고 구부려 다른 것으로 만들 수 있으면 동일하다고 간주한다. 따라서 이 위상 수학자에게는 다음이 성립한다.

또 다른 위상 수학자에게는 하나를 매끄럽게 구부리고 휘어 다른 것으로 만들 수 있으면 두 기하적 대상은 동일하다. 여기서 '매끄럽게'라는 것은 날카로운 변이 없음을 의미한다. 그러므로 다음이 성립한다.

사각형의 날카로운 네 모서리가 사각형이 원과 동등함을 막는다.

또 다른 기하학자에게는 동등함의 개념이 더 제한적이다. 하나를 매끄럽게 구부리고 휘어 다른 것으로 만들 수 있을 뿐 아니라 곡률도 일치해야 두 대상은 동일하다. 따라서 이 기하학자에게는 원은 타원과 더 이상 동등하지 않다.

수학에 구조를 놓는 한 가지 방법으로서 수학의 한 분야가 어떤 대상과 이러한 대상 사이의 **동등성**의 개념과 결합해 있다고 볼 수 있다. 대상 사이의 허용된 **사상** 또는 함수를 봄으로써 동등성을 설명할 수 있다. 대부분의 장의 시작 부분에 그 주제의 핵심인 대상과 대상 사이의 사상을 나열해 놓았다. 물론 **동등성** 문제는 허용 사상을 사용해 두 대상이 언제 동일한지를 결정하는 문제이다.

어떤 대상의 부류에 대해 동등성 문제를 풀기 쉽다면 해당되는 수학의 가지는 더 이상 활성화되지 않을 것이다. 동등성 문제를 풀기가 너무 힘들어 문제를 초기에 접근할 수 있는 알려진 방법이 없는 경우에도, 물론 정반대의 이유이지만, 해당되는 수학의 가지는 더 이상 활성화되지 않는다. 격렬하고 핫한 수학 분야는 바로 동등성 문제에 대해 부분적인 답은 많이 있으나 완전하지 않은 분야다. 그러면 부분적인 답이란 무엇을 의미할까?

여기서 불변성의 개념이 들어간다. 하나의 예로부터 출발하자. 분명히 위상 공간으로서의 하나의 원은 두 개의 원과 다르다.

왜냐하면 하나의 원은 하나의 연결된 원소를 가지는 반면 두 개의 원은 두 개의 연결 원

소를 가진다. 일반적으로 각 위상 공간은 위상 공간의 원소의 수인 양의 정수로 사상한다. 따라서 다음과 같다.

위상 공간 → 양의 정수

위상의 동등성 개념 아래에서(굽히거나 휘는 조건 아래) 공간의 연결 원소의 수는 변할 수 없다는 것이 핵심이다. 연결 원소의 수를 위상 공간의 **불변량**invariant이라고 부른다. 따라서 공간이 서로 다른 수로 사상한다면 이는 그들이 서로 다른 연결 원소를 가짐을 의미하며 두 공간은 위상적으로 동등할 수 없다.

물론 두 공간이 같은 수의 연결 원소를 가질 수 있으나 여전히 다를 수 있다. 예를 들면 원과 다음과 같은 구는 단 하나의 연결 원소를 가지나

그들은 서로 다르다(또 다른 위상적 불변량인 각 공간의 차원을 봄으로써 구분될 수 있다). 위상 수학의 목표는 충분한 불변량을 찾아 언제 두 공간이 다르거나 또는 동일한지를 항상 결정할 수 있게 하는 것이다. 완성되기에는 아직 멀다. 대수적 위상 수학의 많은 부분은 각 공간을 불변량의 수에 사상하지 않고 그룹이나 링과 같은 다른 형태의 대수적 대상에 사상한다. 유사한 기법이 수학 전반에 걸쳐 나타난다. 이들이 서로 다른 수학의 가지 사이에서 엄청난 상호작용을 제공한다.

함수에 대한 연구

매일 밤 침대에 들어가기 전에 우리 모두 외워야 하는 주문은 다음과 같다.

함수가 세상을 기술한다.

상당한 범위까지 수학이 세상에 그렇게 유익한 것은 아마도 수학과는 다른 실제 세상의 상황들이 같은 형태의 함수로 기술될 수 있기 때문이다. 예를 들어 얼마나 많은 서로 다

른 문제가 함수의 최대값 또는 최소값을 구하는 것으로 재해석되는지 생각해 보라.

서로 다른 수학 분야는 서로 다른 형태의 함수를 연구한다. 미적분학은 실수에서 실수로의 미분 가능한 함수를 대수학은 1, 2차(고등학교에서) 다항식과 치환(대학에서)을 선형 대수학에서는 선형 함수 또는 행렬 곱셈을 연구한다.

따라서 수학의 새로운 분야를 배우는 데 있어서 항상 관심 있는 '함수를 찾아야 한다'. 그래서 대부분 장의 처음에 연구할 함수의 형태를 선언하고 있다.

물리학에서의 동등성

물리학은 실험 과학이다. 따라서 물리학에서 어떤 질문도 궁극적으로는 실험을 수행함으로써 답해야 한다. 그러나 실험이란 속도 질량 전하량 등과 같은 일종의 계산 가능한 값으로 관찰하는 것으로 축소된다. 그러므로 물리학에서의 실험은 실험실에서 읽는 수로 기술된다. 더 간결하게 쓴다면 물리학은 궁극적으로

$$\boxed{\text{상자들 안에 있는 수들}}$$

이다. 여기서 상자들은 측정을 하는 데 필요한 다양한 실험실 장치의 조각들이다. 서로 다른 상자들(서로 다른 실험실 장치)은 밑에 깔린 물리학이 동일할지라도 서로 다른 수를 낸다. 이러한 현상은 사소한 수준의 단위의 선택에서도 발생한다.

더 깊게는 하나의 시스템의 물리적 상태를 미분 방정식의 해로써 모델링한다고 가정하자. 미분 방정식을 기술하기 위해서는 좌표 시스템을 선택해야 한다. 허용된 좌표의 변화는 물리학에 의해 결정된다. 예를 들면 뉴턴 물리학은 각각 서로 다른 허용된 좌표 변화를 가진다는 점에서 특수 상대성 이론과 다르다.

그러므로 물리학이 '상자들 안에 있는 수들'인 반면 진실한 질문은 서로 다른 수들이 동일한 물리학을 나타내는 때가 언제인가이다. 그러나 이는 하나의 동등성 문제이다. 즉 수학이 전면에 등장한다(이는 부분적으로 물리학에서 고등 수학이 절실히 필요함을 설명한다). 물리학자는 물리학 불변량을 찾기 원한다. 일반적으로 물리학자는 그들의 불변량을 '보존법칙'이라고 부른다. 예를 들면 고전적 물리학에서의 에너지 보존은 에너지를 표현하는 함수가 불변 함수라는 선언으로 다시 말할 수 있다.

0.1 선형 대수학^{Linear Algebra}

선형 대수학^{Linear Algebra}은 선형 변환과 벡터 공간을 연구한다. 또는 다른 말로는 행렬 곱셈과 벡터 공간 $\mathbb{R}^n$을 연구한다. 추상적인 벡터 공간의 언어와 행렬의 언어 사이에서 어떻게 번역하는지를 알아야 한다. 구체적으로 벡터 공간의 기저가 주어지면 임의의 선형 변환을 행렬로 어떻게 표현해야 하는지 알아야 한다. 더 나아가 두 행렬이 주어졌을 때 서로 다른 기저의 선택에 따라 이 행렬들이 실제로 동일한 선형 변환을 나타내는지를 결정하는 방법을 알아야 한다. 선형 대수학의 핵심 정리는 행렬이 가역적일 때를 나타내는 많은 동등한 표현을 제공하는 진술이다. 이 동등성^{equivalences}을 완전하게 알고 있어야 한다. 또한 고유벡터와 고유값이 왜 선형 대수학에서 자연스럽게 발생하는지 알아야 한다.

0.2 실해석학^{Real Analysis}

극한 연속 미분 적분의 기본적인 정의를 알아야 하며 이 정의를 ϵ, δ의 용어로 이해해야 한다. 이 ϵ, δ의 언어를 사용함으로써 균등 수렴의 개념에 대해 편안해야 한다.

0.3 벡터 함수의 미분^{Differentiating Vector-Valued Function}

역함수 정리^{Inverse Function Theorem}의 목표는 미분 가능 함수 $f : \mathbb{R}^n \to \mathbb{R}^n$가 국부적으로 가역적일 필요충분조건이 이 함수의 미분의 디터미넌트^{determinant}(야코비안 ^{Jacobian})가 0이 아

님을 보이는 것이다. 벡터 함수가 미분 가능하다는 것과 왜 도함수가 선형 사상(따라서 행렬, 즉 야코비안으로 표현 가능하다는 것)인지 그리고 야코비안을 어떻게 계산하는지에 대해 편안해야 한다. 더 나아가 음함수 정리Implicit Function Theorem의 진술을 알아야 하며 이것이 왜 역함수 정리와 근접하게 연관되는지 알아야 한다.

0.4 점 집합 위상 수학Point Set Topology

열린집합의 용어로 어떻게 위상을 정의하는지 열린집합의 용어로 연속 함수의 개념을 어떻게 표현하는지를 이해해야 한다. $\mathbb{R}^n$ 상의 표준 위상을 잘 이해하되 적어도 하이네-보렐 정리Heine-Borel Theorem 정도까지는 이해해야 한다. 끝으로 메트릭metric 공간이 무엇인지 그리고 열린집합을 정의하고 나아가 위상을 정의하는 데 어떻게 메트릭이 사용될 수 있는지 알아야 한다.

0.5 고전적 스톡스 정리Classical Stokes' Theorems

벡터장의 미적분학을 알아야 한다. 특별히 어떻게 계산하는지와 배경의 깔린 기하적 해석을 알아야 하며 벡터장의 회전 및 발산과 함수의 기울기와 곡선을 따르는 경로 적분을 알아야 한다. 다음으로 미적분학의 기본 정리의 고전적 확장, 즉 발산 정리와 스톡스 정리를 알아야 한다. 특히 이들이 왜 미적분학의 기본 정리의 진정한 일반화인지 이해해야 한다.

0.6 미분 형식Differential Forms과 스톡스 정리Stokes' Theorem

다양체는 자연적으로 발생하는 기하적 대상이다. 미분 k-형식은 다양체 상의 미적분을 행하는 데 사용하는 도구다. 하나의 다양체를 정의하는 다양한 방법을 알아야 한다. 즉 어떻게 정의하고 미분 k-형식에 대해 어떻게 생각하는지 그리고 k-형식의 외미분을 어떻게 취하는지를 알아야 한다. 또한 k-형식의 언어와 외미분을 벡터장 기울기 회전 발산에 대한 5장의 언어로 해석할 수 있어야 한다. 끝으로 스톡스 정리의 진술을 알아야 하며 왜 이것이 $(k + 1)$차원 다양체의 경계에서의 k-형식의 적분과 그 다양체 상에서 k-형식의 외미분의 적분과 동일한지에 대한 날카로운 진술인지를 이해해야 하며 어떻게 스톡스 정리가 특별한 경우로서의 발산 정리와 5장의 스톡스 정리를 가지는지를 이해해야 한다.

0.7 곡선과 곡면의 곡률 Curvature for Curves and Surfaces

곡률은 등장하는 모든 곳에서 기하적 대상의 접선 공간의 방향의 변화율을 측정한다. 평면 곡선의 곡률, 공간 곡선의 곡률과 비틀림 그리고 공간에 속한 평면의 두 주 곡률을 헤시안 Hessian의 용어로 계산할 수 있어야 한다.

0.8 기하학 Geometry

서로 다른 기하학들은 서로 다른 공리 시스템으로부터 구축된다. 하나의 직선 l과 그 직선상에 있지 않은 한 점 p가 주어질 때 유클리드 기하학은 l과 평행이며 p를 포함하는 정확히 하나의 직선이 존재한다고 가정하고, 쌍곡선 기하학은 l과 평행이며 p를 포함하는 하나 이상의 직선이 존재한다고 가정하고, 타원 기하학은 l과 평행인 직선은 존재하지 않는다고 가정한다. 쌍곡선 기하학, 단일 타원 기하학, 이중 타원 기하학에 대한 모델들을 알아야 한다. 끝으로 이러한 모델들의 존재가 왜 이들 모든 기하학이 서로 일관됨을 암시하는지를 이해해야 한다.

0.9 가산성과 선택 공리 Countability and the Axiom of Choice

하나의 집합이 가산 무한함 countably infinite이 무엇을 의미하는지 알아야 한다. 특별히 정수와 유리수가 가산 무한한 반면 실수는 셀 수 없을 만큼 무한하다 uncountably infinite. 선택 공리의 진술과 그것이 그럴듯한 많은 동치를 가진다는 사실을 알아야 한다.

0.10 기초적 수론 Elementary Number Theory

모듈러 산술의 기초를 알아야 한다. 더 나아가 왜 무한개의 소수가 존재하는지 디오판토스 방정식 Diophantine equation이 무엇인지 유클리드 알고리듬이 무엇인지 그리고 유클리드 알고리듬이 연분수와 어떻게 연결되는지를 알아야 한다.

0.11 대수학^{Algebra}

추상대수학에서의 기본적인 연구 대상인 그룹은 기하적 대칭의 대수적 해석이다. 그룹 (최소한 유한 그룹을 이해하는 핵심 도구인 사이로우 정리^{Sylow Theorem}의 수준까지), 링, 필드에 대한 기본을 알아야 한다. 또한 유한 그룹과 다항식의 근을 구하는 일과의 연결을 제공하고 고등학교와 추상 대수학의 연결을 보여주는 갈루아 정리를 알아야 한다. 끝으로 추상 그룹과 행렬 그룹이 어떻게 연결되는지를 보이는 표현이론의 뒤에 깔린 기본들을 알아야 한다.

0.12 대수적 수론^{Algebraic Number Theory}

대수적 수 필드가 무엇인지와 몇 개 안 되는 예를 알아야 한다. 더 나아가 각각의 대수적 수 필드가 정수의 유사성을 가지나 이들 '정수'는 고유한 인수 분해를 가질 필요는 없음을 알아야 한다.

0.13 복소해석학^{Complex Analysis}

주요 관점은 함수가 해석적일 때를 기술하는 많은 동등한 방법을 깨닫고 이해하는 것이다. 관심을 가지는 함수는 $f : U \to \mathbb{C}$이며 여기서 U는 복소수 $\mathbb{C}$의 하나의 열린집합이다. 이러한 함수 $f(z)$가 다음과 같은 동등 조건 중 어느 하나를 만족하면 $f(z)$가 해석적이라고 한다.

(a) 모든 $z_0 \in U$에 대해

$$\lim_{z \to z_0} \frac{f(z) - f(z_0)}{z - z_0}$$

가 존재한다.

(b) 함수 f의 실수부와 허수부가 다음과 같은 코시-리만^{Cauchy-Riemann} 방정식을 만족한다.

$$\frac{\partial \mathrm{Re}\, f}{\partial x} = \frac{\partial \mathrm{Im}\, f}{\partial y}$$

$$\frac{\partial \operatorname{Re} f}{\partial y} = -\frac{\partial \operatorname{Im} f}{\partial x}$$

(c) $\mathbb{C} = \mathbb{R}^2$ 내의 반시계 방향의 단순 닫힌곡선^loop을 γ라 하고 γ내부의 임의의 복소수를 z_0라고 할 때 다음과 같은 적분을 만족한다.

$$f(z_0) = \frac{1}{2\pi i} \int_\gamma \frac{f(z)}{z - z_0} \, dz$$

이는 코시 적분 공식^Cauchy Integral formula이다.

(d) 임의의 복소수 z_0에 대해 $\mathbb{C} = \mathbb{R}^2$ 내에 z_0의 열린 근방이 존재해 그 내부에서 다음과 같은 $f(z)$의 균등 수렴 급수가 존재한다.

$$f(z) = \sum_{k=0}^{\infty} a_k (z - z_0)^k$$

더 나아가 $f : U \to \mathbb{C}$가 점 z_0에서 해석적이며 $f(z_0) \neq 0$이면 $\mathbb{R}^2$에서 $\mathbb{R}^2$로의 사상으로 간주돼 함수 f는 z_0에서 공형(즉, 각을 유지함)이다.

0.14 해석적 수론^Analytic Number Theory

리만 제타 함수^Riemann zeta function가 무엇이며 그것이 소수와 어떻게 연관돼 있는지 알아야 한다. 또한 리만 가설의 진술을 알아야 한다.

0.15 르베그 적분^Lebesgue integral

최소한 르베그 지배 수렴정리의 수준까지의 르베그 측도와 적분 뒤에 있는 기본적인 아이디어와 측도가 0인 집합의 개념을 알아야 한다.

0.16 푸리에 해석학 Fourier Analysis

주기 함수의 푸리에 급수, 함수의 푸리에 적분, 푸리에 변환을 어떻게 구하는지와 푸리에 급수가 힐베르트 공간과 어떻게 관계되는지 알아야 한다.

0.17 미분 방정식 Differential Equations

물리학, 경제학, 수학과 다른 과학의 많은 부분이 미분 방정식의 해를 찾으려고 노력하는 것으로 귀결된다. 미분 방정식의 목표가 미분을 포함하는 방정식을 만족하는 미지 함수를 구하는 것임을 알아야 한다. 가벼운 제한 조건 하에 상미분 방정식은 항상 해가 존재한다. 편미분 방정식의 경우에는 단연코 그렇지 않은데 해가 존재하는지조차도 알려지지 않은 경우가 많다. 편미분 방정식의 세 가지 전통적인 예에 대해서도 친근해야 하는데 열 방정식, 파동 방정식 그리고 라플라스 방정식이 그것이다.

0.18 조합론과 확률론 Combinatorics and Probability Theory

초급 조합론과 기본적인 확률 이론 모두 셈법의 문제로 축소된다. n개의 원소로부터 k개의 원소를 선택하는 방법의 수가

$$\binom{n}{k} = \frac{n!}{k!\,(n-k)!}$$

임을 알아야 한다. $\binom{n}{k}$와 다항식을 위한 이항 정리와의 관계는 많은 계산을 위해 간편하게 사용된다. 기본적인 확률 이론을 이해해야 한다. 특히 표본 공간 랜덤변수(직관적 개념과 함수로서의 정의 모두), 기대값, 분산 등과 같은 용어를 이해해야 한다. 유한 표본 공간의 확률 계산에서 셈법 주장들이 왜 결정적인지 분명하게 이해해야 한다. 확률과 적분과의 연결은 알아야 할 중심 극한 정리의 다양한 버전에서 볼 수 있다.

0.19 알고리듬^{Algorithms}

알고리듬의 복잡도가 무엇을 의미하는지, 최소한 P=NP 질문을 이해하는 정도까지는 이해해야 한다. 기본적인 그래프 이론을 알아야 한다. 예를 들면 왜 트리가 많은 알고리듬을 이해하기 위한 기본적인 구조임을 볼 수 있어야 한다. 수치 해석학은 수학적인 계산의 결과에 대한 근사화를 위한 알고리듬 연구 분야이다. 예를 들어 다항식의 근을 근사화하는 뉴턴의 방법을 이해해야 한다.

0.20 범주론^{Category Theory}

범주론이 수학에 대한 하나의 사고의 방법임을 알아야 한다. 특히 수학의 각 분야는 범주의 언어로 표현될 수 있다. 이는 관계된 수학적 대상과 대상 사이의 사상^{morphism}(단순하게는 함수)으로 기술될 수 있음을 의미한다. 더 나아가 결과를 다이어그램과 화살표로 기술할 수 있다.

01

선형 대수학

> 기본 대상: 벡터 공간
>
> 기본 사상: 선형 변환
>
> 기본 목표: 행렬의 가역성의 동등성

1.1 개요

과장처럼 들리겠지만 수학 문제는 선형 대수^{linear algebra} 형태의 연산으로 축소시키기만 하면 풀이가 가능하다. 이는 선형 대수 형태의 연산은 궁극적으로 선형 연립 방정식의 풀이로 축소돼 행렬^{matrix} 연산으로 바뀌기 때문이다. 선형 대수는 이 교재뿐만 아니라 모든 수학에 있어서 계산을 위한 주요 도구(더 정확히 표현한다면 얽히고 설킨 도구의 집합)이다.

선형 대수는 선형 연립 방정식을 풀기 위해 행렬 연산하는 것 이상으로 활용할 수 있다. 이러한 확고한 대상을 벡터 공간^{vector space}과 선형 변환^{linear transformation}의 개념으로 추상화함^{abstraction}으로써 이질적인 것처럼 보이는 많은 주제 사이의 공통의 개념적 연결점을 볼 수 있다. 물론 이것이 추상화의 장점이다. 예를 들어 선형 미분 방정식의 해를 연구하는 것은 부분적으로는 3차 다항식으로 표현되는 자동차 후드를 모델링하는 것과 같은 느낌을 갖게 한다. 이는 선형 미분 방정식의 해의 공간과 자동차 후드 모델 공간 모두 벡터 공간을 형성하기 때문이다.

1.6절에 선형 대수의 핵심 정리가 논의되는데 이는 n개의 미지수로 표현되는 n개의 선형 방정식이 해를 가질 때 여러 가지의 동등한 방법으로 표현된다. 각각의 동등 조건은 매우 중요하며 선형 대수의 매력은 바로 이 모든 조건이 같다는 것이다.

1.2 기본 벡터 공간 $\mathbb{R}^n$

전형적인 벡터 공간 $\mathbb{R}^n$은 아래와 같은 n-짝^{tuple}의 실수 집합이다.

$$\{(x_1, \ldots, x_n) : x_i \in \mathbb{R}^n\}$$

다음 절에서 보듯이 벡터 공간에서는 두 개의 n-짝의 실수를 더하면 새로운 n-짝의 실수가 되며 또한 n-짝의 실수에 임의의 실수 λ를 곱해도 새로운 n-짝의 실수가 된다는 것이다.

$$(x_1, \ldots, x_n) + (y_1, \ldots, y_n) = (x_1 + y_1, \ldots, x_n + y_n)$$
$$\lambda(x_1, \ldots, x_n) = (\lambda x_1, \ldots, \lambda x_n)$$

여기서 각각의 n-짝의 실수는 벡터, 실수 λ는 스칼라라고 부른다. $n = 2$와 $n = 3$의 경우 각각 평면과 공간 상의 벡터로 이미 고등학교에서 배웠을 것이다.

임의의 $\mathbb{R}^n$에서 $\mathbb{R}^m$으로의 사상은 행렬의 곱으로 이뤄지고 $\mathbb{R}^n$에 속한 임의의 벡터 $\mathbf{x} \in \mathbb{R}^n$은 열^{column}벡터로 표기한다.

$$\mathbf{x} = \begin{pmatrix} x_1 \\ \vdots \\ x_n \end{pmatrix}$$

같은 방법으로 $\mathbb{R}^m$에 속한 임의의 벡터를 m 성분의 열벡터로 표기할 수 있다. A를 $m \times n$ 행렬이라고 할 때

$$A = \begin{pmatrix} a_{11} & a_{12} & \ldots & a_{1n} \\ \vdots & \vdots & \vdots & \vdots \\ a_{m1} & \ldots & \ldots & a_{mn} \end{pmatrix}$$

$A\mathbf{x}$는 m-짝이 된다.

$$A\mathbf{x} = \begin{pmatrix} a_{11} & a_{12} & \dots & a_{1n} \\ \vdots & \vdots & \vdots & \vdots \\ a_{m1} & \dots & \dots & a_{mn} \end{pmatrix} \begin{pmatrix} x_1 \\ \vdots \\ x_n \end{pmatrix} = \begin{pmatrix} a_{11}x_1 + \dots + a_{1n}x_n \\ \vdots \\ a_{m1}x_1 + \dots + a_{mn}x_n \end{pmatrix}$$

$\mathbb{R}^n$에 속한 임의의 두 벡터 $\mathbf{x}$와 $\mathbf{y}$ 그리고 두 스칼라 λ와 μ에 대해 다음 식이 성립한다.

$$A(\lambda\mathbf{x} + \mu\mathbf{y}) = \lambda A\mathbf{x} + \mu A\mathbf{y}$$

다음 절에서는 행렬 곱셈의 선형성^{linearity}을 사용해 벡터 공간 사이의 선형 변환을 정의하게 된다.

이제 이 모든 내용을 이용해 선형 연립 방정식의 해를 구해 보자. 우선 계수 $b_1, \dots, b_m$과 $a_{11}, \dots, a_{mn}$이 주어졌다고 가정하자. 목표는 다음과 같은 선형 연립 방정식을 푸는 n개의 수를 찾는 것이다.

$$a_{11}x_1 + \dots + a_{1n}x_n = b_1$$
$$\vdots$$
$$a_{m1}x_1 + \dots + a_{mn}x_n = b_m$$

선형 대수에서의 연산은 빈번하게 선형 연립 방정식의 풀이로 축소된다. 몇 개의 방정식일 경우에는 손으로 풀 수 있지만 방정식의 수가 증가함에 따라 연산은 재미있게 계산하기보다는 기호^{notation}의 악몽으로 변한다. 이러한 복잡성은 이론의 난해성이라기보다는 소소한 디테일을 계속 추적해 가야 한다는 데 있다. 즉 부기^{bookkeeping}의 문제라는 것이다.

주어진 계수를 벡터와 행렬로 다음과 같이 표시하고

$$\mathbf{b} = \begin{pmatrix} b_1 \\ \vdots \\ b_m \end{pmatrix}, \quad A = \begin{pmatrix} a_{11} & a_{12} & \dots & a_{1n} \\ \vdots & \vdots & \vdots & \vdots \\ a_{m1} & \dots & \dots & a_{mn} \end{pmatrix}$$

풀어야 하는 미지 벡터를 다음과 같이 표기하자.

$$\mathbf{x} = \begin{pmatrix} x_1 \\ \vdots \\ x_n \end{pmatrix}$$

이제 선형 연립 방정식을 아래와 같이 더 시각적으로 멋지게 표현할 수 있게 된다.

$$A\mathbf{x} = \mathbf{b}$$

여기서 $m > n$인 경우, 즉 미지수보다 방정식의 수가 더 많은 경우에는 일반적으로 해가 존재하지 않게 된다. 예를 들어 $m = 3$, $n = 2$인 경우에 기하학적으로 2차원 평면에서 3개의 직선은 일반적으로 한 교점에서 만나지 않는다. 한편 $m < n$인 경우, 즉 미지수보다 방정식의 수가 적은 경우에는 일반적으로 해가 다수 존재하게 된다. $m = 2$, $n = 3$인 경우를 예를 들어보면 기하학적으로 3차원 공간상의 2개의 평면은 보통 하나의 직선으로 만나게 된다. 즉 무한개의 해를 갖게 된다. 그러나 염려하지 말라. 대부분의 선형 대수는 $m = n$인 경우를 다룰 테니까.

$A\mathbf{x} = \mathbf{b}$를 풀 수 있는 $n \times 1$ 열벡터 $\mathbf{x}$를 구하고자 하는데 $n \times n$ 행렬 A와 $n \times 1$ 열벡터 $\mathbf{b}$가 주어져 있다. 정방 행렬$^{\text{square matrix}}$ A의 역행렬 A^{-1}가 존재한다고 가정하자. 이는 A^{-1}도 $n \times n$이고 더 중요하게 $A^{-1}A = I$, 즉 항등 행렬$^{\text{identity matrix}}$이 된다는 것을 의미한다. 이 가정하에서 해는

$$\mathbf{x} = A^{-1}\mathbf{b}$$

이 되면서 풀려고 했던 연립 방정식을 만족시킨다.

$$A\mathbf{x} = A(A^{-1}\mathbf{b}) = I\mathbf{b} = \mathbf{b}$$

이와 같이 선형 연립 방정식의 해를 구하는 것은 결국 언제 $n \times n$ 행렬 A가 역행렬을 가지는지를 이해하는 것으로 귀결된다(역행렬이 존재한다면 연산을 위한 알고리듬을 이용해 해를 구할 수 있다).

1.3 벡터 공간과 선형 변환

선형 연립 방정식의 연구는 벡터 공간의 개념을 이해하는 것으로부터 출발한다.

정의 1.3.1 다음과 같은 사상^{map}이 존재할 때 집합 V는 실수[1] $\mathbb{R}$ 상의 벡터 공간이다.

1. $\mathbb{R} \times V \to V$로서 모든 실수 a와 V에 속한 원소 v에 대해 $a \cdot v$ 또는 av로 표기하며

2. $V \times V \to V$로서 V에 속한 모든 원소 v와 w에 대해 $v + w$로 표기하며

아래와 같은 성질을 가진다.

(a) 원소 0가 V에 존재해 모든 $v \in V$에 대해 $0 + v = v$가 성립한다.

(b) 각각의 $v \in V$에 대해 원소 $(-v) \in V$가 존재해 $v + (-v) = 0$이 성립한다.

(c) 모든 $v, w \in V$에 대해 $v + w = w + v$가 성립한다.

(d) 모든 $a \in \mathbb{R}$와 모든 $v, w \in V$에 대해 $a(v + w) = av + aw$가 성립한다.

(e) 모든 $a, b \in \mathbb{R}$와 모든 $v \in V$에 대해 $a(bv) = (a \cdot b)v$가 성립한다.

(f) 모든 $a, b \in \mathbb{R}$와 모든 $v \in V$에 대해 $(a + b)v = av + bv$가 성립한다.

(g) 모든 $v \in V$에 대해 $1 \cdot v = v$가 성립한다.

통상적인 표기법으로 사용되는 벡터 공간의 원소를 벡터라고 하고 $\mathbb{R}$의 원소를 스칼라라고 한다. 앞 절에서 사용된 공간 $\mathbb{R}^n$은 벡터 공간의 조건을 분명히 만족한다.

벡터 공간 사이의 자연 사상^{natural map}은 선형 변환이다.

정의 1.3.2 선형 변환 $T : V \to W$는 벡터 공간 V에서 벡터 공간 W로의 함수로서 임의의 실수 a_1과 a_2, V에 속한 임의의 두 벡터 v_1과 v_2에 대해 다음 관계를 만족한다.

$$T(a_1 v_1 + a_2 v_2) = a_1 T(v_1) + a_2 T(v_2)$$

$\mathbb{R}^n$에서 $\mathbb{R}^m$으로의 행렬 곱셈은 선형 변환의 한 예다.

정의 1.3.3 벡터 공간 U가 벡터 공간 V의 부분집합이면 U는 V의 부분 공간^{subspace}이다.

실제로 벡터 공간의 부분집합이 부분 공간이 되는지 쉽게 아는 방법은 다음 명제에서 보여주는데 증명은 독자에게 남긴다.

---

1 실수는 복소수 또는 다른 어떤 필드(field)(11장 대수학에서 정의된다)로 바뀔 수 있다.

명제 1.3.4 벡터 공간 V의 부분집합 U가 덧셈과 스칼라 곱셈에 대해 닫혀 있다면 U는 V의 부분 공간이다.

하나의 선형 변환 $T : V \to W$가 주어지면 V와 W의 부분 공간이 자연스럽게 만들어진다.

정의 1.3.5 $T : V \to W$가 선형 변환이면 T의 핵^{kernel}은

$$\ker(T) = \{v \in V : T(v) = 0\}$$

이며 T의 상^{image}은

$$\mathrm{Im}(T) = \{w \in W : T(v) = w를\ 만족하는\ v \in V가\ 존재\}$$

이다.

핵이 V의 부분 공간이 됨을 다음과 같이 증명할 수 있다. 핵에 속한 두 벡터 v_1, v_2와 두 실수 a, b에 대해

$$\begin{aligned}
T(av_1 + bv_2) &= aT(v_1) + bT(v_2) \\
&= a \cdot 0 + b \cdot 0 \\
&= 0
\end{aligned}$$

이 성립함을 알 수 있다.

유사한 방법으로 T의 상^{image}이 W의 부분 공간임을 증명할 수 있는데 연습 문제로 남겨 둔다.

우리가 아는 유일한 벡터 공간이 $\mathbb{R}^n$의 열벡터라면 이러한 가벼운 수준의 추상화^{abstraction} 조차도 우스꽝스러울 것이다. 하지만 이 경우는 다르다. 다음과 같은 예를 보자. $C^k[0,1]$이 단위 구간 $[0,1]$을 정의역^{domain}으로 하는 다음과 같은 모든 실수 함수

$$f : [0,1] \to \mathbb{R}$$

의 집합이라고 하자. 여기서 f의 k차 도함수(미분 함수)가 존재하며 연속적이다. 임의의 두 함수의 합과 임의의 함수와 스칼라의 곱도 여전히 $C^k[0,1]$에 속하므로 $C^k[0,1]$는 벡터 공간이 됨을 알 수 있다. 차원^{dimension}이 다음 절에서 정의되지만 $C^k[0,1]$은 무한 차원일 것이다(즉 $\mathbb{R}^n$은 분명히 아닐 것이다). 도함수를 다음과 같이 $C^k[0,1]$에서 한 차원 낮은

$C^{k-1}[0,1]$으로의 선형 변환으로 볼 수 있지 않을까?

$$\frac{\mathrm{d}}{\mathrm{d}x} : C^k[0,1] \rightarrow C^{k-1}[0,1]$$

$\frac{\mathrm{d}}{\mathrm{d}x}$의 핵은 $\frac{\mathrm{d}f}{\mathrm{d}x} = 0$을 만족하는 함수, 즉 상수 함수로 구성된다.

다음과 같은 미분 방정식을 고려해 보자.

$$\frac{\mathrm{d}^2 f}{\mathrm{d}x^2} + 3\frac{\mathrm{d}f}{\mathrm{d}x} + 2f = 0$$

이를 위해 다음과 같은 선형 변환 T를 고려할 때

$$T = \frac{\mathrm{d}^2}{\mathrm{d}x^2} + 3\frac{\mathrm{d}}{\mathrm{d}x} + 2I : C^2[0,1] \rightarrow C^0[0,1]$$

원 미분 방정식의 해 $f(x)$를 찾는 문제는 이제 T의 핵의 원소를 찾는 것으로 변형될 수 있다. 이는 선형 대수라는 언어가 (선형) 미분 방정식의 해를 이해하는 데 사용될 수 있음을 제시한다.

1.4 기저, 차원, 행렬로서의 선형 변환

다음 목표는 벡터 공간의 차원을 정의하는 것이다.

정의 1.4.1 임의의 벡터 $v \in V$에 대해 아래와 같은 선형 결합을 만족하는 고유한 스칼라 $a_1, \ldots, a_n \in \mathbb{R}$이 존재할 때 벡터 집합 $(v_1, \ldots, v_n)$은 벡터 공간 V의 하나의 기저basis를 형성한다.

$$v = a_1 v_1 + \cdots + a_n v_n$$

정의 1.4.2 벡터 공간 V의 차원 $\dim(V)$는 기저를 구성하는 요소 벡터의 수이다.

아직까지 기저의 요소 수가 항상 같을 것이라는 것이 분명해 보이지는 않지만 어떤 기저가 선택되더라도 벡터 공간의 차원이 제대로 정의됐음을 보여주기 위해 다음과 같은 정리가 있어야 한다(증명하지 않음).

정리 1.4.3 벡터 공간 V의 모든 기저는 동일한 수의 요소를 가진다.

$\mathbb{R}^n$의 대표적인 기저는 다음과 같다.

$$\{(1,0,\ldots,0),(0,1,0,\ldots,0),\ldots,(0,\ldots,0,1)\}$$

그러므로 $\mathbb{R}^n$은 n차원이다. 그렇지 않다면 위 정의가 틀리므로 또 다른 기저가 필요할 것이다. 이는 개요 부분에서 언급된 원리의 한 예이다. 우리는 특정한 예를 통해 차원에 대해 직관적으로 잘 이해한다. 직선은 1차원, 평면은 2차원, 공간은 3차원이어야 한다. 그리고 이제 날카로운 정의에 맞닥뜨린다. 이 정의가 이미 이해한 3가지 예에 대해 '올바른' 답을 준다면 차원이 무엇을 의미하는지를 그 정의가 제대로 포착했음을 어느 정도 확신하게 된다. 그러고 나서 직관이 실패하는 예에 정의를 적용할 수 있게 된다.

기저와 연결된 개념은 바로 선형 독립성^{linear independence}이다.

정의 1.4.4 벡터 공간 V의 벡터 $(v_1,\ldots,v_n)$이 다음 조건을 만족하면 선형 독립이다. 즉 $a_1 v_1 + \cdots + a_n v_n = 0$이면 항상 스칼라 $a_1,\ldots,a_n$이 모두 0이어야 한다.

벡터가 모두 다른 방향을 가리키고 있으면 직관적으로 그 벡터 집합은 선형 독립이다. 그리고 기저는 벡터 공간을 펼치는^{span} 선형 독립 벡터의 집합으로 구성된다. 펼침 또는 생성은 다음과 같은 의미이다.

정의 1.4.5 모든 벡터 $v \in V$에 대해 아래와 같은 선형 결합을 만족하는 스칼라 $a_1,\ldots,a_n$ $\in \mathbb{R}$이 존재할 때 벡터 집합 $(v_1,\ldots,v_n)$은 벡터 공간 V를 펼친다.

$$v = a_1 v_1 + \cdots + a_n v_n$$

이제 목표는 벡터 공간 V와 W의 기저가 주어졌을 때 유한 차원의 공간 간의 모든 선형 변환 $T : V \to W$가 어떻게 행렬의 곱으로 표현되는지 보이는 것이다.

우선 V와 W의 기저를 $\{v_1,\ldots,v_n\}$과 $\{w_1,\ldots,w_m\}$으로 정하자. 선형 변환 T를 보기 전에 n차원 공간 V의 각 요소가 $\mathbb{R}^n$의 열벡터로 m차원 공간 W의 각 요소가 $\mathbb{R}^m$의 열벡터로 어떻게 표현되는지 보여야 한다. V의 임의의 벡터 v가 주어지면 기저의 정의에 의해 다음을 만족하는 유일한 실수 $a_1,\ldots,a_n$이 존재한다.

$$v = a_1 v_1 + \cdots + a_n v_n$$

그러므로 벡터 v를 다음과 같은 열벡터로 표현한다.

$$\begin{pmatrix} a_1 \\ \vdots \\ a_n \end{pmatrix}$$

유사하게 W의 임의의 벡터 w에 대해 다음을 만족하는 실수 $b_1, \ldots, b_m$이 존재한다.

$$w = b_1 w_1 + \cdots + b_m w_m$$

그러므로 벡터 w도 다음과 같은 열벡터로 표현된다.

$$\begin{pmatrix} b_1 \\ \vdots \\ b_m \end{pmatrix}$$

지금까지 V와 W의 벡터와 $\mathbb{R}^n$과 $\mathbb{R}^m$의 열벡터가 각각 어떻게 관계되는 알아보았다. 기술적으로 말한다면 V가 $\mathbb{R}^n$과 동형isomorphic이고(V에서 $\mathbb{R}^n$으로 일대일one-to-one과 위로의onto 선형 변환) W가 $\mathbb{R}^m$과 동형임을 보일 수 있다는 것이다. 여기서 중요한 것은 기저가 결정된 후에야 실제적 관계가 존재한다(이는 동형 사상isomorphism이 존재할지라도 기본형이 아니라는 것이다. 즉 기저가 주어지지 않는 경우가 안타깝게도 흔하다는 것이다).

이제 선형 변환 $T : V \to W$를 $m \times n$ 행렬 A로 표현하자. 벡터 공간 V의 각각의 기저벡터 v_i에 대해 $T(v_i)$가 W에 있으므로 다음을 만족하는 $a_{1i}, \ldots, a_{mi}$가 존재한다.

$$T(v_i) = a_{1i} w_1 + \cdots + a_{mi} w_m$$

그러므로 선형 변환은 다음과 같은 $m \times n$ 행렬로 표현된다.

$$A = \begin{pmatrix} a_{11} & a_{12} & \ldots & a_{1n} \\ \vdots & \vdots & \vdots & \vdots \\ a_{m1} & \ldots & \ldots & a_{mn} \end{pmatrix}$$

V 내의 벡터 v가 $v = a_1v_1 + \cdots + a_nv_n$으로 주어지면

$$
\begin{aligned}
T(v) &= T(a_1v_1 + \cdots + a_nv_n) \\
&= a_1 T(v_1) + \cdots + a_n T(v_n) \\
&= a_1(a_{11}w_1 + \cdots + a_{m1}w_m) + \cdots \\
&\quad + a_n(a_{1n}w_1 + \cdots + a_{mn}w_m)
\end{aligned}
$$

이 돼 선형 변환은 행렬 A와 열벡터 v와의 곱이 된다.

$$
\begin{pmatrix} a_{11} & a_{12} & \dots & a_{1n} \\ \vdots & \vdots & \vdots & \vdots \\ a_{m1} & \dots & \dots & a_{mn} \end{pmatrix} \begin{pmatrix} a_1 \\ \vdots \\ a_n \end{pmatrix} = \begin{pmatrix} b_1 \\ \vdots \\ b_m \end{pmatrix}
$$

선형 변환 $T : V \to V$가 벡터 공간 자신에게 향한다면 행렬은 $n \times n$이 될 것이다.

V와 W의 기저가 변하면 선형 변환 T도 변할 것이다. 당연한 질문은 서로 다른 두 기저가 주어졌을 때 언제 두 행렬이 실제로 동일한 선형 변환을 나타내는지를 결정하는 것이다. 이것이 1.7절의 목표다.

1.5 디터미넌트

다음 목표는 행렬의 디터미넌트^{determinant} 또는 행렬식의 정의이다. 디터미넌트에 대한 세 가지 설명은 모두 동등하지만 각각 장점이 있다.

첫째 방법은 1×1 행렬의 디터미넌트를 정의하고 반복적으로 확장해 $n \times n$ 행렬의 디터미넌트를 정의한다.

1×1 행렬은 단순히 실수이므로 다음과 같은 정의가 놀랍지 않다.

정의 1.5.1 1×1 행렬 (a)의 디터미넌트는 실수 함수이다.

$$
\det(a) = a
$$

이는 별로 중요해 보이지는 않는다.

$n \times n$ 행렬의 디터미넌트를 정의하기 전에 한 가지 표기를 정의하자. $n \times n$ 행렬

$$A = \begin{pmatrix} a_{11} & a_{12} & \ldots & a_{1n} \\ \vdots & \vdots & \vdots & \vdots \\ a_{n1} & \ldots & \ldots & a_{nn} \end{pmatrix}$$

에 대해 A_{ij}를 A에서 i번째 행과 j번째 열을 제거한 $(n-1) \times (n-1)$ 행렬이라 하자. 예를 들어 $A = \begin{pmatrix} a_{11} & a_{12} \\ a_{21} & a_{22} \end{pmatrix}$라고 하면 $A_{12} = (a_{21})$이 된다. 이와 같이 $A = \begin{pmatrix} 2 & 3 & 5 \\ 6 & 4 & 9 \\ 7 & 1 & 8 \end{pmatrix}$이면 $A_{12} = \begin{pmatrix} 6 & 9 \\ 7 & 8 \end{pmatrix}$ 이 된다.

1×1 행렬의 디터미넌트가 정의됐고 귀납법으로 $(n-1) \times (n-1)$ 행렬의 디터미넌트를 구할 수 있다고 가정할 때 다음과 같이 $n \times n$ 행렬의 디터미넌트를 구할 수 있다.

정의 1.5.2 A를 $n \times n$ 행렬이라 하자. 이때 A의 디터미넌트는

$$\det(A) = \sum_{k=1}^{n} (-1)^{k+1} a_{1k} \det(A_{1k})$$

로 구한다.

즉 $A = \begin{pmatrix} a_{11} & a_{12} \\ a_{21} & a_{22} \end{pmatrix}$에 대해

$$\det(A) = a_{11} \det(A_{11}) - a_{12} \det(A_{12}) = a_{11}a_{22} - a_{12}a_{21}$$

이 되는데 우리가 잘 아는 디터미넌트이다. 위에 언급한 3×3 행렬의 디터미넌트는

$$\det \begin{pmatrix} 2 & 3 & 5 \\ 6 & 4 & 9 \\ 7 & 1 & 8 \end{pmatrix} = 2 \det \begin{pmatrix} 4 & 9 \\ 1 & 8 \end{pmatrix} - 3 \det \begin{pmatrix} 6 & 9 \\ 7 & 8 \end{pmatrix} + 5 \det \begin{pmatrix} 6 & 4 \\ 7 & 1 \end{pmatrix}$$

이 된다. 이와 같은 정의는 디터미넌트를 효과적으로 설명하고는 있지만 디터미넌트의 용법과 이해가 명확하지는 않다.

둘째 방법은 현재까지의 정의에 디터미넌트의 주요한 대수적인 성질을 쌓는다. 이를 통해 디터미넌트의 함수-이론적 성질을 강조한다.

$n \times n$ 행렬 A를 $A = (A_1, \ldots, A_n)$으로 표기하자. 여기서 A_i는 i번째 열을 나타낸다.

$$A_i = \begin{pmatrix} a_{1i} \\ a_{2i} \\ \vdots \\ a_{ni} \end{pmatrix}$$

정의 1.5.3 A의 디터미넌트는 다음과 같은 실수 함수로 정의되는데

$$\det : \text{행렬} \to \mathbb{R}$$

다음을 만족해야 한다.

(a) $\det(A_1, \ldots, \lambda A_k, \ldots, A_n) = \lambda \det(A_1, \ldots, A_n)$

(b) $\det(A_1, \ldots, A_k + \lambda A_i, \ldots, A_n) = \det(A_1, \ldots, A_n)$, $k \neq i$ 일 때

(c) $\det(\text{항등 행렬}) = 1$

행렬의 각각의 행벡터가 $\mathbb{R}^n$의 벡터이므로 디터미넌트는 $\mathbb{R}^n \times \cdots \times \mathbb{R}^n$에서 실수로의 특별한 함수로 볼 수 있다. 이러한 정의를 사용하려면 조건 (a), (b), (c)를 만족하는 행렬 공간의 독특한 함수가 존재함을 증명해야 한다. 존재의 증명은 디터미넌트의 정의가 3가지 조건을 만족하는지 검사하면 되나 고통스러운 계산을 수반한다. 고유성의 증명은 대부분의 선형 대수 교재에 나와 있듯이 기본 열 연산이나 기본 행 연산을 사용한다.

디터미넌트 정의의 셋째 방법은 가장 기하적이지만 동시에 가장 모호하다. $\mathbb{R}^n$에서 $\mathbb{R}^n$으로의 선형 변환을 $n \times n$ 행렬 A라고 하자. A는 $\mathbb{R}^n$의 단위 육면체^{unit cube}를 다른 객체(평행 육면체^{parallelepiped})로 사상^{map}할 것이다. 단위 육면체의 부피는 1이다.

정의 1.5.4 행렬 A의 디터미넌트는 단위 육면체의 상^{image}의 부호를 고려한 부피다.

상의 부피에 대한 정의가 기술되기 전에는 위와 같은 정의는 적절하지 않다. 사실상 대부분의 경우에는 앞서 정의된 두 가지 방법으로 구한 디터미넌트의 값으로 상의 부피를 정의한다. 그러나 기하적인 직관의 많은 부분을 잃을지라도 위 정의는 논리적으로 올바르다.

다음의 예를 살펴보자. 행렬 $A = \begin{pmatrix} 2 & 0 \\ 0 & 1 \end{pmatrix}$는 단위 정사각형을 오른쪽과 같은 직사각형으로 바꿔준다.

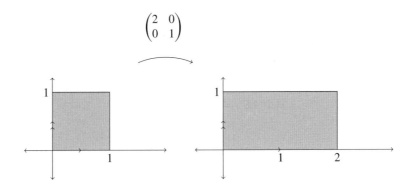

$$\begin{pmatrix} 2 & 0 \\ 0 & 1 \end{pmatrix}$$

면적이 2배가 됐으므로

$$\det(A) = 2$$

가 된다.

부호를 고려한 부피라는 것은 단위큐브의 변의 방향이 바뀌면 부피의 부호를 음으로 표기하는 것을 뜻한다. 행렬 $A = \begin{pmatrix} -2 & 0 \\ 0 & 1 \end{pmatrix}$를 예로 들어 보자. 여기서 상은

$$\begin{pmatrix} -2 & 0 \\ 0 & 1 \end{pmatrix}$$

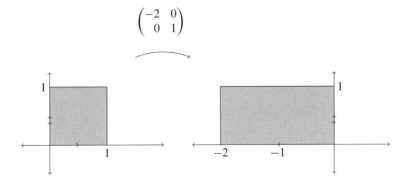

이 된다. 변의 방향이 뒤집혔음을 알게 된다. 면적은 여전히 2배이므로 정의에 따라

$$\det(A) = -2$$

이다.

현재로서는 방향을 논리적으로 바르게 정의하는 것은 약간은 어렵지만 (6장에서 다룸) 그

의미는 정확히 전달된다.

디터미넌트는 많은 대수적 성질을 가진다.

보조 정리 1.5.5 A와 B가 $n \times n$ 행렬일 때

$$\det(AB) = \det(A)\det(B)$$

이다.

이는 직접 곱해서 길게 계산하거나 또는 단위큐브의 부피의 변화로서의 디터미넌트의 정의에 의해 증명할 수 있다.

1.6 선형 대수의 핵심 정리

선형 대수의 핵심 정리는 다음과 같다(고유값^{eigenvalue}과 고유벡터^{eigenvector}는 1.8절에서 정의된다).

정리 1.6.1(핵심 정리) $n \times n$ 행렬 A에 대해 다음은 서로 동등하다^{equivalent}.

1. A는 가역적이다^{invertible}.
2. $\det(A) \neq 0$.
3. $\ker(A) = 0$.
4. $\mathbf{b}$가 $\mathbb{R}^n$의 열벡터라면 $A\mathbf{x} = \mathbf{b}$를 만족하는 열벡터 $\mathbf{x}$가 $\mathbb{R}^n$에 존재한다.
5. A의 열들은 선형적 독립인 $n \times 1$ 열벡터다.
6. A의 행들은 선형적 독립인 $1 \times n$ 행벡터다.
7. A의 전치행렬^{transpose} A^t는 가역적이다(여기서 $A = (a_{ij})$이면 $A^t = (a_{ji})$).
8. A의 모든 고유값은 0이 아니다.

이와 같은 정리는 선형 변환으로 다음과 같이 표현된다.

정리 1.6.2(핵심 정리) $T : V \rightarrow V$가 선형 변환일 때 다음은 서로 동등하다^{equivalent}.

1. T는 가역적이다^{invertible}.
2. $\det(T) \neq 0$. 여기서 디터미넌트는 V의 기저의 선택에 의해 정의된다.
3. $\ker(T) = 0$.

4. b가 V의 벡터라면 $T(v) = b$를 만족하는 고유한 벡터 v가 V에 존재한다.

5. V의 임의의 기저 $v_1, \ldots, v_n$에 대해 상^{image}벡터 $T(v_1), \ldots, T(v_n)$은 선형독립적이다.

6. V의 임의의 기저 $v_1, \ldots, v_n$에 대해 S가 선형 변환 T의 전치^{transpose}라면 $S(v_1), \ldots, S(v_n)$은 선형독립적이다.

7. T의 전치는 가역적이다(여기서 전치는 V의 기저의 선택에 의해 정의된다).

8. T의 모든 고유값은 0이 아니다.

행렬의 디터미넌트와 전치는 정의했으나 선형 변환의 디터미넌트와 전치는 정의하지 않았기 때문에 두 정리 사이의 명확한 일치를 확인하기에는 신경이 좀 쓰인다. 구체적으로 보이지는 않았지만 두 개념들은 기저가 정해지면 선형 변환으로 확장될 수 있다. $\det(T)$의 실제 값은 정해진 기저에 따르지만 $\det(T) \neq 0$ 조건은 그렇지 않음에 유의하자. 조건 6과 7도 마찬가지이다. 연습 문제 8번의 목표는 증명인데 선형 대수학 책을 한 권 선택해 실제로 증명해 보도록 하라. 물론 그 책이 여기와 똑같은 결과를 그대로 보여주지는 않을 것이다. 이 문제의 목적 일부는 내용을 해석해 이해하는 것도 포함한다.

각각의 동등 조건은 중요하다. 각 조건의 특징을 공부하면 그들이 동일하다는 놀랄만한 결과를 깨닫게 된다.

1.7 닮음 행렬

n차원 벡터 공간 V의 기저가 주어지면 선형 변환

$$T : V \to V$$

을 $n \times n$ 행렬 A로 나타낼 수 있었다. 불행하게도 다른 기저를 선택하면 A 행렬과는 다른 행렬을 얻게 된다. 1.7절의 목표는 서로 다른 기저를 통해 얻는 두 행렬이 언제 동일한 선형 변환을 나타내는지 그 조건 영역을 찾는 것이다.

정의 1.7.1 두 $n \times n$ 행렬 A, B에 대해 가역적 행렬 C가 존재해

$$A = C^{-1} BC$$

가 성립할 때 A와 B는 닮았다^{similar}고 한다.

두 행렬이 동일한 선형 변환을 나타낼 때 그들이 확실하게 닮았음을 보자. 벡터 공간 V의 두 기저 $\{v_1, \ldots, v_n\}$(v 기저)와 $\{w_1, \ldots, w_n\}$(w 기저)를 선택해 v 기저 기반의 선형 변환을 A라 하고 w 기저 기반의 선형 변환을 B라고 하자. 이제 $A = C^{-1}BC$를 만족하는 C를 찾아보자.

기저 v가 주어지면 임의의 $z \in V$인 $n \times 1$ 열벡터를 다음과 같이 표현하는 유일한 스칼라 $a_1, \ldots, a_n$이 존재한다.

$$z = a_1 v_1 + \cdots + a_n v_n$$

그러므로 기저 v를 기반으로 z를 다음과 같은 열벡터로 쓸 수 있다.

$$\begin{pmatrix} a_1 \\ \vdots \\ a_n \end{pmatrix}$$

같은 방법으로 기저 w에 대해서도 유일한 스칼라 $b_1, \ldots, b_n$이 존재해

$$z = b_1 w_1 + \cdots + b_n w_n$$

이 되며 기저 w를 기반으로 z를 다음과 같은 열벡터로 쓰게 된다.

$$\begin{pmatrix} b_1 \\ \vdots \\ b_n \end{pmatrix}$$

그러므로 C는 다음을 만족하는 행렬이 된다.

$$C \begin{pmatrix} a_1 \\ \vdots \\ a_n \end{pmatrix} = \begin{pmatrix} b_1 \\ \vdots \\ b_n \end{pmatrix}$$

$C = (c_{ij})$로 쓰면 성분 c_{ij}는 다음을 만족한다.

$$w_i = c_{i1} v_1 + \cdots + c_{in} v_n$$

A와 B가 동일한 선형 변환을 나타내기 위해 다음과 같은 다이어그램이 성립한다.

$$
\begin{array}{ccc}
\mathbb{R}^n & \xrightarrow{A} & \mathbb{R}^n \\
C \downarrow & & \downarrow C \\
\mathbb{R}^n & \xrightarrow{B} & \mathbb{R}^n
\end{array}
$$

따라서 $CA = BC$이므로 다음과 같은 관계식을 얻는다.

$$
A = C^{-1}BC
$$

두 행렬이 언제 닮음이 되는지를 결정하는 것이 수학과 물리학 전반에 걸쳐 나타나는 결과의 한 형태이다. 이따금 무언가를 구체적으로 써내려 가기 위해 어떤 좌표계(기저)를 선정하지만 밑에 깔린 수학 또는 물리는 초기의 선택과는 아무런 연관이 없게 된다. 핵심 질문은 바로 '좌표계가 바뀌면 남는 것이 무엇일까?'이다. 닮음 행렬similar matrix은 이러한 질문을 이해하는 시초가 된다.

1.8 고유값과 고유벡터

앞 절에서 서로 다른 기저를 갖는 두 개의 행렬이 닮았을 때 동일한 선형 변환을 나타냈다. 그러나 기저를 어떻게 선택하는지는 보이지 않았다. 예를 들어 대각 행렬

$$
A = \begin{pmatrix} 1 & 0 & 0 \\ 0 & 2 & 0 \\ 0 & 0 & 3 \end{pmatrix}
$$

는 다음 행렬과 닮은꼴이다.

$$
B = \begin{pmatrix} -1 & -2 & -2 \\ 12 & 7 & 4 \\ -9 & -3 & 0 \end{pmatrix}
$$

A가 B에 비해 매우 간단함을 알 수 있다(그런데 A와 B가 닮음이 그렇게 분명하지 않다. 적절한 C를 선택해 $C^{-1}AC$를 계산해 B를 얻게 된다. A와 B가 닮음이 갑자기 눈에 띄는 것이 아니다. 여기서는 그렇게 되도록 조작한 것이다).

아래 고유값과 고유벡터 정의의 목적 중 하나는 좋은 기저를 선택하는 도구를 제공하는

것이다. 물론 고유값과 고유벡터를 이해하는 많은 다른 이유가 있다.

정의 1.8.1 선형 변환 $T : V \to V$를 고려하자. 이때 아래 식을 만족하는 0이 아닌 벡터 $v \in V$가 스칼라 고유값 λ를 갖는 T의 고유벡터가 된다.

$$T(v) = \lambda v$$

$n \times n$ 행렬 A에 대해서는 아래 식을 만족하는 0이 아닌 열벡터 $\mathbf{x} \in \mathbb{R}^n$이 스칼라 고유값 λ를 갖는 A의 고유벡터가 된다.

$$A\mathbf{x} = \lambda\mathbf{x}$$

기하적으로는 고유값 λ를 갖는 선형 변환 T의 고유벡터 v는 선형 변환의 결과가 v를 λ만큼 펼친 것과 같은 벡터를 의미한다.

예를 들어 $A\mathbf{x} = \lambda\mathbf{x}$에서

$$\begin{pmatrix} -2 & -2 \\ 6 & 5 \end{pmatrix} \begin{pmatrix} 1 \\ -2 \end{pmatrix} = 2 \begin{pmatrix} 1 \\ -2 \end{pmatrix}$$

이면 2×2 행렬 $\begin{pmatrix} -2 & -2 \\ 6 & 5 \end{pmatrix}$로 표시되는 선형 변환에서 2는 고유값이고 $\begin{pmatrix} 1 \\ -2 \end{pmatrix}$는 고유벡터가 된다.

운이 좋게도 정방 행렬의 고유값을 기술하는 쉬운 방법이 있어 닮음 변환의 경우 고유값이 유지됨을 볼 수 있다.

명제 1.8.2 λ가 정방 행렬 A의 고유값이 되기 위한 필요충분조건$^{\text{if and only if}}$은 λ가 다음 다항식의 근^{root}이 되는 것이다.

$$P(t) = \det(tI - A)$$

다항식 $P(t) = \det(tI - A)$는 행렬 A의 특성 다항식$^{\text{characteristic polynomial}}$이라고 한다.

증명: 고유값 λ 고유벡터 v인 행렬 A를 가정하자. 그러면 $Av = \lambda v$ 또는

$$\lambda v - Av = 0$$

이 된다. 오른쪽 항이 0인 열벡터이므로 항등 행렬$^{\text{identity matrix}}$을 사용해 다음과 같이 쓰게 된다.

$$0 = \lambda v - Av = (\lambda I - A)v$$

그러므로 $(\lambda I - A)$는 자명하지 않은 해 v를 가지며 선형 대수의 주요 정리에 따라 이와 같은 것은 다음과 같은 조건일 때 발생한다.

$$0 = \lambda v - Av = (\lambda I - A)v$$

이는 λ가 특성 다항식 $P(t) = \det(tI - A)$의 근^{root}임을 의미한다.

반대 방향으로도 증명이 가능해 정리가 증명된다. □

정리 1.8.3 A와 B가 닮음 행렬일 경우 A의 특성 다항식은 B의 특성 다항식과 같다.

증명: A와 B가 닮음이면 $A = C^{-1}BC$를 만족하는 C가 존재한다. 그러면

$$\begin{aligned}
\det(tI - A) &= \det(tI - C^{-1}BC) \\
&= \det(tC^{-1}C - C^{-1}BC) \\
&= \det(C^{-1})\det(tI - B)\det(C) \\
&= \det(tI - B)
\end{aligned}$$

이 되는데 $1 = \det(C^{-1}C) = \det(C^{-1})\det(C)$를 사용했다. □

닮음 행렬의 특성 다항식은 동일하므로 고유값도 동일함을 의미한다.

따름정리 1.8.4 닮음 행렬들의 고유값은 동일하다.

두 행렬이 닮음인지를 확인하기 위해서는 고유값이 동일한지를 계산한다. 동일하지 않으면 닮음이 아니다. 그러나 안타깝게도 고유값이 같다고 해서 닮음인 것은 아니다. 예를 들어 행렬

$$A = \begin{pmatrix} 2 & -7 \\ 0 & 2 \end{pmatrix}$$

와

$$B = \begin{pmatrix} 2 & 0 \\ 0 & 2 \end{pmatrix}$$

는 중복도가 2인 동일한 고유값 2를 가지지만 A와 B는 서로 닮음이 아니다(이는 C^{-1} $AC = B$를 만족하는 가역적인 2×2 행렬 C가 존재한다고 가정하고 $\det(C) = 0$임을 보임으로써 C의 가역성과 충돌함을 증명한다).

특성 다항식 $P(t)$는 닮음 변환에 의해 변경되지 않으므로 $P(t)$의 계수도 변하지 않는다. 그러나 $P(t)$의 계수 자체도 행렬 A의 성분으로 이뤄진 다항식이 되므로(복잡함) 닮음 변환에 의해서도 변하지 않는 특별한 A의 성분의 다항식을 보게 된다. 아래 정리에서 보듯이 이러한 계수 중 하나는 이미 다른 모습으로 본 A의 디터미넌트이다. 이 정리는 더 중요하게 A의 고유값을 A의 디터미넌트에 연결시킨다.

정리 1.8.5 $\lambda_1, \ldots, \lambda_n$이 중복도를 고려한 A 행렬의 고유값이면

$$\det(A) = \lambda_1 \cdots \lambda_n$$

이 된다.

이 정리를 증명하기 전에 '중복도를 고려한' 고유값의 개수에 대해 이야기해 보자. 다항식의 어떤 근은 한 번 이상 세어야 한다(즉 다항식 $(x - 2)^2$은 근 2를 두 번 세어야 한다). 이러한 현상은 특성 다항식에서 일어난다. 예를 들어 행렬

$$\begin{pmatrix} 5 & 0 & 0 \\ 0 & 5 & 0 \\ 0 & 0 & 4 \end{pmatrix}$$

는 다음과 같은 3차의 특성 다항식을 가진다.

$$(t - 5)(t - 5)(t - 4)$$

위 정리에 따르면 고유값은 4, 5, 5로서 고유값 5를 두 번 센다.

증명: 고유값 $\lambda_1, \ldots, \lambda_n$이 특성 다항식 $\det(tI - A)$의 (복소수) 근이므로

$$(t - \lambda_1) \cdots (t - \lambda_n) = \det(tI - A)$$

이 성립한다. $t = 0$으로 놓으면 다음과 같이 된다.

$$(-1)^n \lambda_1 \cdots \lambda_n = \det(-A)$$

행렬 $(-A)$는 행렬 A의 각 행에 (-1)을 곱한 것이므로 디터미넌트의 둘째 정의에 따라 각 행에서 (-1)을 꺼낼 수 있어 다음과 같은 결과를 얻게 돼 정리의 결과가 된다.

$$(-1)^n \lambda_1 \cdots \lambda_n = (-1)^n \det(A) \qquad \qquad \square$$

이제 선형 변환을 위한 '좋은' 기저를 결정하는 문제로 돌아가자. '좋음'의 척도는 행렬이 대각 행렬에 가까운 정도이다. 여기서는 특별한 경우인 대칭 행렬에 국한해 논의한다. 대칭이라 함은 $A = (a_{ij})$이면 i번째 행과 j번째 열의 성분 (a_{ij})와 j번째 행과 i번째 열의 성분 (a_{ji})가 같아야 한다. 즉

$$\begin{pmatrix} 5 & 3 & 4 \\ 3 & 5 & 2 \\ 4 & 2 & 4 \end{pmatrix}$$

는 대칭 행렬이나

$$\begin{pmatrix} 5 & 2 & 3 \\ 6 & 5 & 3 \\ 2 & 18 & 4 \end{pmatrix}$$

는 대칭 행렬이 아니다.

정리 1.8.6 A가 대칭 행렬이면 닮음 행렬 B가 존재하는데 B는 대각 행렬이며 성분은 A의 고유값이다.

증명: 이 증명은 기본적으로 A의 고유벡터가 기저가 돼 A가 대각 행렬이 된다는 것을 보여준다. 중복도를 가진 고유값이 있는 경우에는 기술적으로 복잡하므로 A의 고유값이 서로 다르다고 가정하자.

행렬 A의 고유값 $\lambda_1, \lambda_2, \ldots, \lambda_n$에 해당하는 고유벡터를 $\mathbf{v}_1, \mathbf{v}_2, \ldots, \mathbf{v}_n$라고 할 때 새로운 행렬 C를 다음과 같이 구성한다.

$$C = (\mathbf{v}_1, \mathbf{v}_2, \ldots, \mathbf{v}_n)$$

여기서 C의 i번째 열은 열벡터 $\mathbf{v}_i$가 된다. 이제 행렬 $C^{-1}AC$가 위 정리를 만족하는지 증명하면 된다. 즉 $C^{-1}AC$가 대각 행렬 B와 같음을 보이자.

$$B = \begin{pmatrix} \lambda_1 & 0 & \cdots & 0 \\ \vdots & \vdots & \vdots & \vdots \\ 0 & 0 & \cdots & \lambda_n \end{pmatrix}$$

다음과 같은 기저를 정의하면

$$\mathbf{e}_1 = \begin{pmatrix} 1 \\ 0 \\ \vdots \\ 0 \end{pmatrix}, \quad \mathbf{e}_2 = \begin{pmatrix} 0 \\ 1 \\ \vdots \\ 0 \end{pmatrix}, \ldots, \mathbf{e}_n = \begin{pmatrix} 0 \\ 0 \\ \vdots \\ 1 \end{pmatrix}$$

대각 행렬 B는 모든 i에 대해 $B\mathbf{e}_i = \lambda_i \mathbf{e}_i$이 되는 유일한 행렬이 된다. 이제 $C\mathbf{e}_i = \mathbf{v}_i$를 만족하도록 C를 구성하면

$$C^{-1}AC\mathbf{e}_i = C^{-1}A\mathbf{v}_i = C^{-1}(\lambda_i \mathbf{v}_i) = \lambda_i C^{-1}\mathbf{v}_i = \lambda_i \mathbf{e}_i$$

이므로 $B = C^{-1}AC$ 돼 정리를 증명한다. $\qquad\qquad\qquad\qquad\qquad\qquad\qquad$ □

이것이 전부는 아니다. 비대칭 행렬에 대해서는 조르당 표준형$^{\text{Jordan canonical form}}$, 상 삼각 형태$^{\text{upper triangular form}}$ 또는 유리 표준형$^{\text{rational canonical form}}$등과 같은 방법을 사용해 '좋은' 닮음 행렬을 구할 수 있다.

1.9 쌍대 벡터 공간

함수를 공부하면 보답받는다. 사실 함수는 정의역보다 때때로 더 기본적으로 보인다. 선형 대수의 문맥에서 함수의 자연 클래스는 선형 변환, 즉 하나의 벡터 공간에서 다른 공간으로의 선형 사상이다. 실수 벡터 공간 중 가장 단순한 벡터 공간은 1차원 실수 공간 $\mathbb{R}$이다. 이제 벡터 공간을 실수로 사상하는 특별한 형태의 선형 변환을 분석해 보자. 이때 실수 집합을 쌍대 공간$^{\text{dual space}}$이라고 부르는데 수학에서 정기적으로 나타난다.

V를 벡터 공간이라 할 때 쌍대 벡터 공간 또는 쌍대 공간은 다음과 같이 정의된다.

$$V^* = \{V \text{에서 } \mathbb{R} \text{로의 선형 사상}\}$$
$$= \{v^* : V \to \mathbb{R} \mid v^* \text{는 선형}\}$$

연습 문제 중 하나는 V^*가 벡터 공간임을 보이는 문제다.

$T : V \to W$가 선형 변환일 때 자연 선형 변환은 다음과 같이 정의한다.

$$T^* : W^* \to V^*$$

즉 W의 쌍대 공간에서 V의 쌍대 공간으로의 사상이다. 임의의 $w^* \in W^*$이 주어질 때 W에 속한 모든 w에 대해 $w^*(w)$는 실수가 된다. 또한 $T^*(w^*) \in V^*$이다. 그러므로 $v \in V$에 대해 $T^*(w^*)(v)$는 실수가 된다. 이를 다음과 같이 간단히 정의하자.

$$T^*(w^*)(v) = w^*(T(v))$$

여기서 선형 변환 $T : V \to W$의 방향이 $T^* : W^* \to V^*$로 바뀐 것에 주의할 필요가 있다. 또한 '자연'이라 함은 사상 T^*가 '분명'이라기 보다는 원 선형 변환 T와 고유하게 연결돼 있음을 의미한다.

이러한 쌍대 사상^{dual map}은 다양한 문맥에서 나타난다. 예를 들어 X와 Y가 $F : X \to Y$인 연속 사상을 갖는 위상 공간^{topological space}이고 $C(X)$와 $C(Y)$가 연속 실수 함수이면 쌍대 사상

$$F^* : C(Y) \to C(X)$$

는 $F^*(g)(x) = g(F(x))$로 정의되며 g는 Y상의 연속 함수다.

모든 종류의 쌍대 사상을 추상적으로 특성화하는 시도가 20세기 중반의 수학의 주류 주제였으며 범주론^{category theory}의 시초라 할 수 있다.

1.10 참고 서적

수학자가 수학을 연구한 이래 지금까지 선형 대수를 사용했으나 형태, 방법, 용어는 계속 변해왔다. 예를 들면 1900년대, 아니 정확히 1950년의 대학 과정에서 선형 대수라고 하는 학부 교과목은 없었다. 그 대신 '방정식 이론' 또는 '대수학'이 있었다. 20세기 초반부에 인기 있던 교재는 맥심 보처^{Maxime Bocher}의 『Introduction to Higher Algebra』(1907) [18]로서 선형 연립 방정식을 확실하게 푸는 데에 집중하고 있다. 알고리듬 형태로 써

서 일반적으로 현대의 프로그래머가 현재의 수학책보다 훨씬 이해하기 쉽다. 1930년대에 들어 대수학 강의의 주제는 에미 노터$^{Emmy Noether}$와 에밀 아틴$^{Emil Artin}$의 강의를 기반으로 한 반 데어 바르덴$^{Van der Waerden}$의 『Modern Algebra』(1991)[192, 193]의 출판과 더불어 근본적인 변화를 가져왔다. 여기서는 추상적인 접근이 강조됐다. 진정한 선형 대수학 교재이며 현재의 영어로 쓴 책은 할모스^{Halmos}의 『Finite-Dimensional Vector Spaces』 (1993)[81]이다. 이 책에서는 처음부터 벡터 공간 개념을 강조하고 있다. 오늘날 많은 선형 대수학 기초 교재가 나와 있다. 선형 연립 방정식에서 시작해 벡터 공간을 다루는 책도 있고 반대 방향으로 다루는 교재도 있다. 오랫동안 많은 사람의 사랑을 받은 책은 스트랭^{Strang}의 『Linear Algebra and Its Applications』(1988)[185]이다. 대학원생이라면 가능한 한 속히 선형 대수학을 가르치거나 TA를 담당하기를 권한다.

연습 문제

1. $L : V \rightarrow W$를 두 벡터 공간 사이의 선형 변환이라고 할 때 차원에 관한 다음 식을 증명하라.

$$\dim(\ker(L)) + \dim(\mathrm{Im}(L)) = \dim(V)$$

2. 하나의 변수의 차수가 3 이하인 실수 다항식의 모든 집합에 대해 다음을 풀라.
   a. 이 집합이 차원이 4인 벡터 공간을 형성함을 보여라.
   b. 이 벡터 공간의 기저를 구하라.
   c. 다항식의 미분이 선형 변환임을 보여라.
   d. (b)의 기저를 사용해 도함수를 행렬로 표현하라.

3. $T : V \rightarrow W$를 벡터 공간 V에서 벡터 공간 W로의 선형 변환이라고 할 때 T의 상^{image}
   $$\mathrm{Im}(T) = \{w \in W : T(v) = w \text{를 만족하는 } v \in V \text{가 존재한다}\}$$

   가 W의 부분 공간임을 보여라.

4. A와 B가 $n \times n$ 가역적 행렬이라고 할 때 다음을 증명하라.
   $$(AB)^{-1} = B^{-1}A^{-1}$$

5. A가

$$A = \begin{pmatrix} 2 & 3 \\ 3 & 5 \end{pmatrix}$$

일 때 $C^{-1}AC$가 대각 행렬이 되는 C를 구하라.

6. 무한히 미분 가능한 모든 함수

$$f : \mathbb{R} \to \mathbb{R}$$

의 벡터 공간을 $C^{\infty}(\mathbb{R})$라고 하자. 이 공간은 매끄러운 함수^{smooth functions} 공간이라고 부른다.

a. $C^{\infty}(\mathbb{R})$이 무한차원임을 보여라.

b. 미분변환

$$\frac{\mathrm{d}}{\mathrm{d}x} : C^{\infty}(\mathbb{R}) \to C^{\infty}(\mathbb{R})$$

이 선형 변환임을 보여라.

c. 실수 고유값 λ를 갖는 $\frac{\mathrm{d}}{\mathrm{d}x}$의 고유벡터를 구하라.

7. V가 유한 차원의 벡터 공간이라고 할 때 쌍대 벡터 공간 V^*가 V와 동일한 차원을 가짐을 보여라.

8. 선형 대수 책 하나를 선정해 도움을 받아 선형 대수의 핵심 정리를 증명해 보라. 긴 연습이 되겠지만 신중하게 증명하라.

9. 벡터 공간 V의 쌍대 벡터 공간 V^*도 벡터 공간임을 보여라.

ϵ, δ 실해석학

기본 대상: 실수

기본 사상: 연속 및 미분 가능 함수

기본 목표: 미적분의 기본 정리

미분과 적분의 뒤에 숨겨진 기본적인 직관들은 1600년대 후기까지 알려져 1700년대에 물리적 그리고 수학적인 응용이 풍성하게 발전했으나 날카롭고 엄밀한 정의는 1800년대에 이르러 완성됐다. 핵심 개념은 극한 개념으로서 이로부터 미분과 적분을 정의하고 이들의 기본적인 성질을 증명했다. 이러한 증명은 융통성 없는 단순한 기술적인 연습을 넘어 수학자가 새로운 현상을 발견하기에 이르렀다. 예를 들어 칼 바이어슈트라스 Karl Weierstrass는 모든 곳에서 연속이지만 어느 곳에서도 미분 가능하지 않은 함수를 발견했다. 즉 이 함수는 끊어진 곳은 없지만 모든 곳에서 날카롭다는 것이다. 그의 증명의 열쇠는 극한이 함수 열 sequence of functions에 적용되고 균등 수렴 uniform convergence 개념으로 연결돼야 한다는 필요였다.

이 장에서 우선 극한을 정의한 후 이 정의를 사용해 함수의 연속성 미분 적분을 발전시키고 미분과 적분이 미적분의 기본 정리 Fundamental Theorem of Calculus와 어떻게 밀접하게 연관되는지 보인다. 끝으로 함수의 균등 수렴과 바이어슈트라스의 예로 2장을 맺는다.

2.1 극한

정의 2.1.1 함수 $f : \mathbb{R} \to \mathbb{R}$은 임의의 실수 $\epsilon > 0$에 대해 아래 조건을 만족하는 실수 $\delta > 0$가 존재할 때 a 점에서 극한 L을 가진다. 즉 모든 실수 x에 대해

$$0 < |x - a| < \delta$$

이면

$$|f(x) - L| < \epsilon$$

을 만족하는 조건이다. 이 극한은 다음과 같이 표기한다.

$$\lim_{x \to a} f(x) = L$$

직관적으로 이는 a 근처의 x값에 대해 $f(x)$ 값이 L에 근접하면 함수 $f(x)$가 a에서 극한 L를 가져야 함을 말한다. 다시 말하면 $f(x)$ 값이 L에 근접함을 보장하기 위해 x도 a에 가까워야 한다. 따라서 $f(x)$가 L의 $\epsilon > 0$ 내에 있기를(즉 $|f(x) - L| < \epsilon$) 원한다면 x가 a에 얼마나 가까운지를 구체적으로 정의해야 한다. 그러므로 주어진 값 $\epsilon > 0$(얼마나 작은지 상관없이)에 대해 $\delta > 0$을 찾아 x가 a의 δ내에 있으면 $f(x)$가 L의 $\epsilon > 0$ 내에 있게 된다. 정의는 바로 이러한 점을 심볼로 표현하고 있다.

예를 들어 위 극한 정의가 분명하다면 다음 식이 맞을 것이다.

$$\lim_{x \to 2} x^2 = 4$$

이를 검증해 보자. 위 정의를 사용해 x가 2에 접근할 때 x^2이 4에 접근하는 것을 보임으로 검증하는 어리석음을 범하지는 말자. 새로운 정의가 합리적인지 체크하기 위해 답을 이미 아는 예를 이용하는 평범한 트릭을 사용한다. 즉 임의의 $\epsilon > 0$에 대해 적절한 $\delta > 0$을 찾아 $0 < |x - 2| < \delta$이면

$$|x^2 - 4| < \epsilon$$

임을 보임으로 정의를 검증한다.

δ를 다음과 같이 설정함으로 시작하자.

$$\delta = \min\left(\frac{\epsilon}{5}, 1\right)$$

늘 그렇듯이 δ의 정확한 표현을 찾는 초기 작업은 숨겨진다. 또한 분모의 '5'가 결정적이지 않음을 보게 될 것이다. $0 < |x-2| < \delta$을 가정할 때 $|x^2 - 4| < \epsilon$임을 보이는 것이다.

$$|x^2 - 4| = |x - 2| \cdot |x + 2|$$

이 되고 x가 2의 δ 내에 있으므로

$$|x + 2| < (2 + \delta) + 2 = 4 + \delta \leq 5$$

이 된다. 그러므로

$$|x^2 - 4| = |x - 2| \cdot |x + 2| < 5 \cdot |x - 2| < 5 \cdot \frac{\epsilon}{5} = \epsilon$$

이 돼 $|x^2 - 4| < \epsilon$임이 증명된다.

2.2 연속성

정의 2.2.1 함수 $f : \mathbb{R} \to \mathbb{R}$이 다음을 만족하면 a에서 연속^{continuous}이다.

$$\lim_{x \to a} f(x) = f(a)$$

물론 직관적으로 연속 함수의 그래프는 끊어지는 부분이 없다는 기본적인 개념을 가진다. 즉 연속 함수의 그래프를 그릴 때 필기도구를 필기장에서 떼지 않고 그릴 수 있다.

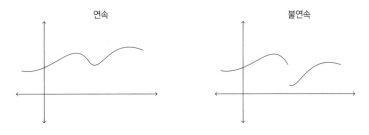

ϵ과 δ를 사용한 연속성의 정의는 다음과 같다.

정의 2.2.2 함수 $f : \mathbb{R} \to \mathbb{R}$이 다음 조건을 만족하면 a에서 연속이다. 즉 임의의 실수 $\epsilon > 0$이 주어질 때 $0 < |x - a| < \delta$인 실수 $\delta > 0$가 존재해 $|f(x) - f(a)| < \epsilon$을 만족해야 한다.

한 예로서 원점 0에서 불연속인 하나의 함수를 통해 정의의 합리성을 체크하자. 다음과 같은 함수 f를 정의하자.

$$f(x) = \begin{cases} 1, & x > 0 \\ -1, & x \leq 0 \end{cases}$$

이 함수 $f(x)$의 그래프는 원점에서 끊어진다.

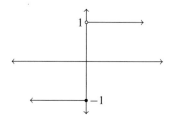

이와 같은 끊어짐을 다음을 통해 확인하자.

$$\lim_{x \to 0} f(x) \neq f(0)$$

여기서 $f(0) = -1$이다. 이제 $\epsilon = 1$과 임의의 $\delta > 0$이라고 놓으면 임의의 $0 < x < \delta$에 대해 $f(x) = 1$이다. 그리고

$$|f(x) - f(0)| = |1 - (-1)| = 2 > 1 = \epsilon$$

이 된다. 따라서 $0 < x < \delta$인 모든 x에 대해

$$|f(x) - f(0)| > \epsilon$$

이다. 그러므로 임의의 $\delta > 0$에 대해

$$|x - 0| < \delta$$

를 만족하는 x가 존재하나

$$|f(x) - f(0)| > \epsilon$$

이 된다. 그러므로 이 함수는 확실히 연속 함수가 아니다.

2.3 미분

정의 2.3.1 함수 $f : \mathbb{R} \to \mathbb{R}$은 다음 극한이 존재하면 **미분 가능**differentiable하다.

$$\lim_{x \to a} \frac{f(x) - f(a)}{x - a}$$

이 극한을 a에서의 **도함수**derivative라고 부르며 (다른 많은 표기 중) $f'(a)$ 또는 $\frac{df}{dx}(a)$로 표기한다.

도함수의 가장 직관적인 핵심 의미는 곡선 $y = f(x)$의 a에서의 **접선**tangent line의 기울기이다. 논리적으로 현재 접선의 정의가 도함수의 위 정의를 포함하지만 접선은 그림으로더 잘 알려져 있다.

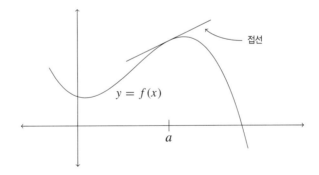

위 정의의 숨겨진 뜻인 직선의 기울기는 평면상의 2점으로 계산할 수 있다. 특별히 $x \neq a$일 때 두 점 $(a, f(a))$와 $(x, f(x))$을 자르는 직선(할선secant line)의 기울기는

$$\frac{f(x) - f(a)}{x - a}$$

이다.

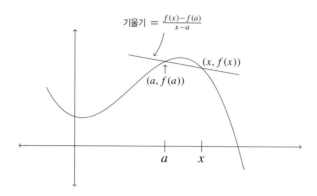

x가 a에 접근하면 할선은 접선에 접근한다. 따라서 할선의 기울기는 접선에 접근한다.

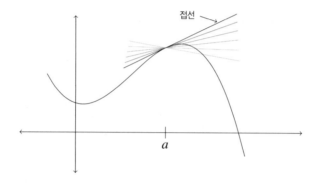

그러므로 접선의 기울기의 정의는 다음과 같아야 한다.

$$f'(a) = \lim_{x \to a} \frac{f(x) - f(a)}{x - a}$$

도함수는 매우 중요하므로(그리고 고등학교 3학년과 대학 과정에서 가르치는 이유) 모든 계산기의 미분 기능을 사용할 수 있어 실제로는 극한을 취하며 직접 계산하지 않는다.

원점에서 도함수가 존재하지 않는 다음 함수의 예를 보자.

$$f(x) = |x|$$

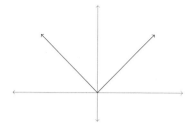

이 함수는 원점이 날카로와 분명한 접선을 그곳에 그릴 수 없다. 정의 또한 $f(x) = |x|$가
$x = 0$에서 미분 가능하지 않음을

$$\lim_{x \to 0} \frac{f(x) - f(0)}{x - 0}$$

이 존재하지 않음을 통해 보일 수 있다. 즉

$$\frac{f(x) - f(0)}{x - 0} = \frac{|x|}{x} = \begin{cases} 1 & x > 0 \\ -1 & x < 0 \end{cases}$$

는 2.3절에서 보인 바와 같이 x가 0에 접근할 때 극한을 가지지 않는다.

2.4 적분

직관적으로 정의역 $a \le x \le b$에서의 양의 함수 $f(x)$의 적분값^{integral}은 x축 위와 곡선
$y = f(x)$의 아랫부분의 넓이다.

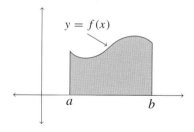

함수 $f(x)$가 모든 곳에서 양의 값이 아닌 경우 적분값은 곡선 $y = f(x)$의 양의 값 부분의
아래 면적에서 음의 값 부분의 위 면적을 뺀 값이다.

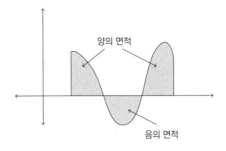

물론 아직 면적의 적절한 정의가 주어지지 않았기 때문에 이 주장은 엄밀하다고 볼 수는 없다.

주요 아이디어는 높이 a, 폭 b인 직사각형의 넓이는 ab인 점이다.

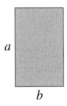

곡선 $y = f(x)$ 아래의 면적을 구하기 위해 우선 곡선 아래를 여러 직사각형으로 나눠 직사각형들의 면적을 구하고 또한 곡선 바로 위의 다양한 직사각형들의 면적을 구한다.

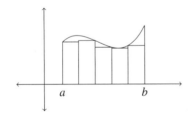 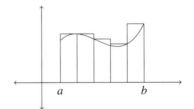

그리고 직사각형들을 점점 더 좁게 만든다.

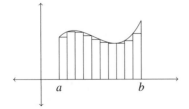 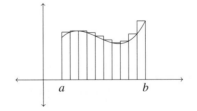

이를 반복적으로 계속해 마침내 극한을 취하면 곡선 아래의 면적을 얻는다.

이제 더 기술적으로 정확한 정의를 위해 폐구간$^{\text{closed interval}}$ $[a, b]$ 내의 실수 함수 $f(x)$를 고려하자. 우선 구간 $[a, b]$를 직사각형 모양의 매우 작은 조각으로 나눈다. 양의 정수 n에 대해서

$$\triangle t = \frac{b - a}{n}$$

값의 간격을 정의하면 나눠진 x값은

$$a = t_0,$$
$$t_1 = t_0 + \triangle t,$$
$$t_2 = t_1 + \triangle t,$$
$$\vdots$$
$$t_n(= b) = t_{n-1} + \triangle t$$

가 된다.

예를 들어 구간 $[0, 2]$를 $n = 4$로 나누면 $t = \frac{2-0}{4} = \frac{1}{2}$이 돼 다음과 같이 구간이 나눠진다.

$$t_0 = 0 \qquad t_1 = \frac{1}{2} \qquad t_2 = 1 \qquad t_3 = \frac{3}{2} \qquad t_4 = 2$$

각각의 구간 $[t_{k-1}, t_k]$에 대해 l_k와 u_k를 구간 내에서 선택하되

$$f(l_k) \leq f(t)$$

와

$$f(u_k) \geq f(t)$$

를 만족하도록 선택한다.

이와 같은 선택은 밑변 $[t_{k-1}, t_k]$와 높이 $f(l_k)$인 사각형이 $y = f(x)$ 아래에 있게 하고 밑변 $[t_{k-1}, t_k]$와 높이 $f(u_k)$인 사각형이 $y = f(x)$ 위에 놓이게 한다.

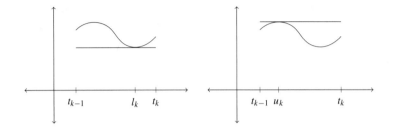

정의 2.4.1 폐구간 $[a, b]$에서 정의되는 실수 함수 $f(x)$를 고려하자. 양의 정수 n에 대해 $f(x)$의 하합^{lower sum}을

$$L(f, n) = \sum_{k=1}^{n} f(l_k) \Delta t$$

로 상합^{upper sum}을

$$U(f, n) = \sum_{k=1}^{n} f(u_k) \Delta t$$

라고 정의한다.

하합 $L(f, n)$은 곡선 아래의 직사각형들의 넓이의 합이며 상합 $U(f, n)$은 곡선 위까지 나와 있는 직사각형들의 넓이의 합이다.

이제서야 적분값을 정의할 수 있게 된다.

정의 2.4.2 정의역^{domain}이 폐구간 $[a, b]$인 실수 함수 $f(x)$는 아래와 같이 두 극한이 존재하고 값이 같을 때 적분 가능하다.

$$\lim_{n \to \infty} L(f, n) = \lim_{n \to \infty} U(f, n)$$

또한 이 두 극한이 같을 때 극한값을 $\int_a^b f(x) \, dx$라고 표기하고 $f(x)$의 적분값이라고 부른다.

그림으로부터 정의가 곡선 아래의 면적이라는 개념을 포착하고 있는 것처럼 보이지만 적분값을 실제로 계산하는 일은 일반적으로 매우 어렵다. 다음 절인 미적분의 기본 정리^{Fundamental Theorem of calculus}의 목표는 적분값(면적 찾기 도구)이 도함수(기울기 찾기 도구)와 어

떻게 연결되는지 보는 것이다. 이를 통해 실제로 많은 적분값을 계산할 수 있다.

2.5 미적분의 기본 정리

폐구간 $[a, b]$에서 정의되는 실수 함수 $f(x)$가 주어질 때 위 정의를 이용해 다음과 같은 새로운 함수를 정의한다.

$$F(x) = \int_a^x f(t)\,\mathrm{d}t$$

변수 x가 이미 함수 $F(x)$의 독립 변수로 사용되므로 적분식에서 변수 t를 사용하고 있다. 따라서 $F(x)$값은 a에서 x까지의 곡선 $y = f(x)$ 아래의 면적(부호 포함)이다.

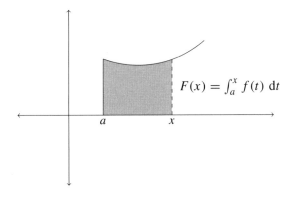

정리 2.5.1(미적분의 기본 정리) 폐구간 $[a, b]$에서 정의되는 실수 연속 함수 $f(x)$에 대해

$$F(x) = \int_a^x f(t)\,\mathrm{d}t$$

을 정의할 때 정리는 다음과 같은 두 부분으로 나뉜다.

(a) 함수 $F(x)$는 미분 가능하고 미분 결과는 다음과 같다.

$$\frac{\mathrm{d}F(x)}{\mathrm{d}x} = \frac{\mathrm{d}\int_a^x f(t)\,\mathrm{d}t}{\mathrm{d}x} = f(x)$$

(b) $G(x)$가 폐구간 $[a, b]$에서 정의되는 미분 가능한 실수 함수이고 도함수가

$$\frac{\mathrm{d}G(x)}{\mathrm{d}x} = f(x)$$

이면 다음을 만족한다.

$$\int_a^b f(x)\,\mathrm{d}x = G(b) - G(a)$$

우선 (a) 부분을 생각해 보자. 구간 $[a, b]$의 모든 x에 대해 다음과 같은 극한이 존재하며 그 값이 $f(x)$임을 보이려고 한다.

$$\lim_{h \to 0} \frac{F(x + h) - F(x)}{h} = f(x)$$

도함수의 정의 $\lim_{x \to x_0}(f(x) - f(x_0))/(x - x_0)$를 동등한 표현인 $\lim_{h \to 0}(f(x + h) - f(x))/h$로 재구성하고 단순함을 위해 개구간 (a, b)의 x와 양수 h에 대해 증명한다. 즉

$$\frac{F(x + h) - F(x)}{h} = \frac{\int_a^{x+h} f(t)\,\mathrm{d}t - \int_a^x f(t)\,\mathrm{d}t}{h}$$
$$= \frac{\int_x^{x+h} f(t)\,\mathrm{d}t}{h}$$

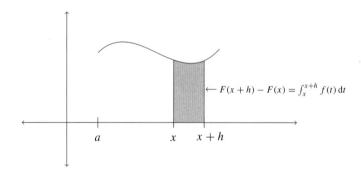

$\leftarrow F(x + h) - F(x) = \int_x^{x+h} f(t)\,\mathrm{d}t$

$a \qquad x \quad x + h$

구간 $[x, x + h]$에서는 h가 주어지면 구간 내의 모든 t에 대해 l_h와 u_h가 다음과 같이 되도록 정의한다.

$$f(l_h) \le f(t)$$

$$f(u_h) \geq f(t)$$

(굳이 밝히지는 않았지만 연속 함수는 구간 $[x, x+h]$ 내에서 l_h와 u_h 같은 점을 가짐을 이용했다. 점 집합 위상 수학^{point set topology}을 다루는 장에서 분명히 하겠지만 $[x, x+h]$와 같은 콤팩트 집합^{compact set}에서 연속 함수는 최대값과 최소값을 모두 가진다.)

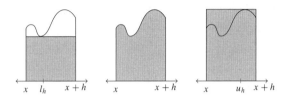

따라서

$$f(l_h)h \leq \int_x^{x+h} f(t)\, \mathrm{d}t \leq f(u_h)h$$

이 되고 $h > 0$으로 양변을 나누면 다음과 같다.

$$f(l_h) \leq \frac{\int_x^{x+h} f(t)\, \mathrm{d}t}{h} \leq f(u_h)$$

h가 0에 접근하면 l_h와 u_h는 x에 접근하고 $f(x)$가 연속이므로

$$\lim_{h \to 0} f(l_h) = \lim_{h \to 0} f(u_h) = f(x)$$

이 돼 원하는 결과를 얻는다.

이제 (b)를 증명하자. 도함수가 다음과 같은 함수 $G(x)$를 고려한다.

$$\frac{\mathrm{d}G(x)}{\mathrm{d}x} = f(x)$$

증명 (a)에서와 같이 $F(x) = \int_a^x f(t)\, \mathrm{d}t$라 하면 $F(a) = 0$이며

$$\int_a^b f(t)\, \mathrm{d}t = F(b) = F(b) - F(a)$$

이 된다. 또한 (a)부분에서 이미 우리는 $F(x)$의 도함수가 $f(x)$임을 알고 있다. 따라서 $F(x)$와 $G(x)$의 도함수가 같으므로

$$\frac{\mathrm{d}(F(x) - G(x))}{\mathrm{d}x} = f(x) - f(x) = 0$$

이다. 그러나 도함수가 0인 함수는 상수가 돼야 한다(아직 이를 보이지는 않았으나 접선의 기울기가 0이 될 유일한 경우는 함수의 그래프가 수평선이므로 꽤 합리적인 주장이다. 증명은 노력이 좀 든다). 그러므로 다음과 같은 상수 c가 존재한다.

$$F(x) = G(x) + c$$

그러면

$$\int_a^b f(t)\,\mathrm{d}t = F(b) = F(b) - F(a)$$
$$= (G(b) + c) - (G(a) + c)$$
$$= G(b) - G(a)$$

이 돼 원하는 결과를 얻는다.

2.6 함수의 점별 수렴

정의 2.6.1 $f_n : [a, b] \to \mathbb{R}$이 구간 $[a, b] = \{x : a \le x \le b\}$에서 정의되는 함수열

$$f_1(x), f_2(x), f_3(x), \ldots$$

라 하자. 이때 $[a, b]$ 내의 모든 α에 대해

$$f(x) \colon [a, b] \to \mathbb{R}$$

를 만족하면 수열 $\{f_n(x)\}$는 함수

$$\lim_{n \to \infty} f_n(\alpha) = f(\alpha)$$

에 점별 수렴한다converge pointwise.

ϵ, δ 표기법을 사용하면 임의의 $\epsilon > 0$가 주어지면 $[a, b]$ 내의 모든 α에 대해 $n \geq N$일 때 $|f(\alpha) - f_n(\alpha)| < \epsilon$를 만족하는 양수 N이 존재하면 $\{f_n(x)\}$는 $f(x)$에 점별 수렴한다고 말할 수 있다.

직관적으로 임의로 주어진 α에 대해 마침내 (매우 큰 n에 대해) $f_n(\alpha)$ 값이 함수 $f(\alpha)$에 매우 가까우면 함수 열 $f_n(x)$는 함수 $f(x)$에 점별 수렴하는 것이다. 함수의 수렴에 대한 바른 개념의 중요성은 단지 유사해를 구하는 잦은 연습과 올바른 해를 이해하기 위해 유사해를 사용함에 기인한다. 안타깝게도 점별 수렴은 다음 절의 주제인 균등 수렴만큼 유용하고 강력하지는 않다. 왜냐하면 합리적인 함수(즉 연속 또는 적분 가능 함수)의 점별 극한이 그 극한의 합리성을 보장하지는 않기 때문이다. 다음 예를 보자.

여기서는 연속 함수의 점별 극한이 연속일 필요가 없음을 보인다. 양의 정수 n에 대해 $[0, 1]$ 구간에서 $f_n(x)$를

$$f_n(x) = x^n$$

라 하자.

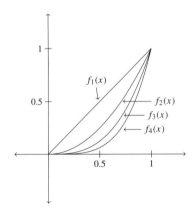

또한 함수 $f(x)$를 다음과 같이 놓자.

$$f(x) = \begin{cases} 1 & x = 1 \\ 0 & 0 \leq x < 1 \end{cases}$$

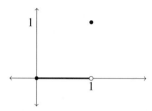

모든 n에 대해 함수 $f_n(x) = x^n$은 전 구간에서 연속이지만 $f(x)$는 $x = 1$에서 분명하게 불연속이다. 그러나 수열 $\{f_n(x)\}$가 $f(x)$에 점별 수렴함을 보게 될 것이다.

α를 $[0, 1]$ 사이의 값으로 정하자. $\alpha = 1$이면 모든 n에 대해 $f_n(1) = 1^n = 1$이므로

$$\lim_{x \to \infty} f_n(1) = \lim_{n \to \infty} 1 = 1 = f(1)$$

이 된다. $0 \le \alpha < 1$인 경우에는 1보다 작은 α에 대해 (증명 없이) n이 ∞에 접근할 때 α^n의 극한이 0에 접근함을 이용한다. 즉

$$\begin{aligned} \lim_{n \to \infty} f_n(\alpha) &= \lim_{n \to \infty} \alpha^n \\ &= 0 \\ &= f(\alpha) \end{aligned}$$

그러므로 연속 함수의 수열의 점별 극한은 연속 함수가 아니어도 가능하다.

2.7 균등 수렴

정의 2.7.1 임의의 $\epsilon > 0$과 $n \ge N$에 대해 구간 $[a, b]$의 모든 x에 대해 다음을 만족하는 N이 존재할 때 함수의 수열 $f_n : [a, b] \to \mathbb{R}$은 함수 $f : [a, b] \to \mathbb{R}$에 균등 수렴^{converge uniformly}한다.

$$|f(x) - f_n(x)| < \epsilon$$

직관적 해석은 함수 $y = f(x)$ 주변에 ϵ-튜브를 씌운다면 함수 $y = f_n(x)$는 마침내 이 튜브 내에 들어갈 것이다.

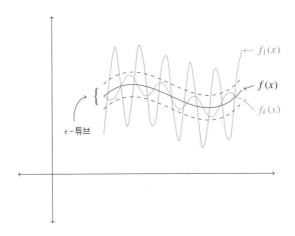

여기서 핵심은 모든 x에 대해 동일한 ϵ과 N이 적용된다는 것이다. 이는 N의 선택이 x에 의존되는 점별 수렴과는 다른 점이다.

수열의 함수의 바람직한 성질의 대부분은 극한에서 계승된 것이다. 주요한 예외는 미분 가능성이지만 여기서도 부분적인 결과는 사실이다. 이와 같은 설명이 사실인지에 대한 예는 다음과 같다.

정리 2.7.2 $f_n : [a, b] \to \mathbb{R}$이 함수 $f(x)$에 균등 수렴하는 연속 함수 열이면 $f(x)$는 연속 함수다.

증명: 증명을 위해서 $[a, b]$ 내의 모든 α에 대해 다음이 성립함을 보여야 한다.

$$\lim_{x \to \alpha} f(x) = f(\alpha)$$

즉 임의의 $\epsilon > 0$이 주어질 때 $0 < |x - \alpha| < \delta$에 대해

$$|f(x) - f(\alpha)| < \epsilon$$

를 만족하는 $\delta > 0$을 찾아야 한다. 한편 f_n이 균등 수렴하므로 모든 x에 대해 구간 내에서 다음을 만족하는 양의 정수 N이 존재한다.

$$|f(x) - f_N(x)| < \frac{\epsilon}{3}$$

$\left(\dfrac{\epsilon}{3}$을 택한 이유는 곧 밝혀진다.$\right)$

가정에 의해 함수 $f_N(x)$는 α에서 연속이다. 따라서 $0 < |x - \alpha| < \delta$에 대해

$$|f_N(x) - f_N(\alpha)| < \frac{\epsilon}{3}$$

를 만족하는 δ가 존재한다. $0 < |x - \alpha| < \delta$에 대해 우리가 보여야 하는 식은

$$|f(x) - f(\alpha)| < \epsilon$$

이다. 다음과 같이 값은 변하지 않게 동일한 항들을 더하고 뺀 후에 삼각 부등식^{triangle}

이다. 다음과 같이 값은 변하지 않게 동일한 항들을 더하고 뺀 후에 삼각 부등식[triangle inequality] ($|A + B| \leq |A| + |B|$)을 이용하면

$$
\begin{aligned}
|f(x) - f(\alpha)| &= |f(x) - f_N(x) + f_N(x) - f_N(\alpha) + f_N(\alpha) - f(\alpha)| \\
&\leq |f(x) - f_N(x)| + |f_N(x) - f_N(\alpha)| + |f_N(\alpha) - f(\alpha)| \\
&< \frac{\epsilon}{3} + \frac{\epsilon}{3} + \frac{\epsilon}{3} \\
&= \epsilon
\end{aligned}
$$

이 돼 정리가 증명된다. □

이제 함수의 급수[series](무한 합)에 대해서도 정의가 가능하다.

정의 2.7.3 함수 열 $f_1(x), f_2(x), \ldots$에 대해 $f_1(x), f_1(x) + f_2(x), f_1(x) + f_2(x) + f_3(x), \ldots$ 와 같은 부분합 열이 $f(x)$에 균등 수렴하면 함수의 급수

$$f_1(x) + f_2(x) + \cdots = \sum_{k=1}^{\infty} f_k(x)$$

도 $f(x)$에 균등 수렴한다.

ϵ, δ 표기법으로는 임의의 $\epsilon > 0$가 주어질 때 모든 x에 대해 $n \geq N$일 때

$$\left| f(x) - \sum_{k=1}^{n} f_k(x) \right| < \epsilon$$

를 만족하는 양의 정수 N이 존재하면 함수의 무한급수 $\sum_{k=1}^{\infty} f_k(x)$는 $f(x)$에 균등 수렴한다.

정리 2.7.4 $f_k(x)$가 연속이며 $\sum_{k=1}^{\infty} f_k(x)$가 $f(x)$에 균등 수렴하면 $f(x)$는 연속이다.

이는 연속 함수의 유한 합이 연속이라는 사실과 이전 정리에 따른 것이다.

어떤 함수를 더 간단한 균등 수렴 함수의 급수로 표현함으로써 원함수에 대한 이해와 작업을 강력하게 한다. 테일러^{Tayler}급수와 푸리에^{Fourier}급수(13장의 주제)의 전개 뒤에는 이와 같은 핵심 개념이 있다.

2.8 바이어슈트라스 M-판정법

$\sum_{k=1}^{\infty} f_k(x)$에 관심이 모아진다면 이러한 균등 수렴이 언제 이뤄지는지 궁금하다. 운 좋게 바이어슈트라스 M-판정법$^{\text{Weierstrass M-test}}$이 균등 수렴을 결정하는 직접적인 방법을 제공한다. 이 방법의 핵심은 이 정리가 $\sum_{k=1}^{\infty} f_k(x)$의 균등 수렴 질문을 수의 무한급수가 언제 수렴하는지의 질문으로 간단하게 변화시키는 것이다. 이에 대해서는 미적분의 기초에서 비율판정법$^{\text{ratio test}}$, 근판정법$^{\text{root test}}$, 비교판정법$^{\text{comparison test}}$, 적분판정법$^{\text{integral test}}$ 등을 제공한다.

정리 2.8.1 $f_k(x)$가 실수의 부분집합 A에서 정의되고 $\sum_{k=1}^{\infty} f_k(x)$가 함수의 급수일 때 $\sum_{k=1}^{\infty} M_k$가 다음과 같은 성질을 갖는 수의 급수라고 가정하자.

1. 모든 $x \in A$에 대해 $0 \le |f_k(x)| \le M_k$이 성립한다.
2. 급수 $\sum_{k=1}^{\infty} M_k$는 수렴한다.

그러면 $\sum_{k=1}^{\infty} f_k(x)$는 균등 수렴하며 또한 절대 수렴한다.

절대 수렴이라 함은 절대값 급수 $\sum_{k=1}^{\infty} |f_k(x)|$가 균등 수렴함을 의미한다.

증명: 균등 수렴을 보이기 위해서 임의의 $\epsilon > 0$에 대해 정수 N이 존재해 모든 $n \ge N$인 경우 모든 $x \in A$에 대해

$$\left| \sum_{k=n}^{\infty} f_k(x) \right| < \epsilon$$

이 성립함을 보이면 된다.

$\sum_{k=n}^{\infty} f_k(x)$의 수렴과는 무관하게 다음식은 성립한다.

$$\left| \sum_{k=n}^{\infty} f_k(x) \right| \le \sum_{k=n}^{\infty} |f_k(x)|$$

또한 $\sum_{k=1}^{\infty} M_k$가 수렴하므로 N이 존재해 모든 $n \ge N$인 경우

$$\sum_{k=n}^{\infty} M_k < \epsilon$$

이 성립하고 $0 \le |f_k(x)| \le M_k$이므로 모든 $x \in A$에 대해

$$\left| \sum_{k=n}^{\infty} f_k(x) \right| \le \sum_{k=n}^{\infty} |f_k(x)| \le \sum_{k=n}^{\infty} M_k < \epsilon$$

이 되므로 정리가 증명된다. □

쉬운 예로서 이미 미적분학으로부터 알고 있듯이 e^x의 테일러급수 $\sum_{k=1}^{\infty} \frac{x^k}{k!}$를 고려하자. 바이어슈트라스 M-판별법을 사용해 이 급수가 구간 $[-a, a]$의 모든 점에서 균등 수렴함을 보이고자 한다. $f_k(x) = \frac{x^k}{k!}$이므로

$$M_k = \frac{a^k}{k!}$$

라 하자. 모든 $x \in [-a, a]$에 대해 $0 < |x|^n/n! \le a^n/n!$이 성립한다. 따라서 $\sum_{k=1}^{\infty} M_k = \sum_{k=1}^{\infty} \frac{a^k}{k!}$이 수렴하는 것을 보이면 급수도 균등 수렴할 것이다.

비율판정법ratio test은 다음과 같은 비율의 극한이 존재하고

$$\lim_{k \to \infty} \frac{M_{k+1}}{M_k} = \lim_{k \to \infty} \frac{\left(\frac{a^{k+1}}{(k+1)!} \right)}{\left(\frac{a^k}{k!} \right)}$$

극한값이 1보다 작으면 $\sum_{k=1}^{\infty} \frac{a^k}{k!}$이 수렴한다. 한편 위 식은

$$\lim_{k \to \infty} \frac{\frac{a^{k+1}}{(k+1)!}}{\frac{a^k}{k!}} = \lim_{k \to \infty} \frac{a}{(k+1)} = 0$$

이 돼 수렴 조건을 만족한다. 그러므로 e^x의 테일러급수는 임의의 폐구간에 대해 균등 수렴한다.

2.9 바이어슈트라스의 예제

목표는 모든 곳에서 연속이지만 동시에 모든 곳에서 미분 불가능한 함수를 찾는 것이다. 1800년대에 바이어슈트라스가 이러한 함수를 처음으로 만들었을 때 수학자들은 충격을 받고 놀랐다. 그 당시의 전통적인 지혜로는 그와 같은 함수는 존재할 수 없었다. 이 예제의 교훈은 기하적인 직관에 주의해야 한다는 것이다.

스피박^{Spivak}이 그의 저서 『Calculus』(W.A. Benjamin Inc., 1967)[175]에서 발표한 것을 밀접하게 따르고자 한다. 우선 다음과 같은 표기를 고려해 보자.

$$\{x\} = x로부터 \ 가장 \ 가까운 \ 정수까지의 \ 거리$$

예를 들면 $\left\{\frac{3}{4}\right\} = \frac{1}{4}$, $\{1.3289\} = 0.3289$과 같고 $\{x\}$의 그래프는 다음과 같다.

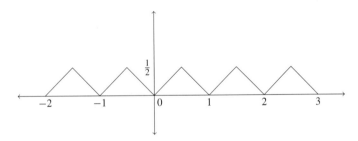

한 걸음 더 나아가 다음과 같은 함수를 정의하자.

$$f(x) = \sum_{k=1}^{\infty} \frac{1}{10^k}\{10^k x\}$$

우리의 목표는 다음 정리이다.

정리 2.9.1 함수 $f(x)$는 모든 곳에서 연속이지만 어느 곳에서도 미분 가능하지 않다.

우선 직관을 따라가 보자. 간단히 정의역을 단위 구간 $(0, 1)$로 제한하자. $k = 1$일 때 함수는 $\frac{1}{10}\{10x\}$이 되고 그래프는 아래와 같다.

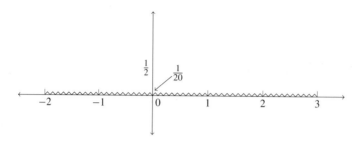

이 함수는 모든 곳에서 미분 가능하지만 19개 점 $0.05, 0.1, 0.15, \ldots, 0.95$에서는 미분 가능하지 않다. 또한 함수 $\{x\} + \frac{1}{10}\{10x\}$는 그래프가 다음과 같고 모든 곳에서 미분 가능하지만 $0.05, 0.1, 0.15, \ldots, 0.95$에서는 미분 가능하지 않다.

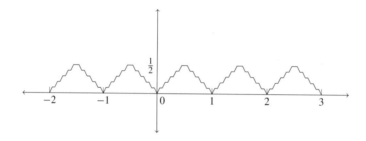

$k = 2$일 때 함수 $\frac{1}{100}\{100x\}$는 모든 곳에서 미분 가능하지만 199개의 날카로운 점에서는 미분 가능하지 않다. 또한 부분합 $\frac{1}{10}\{10x\} + \frac{1}{100}\{100x\}$도 모든 곳에서 미분 가능하지만 199개의 날카로운 점에서 미분 가능하지 않다. 같은 방법으로 $\frac{1}{1000}\{1000x\}$도 모든 곳에서 미분 가능하지만 1999개의 날카로운 점에서 미분 가능성을 잃게 된다. k가 증가함에 따라 모든 날카로운 점에서 미분 가능성을 잃지만 그래프가 끊어지는 곳은 한 곳도 없다. $\sum \frac{1}{10^k}\{10^k x\}$에 있는 모든 항을 더하면 궁극적으로 모든 점에서 미분 가능성을 잃게 된다. 그림을 통해서는 설득되나 당연히 증명이 필요하다.

증명: (스피박을 계속 따른다) 바이어슈트라스 M-판정법을 간단히 적용해 $f(x) = \sum_{k=1}^{\infty} \frac{1}{10^k}\{10^k x\}$이 연속임을 보이기는 쉬운 일이다. 모든 x에 대해 $\{x\} = \frac{1}{4}$이므로 모든 k에 대해

$$\frac{1}{10^k}\{10^k x\} \le \frac{1}{2 \cdot 10^k}$$

이며 오른쪽 항을 이용한 급수는 다음과 같은 기하급수^{geometric series}가 돼 수렴한다(비율 판정법을 사용하라).

$$\sum_{k=1}^{\infty} \frac{1}{2 \cdot 10^k} = \frac{1}{2} \sum_{k=1}^{\infty} \frac{1}{10^k}$$

따라서 바이어슈트라스 M-판정법에 따라 급수 $f(x) = \sum_{k=1}^{\infty} \frac{1}{10^k} \{10^k x\}$는 균등 수렴한다. 각각의 함수 $\frac{1}{10^k} \{10^k x\}$가 연속이므로 $f(x)$도 연속이다.

$f(x)$가 모든 점에서 미분 가능하지 않음을 보이기는 훨씬 어렵기 때문에 섬세한 작업이 필요하다. 임의의 변수 x에 대해

$$\lim_{h \to \infty} \frac{f(x+h) - f(x)}{h}$$

이 존재하지 않음을 보여야 한다. 구체적으로 0에 접근하지만 $\frac{f(x+h_m) - f(x)}{h_m}$는 수렴하지 않는 수열 h_m을 찾으려 한다.

실수 x를 다음과 같이 십진수 전개로 써보자.

$$x = a.a_1 a_2 \ldots$$

여기서 a는 0 또는 1이며 a_k는 0에서 9 사이의 정수이다. 이때 h_m을 다음과 같이 놓으면

$$h_m = \begin{cases} 10^{-m} & a_m \neq 4 \text{ 또는 } a_m \neq 9 \text{인 경우} \\ -10^{-m} & a_m = 4 \text{ 또는 } a_m = 9 \text{인 경우} \end{cases}$$

$x + h_m$은 아래와 같은 값을 가진다.

$$x + h_m = \begin{cases} a.a_1 \ldots (a_m + 1) a_{m+1} \ldots & a_m \neq 4 \text{ 또는 } a_m \neq 9 \text{인 경우} \\ a.a_1 \ldots (a_m - 1) a_{m+1} \ldots & a_m = 4 \text{ 또는 } a_m = 9 \text{인 경우} \end{cases}$$

다양한 $10^n (x + h_m)$ 값에 대해 조사하자. 10^n은 소수점의 위치를 변경할 뿐이다. 특히 $n > m$이면

$$10^n (x + h_m) = a a_1 \ldots (a_m \pm 1) a_{m+1} \ldots a_n . a_{n+1} \ldots$$

와 같이 소수점이 오른쪽으로 n만큼 이동한다. 여기서

$$\{10^n(x + h_m)\} = \{10^n x\}$$

가 된다. 한편 $n \leq m$이면 $10^n(x + h_m) = aa_1 \ldots a_n.a_{n+1} \ldots (a_m \pm 1)a_{m+1} \ldots$이 돼 아래와 같은 결과가 된다.

$$\{10^n(x + h_m)\} = \begin{cases} 0.a_{n+1} \ldots (a_m + 1)a_{m+1} \ldots & a_m \neq 4 \text{ 또는 } a_m \neq 9 \text{인 경우} \\ 0.a_{n+1} \ldots (a_m - 1)a_{m+1} \ldots & a_m = 4 \text{ 또는 } a_m = 9 \text{인 경우} \end{cases}$$

이를 극한에 적용하면 다음과 같다.

$$\frac{f(x + h_m) - f(x)}{h_m} = \sum_{k=0}^{\infty} \frac{\frac{1}{10^k}\{10^k(x + h_m)\} - \frac{1}{10^k}\{10^k x\}}{h_m}$$

$k > m$일 때 $\{10^k(x + h_m)\} = \{10^k x\}$이므로 위의 무한 합은 아래와 같은 유한 합이 된다.

$$\sum_{k=0}^{m} \frac{\frac{1}{10^k}\{10^k(x + h_m)\} - \frac{1}{10^k}\{10^k x\}}{h_m} = \sum_{k=0}^{m} \pm 10^{m-k}(\{10^k(x + h_m)\} - \{10^k x\})^1$$

이제 $\pm 10^{m-k}(\{10^k(x + h_m)\} - \{10^k x\})$이 1 또는 -1임을 보이려고 한다. 그러면 위 합은 1 또는 -1의 합이 되므로 하나의 값으로 수렴하지 않아 미분 가능하지 않음을 알 수 있다.

두 가지 경우를 생각할 수 있는데 스피박의 주장을 따라 $10^k x = .a_{k+1} \cdots < \frac{1}{2}$인 경우만을 생각하자($10^k x = .a_{k+1} \cdots \geq \frac{1}{2}$인 경우는 독자에게 남긴다). h_m의 정의를 두 가지의 경우로 나눈 이유는 다음과 같다. h_m을 선택함에 따라 $\{10^k(x + h_m)\}$과 $\{10^k x\}$의 차이는 오직 $(m - k)$번째 소수점이다. 따라서

$$\{10^k(x + h_m)\} - \{10^k x\} = \pm \frac{1}{10^{m-k}}$$

이 되고 마침내 $10^{m-k}(\{10^k(x + h_m)\} - \{10^k x\})$는 1 또는 -1이 된다. □

---

1 여기서 $h_m = 10^{-m}$ 또는 $h_m = -10^{-m}$을 이용했다. – 옮긴이

2.10 참고 서적

ϵ, δ 해석학의 개발은 1800년대 수학계의 업적 중 하나였다. 지난 수백 년 동안 학부 학생들은 이 기술을 배워야만 했다. 많은 교재가 있었지만 내가 배웠고 늘 좋아했던 책은 바로 마이클 스피박^{Michael Spivak}의 『Calculus』(1967)[175]였다. 미적분학 책이라고 불렀지만 스피박도 2판과 3판의 서문에서 인정했듯이 더 적절한 제목은 '실해석학 입문 Introduction to Real Analysis'일 것이다. 본문 설명이 훌륭했고 문제가 탁월했다.

같은 수준의 실해석학 교재가 많지만 바틀^{Bartle}[14], 버베리안^{Berberian}[15], 브레수드 ^{Bressoud}[23], 콜모고로프^{Kolmogorov}와 포민^{Fomin}[114], 랭^{Lang}[119], 프로터^{Protter}와 모레이^{Morrey}[154], 루딘^{Rudin}[160]의 책을 손꼽는다. 필자의 이 책의 초판 이후에 프랑크 모건^{Frank Morgan}이 두 권의 책을 발간했는데 『Real Analysis』(2005)[142]와 『Real Analysis and Applications: Including Fourier Series and the Calculus of Variations』(2005) [143]이다. 그리고 필자가 2판을 쓰는 중에 발간된 탁월한 책은 세실 실바^{Cecil Silva}의 『Invitation to Real Analysis』(2018)[166]이다.

연습 문제

1. $f(x)$와 $g(x)$가 미분 가능 함수일 때 도함수의 정의를 사용해 다음을 보여라.
   a. $(f+g)' = f' + g'$
   b. $(fg)' = f'g + fg'$
   c. $f(x) = c$(c는 상수)일 때 $f(x)$의 도함수가 0임을 보여라.

2. $f(x)$와 $g(x)$가 미분 가능 함수일 때
   a. 적분의 정의를 사용해 $f(x) + g(x)$가 적분 가능 함수임을 보여라.
   b. 미적분의 기본 정리와 문제 1a를 이용해 $f(x) + g(x)$가 적분 가능 함수임을 보여라.

3. 이 문제의 목표는 $\int_0^1 x\,dx$를 3가지 방법으로 계산하는 것이다. 앞의 두 가지 방법은 그리 도전적이지 않을 것이다.
   a. 함수 $y = x$의 그래프를 보고 기하적인 형태를 판단해 곡선 아래의 면적을 계산하라.

b. 우선 $f'(x) = x$를 만족하는 함수 $f(x)$를 구하고 미적분의 기본 정리를 이용해 $\int_0^1 x \, dx$를 구하라.

c. 다음은 두 부분으로 나눠 계산한다. 먼저, 귀납법을 사용해 다음을 보이라.

$$\sum_{i=1}^n i = \frac{n(n+1)}{2}$$

그리고 적분의 정의를 사용해 $\int_0^1 x \, dx$를 구하라.

4. $f(x)$가 미분 가능 함수이면 $f(x)$가 연속임을 보이라(직관적으로 이는 큰 의미를 가진다. 즉 함수 f가 그래프 상에서 끊어짐이 있으면 제대로 정의된 접선을 가질 수 없게 된다. 이 문제는 정의에서 제시하고 있는 연습 문제다).

5. 구간 $[0, 1]$에서 다음 함수를 정의할 때

$$f(x) = \begin{cases} 1 & x\text{는 유리수} \\ 0 & x\text{는 무리수} \end{cases}$$

$f(x)$가 적분 가능함을 보이라(권고: 양의 길이의 어떤 구간이든 유리수와 무리수를 포함한다. 즉 유리수와 무리수가 조밀하게 있다).

6. 이 문제는 시간은 많이 들지만 매우 가치가 있다. 미적분 책을 한 권 선택해 다음과 같은 연쇄 법칙chain rule의 증명을 따라 해 보라.

$$\frac{d}{dx} f(g(x)) = f'(g(x)) \cdot g'(x)$$

7. 문제 6의 책의 무한급수 관련 장을 찾아 다음과 같은 수렴의 증명을 주의 깊게 따라 해 보라. 즉 적분판정법, 비교판정법, 극한 비교판정법, 비율판정법, 근판정법이다. 이 모두에 있어서 ϵ, δ 실해석학의 용어를 사용하라.

03

벡터 함수의 미적분

기본 대상: $\mathbb{R}^n$

기본 사상: 미분 가능 함수 $f : \mathbb{R}^n \to \mathbb{R}^m$

기본 목표: 역함수 정리

3.1 벡터 함수

$\mathbb{R}^n$의 임의의 벡터 x에 대해 $f(x)$ 값(상image)이 $\mathbb{R}^m$의 벡터이므로 함수 $f : \mathbb{R}^n \to \mathbb{R}^m$가 벡터값을 가진다고 부른다. $(x_1,\dots,x_n)$이 $\mathbb{R}^n$의 하나의 좌표계라면 함수 f는 m개의 실수 함수로 표현된다.

$$f(x_1,\dots,x_n) = \begin{pmatrix} f_1(x_1,\dots,x_n) \\ \vdots \\ \vdots \\ f_m(x_1,\dots,x_n) \end{pmatrix}$$

이와 같은 함수는 여기저기서 만나게 된다. 예를 들어 다음과 같이 정의되는 함수 $f : \mathbb{R} \to \mathbb{R}^2$를 보자.

$$f(t) = \begin{pmatrix} \cos(t) \\ \sin(t) \end{pmatrix}$$

t는 $\mathbb{R}$의 좌표이고 이 함수는 x축에 대한 각으로 매개변수화된 단위 원이다.

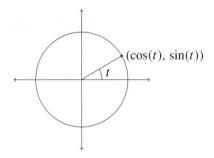

이는 또한 $x = \cos(t)$와 $y = \sin(t)$로도 쓸 수 있다.

또 다른 예로서 다음과 같이 주어지는 함수 $f : \mathbb{R}^2 \to \mathbb{R}^3$을 보자.

$$f(x_1, x_2) = \begin{pmatrix} \cos x_1 \\ \sin x_1 \\ x_2 \end{pmatrix}$$

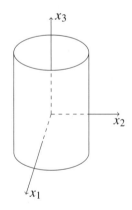

이 함수 f는 (x_1, x_2) 평면을 공간 상의 원기둥으로 사상map한다.

대부분의 예는 꽤 복잡하고 그림을 그리기는 너무 복잡해 사용 빈도가 매우 낮다.

3.2 벡터 함수의 극한과 연속

벡터 함수의 극한을 정의하는 방법의 핵심 개념은 피타고라스의 정리^{Pythagorean Theorem}가 $\mathbb{R}^n$ 상에서 거리를 측정하는 자연스러운 방법을 제공한다는 것이다.

정의 3.2.1 $a = (a_1, \ldots, a_n)$과 $b = (b_1, \ldots, b_n)$이 $\mathbb{R}^n$ 상의 두 점일 때 a와 b 사이의 거리 ^{distance} $|a - b|$는

$$|a - b| = \sqrt{(a_1 - b_1)^2 + (a_2 - b_2)^2 + \cdots + (a_n - b_n)^2}$$

이며 a의 길이^{length}는 다음과 같이 정의된다.

$$|a| = \sqrt{a_1^2 + \cdots + a_n^2}$$

$\mathbb{R}^n$ 상의 점 a는 원점으로부터 a점까지의 벡터이므로 '길이'라는 용어가 사용된 것이다.

거리에 대한 개념이 수립됐으므로 ϵ, δ 형식의 실해석학에서 사용하는 표준 도구를 사용할 수 있게 된다. 예를 들어 극한의 합리적인 정의는 다음과 같다.

정의 3.2.2 함수 $f : \mathbb{R}^n \to \mathbb{R}^m$은 임의의 $\epsilon > 0$에 대해 아래 조건을 만족하는 실수 $\delta > 0$가 존재할 때 $a = (a_1, \ldots, a_n)$점에서 극한

$$L = (L_1, \ldots, L_m) \in \mathbb{R}^m$$

을 가진다. 즉 모든 실수 x에 대해

$$0 < |x - a| < \delta$$

이면

$$|f(x) - L| < \epsilon$$

를 만족하는 조건이며 극한은 다음과 같이 표기한다.

$$\lim_{x \to a} f(x) = L$$

또는 $x \to a$일 때 $f(x) \to L$라고도 한다.

물론 연속도 다음과 같이 정의된다.

정의 3.2.3 함수 $f : \mathbb{R}^n \to \mathbb{R}^m$이 $\lim_{x \to a} f(x) = f(a)$이면 f는 $\mathbb{R}^n$의 한 점 a에서 연속이다.

극한과 연속의 정의는 모두 거리의 개념에 의존하고 있다. 이와는 다른 놈^{norm}(거리)에 대해서도 적절한 극한과 연속이 정의될 것이다.

3.3 미분과 야코비안

단일 변수 함수의 도함수^{derivative}는 접선(원함수에 가장 가까운 선형 근사$^{\text{linear approximation}}$)의 기울기로서 접선의 식을 구하는 데 사용된다. 유사하게 벡터 함수의 도함수가 함수의 최적의 선형 근사를 찾는 도구가 됐으면 좋겠다.

먼저, 벡터 함수의 도함수를 정의한 후 정의 뒤에 숨겨진 직관을 살필 것이다. 구체적으로 벡터 함수에 대한 도함수의 정의가 단일 변수 함수일 때의 정의와 같은 의미여야 한다.

정의 3.3.1 함수 $f : \mathbb{R}^n \to \mathbb{R}^m$에 대해

$$\lim_{x \to a} \frac{|f(x) - f(a) - A \cdot (x - a)|}{|x - a|} = 0$$

를 만족하는 $m \times n$ 행렬 $A : \mathbb{R}^n \to \mathbb{R}^m$이 존재하면 f는 $\mathbb{R}^n$의 a에서 미분 가능하다. 만일 이러한 극한이 존재한다면 행렬 A는 $Df(a)$로 표시하고 야코비안^{Jacobian}이라고 부른다.

$f(x)$, $f(a)$, $A \cdot (x - a)$는 모두 $\mathbb{R}^m$에 속하므로

$$|f(x) - f(a) - A \cdot (x - a)|$$

는 $\mathbb{R}^m$에 속한 하나의 벡터의 길이다. 이와 같이 $(x - a)$는 $\mathbb{R}^n$의 벡터이며 $|x - a|$는 당연히 벡터의 길이가 된다. 더 나아가 행렬 A를 쉽게 계산하는 일반적인 방법을 곧 만나게 된다. 또한 야코비안 행렬 $Df(a)$가 존재하면 $\mathbb{R}^n$과 $\mathbb{R}^m$의 기저가 변할지라도 그 행렬이 고유함을 보인다.

또한 이 정의가 함수 $f : \mathbb{R} \to \mathbb{R}$에 대한 도함수의 일반적인 정의와 같은 의미여야 한다. 즉 $f : \mathbb{R} \to \mathbb{R}$인 경우 도함수 $f'(a)$는 극한

$$f'(a) = \lim_{x \to a} \frac{f(x) - f(a)}{x - a}$$

임을 기억하자. 안타깝게도 n과 m이 1보다 큰 벡터 함수 $f : \mathbb{R}^n \to \mathbb{R}^m$의 경우 벡터를 나눌 수 없어 단일 변수의 도함수 정의는 무의미하게 된다. 그러나 단일 변수의 극한을 좀더 대수적으로 다듬어서 함수 $f : \mathbb{R}^n \to \mathbb{R}^m$까지 일반적으로 확장할 수 있는 논리를 가지게 되면 벡터 함수의 도함수 정의와 같게 될 것이다.

단일 변수의 경우 $f : \mathbb{R} \to \mathbb{R}$을 다시 살펴보자. 도함수

$$f'(a) = \lim_{x \to a} \frac{f(x) - f(a)}{x - a}$$

는

$$0 = \lim_{x \to a} \frac{f(x) - f(a)}{x - a} - f'(a)$$

로 변형되고 다시 아래와 같은 동등한 식으로 쓸 수 있다.

$$0 = \lim_{x \to a} \frac{f(x) - f(a) - f'(a)(x - a)}{x - a}$$

또는 절대값을 취해도 동등성이 유지된다.

$$0 = \lim_{x \to a} \frac{|f(x) - f(a) - f'(a)(x - a)|}{|x - a|}$$

여기서 $f'(a)$(하나의 수로서 1×1 행렬)를 $m \times n$ 행렬인 야코비안 $Df(a)$로 치환하면 $(x - a)$와 결합돼 마지막 식은 공식적으로는 함수 $f : \mathbb{R}^n \to \mathbb{R}^m$에 대해 의미를 가진다.

단일 변수의 도함수와 같이 극한을 취하지 않고 야코비안을 계산함으로써 도함수를 바로 계산하는 일반적인 방법이 있다.

정리 3.3.2 함수 $f : \mathbb{R}^n \to \mathbb{R}^m$이 m개의 미분 가능 함수 $f_1(x_1, \ldots, x_n), \ldots, f_m(x_1, \ldots, x_n)$으로 다음과 같이 주어질 때

$$f(x_1, \ldots, x_n) = \begin{pmatrix} f_1(x_1, \ldots, x_n) \\ \vdots \\ \vdots \\ f_m(x_1, \ldots, x_n) \end{pmatrix}$$

f는 미분 가능하고 야코비안은 다음과 같다.

$$Df(x) = \begin{pmatrix} \frac{\partial f_1}{\partial x_1} & \cdots & \frac{\partial f_1}{\partial x_n} \\ \vdots & & \vdots \\ \frac{\partial f_m}{\partial x_1} & \cdots & \frac{\partial f_m}{\partial x_n} \end{pmatrix}$$

대부분의 벡터 미적분학 책에서 보이는 증명은 부분 적분의 정의로부터 유도돼 비교적 바로 계산된다. 그러나 이를 이해하기 위해 다음과 같은 예를 살펴보자. 3.2절에 나온 함수 $f : \mathbb{R}^2 \to \mathbb{R}^3$이다.

$$f(x_1, x_2) = \begin{pmatrix} \cos x_1 \\ \sin x_1 \\ x_2 \end{pmatrix}$$

이는 (x_1, x_2) 평면을 공간 상의 원기둥으로 사상한다. 이 경우 벡터 함수의 도함수인 야코비안은

$$Df(x_1, x_2) = \begin{pmatrix} \partial \cos(x_1)/\partial x_1 & \partial \cos(x_1)/\partial x_2 \\ \partial \sin(x_1)/\partial x_1 & \partial \sin(x_1)/\partial x_2 \\ \partial x_2/\partial x_1 & \partial x_2/\partial x_2 \end{pmatrix}$$

$$= \begin{pmatrix} -\sin x_1 & 0 \\ \cos x_1 & 0 \\ 0 & 1 \end{pmatrix}$$

이 된다. 기초 미적분학의 개념과 기법에서 어려운 점 중 하나는 두 함수로 구성된 합성 함수의 미분에 관한 연쇄 법칙chain rule이다. 벡터 형태의 경우 연쇄 법칙은 쉽게 설명할 수 있다(여기에서 증명하지는 않음). 연쇄 법칙을 통해 합성 함수의 도함수를 각 구성 부분의 도함수와 관련지어 사실상 깔끔하게 구할 수 있다.

정리 3.3.3 함수 $f : \mathbb{R}^n \to \mathbb{R}^m$과 함수 $g : \mathbb{R}^m \to \mathbb{R}^l$이 미분 가능한 함수라고 할 때 합성 함수

$$g \circ f : \mathbb{R}^n \to \mathbb{R}^l$$

도 미분 가능하고 $f(a) = b$일 때

$$D(g \circ f)(a) = D(g)(b) \cdot D(f)(a)$$

로 주어진다.

즉 연쇄 법칙에 따라 합성 함수 $g \circ f$의 도함수는 f의 야코비안 행렬에 g의 야코비안 행렬을 곱해 구한다.

단일 변수 도함수의 뒤에 깔린 핵심 직관은 $f'(a)$는 평면 $\mathbb{R}^2$의 점 $(a, f(a))$에서 곡선 $y = f(x)$의 접선의 기울기이다. 여기서 $(a, f(a))$를 지나는 접선의 식은 다음과 같다.

$$y = f(a) + f'(a)(x - a)$$

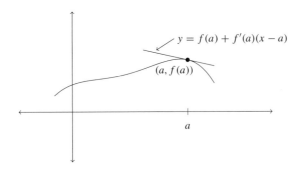

이 직선 $y = f(a) + f'(a)(x - a)$는 $x = a$에서 함수 $f(x)$에 가장 가까운 선형 근사이다.

따라서 $f : \mathbb{R}^n \to \mathbb{R}^m$의 도함수의 합리적인 조건 영역은 이 도함수를 사용해 공간 $\mathbb{R}^{n+m}$에 있는 기하 대상 $y = f(x)$의 선형 근사를 구할 수 있어야 한다. 그런데 이는 바로 정의

$$\lim_{x \to a} \frac{|\, f(x) - f(a) - Df(a)(x - a)\,|}{|\, x - a\,|} = 0$$

가 의미하는 바이다. 다시 말하면 $f(x)$는 다음 선형 방정식과 거의 같은 것이다.

$$f(a) + Df(a) \cdot (x - a).$$

여기서 $m \times n$ 행렬 $Df(a)$는 $\mathbb{R}^n \to \mathbb{R}^m$의 선형 사상이며 $\mathbb{R}^m$의 요소 $f(a)$는 평행 이동 값이다. 따라서 벡터 $y = f(x)$는 다음과 같이 근사화될 수 있다.

$$y \approx f(a) + Df(a) \cdot (x - a)$$

3.4 역함수 정리

행렬은 이해하기 쉬운 반면에 벡터 함수는 꽤나 혼란스러울 수 있다. 앞 절에서 본 것처럼 벡터 함수가 도함수를 가질 때 원함수를 야코비안이라는 행렬로 근사화할 수 있다. 여기서 일반적인 질문은 근사화가 얼마나 좋은지이다. 행렬의 적절한 성질을 사용해 벡터 함수의 괜찮은 성질을 얻을 수 있냐는 것이다.

이와 같은 질문은 수치 해석학$^{\text{numerical analysis}}$으로 연결된다. 도함수 행렬(야코비안)이 가역적^{invertible}인지를 확인하는 것으로 논점을 제한하면 최소한 국지적으로 원 벡터 함수도 역함수^{inverse}를 가져야 한다. 이 정리와 음함수 정리$^{\text{Implicit Function Theorem}}$는 수학 전반의 핵심 기술 도구$^{\text{technical tool}}$이다.

정리 3.4.1(역함수 정리$^{\text{Inverse Function Theorem}}$**)**   연속 및 미분 가능한 벡터 함수 $f : \mathbb{R}^n \to \mathbb{R}^m$에 대해 $\mathbb{R}^n$의 a점에 있어서 $\det Df(a) \neq 0$라고 가정하자. 그러면 $\mathbb{R}^n$의 a의 열린 근방^{open} ^{neighborhood} U와 $\mathbb{R}^m$의 $f(a)$의 열린 근방 V가 존재해 $f : U \to V$가 일대일과 위로의 사상 $^{\text{one-to-one and onto}}$이며 또한 미분 가능한 역함수 $g : V \to U$를 가진다(즉 $g \circ f : U \to U$가 항등원^{identity}이며 또한 $f \circ g : V \to V$도 항등원이다).

왜 함수 f가 역함수를 가져야 할까? f의 선형 근사식

$$f(x) \approx f(a) + Df(a) \cdot (x - a)$$

를 생각해 보자. 선형 대수의 핵심정리로부터 $Df(a)$가 가역적인 것과 $\det Df(a) \neq 0$는 필요충분조건 관계이다. 따라서 $\det Df(a) \neq 0$일 때 $f(a) + Df(a) \cdot (x - a)$가 가역적 이므로 $f(x)$는 가역적이다. 다음 식

$$y = f(a) + Df(a) \cdot (x - a)$$

에서 벡터 y는 변수 벡터 x의 함수로 표현된다. 한편 $Df(a)$의 역함수가 존재한다면 x를 y의 함수로 다음과 같이 표현할 수 있다.

$$x = a + Df(a)^{-1} \cdot (y - f(a))$$

특별히 역함수를 f^{-1}로 표현한다면 역함수의 도함수는 단순히 원함수 f의 도함수의 역함수이다.

$$Df^{-1}(b) = Df(a)^{-1}$$

여기서 $b = f(a)$이며 이는 연쇄 법칙과 $f^{-1} \circ f = I$에 따른 것이다.

$f : \mathbb{R} \to \mathbb{R}$인 경우 역함수 정리는 그림으로 잘 표현된다.

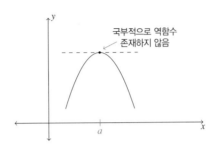

접선의 기울기 $f'(a)$가 0이 아니면 접선은 수평이 될 수 없고 따라서 역함수가 존재한다.

정리의 진술에서 사용된 기술적 용어 '열린집합$^{\text{open set}}$'에 대해서는 다음 장인 위상 수학^{topology}에서 더 많이 다룰 것이다. 현재로서는 열린집합에 대해서는 점 a와 $f(a)$에 가까운 모든 점에 대해 이야기할 수 있는 정도로 남겨두자. 더 정확히 $\mathbb{R}^n$의 한 점 a의 열린 근방 U란 임의의 $a \in U$가 주어지면 매우 작은 양수 ϵ이 존재해

$$\{x : |x - a| < \epsilon\} \subset U$$

를 만족하는 모든 x를 말하는 것이다.

그림으로 예를 들자. 다음 집합

$$\{(x, y) \in \mathbb{R}^2 : |(x, y) - (0,0)| = \sqrt{x^2 + y^2} \le 1\}$$

은 열려 있지 않다(사실은 닫혀 있고^{closed} 여집합이 평면 $\mathbb{R}^2$에서 열려 있다).

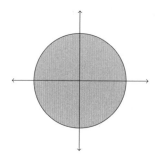

반면에 다음 집합

$$\{(x, y) \in \mathbb{R}^2 : |(x, y) - (0,0)| < 1\}$$

은 열려 있다.

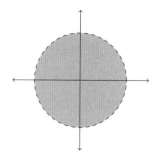

3.5 음함수 정리

우리는 이전의 수학 경험을 통해 단일 변수 함수에는 익숙해 있으나 일반적으로 곡선을 단일 변수 함수 $y = f(x)$로 표현하는 것은 그렇지 않다.

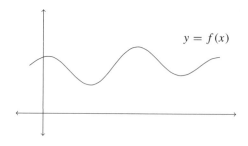

$$y = f(x)$$

예를 들면 단위 원

$$x^2 + y^2 = 1$$

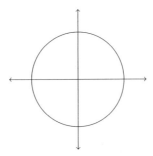

을 하나의 단일 함수의 그래프로 표현하는 것은 불가능하다. 이는 -1과 1뿐만 아니라 임의의 x값에 대해 원의 어느 점도 해당하지 않거나 2개의 y값을 찾을 수 있기 때문이다. 이는 안타까운 일인데 평면 상의 곡선이 $y = f(x)$로 표현된다면 일하기 더 쉬울 것이다.

하지만 원을 위와 아래의 반쪽으로 분리할 수 있다.

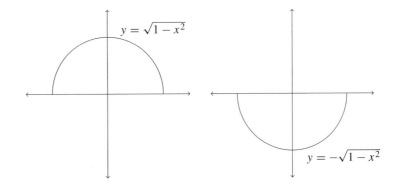

각각 반쪽에 대해 변수 y를 x의 함수로 쓸 수 있어서 윗부분은

$$y = \sqrt{1 - x^2}$$

로, 아랫부분은

$$y = -\sqrt{1 - x^2}$$

로 표현된다. 하지만 두 점 $(1,0)$와 $(-1,0)$에서는 문제가 발생한다. 이 두 점에서 원의 접선은 x축에 수직으로 나타난다.

핵심은 바로 이점이다. 접선은 원의 가장 가까운 선형 근사이므로

$$y = mx + b$$

와 같이 쓰일 때 적어도 국부적으로는 원을 $y = f(x)$로 표현하는 것이 놀랍지 않다.

음함수 정리$^{\text{Implicit Function Theorem}}$의 목표는 어떤 $\mathbb{R}^N$의 수많은 함수의 0의 궤적이 언제 함수의 그래프로 표현되는지, 즉 국지적으로 독립 변수 x에 따른 종속 변수 $y = f(x)$로 표현되는지를 결정하는 계산 도구를 찾는 것이다. 숨겨진(그렇게 깊게는 아니지만) 직관은 함수의 0의 궤적의 접선 공간을 알고자 한다.

조금 성가시지만 $\mathbb{R}^{n+k}$의 좌표계를

$$x_1, \ldots, x_n, y_1, \ldots, y_k$$

로 표기하자. 흔히 (x, y)로 줄여 쓴다. 또한 k개의 함수

$$f_1(x_1, \ldots, x_n, y_1, \ldots, y_k), \ldots, f_k(x_1, \ldots, x_n, y_1, \ldots, y_k)$$

를 연속 및 미분 가능 함수로 놓고 다음과 같이 간략히 쓰자.

$$f_1(x, y), \ldots, f_k(x, y)$$

이때 집합 V를 다음과 같이 설정한다.

$$V = \{(x, y) \in \mathbb{R}^{n+m} : f_1(x, y) = 0, \ldots, f_k(x, y) = 0\}$$

우리가 원하는 것은 한 점 $(a, b) \in V$가 주어질 때(여기서 $a \in \mathbb{R}^n$, $b \in \mathbb{R}^k$) 언제 k개의 함수

$$\rho_1(x_1, \ldots, x_n), \ldots, \rho_k(x_1, \ldots, x_n)$$

가 존재하는가이다. 이 함수는 $\mathbb{R}^n$ 상의 점 a 근방에서 정의되고 V는 $\mathbb{R}^{n+k}$ 상의 (a, b) 근방에서

$$\{(x, y) \in \mathbb{R}^{n+k} : y_1 = \rho_1(x_1, \ldots, x_n), \ldots, y_k = \rho_k(x_1, \ldots, x_n)\}$$

로 기술된다. 또는 자주

$$V = \{y_1 = \rho_1(x), \ldots, y_k = \rho_k(x)\}$$

와 같이 표현되거나 더 간결하게

$$V = \{y = \rho(x)\}$$

로 표현된다.

다시 말해, 원하는 것은 모든 $x \in \mathbb{R}^n$에 대해

$$f_1(x, \rho_1(x)) = 0, \ldots, f_k(x, \rho_k(x)) = 0$$

를 만족하는 k개의 함수 $\rho_1, \ldots, \rho_k$를 구하는 것이므로 이들을 정의하기 위해 언제 k개의 함수 $f_1, \ldots, f_k$를 사용해야 하는지를 알고자 한다. 이러한 작업도 물론 은근히 노력이 든다.

정리 3.5.1(음함수 정리 Implicit Function Theorem**)**　$f_1(x, y), \ldots, f_k(x, y)$가 $\mathbb{R}^{n+k}$ 상의 k개의 연속 및 미분 가능 함수일 때 점 $p = (a, b) \in \mathbb{R}^{n+k}$가 다음을 만족하는 한 점이라 가정하자.

$$f_1(a, b) = 0, \ldots, f_k(a, b) = 0$$

또한 p점에서 $k \times k$ 행렬

$$M = \begin{pmatrix} \frac{\partial f_1}{\partial y_1(p)} & \cdots & \frac{\partial f_1}{\partial y_k(p)} \\ \vdots & & \vdots \\ \frac{\partial f_k}{\partial y_1(p)} & \cdots & \frac{\partial f_k}{\partial y_k(p)} \end{pmatrix}$$

이 가역적이라 가정하자. 그러면 $\mathbb{R}^n$ 상의 점 a 근방에서 k개의 고유한 미분 가능 함수

$$\rho_1(x), \ldots, \rho_k(x)$$

가 존재해 다음을 만족한다.

$$f_1(x, \rho_1(x)) = 0, \ldots, f_k(x, \rho_k(x)) = 0$$

앞에서 예로 든 단위 원으로 돌아가면 $f(x, y) = x^2 + y^2 - 1 = 0$이며 위 정리의 행렬 M은 다음과 같은 1×1 행렬이다.

$$\frac{\partial f}{\partial y_1} = 2y$$

이 행렬은 $y = 0$일 때 0이 돼 두 점 $(1, 0)$와 $(-1, 0)$에서 가역적이지 않다. 이 두 점에서는 음함수 ρ가 존재하지 않는다.

스피박[176]으로부터 증명의 주개념을 가져와 간단히 기술해 보자. 사실 이 정리는 역함수 정리Inverse Function Theorem의 간단한 결과라고 볼 수 있다. 간단한 표기를 위해 k-짝 $(f_1(x, y), \ldots, f_k(x, y))$를 $f(x, y)$라 하자.

다음과 같은 새로운 함수 $F : \mathbb{R}^{n+k} \to \mathbb{R}^{n+k}$를 정의하자.

$$F(x, y) = (x, f(x, y))$$

이 사상의 야코비안은 $(n + k) \times (n + k)$ 행렬

$$\begin{pmatrix} I & 0 \\ * & M \end{pmatrix}$$

로서 I는 $n \times n$ 항등 행렬, M은 위 정리의 $k \times k$ 편미분 행렬, 0은 $n \times k$ 영 행렬, $*$는 임의의 $k \times n$ 행렬이다. 이 야코비안의 디터미넌트는 행렬 M의 디터미넌트와 같으므로 M이 가역적이면 야코비안도 가역적이다. 따라서 역함수 정리에 의해 점 (a, b) 근방에서 국부적으로 사상 $F(x, y) = (x, f(x, y))$의 역 사상inverse map인 $G : \mathbb{R}^{n+k} \to \mathbb{R}^{n+k}$가 존재한다.

이 역 사상 $G : \mathbb{R}^{n+k} \to \mathbb{R}^{n+k}$를 실수 함수 $G_1, \ldots, G_{n+k}$로 표시하면

$$G(x, y) = (G_1(x, y), \ldots, G_{n+k}(x, y))$$

이 된다. 사상 F의 본성에 따라 $1 \leq i \leq n$일 때

$$G_i(x, y) = x_i$$

이며 사상 G를 이루는 마지막 k 함수를

$$\rho_i(x, y) = G_{i+n}(x, y)$$

로 놓으면 다음과 같이 된다.

$$G(x, y) = (x_1, \ldots, x_n, \rho_1(x, y), \ldots, \rho_k(x, y))$$

이제 함수 $\rho_i(x, 0)$가 정리에서 요구하는 함수임을 보이는 일이 남게 된다.

앞에서 V라고 명명한 집합, 즉 k개의 원 함수 f_i가 0이 되는 $\mathbb{R}^{n+k}$의 점의 집합에 대해서는 아직 고려하지 않았다. 사상 F 아래의 V의 상image은 집합 $(x, 0)$에 포함돼 있으므로

$$f_1(G(x, 0)) = 0, \ldots, f_k(G(x, 0)) = 0$$

이 성립하고 이는 바로

$$f_1(x, \rho_1(x, 0)) = 0, \ldots, f_k(x, \rho_k(x, 0)) = 0$$

를 의미하며 이는 정확히 보이려고 했던 것이다.

여기서는 음함수 정리를 증명하기 위해 역함수 정리를 사용했다. 또한 어렵지 않게 음함수 정리를 증명할 수 있고, 이를 이용해 역함수 정리를 증명할 수 있음은 확실하다.

3.6 참고 서적

벡터 미적분학(선형 대수와 스톡스의 정리Stokes' Theorem에 대해서도)에 대한 탁월한 저서는 허바드Hubbard와 허바드Hubbard의 책이다[98]. 플레밍Fleming의 저서[60]도 여러 해 동안 표준 참고서가 됐다. 더 추상적인 접근은 스피박Spivak의 『Calculus on Manifolds』(1965)[176]에 나타난다. 3-변수 함수 벡터 미적분에 대한 정보는 대부분의 미적분 책에서 구할 수 있다. 권고할 만한 연습은 미적분학 책의 본문의 결과를 이 절에서 사용하는 언어로 해석해 보는 것이다.

연습 문제

1. $\mathbb{R}^2$ 평면에는 2개의 좌표계가 있다. 즉 반지름 r과 x축과의 각 θ로 이뤄지는 극 좌표polar coordinates (r, θ)와 데카르트 좌표Cartesian coordinates (x, y)이다.

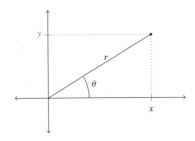

극 좌표에서 데카르트 좌표로의 변수 변환은 다음과 같다.

$$x = f(r, \theta) = r \cos(\theta)$$
$$y = g(r, \theta) = r \sin(\theta)$$

a. 이 좌표 변환의 야코비안을 구하라.

b. 좌표 변환이 잘 정의되지 않은 부분은 어디인가(즉 좌표 변환이 가역적이지 않은 부분은 어디인가)?

c. b의 답을 기하적으로 정당화하라.

2. 최고 차수의 계수가 1^{monic}인 2차 다항식을 하나의 변수로 표현하는 두 가지 방식이 있다. 2개의 근을 기술하거나 계수를 구체적으로 표기하는 것이다. 예를 들면 동일한 다항식을 근이 1과 2라고 하거나 $x^2 - 3x + 2$로 쓴다. 근 r_1, r_2와 계수 a, b의 관계는 다음과 같은 식으로 결정된다.

$$(x - r_1)(x - r_2) = x^2 + ax + b$$

따라서 2차 계수가 1인 모든 2차 다항식 공간은 근 공간 좌표 (r_1, r_2) 또는 계수 공간 좌표 (a, b)로 표현할 수 있다.

a. 근 공간에서 계수 공간으로의 좌표 변환 함수를 구하라.

b. 좌표 변환의 야코비안을 구하라.

c. 좌표 변환이 가역적이지 않은 부분은 어디인가?

d. 답 c를 기하적으로 해석하라

3. 2번 문제의 표기를 그대로 사용해

a. 2차 방정식을 사용해 계수 공간에서 근 공간으로의 좌표 변환 함수를 구하라.

b~d. 이 새로운 좌표 변환에 대해 (2) b~d 문제와 동일한 질문에 답하라.

4. $f(x,y) = x^2 - y^2$에 대해

   a. $f(x,y) = 0$의 그래프를 그려라.

   b. 점 $(1,1)$에서의 함수 $f(x,y)$의 야코비안을 구하라. 이 점에서의 야코비안을 기하적으로 해석하라.

   c. 점 $(0,0)$에서의 함수 $f(x,y)$의 야코비안을 구하라. 야코비안이 2×2의 0행렬이 되는지 기하적으로 해석하라.

5. $f(x,y) = x^3 - y^2$에 대해

   a. $f(x,y) = 0$의 그래프를 그려라.

   b. 점 $(1,1)$에서의 함수 $f(x,y)$의 야코비안을 구하라. 이 점에서의 야코비안을 기하적으로 해석하라.

   c. 점 $(0,0)$에서의 함수 $f(x,y)$의 야코비안을 구하라. 야코비안이 2×2의 0행렬이 되는지 기하적으로 해석하라.

04

점 집합 위상 수학

> 기본 대상: 위상 공간
>
> 기본 사상: 연속 함수

역사적으로 점 집합 위상 수학의 많은 부분은 연속성과 차원 등과 같은 개념의 정확한 정의를 이해하기 위해 발전해 왔다. 현재까지 이러한 정의는 수학의 영역에 깊이 스며들어 있으나 전통적인 위상 공간topological space $\mathbb{R}^n$과는 동떨어진 영역에서 나타난다. 안타깝게도 상당히 추상적인 이러한 정의가 쓸모가 있는지 처음에는 분명하지 않았다. 기본 용어들을 배우기 위해서는 초기 투자가 필요한 법이다. 4.1절에서는 이러한 기본 정의가 제시되고 다음 절에서 이러한 정의가 위상 공간 $\mathbb{R}^n$에 적용돼 훨씬 현실적이 된다. 그런 다음 거리 공간metric space을 살펴본다. 마지막 절에서는 이러한 정의를 $\mathbb{R}^n$과는 전혀 유사하지 않은 교환 링commutative ring의 자리스키Zariski 위상에 적용한다. 이들은 대수 기하학algebraic geometry과 대수적 수론algebraic number theory에 오히려 자연스럽게 어울린다.

4.1 기본 정의

점 집합 위상 수학의 많은 부분은 공간의 다양한 점들이 언제 서로 가까워지는지 또는 연속성의 개념이 무엇인지에 대한 대화를 위해 편리한 언어를 개발하는 것이다. 핵심은 동일한 정의가 수학의 서로 다른 많은 가지에 적용될 수 있다는 것이다.

정의 4.1.1 X를 점 집합이라고 할 때 부분집합의 모임 $\mathbf{U} = \{U_\alpha\}$는 다음 조건을 만족할 때 X 상에서 위상^{topology}을 형성한다.

1. U_α의 임의의 합집합은 $\mathbf{U}$에 속한 또 다른 집합이다.
2. U_α의 유한개의 교집합은 $\mathbf{U}$에 속한 또 다른 집합이다.
3. 공집합 $\emptyset$과 전체 공간 X도 $\mathbf{U}$에 속한다.

이러한 $(X, \mathbf{U})$를 위상 공간$^{topological\ space}$이라고 부른다.

집합 $\mathbf{U}$ 내의 집합인 U_α를 열린집합$^{open\ sets}$이라고 한다. 집합 C의 여집합^{complement} $X - C$가 열려 있으면 C는 닫혀 있다^{closed}.

정의 4.1.2 A가 위상 공간 X의 부분집합이라 하자. 이때 A상의 유도 위상$^{induced\ topology}$은 A상의 열린집합으로서 X내의 임의의 열린집합 U에 대해 $U \cap A$인 모든 집합으로 기술된다.

A가 U_α의 합집합에 포함될 때 열린집합의 집합 $\Sigma = \{U_\alpha\}$는 부분집합 A의 열린 덮개$^{open\ cover}$라고 부른다.

정의 4.1.3 A의 임의의 열린 덮개가 유한 부분 덮개를 가질 때 위상 공간 X의 부분집합 A는 콤팩트^{compact}하다.

즉 $\Sigma = \{U_\alpha\}$가 X내의 A의 열린 덮개일 때 A가 콤팩트하다는 것은 $U_1, \ldots, U_n$과 같은 유한개의 U_α가 존재해

$$A \subset (U_1 \cup U_2 \cup \cdots \cup U_n)$$

임을 의미한다. 이와 같은 정의가 왜 유용하거나 더더욱 중요한지는 현재로서는 불분명하나 중요성의 일부가 다음 절에서 하이네-보렐$^{Heine-Borel}$ 정리를 다룰 때 나타난다.

정의 4.1.4 위상 공간 X 내의 두 점 x_1, $x_2 \in X$에 대해 교집합이 공집합이며 $x_1 \in U_1$, $x_2 \in U_2$인 열린집합 U_1, U_2가 존재할 때 위상 공간 X는 **하우스도르프**^{Hausdorff}이다.

따라서 겹치지 않는 열린집합으로 점들이 서로 고립(분리)될 수 있으면 X는 하우스도르프 이다.

정의 4.1.5 두 위상 공간 X, Y가 주어지고 Y 내의 열린집합 U에 대해 X 내의 역상^{inverse image} $f^{-1}(U)$이 열려 있으면 함수 $f : X \to Y$는 **연속**이다.

정의 4.1.6 위상 공간 X 내의 두 열린집합 U, V에 대해 $X = U \cup V$, $U \cap V = \emptyset$인 U, V를 찾을 수 없을 때 X는 **연결돼 있다**^{connected}고 한다.

정의 4.1.7 위상 공간 X 내의 임의의 두 점 a, b에 대해

$$f(0) = a, \ \ f(1) = b$$

인 연속 사상^{continuous map}

$$f : [0,1] \to X$$

이 존재하면 위상 공간 X는 **경로로 연결됐다**^{path connected}고 한다.

여기서

$$[0,1] = \{x \in \mathbb{R} : 0 \leq x \leq 1\}$$

은 단위 구간이다. 이 정의가 제대로 정의되려면 구간 $[0,1]$에 위상을 입혀야 하나 어려운 일이 아니며 사실 다음 절에서 다룬다.

다음 절에서는 $\mathbb{R}^n$ 상의 표준 위상을 전개하고 연결됐으나^{connected} 경로로 연결되지^{path connected} 않은 위상 공간을 만드는 데에 이 위상을 사용할 것이다. 강조하고 싶은 점은 방법의 문제^{pathology}이다. 대부분의 경우 연결됨과 경로로 연결됨은 동등하다.

다음 예를 살펴보자.

$$X = \{(0,t) : -1 \leq t \leq 1\} \cup \left\{ y = \sin\left(\frac{1}{x}\right) : x > 0 \right\}$$

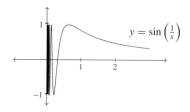

$\mathbb{R}^2$ 상의 표준 위상으로부터 X에 유도 위상을 입히자. 유의해야 할 점은 두 점 $(0, 0)$과 $(\frac{1}{x}, 0)$을 연결하는 경로가 없다는 것이다. 사실상 $\{(0, t) : -1 \leq t \leq 1\}$ 조각의 어떤 점도 곡선 $\{y = \sin(\frac{1}{x}) : x > 0\}$ 상의 어떤 점과 경로로 연결될 수 없다. 그런 반면 곡선 $\{y = \sin(\frac{1}{x}) : x > 0\}$은 $\{(0, t) : -1 \leq t \leq 1\}$ 조각에 무한히 가깝기 때문에 열린집합으로 이 두 부분을 분리할 방법이 없다.

점 집합 위상 수학 관련 책은 위 조건의 전부가 아닌 일부만을 만족시키는 예를 많이 보여주고 있다. 그 대부분은 방법의 문제라는 느낌을 갖게 해 한편으로는 모든 정의가 꽤 현학적이고 필수적이 아닌 것으로 만들어 버린다. 이 같은 느낌에 대응하기 위해 이 장의 마지막 절에서는 교환 링 상의 비표준 위상인 자리스키 위상을 검토하는데 이는 결코 방법의 문제가 아니다. 우선은 다음 절에서 $\mathbb{R}^n$ 상의 표준 위상을 검토한다.

4.2 $\mathbb{R}^n$상의 표준 위상

점 집합 위상 수학은 분명히 20세기 초의 산물이다. 그러나 그보다 오래전에 연속 함수와 이와 관련된 개념들은 이미 사용되고 있었다. 사실 이전 장에서 열린집합과 위상을 논할 필요 없이 연속 함수에 대한 정의가 주어졌다. 이 절에서는 $\mathbb{R}^n$ 상의 표준 위상을 정의한 후, 이전 장에서 극한의 용어로 주어진 연속의 정의가 바로 전 절에서 열린집합의 역상inverse image의 용어로 주어지는 정의와 일치하는 것을 보인다. 중요한 점은 열린집합에 대한 정의가 극한 개념으로는 의미가 통하지 않는 문맥에서 사용될 수 있다는 점이다. 또한 실질적으로 열린집합에 대한 정의를 극한 정의보다 어렵지 않게 자주 사용할 수 있다는 것이다.

$\mathbb{R}^n$ 상의 표준 위상을 정의하는 데에 결정적인 것은 $\mathbb{R}^n$ 상의 거리에 대한 자연스러운 개념이다. $\mathbb{R}^n$ 상의 두 점 $a = (a_1, \ldots, a_n)$와 $b = (b_1, \ldots, b_n)$ 사이의 거리는

$$|a - b| = \sqrt{(a_1 - b_1)^2 + \cdots + (a_n - b_n)^2}$$

로 정의됐음을 기억하자. 이를 이용해 열린집합을 다음과 같이 정의함으로써 $\mathbb{R}^n$ 상의 위상을 정의할 수 있다.

정의 4.2.1 임의의 주어진 $a \in \mathbb{R}^n$에 대해 실수 $\epsilon > 0$이 존재해

$$\{x : |x - a| < \epsilon\}$$

이 $\mathbb{R}^n$ 상의 집합 U에 포함될 때 U는 **열려** 있다.

$\mathbb{R}^1$의 집합 $(a, b) = \{x : a < x < b\}$는 열려 있는 반면 집합 $[a, b] = \{x : a \le x \le b\}$는 닫혀 있다. 한편 $[a, b) = \{x : a \le x < b\}$와 같은 집합은 열려 있지도 않고 닫혀 있지도 않다. $\mathbb{R}^2$의 집합 $\{(x, y) : x^2 + y^2 < 1\}$은 열려 있다.

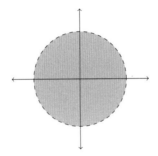

반면 $\{(x, y) : x^2 + y^2 \le 1\}$은 닫혀 있다.

명제 4.2.2 열린집합에 대한 위 정의는 $\mathbb{R}^n$ 상의 위상^{topology}을 정의한다.

(4장 끝부분의 연습 문제 2는 이 명제의 증명문제이다.) 위 정의가 바로 $\mathbb{R}^n$ 상의 표준 위상이다.

명제 4.2.3 $\mathbb{R}^n$ 상의 표준 위상은 하우스도르프^{Hausdorff} 위상이다.

이 정리는 기하적으로 분명해 보이지만 정의를 분명히 하기 위해 증명해 본다.

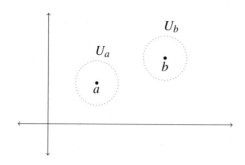

증명: $\mathbb{R}^n$ 상의 두 점 a와 b 사이의 거리를 $d = |a - b|$라 하자. 여기서

$$U_a = \left\{ x \in \mathbb{R}^n : |x - a| < \frac{d}{3} \right\}$$

와

$$U_b = \left\{ x \in \mathbb{R}^n : |x - b| < \frac{d}{3} \right\}$$

는 $a \in U_a$와 $b \in U_b$와 관련된 열린집합이다. 그러므로

$$U_a \cap U_b = \emptyset$$

이면 $\mathbb{R}^n$은 하우스도르프가 된다.

이제 교집합이 공집합이 아니라고 가정하자. 그리고 점 x가 $x \in U_a \cap U_b$이면 $|a - b|$는 전체 값에는 변함이 없도록 x를 빼고 더하면 삼각 부등식의 원리에 따라

$$
\begin{aligned}
|a - b| &= |a - x + x - b| \\
&\le |a - x| + |x - b| \\
&< \frac{d}{3} + \frac{d}{3} \\
&= \frac{2d}{3} \\
&< d
\end{aligned}
$$

이 된다. 이는 불가능하다. $d = |a - b| < d$이 될 수 없고, 점 x가 U_α와 U_b 모두에 속한다는 가정에 위배되므로 교집합이 공집합이어야 한다는 것을 알 수 있다. 그러므로 $\mathbb{R}^n$은 하우스도르프이다. $\qquad\square$

3장에서 함수 $f : \mathbb{R}^n \to \mathbb{R}^m$이 모든 점 $a \in \mathbb{R}^n$에 대해

$$\lim_{x \to a} f(x) = f(a)$$

이면 f는 연속이라 정의했고 이는 임의의 $\epsilon > 0$에 대해 $|x - a| < \delta$이면

$$|f(x) - f(a)| < \epsilon$$

을 만족하는 $\delta > 0$가 존재함을 의미했다.

이와 같은 연속성의 극한 정의는 함수가 연속이면 펜을 종이에서 떼지 않고 그릴 수 있다는 직관적 개념을 상당 부분 포착하고 있다. 연속에 대한 앞부분의 정의는 분명히 열린집합의 역상$^{\text{inverse image}}$이 열려 있어야 한다는 새로운 정의의 요구와 일치한다. 연속성의 역상의 개념에 대한 정당성은(펜을 종이에서 떼지 않는 요구조건보다는 꽤 낮은) 극한 개념의 의미가 통하지 않는 부분까지 확장될 수 있다.

명제 4.2.4 함수 $f : \mathbb{R}^n \to \mathbb{R}^m$를 고려하자. 모든 $a \in \mathbb{R}^n$에 대해

$$\lim_{x \to a} f(x) = f(a)$$

이 성립하는 필요충분조건은 $\mathbb{R}^m$의 임의의 열린집합 U에 대해 역상 $f^{-1}(U)$는 $\mathbb{R}^n$에서 열려 있어야 한다.

증명: 우선 $\mathbb{R}^m$의 모든 열린집합의 역상이 열려 있다고 가정하자. 보여야 할 것은 임의의 $a \in \mathbb{R}^n$에 대해

$$\lim_{x \to a} f(x) = f(a)$$

를 확인하는 것이다. 즉 임의의 $\epsilon > 0$에 대해 $|x - a| < \delta$이면

$$|f(x) - f(a)| < \epsilon$$

을 만족하는 $\delta > 0$을 찾아야 한다.

다음과 같이

$$U = \{y \in \mathbb{R}^m : |y - f(a)| < \epsilon\}$$

를 정의하면 U는 $\mathbb{R}^m$에서 열려 있다. 또한 가정에 의해 역상

$$\begin{aligned} f^{-1}(U) &= \{x \in \mathbb{R}^n : f(x) \in U\} \\ &= \{x \in \mathbb{R}^n : |f(x) - f(a)| < \epsilon\} \end{aligned}$$

도 $\mathbb{R}^n$에서 열려 있다. 또한 $a \in f^{-1}(U)$이므로 어떤 실수 $\delta > 0$가 존재해

$$\{x : |x - a| < \delta\}$$

이 $\mathbb{R}^n$의 열린집합의 정의에 의해 $f^{-1}(U)$에 포함된다. 그러나 $|x - a| < \delta$이면 $f(x) \in U$이며 이는

$$|f(x) - f(a)| < \epsilon$$

이 돼 증명이 이뤄진다. 즉 연속의 역상 버전은 극한 버전을 암시하게 된다.

이제

$$\lim_{x \to a} f(x) = f(a)$$

를 가정하자. U를 $\mathbb{R}^m$ 상의 임의의 열린집합이라 할 때 역함수 $f^{-1}(U)$가 $\mathbb{R}^n$에서 열려 있음을 보여야 한다.

$f^{-1}(U)$가 공집합이면 공집합은 항상 열려 있으므로 더 이상 할 게 없다. 다음으로 $f^{-1}(U)$가 공집합이 아니라고 가정하자. $A \in f^{-1}(U)$이면 $f(x) \in U$이며 U는 열려 있으므로 실수 $\epsilon > 0$이 존재해 집합

$$\{y \in \mathbb{R}^m : |y - f(a)| < \epsilon\}$$

이 집합 U에 포함된다. 또한 $\lim_{x \to a} f(x) = f(a)$이므로 극한의 정의에 따라 주어진 $\epsilon > 0$에 대해 $\delta > 0$가 존재해 $|x - a| < \delta$이면

$$|f(x) - f(a)| < \epsilon$$

이 된다. 그러므로 $|x - a| < \delta$이면 $f(x) \in U$이다. 따라서 집합

$$\{x : |x - a| < \delta\}$$

는 $f^{-1}(U)$에 포함되며 이는 $f^{-1}(U)$가 열린집합임을 의미한다. 그러므로 연속에 대한 두 정의는 일치한다. □

4.1절에서 집합 A의 모든 열린 덮개 $\Sigma = \{U_\alpha\}$가 유한한 부분 덮개를 가질 때 집합 A는 콤팩트 집합이라고 정의했다. $\mathbb{R}^n$ 상의 표준 위상에서의 콤팩트성은 더 직관적으로 집합이 닫혀 있고 값이 유한한^{bounded} 것과 동등하다. 이 같은 동등성은 하이네-보렐 정리$^{Heine\text{-}Borel\ Theorem}$의 목표이다.

정리 4.2.5(**하이네-보렐 정리**$^{Heine\text{-}Borel\ Theorem}$) $\mathbb{R}^n$의 부분집합 A가 콤팩트할 필요충분조건은 집합이 닫혀 있고^{closed} 값이 유한한^{bounded} 것이다.

이제 값이 유한함^{boundedness}의 정의와 예를 살피고 특별한 경우에 대해 정리를 증명해 본다.

정의 4.2.6 $\mathbb{R}^n$의 부분집합의 모든 $x \in A$에 대해

$$|x| < r$$

인 실수값 r이 존재하면 A는 $\mathbb{R}^n$에서 값이 유한하다^{bounded}(즉 A는 반지름 r인 구에 포함된다).

첫째 예로서 $\mathbb{R}$ 상의 열린 구간 $(0, 1)$을 살펴보자. 이는 분명히 값이 유한하지만 닫혀 있지 않다. 또한 이 구간이 콤팩트가 아님을 보이려 한다.

다음과 같이 열린집합의 집합인 U_n을 고려하자.

$$U_n = \left(\frac{1}{n}, 1 - \frac{1}{n}\right)$$
$$= \left\{x : \frac{1}{n} < x < 1 - \frac{1}{n}\right\}$$

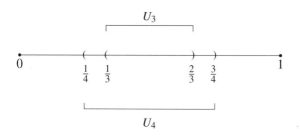

(0, 1)에 속한 모든 점이 n값에 따라 U_n에 속하므로 이 집합은 이 구간의 열린 덮개가 될 수 있다(사실 한 점이 U_n에 속하면 모든 U_{n+k}에도 속할 것이다). 그러나 아무리 많은 유한개의 부분집합을 취하더라도 전체 구간 (0, 1)을 덮을 수 없다. 그러므로 (0, 1)은 콤팩트할 수 없다.

다음 예는 닫혀 있지만 값이 유한한 구간이 아닌 경우이다. 열린 덮개가 분명히 존재하나 유한한 부분 덮개가 존재하지 않는다. 구간 $[0, \infty) = \{x : 0 \leq x\}$는 닫혀 있으나 분명히 값이 유한하지 않다. 또한 다음과 같은 열린 덮개를 통해 보듯이 콤팩트하지도 않다.

$$U_n = (-1, n) = \{x : -1 < x < n\}$$

집합 $\{U_n\}_{n=1}^{\infty}$는 $[0, \infty)$를 덮지만 유한한 부분 덮개를 가지지 않는다.

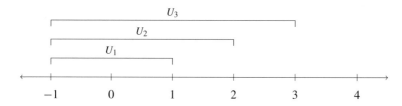

하이네-보렐 정리의 증명은 전체 명제를 실수 선 내의 닫히고 값이 유한한 구간이 콤팩트한 특별한 경우로 축소하는 것이 주된 논점이다(이 보조 정리^{lemma}로 어떻게 축소시키는지 스피박[176]의 증명을 참고하라. 아래 설명도 그것으로부터 연유된다). 이 부분은 증명의 기술적인 중심이다. 그리고 실제로 핵심 개념은 서로 다른 많은 문맥에서 갑자기 나타나기 때문에 여기에서 제시하는 것이다.

보조 정리 4.2.7 실수 선 $\mathbb{R}$ 상에서 닫힌구간 $[a, b]$는 콤팩트하다.

증명: $[a, b]$의 열린 덮개를 Σ라 하자. 우리는 유한한 부분 덮개를 찾아야 한다. 새로운 집합

$$Y = \{x \in [a, b] : \text{구간 } [a, x]\text{의 } \Sigma \text{ 내의 유한한 부분 덮개 존재}\}$$

를 정의하자. 목표는 구간의 끝점 b가 새로운 집합 Y에 있음을 보이는 것이다.

먼저, 시작점 a가 집합 Y에 있음을 보임으로써 Y가 공집합이 아님을 보이자. $x = a$이면 자명한 구간 $[a, a] = a$, 즉 한 점에 된다. Σ가 열린 덮개이므로 $[a, a] \in V$인 열린집합 $V \in \Sigma$가 존재한다. 그러므로 구간 $[a, a]$에 대해 유한한 부분 덮개가 존재하므로 a는 집합 Y에 있다. 이는 적어도 Y가 공집합이 아님을 의미한다.

Y의 최소 상한$^{\text{least upper bound}}$을 α라 하자. 이는 Y의 원소 중 일부는 α에 무한히 가깝지만 α보다 큰 원소는 없다는 의미이다(최소 상한의 존재의 증명은 미묘하고 중요한 실수 선의 완전성 성질과 관련돼 있지만, 값이 유한한 실수 집합의 그러한 상한이 존재한다는 것은 확실하고 매우 합리적이다). 첫째, α가 Y 안에 있음을 보이고, 둘째로 α가 끝점 b임을 보임으로써 구간이 확실히 콤팩트하다고 결론짓자.

$\alpha \in [a, b]$이고 Σ가 열린 덮개이므로 Σ 내에 $\alpha \in U$인 열린집합 U가 존재한다. 또한 U가 $[a, b]$내의 열린집합이므로

$$\{x : |x - \alpha| < \epsilon\} \subset U$$

를 만족하는 $\epsilon > 0$이 존재한다. 즉 α가 Y의 최소 상한이므로 α에 무한히 가깝지만 α보다 작은 $x \in Y$가 존재한다. 그러므로

$$\alpha - x < \epsilon$$

인 $x \in Y \cap U$를 찾을 수 있다. 또한 $x \in Y$이므로 구간 $[a, x]$ 내에 유한한 부분 덮개 U_1, $\ldots, U_N$이 존재한다. 따라서 유한한 집합 $U_1, \ldots, U_N$, U는 $[a, \alpha]$를 덮는다. 이는 각각의 열린집합 U_k와 U가 Σ 내에 있으므로 구간 $[a, \alpha]$가 유한한 부분 덮개를 가지며 그 결과 최소 상한 α가 Y에 있음을 의미한다.

이제 $\alpha < b$라고 가정하고 모순을 이끌어내자. α가 Y에 있으므로 구간 $[a, \alpha]$를 덮는 집합 Σ의 유한 부분 덮개 $U_1, \ldots, U_n$이 존재한다. 열린집합은 α가 열린집합 U_n에 속하도록

선택하자. U_n이 열려 있으므로

$$\{x : |x - \alpha| < \epsilon\} \subset U_n$$

를 만족하는 $\epsilon > 0$이 존재한다. 끝점 b는 α보다 분명히 크므로 열린집합 U_n에 있으며 동시에

$$\alpha < x < b$$

를 만족하는 점 x를 찾을 수 있다.

그러면 유한 부분 덮개 $U_1, \ldots, U_n$은 구간 $[a, \alpha]$를 덮을 뿐 아니라 더 큰 구간 $[a, x]$를 덮게 돼 점 x가 집합 Y에 있어야만 한다. 이는 불가능한데 이는 α가 집합 Y의 가능한 가장 큰 원소이기 때문이다. 시작할 때의 유일한 가정은 $\alpha < b$였으므로 $\alpha = b$여야 한다. □

또한 $\mathbb{R}^n$에서의 콤팩트성에 대한 또 하나의 적합한 진술은 다음과 같다.

정리 4.2.8 $\mathbb{R}^n$의 부분집합 A 내의 점의 모든 무한수열 (x_n)이 A 내의 한 점에 수렴하는 부분수열을 가지면 A는 콤팩트하다. 즉 (x_n)이 A 내의 점의 집합이라면 한 점 $p \in A$가 존재하며 $\lim_{k \to \infty} x_{n_k} = p$인 부분수열 x_{n_k}가 존재한다.

증명은 이 장 끝 연습 문제 중 하나이다.

콤팩트성은 또한 다음 정리에도 결정적이다.

정리 4.2.9 X가 콤팩트한 위상 공간이며 $f : X \to \mathbb{R}$이 연속 함수라 하자. 그러면 f가 최대가 되는 한 점 $p \in X$가 존재한다.

증명의 전반적인 개념을 보여주되 자세한 증명은 연습 문제에 남겨두기로 하자. 우선 콤팩트 집합의 연속 상^{image}이 콤팩트함을 보여야 한다. 그러면 $f(X)$는 $\mathbb{R}$ 내에서 콤팩트하고 닫혀 있으며 또한 값이 유한하다. 그러므로 $f(X)$의 최소 상한이 존재하고 역상이 원하는 점 p를 포함한다. 또한 콤팩트 집합의 임의의 연속 함수 $f(x)$가 최소값을 가진다는

유사한 설명도 가능하게 된다.

4.3 거리 공간

집합 $\mathbb{R}^n$ 상의 자연스러운 거리(메트릭metric) 개념은 표준 위상 존재에 대해 핵심이다. 운 좋게도 많은 다른 집합에서도 유사한 거리 개념이 존재한다. 메트릭이 있는 모든 집합은 자동으로 위상을 가진다.

정의 4.3.1 집합 X 상의 메트릭은 함수

$$\rho : X \times X \to \mathbb{R}$$

로서 모든 점 $x, y, z \in X$에 대해 다음을 만족한다.

1. $\rho(x,y) \geq 0$이며 $\rho(x,y) = 0$의 필요충분조건은 $x = y$이다.
2. $\rho(x,y) = \rho(y,x)$이 성립한다.
3. (삼각 부등식) 다음이 성립한다.

$$\rho(x,z) \leq \rho(x,y) + \rho(y,z)$$

메트릭 ρ를 갖는 집합 X는 거리 공간metric space이라고 부르며 (X, ρ)로 표기한다.

거리 공간 (X, ρ)에 대해 다음을 살펴보자.

정의 4.3.2 X 내의 집합 U의 모든 점 $a \in U$에 대해 실수값 $\epsilon > 0$이 존재해

$$\{x : \rho(x,a) < \epsilon\}$$

이 U에 포함되면 U는 열려 있다.

명제 4.3.3 열린집합에 대한 위 정의는 거리 공간 (X, ρ) 상의 하우스도르프 위상 공간을 정의한다.

명제의 증명은 $\mathbb{R}^n$ 상의 표준 위상에 대한 증명과 유사하다. 사실 $\mathbb{R}^n$에 대한 위상적 사실의 대부분은 거리 위상에 대한 위상적 사실로 꽤 쉽게 번역될 수 있다. 아쉽게도 4.5절에서 보게 되듯이 모든 자연적인 위상 공간이 메트릭으로부터 주어지는 것은 아니다.

$\mathbb{R}^n$ 상에서 표준이 아닌 메트릭의 예가 16장에서 주어지는데 메트릭 관련 위상이 힐베르트 공간$^{\text{Hilbert space}}$을 정의하는 데 사용된다.

4.4 위상의 기저

경고: 이 절은 셀 수 있음, 즉 가산성^{countability}의 개념을 사용한다. 집합을 셀 수 있다는 것은 집합을 자연수에 일대일과 위로 사상할 수 있음을 의미한다. 이 점에 대해서는 9장에서 더 많이 논의된다. 유리수는 셀 수 있는^{countable} 반면 실수는 셀 수 없다^{uncountable}.

선형 대수에서 기저^{basis}라는 용어는 벡터 공간 전체를 고유하게 생성하는 일련의 벡터들을 의미한다. 한편 위상 수학에서 기저는 위상 전체를 생성하는 열린집합의 모임이다. 이와 같은 내용은 아래와 같이 명확히 정의된다.

정의 4.4.1 X를 위상 공간이라 하자. X의 모든 열린집합 하나하나가 모임으로부터의 집합들의 합집합^{union}이면 열린집합들의 모임은 위상의 기저를 형성한다.

거리 공간 (X, ρ)의 예를 들어 보자. 양의 정수 k와 점 $p \in X$에 대해 집합

$$U(p, k) = \left\{ x \in X : \rho(x, p) < \frac{1}{k} \right\}$$

를 설정하자. 이 경우 모든 가능한 $U(p, k)$의 집합이 거리 공간의 위상을 위한 기저를 형성함을 보일 수 있다.

실제로 기저를 통해 많은 위상적 연산을 기저를 가진 집합의 연산으로 축소할 수 있다. 또한 기저의 원소 수를 제한할 수 있다면 연산이 다루기 쉬워진다. 이와 관련해 다음 정의를 보자.

정의 4.4.2 위상 공간이 셀 수 있는 수의 원소로 된 기저를 가질 때 위상 공간은 2차 가산성$^{\text{second countable}}$이 있다.

예를 들어 통상적인 위상을 가진 $\mathbb{R}^n$은 2차 가산성이 있다. 가산성 기저는 다음과 같이 구성할 수 있다. 양의 정수 k와 점 $p \in \mathbb{Q}^n$(유리수)에 대해 집합

$$U(p, k) = \left\{ x \in \mathbb{R}^n : |x - p| < \frac{1}{k} \right\}$$

을 정의하자. 이 경우 셀 수 있을 만큼의 집합 $U(p, k)$가 존재해 기저를 형성함을 보일 수 있다.

대부분의 합리적인 위상 공간은 2차 가산성이 있다. 2차 가산성을 가지지 않는 거리 공간의 예를 살펴보자. 방법론적인 느낌이 있지만 X가 셀 수 없는 집합이라고 하자(예를 들어 X를 실수라고 하자). X 상의 메트릭을 $x \neq y$일 때는 $\rho(x, y) = 1$이고 $x = y$일 때는 $\rho(x, x) = 0$으로 정의하자. 이 경우 ρ는 X 상의 메트릭을 정의하고 있으며 따라서 X 상의 위상을 정의하고 있음을 보일 수 있다. 그런데 이 위상은 기이하다. 열린집합 $\{ y \in X : \rho(x, y) < \frac{1}{2} \}$ $= x$가 되므로 각 점 x는 그 자체가 하나의 열린집합이다. X 내에 셀 수 없는 점이 존재하므로 이 거리 공간은 2차 가산성을 가지지 않는다.

'2차 가산성'이라는 용어를 사용한다면 당연히 '1차 가산성first countable'이 의미를 가져야 한다. X 상의 모든 점 $x \in X$가 셀 수 있는 근방 기저neighborhood basis를 가지면 위상적 집합이 1차 가산성이 있다고 한다. 이해를 위해 근방 기저가 무엇인지 먼저 알아야 한다. x를 포함하는 모든 열린집합이 열린집합들의 모임으로부터 하나의 열린집합을 가지며 모임 내 각각의 열린집합이 x를 포함하면 X 내의 열린집합들의 모임은 어떤 $x \in X$의 근방 기저를 형성한다. 이와 같은 정의는 완전성을 위해 언급하지만, 1차 가산성은 더 이상 이 책에서 필요하지 않고 2차 가산성의 개념은 차후에 필요하다.

4.5 교환 링의 자리스키 위상

경고: 이 절은 교환 링commutative ring에 대한 기본적인 지식을 요구한다.

역사적으로 위상은 $\mathbb{R}^n$ 상의 연속 함수의 연구에서 나타났지만 모든 수학자가 열린, 닫힌 그리고 콤팩트 집합의 언어를 말할 수 있었던 주요 이유는 다양한 수학 구조에 있어서 자연 위상이 존재하기 때문이다. 이 절에서는 이러한 위상의 한 가지인 교환 링을 살펴본다. 교환 링을 위한 자리스키Zariski 위상이 대수적 기하와 대수적 수론에서 중요하지만 보통의 수학자가 알아야 할 이유는 없다. 여기에 주어진 이유는 기본적인 위상적 개념이

$\mathbb{R}^n$ 상이 아닌 대상에 불분명한 방법으로 적용될 수 있음을 보여주기 때문이다. 사실 다항식의 링에 대한 자리스키 위상은 하우스도르프는 아니므로 메트릭으로부터 나올 수 없음을 알게 된다.

위상 공간을 임의의 교환 링 R과 결합하기 위해 링 R 내의 모든 소 아이디얼prime ideal의 집합 또는 스펙트럼인 $\mathrm{Spec}(R)$ 상의 위상 공간을 정의하자. 그리고 열린집합을 정의하기 전에 닫힌집합이 무엇인지에서 출발하자. 링 R 내의 하나의 소 아이디얼을 $\mathcal{P}$라 하면 이는 $\mathrm{Spec}(R)$의 한 점이 될 것이다. 이제 닫힌집합을 다음과 같이 정의하자.

$$V_{\mathcal{P}} = \{Q : Q\text{는 }\mathcal{P}\text{를 포함하는 }\mathcal{R}\text{ 내의 하나의 소 아이디얼}\}$$

그러면 $\mathrm{Spec}(R) - V_{\mathcal{P}}$는 열린집합이 된다. 여기서 $\mathcal{P}$는 임의의 소 아이디얼이다. $\mathrm{Spec}(R)$ 상의 자리스키 위상은 $\mathrm{Spec}(R) - V_{\mathcal{P}}$ 형태의 모든 집합의 합집합과 유한 교집합으로 이뤄지는 열린집합으로 정의된다.

아래의 몇 가지 예에서 볼 수 있듯이 극대 아이디얼maximal ideals에 해당하는 $\mathrm{Spec}(R)$의 점들을 자연스럽게 기하점geometric points이라고 부른다.

링 R이 영 인자zero divisor를 가지지 않는다고 가정하자. 즉 $x \cdot y = 0$이면 x 또는 y가 0이어야 한다는 뜻이다. 이 경우 원소 0은 모든 다른 아이디얼에 포함되는 소 아이디얼 (0)을 생성한다. 이 아이디얼을 포괄적 아이디얼generic ideal이라 부르는데 항상 약간은 특별하다.

첫 번째 예를 살펴보자. 링 R이 정수 $\mathbb{Z}$라 하자. $\mathbb{Z}$의 소 아이디얼은

$$(p) = \{kp : k \in \mathbb{Z},\ p\text{는 소수}\}$$

와 0 아이디얼 (0) 뿐이다. 따라서 $\mathrm{Spec}(\mathbb{Z})$는 다음과 같은 모든 소수prime number의 집합이다.

$$\overset{\bullet}{2}\ \overset{\bullet}{3} \quad \overset{\bullet}{5} \quad \overset{\bullet}{7} \qquad \overset{\bullet}{11}\ \overset{\bullet}{13} \qquad \overset{\bullet}{17}\ \overset{\bullet}{19} \qquad \overset{\bullet}{23} \qquad\qquad \overset{\bullet}{29}$$

이 위상에서 열린집합은 유한개의 이러한 아이디얼들의 여집합complements이 될 것이다.

두 번째 예는 링 R이 복소수 $\mathbb{C}$의 필드field라 하자. $\mathbb{C}$의 두 개의 소 아이디얼은 0 아이디얼 (0)과 전체 필드 자체이다. 그러므로 어떤 의미에서는 공간 $\mathbb{C}$는 단일 점이다.

보다 흥미 있는 예는 $R = \mathbb{C}[x]$로 놓을 때, 즉 복소수 계수를 갖는 단일 변수 다항식 링의 경우이다. 점 집합으로서의 이 공간은 실수 평면 $\mathbb{R}^2$와 동일하게 여겨질 수 있으나(포괄적 아이디얼을 고려하지 않는다면) 위상은 $\mathbb{R}^2$의 표준 위상과는 꽤 차이가 있음을 알게 된다. 핵심은 대수의 기본 정리Fundamental Theorem of Algebra에 의해 모든 단일 변수 다항식이 선형 인수로 분해될 수 있다는 것이다. 즉 모든 소 아이디얼이 선형 다항식의 곱이라는 것이다. 선형 다항식 $x - c$의 모든 곱의 아이디얼을

$$(x - c) = \{ f(x)(x - c) : f(x) \in \mathbb{C}[x], c \in \mathbb{C} \}$$

로 표기하자. 따라서 $a, b \in \mathbb{R}$을 이용한 복소수 $c = a + bi$에 대응하는 소 아이디얼 $(x - c)$가 존재하며 $\mathrm{Spec}(\mathbb{C}[x])$는 복소수의 보다 링-이론적인 표현이 된다. 기하적으로 $\mathrm{Spec}(\mathbb{C}[x])$는 다음과 같다.

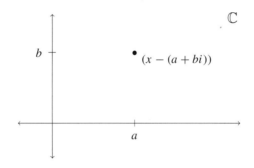

여기서 0 아이디얼 (0)이 여전히 $\mathbb{C}[x]$의 소 아이디얼이지만 $\mathbb{C}$의 어떤 점에도 해당하지 않는다. 대신 배경에 숨어있다. 이 위상의 열린집합은 유한한 수의 소 아이디얼의 여집합이다. 그리고 각 소 아이디얼은 하나의 복소수에 해당된다. 복소수 $\mathbb{C}$는 실수 평면 $\mathbb{R}^2$로 볼 수 있으므로 열린집합은 실수 평면상의 유한한 점의 여집합이다. 이러한 열린집합은 $\mathbb{R}^2$ 상의 표준 위상에서도 열려 있지만 평면상의 어떤 열린 원판disc보다 훨씬 크다. 어떤 작은 ϵ-원판도 유한개 점의 여집합이 될 수 없으므로 자리스키 위상에서 열려 있을 수 없다. 사실상 두 개의 이러한 자리스키 열린집합은 자명하지 않게 교차해야 함을 인식해야 한다. 이 위상은 하우스도르프가 될 수 없다. 모든 거리 공간은 하우스도르프이므로 자리스키 위상은 어떤 메트릭으로도 만들 수 없다.

이제 $R = \mathbb{C}[x, y]$가 복소수 계수를 갖는 2-변수 다항식 링이라 하자. 0 아이디얼 (0)뿐 아니라 두 종류의 소 아이디얼이 존재한다. 하나는 임의의 두 복소수 c와 d에 따른 $x - c$와 $x - d$ 형태의 다항식에 의해 생성되는 각각의 극대 아이디얼과 더 낮은 차수의 다항식의 곱으로 표시되지 않는 기약 다항식$^{\text{irreducible polynomial}}$ $f(x, y)$에 의해 생성되는 비극대 소 아이디얼이다.

극대 아이디얼은 복소수 평면 $\mathbb{C} \times \mathbb{C}$의 점들에 해당돼 '기하점'이라는 용어를 정당화한다.

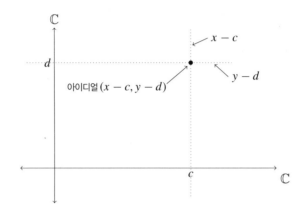

복소수 $\mathbb{C}$의 하나의 복사판이 실수 평면 $\mathbb{R}^2$에 해당하므로 $\mathbb{C} \times \mathbb{C}$는 $\mathbb{R}^2 \times \mathbb{R}^2 = \mathbb{R}^4$가 된다. 자리스키 위상에서 열린집합은 다항식의 영 궤적의 여집합이다. 예를 들어 $f(x, y)$가 기약 다항식이면 집합

$$U = \{(x, y) \in \mathbb{C}^2 : f(x, y) \neq 0\}$$

는 열려 있다. 자리스키 집합이 $\mathbb{R}^4$상의 표준 위상에서 열려 있으나 역^{converse}은 신기하게도 성립하지 않는다. $\mathbb{C}[x]$ 상의 자리스키 위상과 유사하게 어떤 ϵ-구^{sphere}도 $\mathbb{C}[x, y]$ 상의 자리스키 위상에서 열려 있지 않다. 사실 U와 V가 공집합이 아닌 자리스키 열린집합이면 그들은 교차한다. 그러므로 이 역시 비-하우스도르프 공간이며 거리 공간으로부터 생성될 수 없다.

4.6 참고 서적

점 집합 위상 수학의 영광의 날들은 20세기 초였다. 당시 세계적인 최고의 수학자들은 연속성, 차원, 위상 공간 등의 정확한 정의에 많은 관심이 있었다. 이 주제들은 오랜 기간에 걸쳐 확립됐다. 오늘날 점 집합 위상 수학은 모든 수학자가 꼭 알아야 하는 압도적인 도구이다.

수학과 학부 수준의 점 집합 위상 수학 수업에서 학생들에게 증명을 소개하는 것이 특별한 것은 아니다. 이 에이치 무어(E. H. Moore)(시카고대학교)와 알 엘 무어(R. L. Moore)(텍사스대학교에서 수많은 박사과정 학생을 지도했음)의 영향 아래 많은 대학이 무어의 방법으로 위상 수학을 가르쳤다. 이 접근 방식에서는 강의 첫날 학생들은 일련의 정의 및 정리 목록을 받고, 둘째 날 정리 1을 증명한 학생들은 앞으로 나와 다른 학생들에게 발표하도록 했다. 자기 방법으로 증명을 원하는 학생들은 그 부분의 강의를 듣지 않고 밖으로 나가도록 했다. 이러한 강의는 학생들이 증명을 대하는 강력한 방법이 된 반면에 강의를 통해 많은 부분은 다룰 수 없었다. 현재는 대부분의 사람이 무어의 방법을 다양한 방식으로 수정해 가르친다.

물론 이미 수학에 일가견이 있으며 그저 결과를 사용할 수 있으면 되는 사람들은 이와 같은 접근 방식을 불합리하다고 여겼다. 1950년대와 1960년대에는 켈리(Kelley)[109]와 두건지(Dugundji)[51]의 저서가 교재로 많이 사용됐다. 가장 압도적으로 인기있는 교재는 뭉크레스(Munkres)의 『Topology: A First Course』(2000)[145]이며, 이 책의 초판 이래 가장 추천할 만한 책은 콜린 아담스(Colin Adams)와 로버트 프란조사(Robert Franzosa)의 『Introduction to Topology: Pure and Applied』(2011)[2]이다.

내 자신의 취향(대부분의 사람과 공유하지는 않은)이지만 알아야 할 모든 점 집합 위상 수학은 로이든(Royden)의 『Real Analysis』(1993)[158]의 위상 관련 장에서 찾을 수 있다.

연습 문제

1. 이 문제의 목표는 열린집합의 집합과 반대되는 닫힌집합의 집합으로도 집합 X 상의 위상이 정의될 수 있음을 보이는 것이다. 점 집합 X와 X의 부분집합들의 집합 $C = \{C_\alpha\}$에

대해 다음을 가정한다.

- 집합 C 내의 집합의 임의의 유한 합집합은 C 내의 또 다른 집합이다.
- 집합 C 내의 집합의 임의의 교집합은 C 내의 또 다른 집합이다.
- 공집합 $\emptyset$와 전체 공간 X도 집합 C에 속한다.

C 내의 집합은 닫혀 있다고 부르고 여집합 $X - U$가 닫혀 있으면 집합 U는 열려 있다고 부른다. 이와 같은 열린집합의 정의가 집합 X 상의 위상을 정의함을 보여라.

2. 명제 4.2.1을 증명하라.

3. 정리 4.2.2를 증명하라.

4. 정리 4.2.3을 증명하라.

5. 함수의 끝점에서의 한편$^{\text{one-sided}}$ 도함수를 포함한 도함수가 구간 $[0, 1]$에서 정의되는 연속 함수인 모든 함수

$$f : [0, 1] \to \mathbb{R}$$

의 벡터 공간을 V라고 하자. 임의의 함수 $f \in V$에 대해

$$|f|_\infty = \sup_{x \in [0, 1]} |f(x)|$$

를 정의하자. 또한 $f \in V$와 $\epsilon > 0$에 대해 다음과 같이 정의하자.

$$U_f(\epsilon) = \{g \in V : |f - g|_\infty < \epsilon\}$$

a. 모든 $U_f(\epsilon)$의 집합이 집합 V 상의 위상의 기저가 됨을 보여라.

b. 모든 $f \in V$에 대해

$$\left|\frac{\mathrm{d}f}{\mathrm{d}x}\right|_\infty < M|f|_\infty$$

를 만족하는 수 M이 존재할 수 없음을 보여라. 함수해석학$^{\text{functional analysis}}$에서 이 의미는 선형 사상의 하나로서의 도함수는 공간 V에서 값이 유한하지^{bounded} 않음을 의미한다. 점 집합 위상과 같은 진지한 이슈가 나타나는 곳 중 하나는 함수해석학이다. 여기서는 다양한 형태의 함수의 벡터 공간을 다루는데 이러한 공간에 대한 연구는 미분 방정식을 푸는 데 중요하다.

고전적 스톡스 정리

> 기본 대상: 다양체와 경계
>
> 기본 사상: 다양체 상의 벡터 함수
>
> 기본 목표: 경계에서의 함수의 평균 또는 내부에서의 도함수의 평균

스톡스 정리Stokes' Theorem는 표현될 때마다 항상 기하적인 물체의 경계에서의 함수의 평균과 물체의 내부에서의 도함수(적절한 의미에서)의 평균이 동일함으로 귀결된다. 물론 적분이라는 언어로 평균이 올바르게 표현돼야 한다. 이 정리는 위상학(경계에 대한 부분)과 해석학(적분과 도함수)을 깊게 연결해 준다. 또한 이 정리는 역사적인 개발과 사실상 대부분의 사람들이 전기와 자기 관련 과목에서 스톡스 정리를 처음 만난다는 사실에서 보듯이 물리학의 많은 부분에 있어서 결정적이다.

6장의 목표는 추상적 다양체(어떤 의미로는 기하적인 대상을 다루는 추상적인 방법이다)에 대한 스톡스 정리를 증명하는 것이다. 곧 보게 되겠지만 이 정리를 선언하는 것조차도 필요한 기계 장치와 같은 것을 신중하게 쌓아야 한다. 이 장에서는 스톡스 정리의 몇 가지 특별한 사례들을 살핀다. 이들은 밑에 깔린 하나의 일반적인 정리가 있음을 사람들이 깨닫기 오래전에 이미 알려진 것이다. 예를 들면 미적분의 기본 정리Fundamental Theorem of Calculus

는 스톡스 정리의 특별한 경우이다(스톡스 정리를 증명하기 위해 미적분의 기본 정리를 사용해야 한다. 따라서 논리적으로 스톡스 정리가 미적분의 기본 정리를 암시하지는 않는다). 스톡스 정리의 이러한 특별한 사례들이 발견됐을 때는 1800년대이지만 사람들은 각각의 사례가 하나의 일반적인 결과의 특별한 사례임을 알지 못했다. 이러한 특별한 사례들은 지금은 대부분의 다변수 미적분학 과정과 전기 및 전자의 소개 과목의 표준 주제일 정도로 중요하고 유용하다. 이들은 바로 그린의 정리Green's Theorem, 발산 정리Divergence Theorem, 스톡스 정리이다(사실 이 스톡스 정리는 다음 장의 스톡스 정리의 특별한 사례이다). 이 장에서는 이러한 특별한 사례에 필요한 수학적 지식을 발전시킨다. 발산 정리와 스톡스 정리를 선언하고 증명을 그려 나가며 물리적인 직관을 강조할 것이다.

이 장은 다음 장의 내용과 매우 많은 부분이 중복된다. 수학자는 스톡스 정리의 확고한 특별 사례들과 함께 6장의 추상적인 버전을 알아야 한다.

5.1 벡터 미적분 예비 지식

이 절은 벡터 미적분의 기본적인 정의를 설정하는 긴 절로서 벡터장vector fields, 다양체manifolds, 경로path 및 표면 적분surface integration, 발산divergence 및 회전curl 등이 정의된다. 이러한 모든 개념은 필수적이다. 그런 후에 이 장의 목표인 발산 정리와 스톡스 정리를 진술한다.

5.1.1 벡터장

정의 5.1.1 $\mathbb{R}^n$ 상의 벡터장vector field은 벡터 함수

$$\mathbf{F} \colon \mathbb{R}^n \to \mathbb{R}^m$$

이다. $x_1, \ldots, x_n$이 $\mathbb{R}^n$의 좌표일 때 벡터장 $\mathbf{F}$는 m개의 실수 함수 $f_k \colon \mathbb{R}^n \to \mathbb{R}^m$에 의해 다음과 같이 표현된다.

$$\mathbf{F}(x_1, \ldots, x_n) = \begin{pmatrix} f_1(x_1, \ldots, x_n) \\ \vdots \\ f_m(x_1, \ldots, x_n) \end{pmatrix}$$

각 실수 함수 f_k가 연속이면 벡터장 $\mathbf{F}$는 연속이며 각 실수 함수 f_k가 미분 가능하면 벡터장 $\mathbf{F}$는 미분 가능하다.

직관적으로 벡터장은 $\mathbb{R}^n$의 각 점에 벡터를 할당한다. 많은 수의 물리적 현상이 벡터장으로 포착될 수 있다. 사실 그들은 유체 흐름, 전기장, 자기장, 중력장, 열 유속, 교통 흐름과 많은 것을 해석하는 자연 언어이다.

예를 들어 $\mathbf{F} : \mathbb{R}^2 \to \mathbb{R}^2$가

$$\mathbf{F}(x, y) = (3, 1)$$

로 주어지고 여기서 $f_1(x, y) = 3$, $f_2(x, y) = 1$이라 하자. 그러면 $\mathbb{R}^2$ 상에서 몇 개의 샘플 벡터를 그림으로써 벡터장을 묘사할 수 있다.

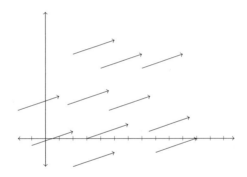

이 벡터장의 물리적인 예는 $(3, 1)$ 방향으로 속도가

$$\text{길이}(3, 1) = \sqrt{9 + 1} = \sqrt{10}$$

으로 부는 바람을 나타낼 수 있다.

다른 벡터장의 예 $\mathbf{F}(x, y) = (x, y)$를 살펴보자. 그림은 다음과 같다.

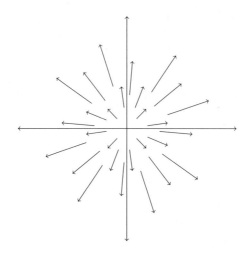

이는 원점 $(0, 0)$으로부터 흘러 나가는 물을 표현할 수 있다.

마지막 예로서 $\mathbf{F}(x, y) = (-y, x)$를 보자. 그림으로는 다음과 같이 표현되며

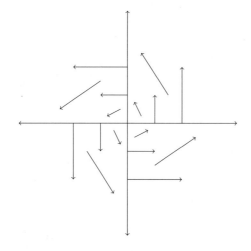

소용돌이의 형태일 수 있다.

5.1.2 다양체와 경계

곡선과 표면은 우리 주변에 널려 있으며 이 둘 다 자연스럽게 생성되는 기하적 객체인 다양체의 예다. 다양체에 대한 직관적인 개념은 k차원 다양체의 경우 각 점은 $\mathbb{R}^k$ 상의 공처럼 보이는 근방 안에 존재한다. 다음 장에서 우리는 하나의 다양체를 3가지 방법으로 정의하게 된다. 이 장에서는 매개변수화parameterization를 통해 다양체를 정의하려고 한다. 다음 정의는 국부적으로 어떤 점에 근접한 k차원 다양체는 $\mathbb{R}^k$ 내의 공처럼 보인다는 생각을 진지하게 만든다.

정의 5.1.2 $\mathbb{R}^n$ 상의 k차원의 미분 가능 다양체 M은 다음을 만족하는 $\mathbb{R}^n$ 상의 점의 집합이다. 즉 임의의 점 $p \in M$에 대해 p의 작은 열린 근방 U 미분 가능 벡터 함수 $F : \mathbb{R}^k \to \mathbb{R}^n$과 $\mathbb{R}^k$ 내의 열린집합 V가 존재해

(a) $F(V) = U \cap M$이며

(b) V의 모든 점에서 다음과 같이 정의되는 F의 $n \times k$ 행렬 야코비안의 차수rank가 k이다.

$$\begin{pmatrix} \frac{\partial f_1}{\partial x_1} & \cdots & \frac{\partial f_1}{\partial x_k} \\ \vdots & & \vdots \\ \frac{\partial f_n}{\partial x_1} & \cdots & \frac{\partial f_n}{\partial x_k} \end{pmatrix}$$

여기서 $x_1, \ldots, x_k$는 $\mathbb{R}^k$의 좌표계이며 함수 F를 다양체의 (국부적) 매개변수화라고 부른다.

행렬의 가역적인 $k \times k$ 소행렬식minor이 존재하면 그 행렬의 차수는 k임을 기억하라(소행렬식은 행렬의 부분행렬임).

원은 1차원 다양체로서 하나의 매개변수화

$$F : \mathbb{R}^1 \to \mathbb{R}^2$$

는 다음과 같이 주어진다.

$$F(t) = (\cos(t),\, \sin(t))$$

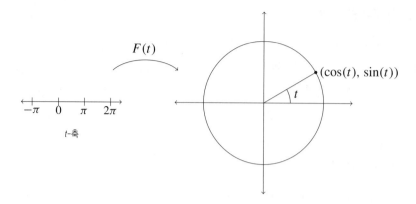

$$F(t)$$

$(\cos(t), \sin(t))$

t

$-\pi \quad 0 \quad \pi \quad 2\pi$

t-축

기하적으로 매개변수 t는 x축으로부터의 각이다. F의 야코비안은 $\begin{pmatrix} -\sin t \\ \cos t \end{pmatrix}$이며 sin과 cos 이 동시에 0일 수 없으므로 야코비안의 차수는 1이다.

3차원 상의 원뿔^{cone}은

$$F(u, v) = \left(u, v, \sqrt{u^2 + v^2}\right)$$

로 매개변수화된다.

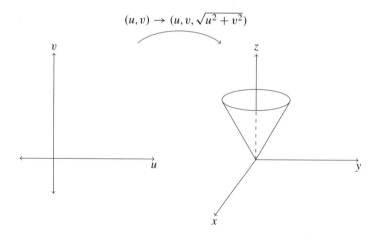

$$(u, v) \to (u, v, \sqrt{u^2 + v^2})$$

이는 꼭지점 $(0, 0, 0)$에서를 제외하면 2차원 다양체(면)인데 꼭지점에서는 야코비안이 제대로 정의되지 않기 때문에 차수가 2보다 적게 나타난다. 이는 그림과 일치하는데 확실히 원점은 다른 점과는 확연하게 다르게 보인다.

다시 언급하지만 다른 정의는 6장에서 주어진다.

이제 다양체의 경계가 무엇인지 논의해 보자. 이것이 필요한 이유는 스톡스 정리와 그것의 다양한 표현은 다음과 같이 선언한다. 다양체의 경계에서의 함수의 평균은 내부에서의 도함수의 평균과 동일하다.

M을 $\mathbb{R}^n$ 상의 k차원 다양체라고 하자.

정의 5.1.3 M의 폐포^{closure} $\overline{M}$는 다양체 M 내의 점의 수열 (x_n)이 존재해

$$\lim_{n \to \infty} x_n = x$$

를 만족하는 $\mathbb{R}^n$ 상의 모든 점 x의 집합이다. 또한 M의 경계^{boundary} ∂M은

$$\partial M = \overline{M} - M$$

이다.

다양체의 경계가 주어지면 비경계부분^{non-boundary part}을 내부^{interior}라고 부른다.

이들은 몇 개의 예를 통해 바로 알 수 있다. 다음 사상을 살펴보자.

$$r : [-1, 2] \to \mathbb{R}^2$$

여기서 함수 r은

$$r(t) = (t, t^2)$$

로서 다음과 같이 사상된다.

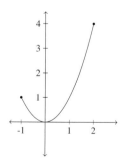

이 경우 열린 구간 $(-1, 2)$상의 함수 r의 상^{image}은 1-다양체(야코비안이 2×1 행렬 $(1, 2t)$이 므로 차수는 항상 1임)이며 경계는 두 점 $r(-1) = (-1, 1)$과 $r(2) = (2, 4)$이다.

다음 예는 2-다양체로서 원으로 된 경계를 가진다. 함수

$$r: \{(x, y) \in \mathbb{R}^2 : x^2 + y^2 \leq 1\} \to \mathbb{R}^3$$

가

$$r(x, y) = (x, y, x^2 + y^2)$$

로 정의된다고 하자. 이때 r의 상^{image}은 평면 상의 단위 원판 위에 놓인 공간 상의 그릇 이다.

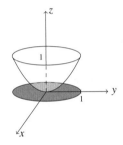

열린 원판 $\{(x, y) \in \mathbb{R}^2 : x^2 + y^2 < 1\}$ 상의 함수 r의 상^{image}은 2-다양체이다. 이는 모든 점에서의 야코비안

$$\begin{pmatrix} 1 & 0 \\ 0 & 1 \\ 2x & 2y \end{pmatrix}$$

의 차수가 2이기 때문이다. 경계는 원판 경계의 상이므로 원 $\{(x, y) \in \mathbb{R}^2 : x^2 + y^2 = 1\}$의 상이다. 이 경우 그림에서 보듯이 경계는 공간 상 $z = 1$ 평면 상의 원이 된다.

또 다른 예로 평면 상의 단위 원을 살펴보자. 이미 앞의 예에서 봤듯이 이는 1-다양체 이다. 하지만 경계점은 존재하지 않는다. 반면에 2-다양체인 평면 상의 단위 원판의 경 계가 바로 단위 원 자체가 된다. 유사한 형태로 $\mathbb{R}^3$ 상의 단위 구면^{sphere}은 경계가 없는 2-다양체로서 3-다양체인 단위 공^{ball}의 경계가 된다(두 경우에 있어서 경계의 경계가 공집합

일 가능성은 없다).

경계를 가진 다양체를 단순히 다양체라고 부르자. 또한 n차원 다양체의 경계는 공집합(이 경우 다양체는 경계가 없음) 또는 스스로가 $(n-1)$차원 다양체이다.

5.1.3 경로 적분

다양체에 대한 예리한 정의가 주어졌으므로 이제는 그들에 대한 미적분을 살펴보자. 우선 곡선을 따라 벡터장을 적분해 나가자. 이 과정을 경로 적분^{path integral}이라고 부르는데 때로는 오해를 불러일으킬 수 있는 선적분^{line integral}이라고도 부른다.

$\mathbb{R}^n$ 상의 곡선 또는 경로 C는 경계를 가진 1-다양체로 정의한다. 따라서 모든 곡선은 다음과 같은 사상 $F : [a, b] \to \mathbb{R}^n$으로 정의된다.

$$F(t) = \begin{pmatrix} f_1(t) \\ \vdots \\ f_n(t) \end{pmatrix}$$

이러한 사상은 자주

$$\begin{pmatrix} x_1(t) \\ \vdots \\ x_n(t) \end{pmatrix}$$

로 표현되는데 각 요소 함수 $f_i : \mathbb{R} \to \mathbb{R}$은 미분 가능해야 한다.

정의 5.1.4 함수 $f(x_1, \ldots, x_n)$이 $\mathbb{R}^n$ 상의 실수 함수라 하자. 함수 f의 곡선 C를 따르는 경로 적분은 다음과 같다.

$$\int_C f \, \mathrm{d}s = \int_C f(x_1, \ldots, x_n) \, \mathrm{d}s$$
$$= \int_a^b f(x_1(t), \ldots, x_n(t)) \left(\sqrt{\left(\frac{\mathrm{d}x_1}{\mathrm{d}t}\right)^2 + \cdots + \left(\frac{\mathrm{d}x_n}{\mathrm{d}t}\right)^2} \right) \mathrm{d}t$$

적분

$$\int_a^b f(x_1(t), \ldots, x_n(t)) \left(\sqrt{\left(\frac{\mathrm{d}x_1}{\mathrm{d}t}\right)^2 + \cdots + \left(\frac{\mathrm{d}x_n}{\mathrm{d}t}\right)^2} \right) \mathrm{d}t$$

는 매우 복잡해 보이지만 단일 변수 t의 적분이다.

정리 5.1.5 $\mathbb{R}^n$ 상의 곡선 C가 다음과 같은 서로 다른 두 매개변수화로 표현된다고 하자.

$$F : [a, b] \to \mathbb{R}^n,\ G : [c, d] \to \mathbb{R}^n$$

여기서 $F(t) = \begin{pmatrix} x_1(t) \\ \vdots \\ x_n(t) \end{pmatrix}$이며 $G(u) = \begin{pmatrix} y_1(u) \\ \vdots \\ y_n(u) \end{pmatrix}$이다.

이때 경로 적분 $\int_C f\,\mathrm{d}s$는 사용된 매개변수화와 무관하게 다음과 같이 주어진다.

$$\int_a^b f(x_1(t), \ldots, x_n(t)) \left(\sqrt{\left(\frac{\mathrm{d}x_1}{\mathrm{d}t}\right)^2 + \cdots + \left(\frac{\mathrm{d}x_n}{\mathrm{d}t}\right)^2} \right) \mathrm{d}t$$

$$= \int_c^d f(y_1(u), \ldots, y_n(u)) \left(\sqrt{\left(\frac{\mathrm{d}y_1}{\mathrm{d}u}\right)^2 + \cdots + \left(\frac{\mathrm{d}y_n}{\mathrm{d}u}\right)^2} \right) \mathrm{d}u$$

예제는 잠시 후에 살피고 연쇄 법칙$^{\text{chain rule}}$의 결정적 연습 문제를 통해 증명을 보이자. 사실 경로 적분은 매개변수화와 무관하게 경로 적분을 수행하도록 다음과 같은 부자연스러운 항목으로 정의돼 있다.

$$\mathrm{d}s = \left(\sqrt{\left(\frac{\mathrm{d}x_1}{\mathrm{d}t}\right)^2 + \cdots + \left(\frac{\mathrm{d}x_n}{\mathrm{d}t}\right)^2} \right) \mathrm{d}t$$

이 점이 바로 $\int_a^b f(x_1(t), \ldots, x_n(t))\,\mathrm{d}t$가 경로 적분의 부정확한 정의인 이유이다.

심볼 '$\mathrm{d}s$'는 $\mathbb{R}^n$ 상의 곡선 C의 무한소^{infinitesimal} 또는 극소의 호^{arc}의 길이를 나타낸다. $\mathbb{R}^2$인 경우 다음 그림을 보자.

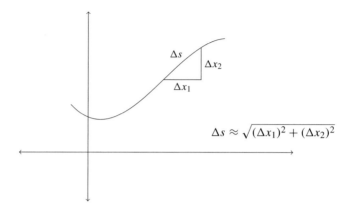

$$\Delta s \approx \sqrt{(\Delta x_1)^2 + (\Delta x_2)^2}$$

곡선 C를 따르는 위치 변화를 Δs로 표기할 때 피타고라스 정리^{Pythagorean Theorem}에 의해

$$\Delta s \approx \sqrt{(\Delta x_1)^2 + (\Delta x_2)^2}$$

$$= \left(\sqrt{\left(\frac{\Delta x_1}{\Delta t} \right)^2 + \left(\frac{\Delta x_2}{\Delta t} \right)^2} \right) \Delta t.$$

를 얻는다. $\Delta t \to 0$인 극한 상태에서는

$$\mathrm{d}s = \left(\sqrt{\left(\frac{\mathrm{d}x_1}{\mathrm{d}t} \right)^2 + \left(\frac{\mathrm{d}x_2}{\mathrm{d}t} \right)^2} \right) \mathrm{d}t$$

가 되며 일반적인 $\mathbb{R}^n$ 상의 경로 적분의 정의는 피타고라스 정리의 올바른 구현에 따라 다음과 같이

$$\mathrm{d}s = \left(\sqrt{\left(\frac{\mathrm{d}x_1}{\mathrm{d}t} \right)^2 + \cdots + \left(\frac{\mathrm{d}x_n}{\mathrm{d}t} \right)^2} \right) \mathrm{d}t$$

로 된다.

이제 예제를 통해 경로 적분에 대한 정의의 실무적인 지식을 확인하고 경로 적분이 매개변수화와 무관하기 위해 $\mathrm{d}s$가 어떻게 돼야 하는지 확인하자. 즉 평면 상의 점 $(0,0)$과 $(1,2)$를 잇는 직선의 선분^{segment}을 고려하자. 이제 이 선분을 두 가지 방법으로 매개변수화하고

다음 함수

$$f(x, y) = x^2 + 3y$$

의 경로 적분을 계산해 보자.

먼저 함수

$$F : [0, 1] \to \mathbb{R}^2$$

를

$$F(t) = (t, 2t)$$

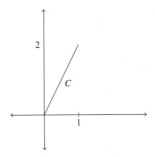

로 정의하자.

따라서 $x(t) = t$이며 $y(t) = 2t$이다. 선분을 C로 표기할 때 경로 적분은 다음과 같이 된다.

$$
\begin{aligned}
\int_C f(x, y) \, \mathrm{d}s &= \int_0^1 (x(t)^2 + 3y(t)) \left(\sqrt{\left(\frac{\mathrm{d}x}{\mathrm{d}t}\right)^2 + \left(\frac{\mathrm{d}y}{\mathrm{d}t}\right)^2} \right) \mathrm{d}t \\
&= \int_0^1 (t^2 + 6t)\sqrt{5} \, \mathrm{d}t \\
&= \sqrt{5} \left(\frac{t^3}{3} \Big|_0^1 + 3t^2 \Big|_0^1 \right) \\
&= \sqrt{5} \left(\frac{1}{3} + 3 \right) \\
&= \frac{10}{3} \sqrt{5}
\end{aligned}
$$

이제 선분 C를 다음과 같이 매개변수화하자.

$$G : [0, 2] \to C$$

여기서 $G(t)$는

$$G(t) = \left(\frac{t}{2}, t \right)$$

이다. 그러므로 $x(t) = \frac{t}{2}$이며 $y(t) = t$가 된다. 따라서

$$
\begin{aligned}
\int_C f(x, y) \, \mathrm{d}s &= \int_0^2 (x(t)^2 + 3y(t)) \sqrt{\left(\frac{\mathrm{d}x}{\mathrm{d}t} \right)^2 + \left(\frac{\mathrm{d}y}{\mathrm{d}t} \right)^2} \, \mathrm{d}t \\
&= \int_0^2 \left(\frac{t^2}{4} + 3t \right) \sqrt{\frac{1}{4} + 1} \, \mathrm{d}t \\
&= \frac{\sqrt{5}}{2} \left(\frac{t^3}{12} \Big|_0^2 + \frac{3t^2}{2} \Big|_0^2 \right) \\
&= \frac{\sqrt{5}}{2} \left(\frac{8}{12} + 6 \right) \\
&= \frac{10}{3} \sqrt{5}
\end{aligned}
$$

가 돼 원하는 동일한 결과를 얻는다.

5.1.4 표면 적분

표면을 따르는 적분을 살펴보자. $\mathbb{R}^3$ 상에서 **표면**surface은 경계를 갖는 2-다양체이다. 단순함을 위해

$$r : D \to \mathbb{R}^3$$

로 주어지는 사상

$$r(u, v) = (x(u, v), y(u, v), z(u, v))$$

의 상image인 표면으로 국한해 생각하자. 여기서 x, y, z는 $\mathbb{R}^3$의 좌표이며 u, v는 $\mathbb{R}^2$의 좌

표이다. 그리고 D는 평면 상의 정의역으로서 이는 폐포^{closure}가 D인 $\mathbb{R}^2$ 상의 열린집합 U가 존재함을 의미한다(U를 열린 원판으로 그리고 D를 닫힌 원판으로 생각하면 대체로 문제없다).

정의 5.1.6 $f(x, y, z)$를 $\mathbb{R}^3$ 상의 함수라 하자. 함수 f의 표면 S를 따르는 표면 적분은 다음과 같다.

$$\int\int_S f(x, y, z)\, \mathrm{d}S = \int\int_D f(x(u,v), y(u,v), z(u,v)) \cdot \left|\frac{\partial r}{\partial u} \times \frac{\partial r}{\partial v}\right| \mathrm{d}u\, \mathrm{d}v$$

여기서 $\left|\frac{\partial r}{\partial u} \times \frac{\partial r}{\partial v}\right|$는 벡터 $\frac{\partial r}{\partial u}$와 $\frac{\partial r}{\partial v}$의 외적$^{\text{cross product}}$의 길이(잠시 후 어떤 수직 벡터의 길이와 같음을 보일 것이다)를 나타내며 다음 행렬의 디터미넌트이다.

$$\frac{\partial r}{\partial u} \times \frac{\partial r}{\partial v} = \begin{pmatrix} \mathbf{i} & \mathbf{j} & \mathbf{k} \\ \partial x/\partial u & \partial y/\partial u & \partial z/\partial u \\ \partial x/\partial v & \partial y/\partial v & \partial z/\partial v \end{pmatrix}$$

따라서 무한소 넓이$^{\text{infinitesimal area}}$ $\mathrm{d}S$는 다음과 같이 주어진다.

$$\left(\frac{\partial r}{\partial u} \times \frac{\partial r}{\partial v}\right)\text{의 길이 } \mathrm{d}u\, \mathrm{d}v = \left|\left(\left(\frac{\partial y}{\partial u}\frac{\partial z}{\partial v}\right) - \left(\frac{\partial z}{\partial u}\frac{\partial y}{\partial v}\right), \left(\frac{\partial x}{\partial v}\frac{\partial z}{\partial u}\right)\right.\right.$$
$$\left.\left. - \left(\frac{\partial x}{\partial u}\frac{\partial z}{\partial v}\right), \left(\frac{\partial x}{\partial u}\frac{\partial y}{\partial v}\right) - \left(\frac{\partial x}{\partial v}\frac{\partial y}{\partial u}\right)\right)\right| \mathrm{d}u\, \mathrm{d}v$$

현의 길이의 경우와 유사하게 표면 적분도 매개변수화와 무관하다.

정리 5.1.7 적분 $\int\int_S f(x, y, z)\, \mathrm{d}S$는 표면 S의 매개변수화와 무관하다.

여기서도 연쇄 법칙은 정리의 증명에서 결정적이다.

이 정리가 사실이 아니라면 표면 적분(특히 무한소 면적)은 다르게 정의됐을 것이다.

이제 벡터장

$$\frac{\partial r}{\partial u} \times \frac{\partial r}{\partial v}$$

이 실제로 표면과 어떻게 수직이 됨을 보이자. 먼저 $r(u, v) = (x(u,v),\, y(u,v),\, z(u,v))$로 주어지는 사상 $r : \mathbb{R}^2 \to \mathbb{R}^3$에 대해 r의 야코비안이 다음과 같음을 기억하자.

$$\begin{pmatrix} \partial x/\partial u & \partial x/\partial v \\ \partial y/\partial u & \partial y/\partial v \\ \partial z/\partial u & \partial z/\partial v \end{pmatrix}$$

그러나 3장에서 봤듯이 야코비안은 접선 벡터를 접선 벡터로 사상한다. 그러므로 두 벡터

$$\left(\frac{\partial x}{\partial u}, \frac{\partial y}{\partial u}, \frac{\partial z}{\partial u} \right)$$

와

$$\left(\frac{\partial x}{\partial v}, \frac{\partial y}{\partial v}, \frac{\partial z}{\partial v} \right)$$

는 모두 표면 S의 접선 벡터이다. 따라서 두 벡터의 외적은 법선^{normal}(직각^{perpendicular})벡터 $\mathbf{n}$이 된다. 결국 표면 적분은 다음과 같게 된다.

$$\int \int_S f \, \mathrm{d}S = \int \int f \cdot |\mathbf{n}| \, \mathrm{d}u \, \mathrm{d}v$$

여기서 $\mathrm{d}S =$ (법선 벡터 $\frac{\partial r}{\partial u} \times \frac{\partial r}{\partial v}$의 길이) $\mathrm{d}u \, \mathrm{d}v$이다.

5.1.5 기울기

함수의 기울기^{gradient}는 함수를 미분하기 위한 방법으로 볼 수 있다.

정의 5.1.8 실수 함수 $f(x_1, \ldots, x_n)$의 기울기는

$$\nabla f = \left(\frac{\partial f}{\partial x_1}, \ldots, \frac{\partial f}{\partial x_n} \right)$$

로 정의된다.

따라서

$$\nabla : (함수) \to (벡터장)$$

이다. 예를 들면 $f(x, y, z) = x^3 + 2xy + 3xz$인 경우

$$\nabla(f) = (3x^2 + 2y + 3z, 2x, 3x)$$

가 된다. $\nabla f \neq 0$인 $M = (f(x_1, \ldots, x_n) = 0)$ 상의 모든 점에 대해 기울기 ∇f가 M에 대한 법선 벡터임을 보일 수 있다.

5.1.6 발산

벡터장의 발산divergence은 벡터장을 미분하는 합리적인 방법으로 볼 수 있다(다음 장에서 벡터장의 회전curl이 또 하나의 방법임을 알게 된다). 다음과 같은 3개의 함수로 정의되는 벡터장 $\mathbf{F}(x, y, z) : \mathbb{R}^3 \to \mathbb{R}^3$을 고려하자.

$$\mathbf{F}(x, y, z) = (f_1(x, y, z), f_2(x, y, z), f_3(x, y, z))$$

정의 5.1.9 $\mathbf{F}(x, y, z)$의 발산은 다음과 같이 정의된다.

$$\mathrm{div}(\mathbf{F}) = \frac{\partial f_1}{\partial x} + \frac{\partial f_2}{\partial y} + \frac{\partial f_3}{\partial z}$$

따라서

$$\mathrm{div} : (벡터장) \to (함수)$$

이다. 위 발산 정리Divergence Theorem는 벡터장이 한 점에서 얼마나 많이 퍼져나가고 있음을 발산이 측정하고 있음을 알려준다.

예를 들어 $\mathbf{F}(x, y, z) = (x, y^2, 0)$이라 하자. 이 경우 발산은

$$\mathrm{div}(\mathbf{F}) = \frac{\partial x}{\partial x} + \frac{\partial(y^2)}{\partial y} + \frac{\partial(0)}{\partial z} = 1 + 2y$$

이 된다. 이 벡터장을 스케치해 보면 y 값이 클수록 더 많은 벡터장이 퍼져 나감을 보게 된다.

5.1.7 회전

벡터장의 회전curl은 벡터장의 미분에 대한 개념을 확장하는 또 하나의 방법이다. 스톡스 정리는 벡터장의 회전을 측정해 벡터장이 얼마나 회전하거나 소용돌이치는지를 알게 해

준다. 실제적인 정의는 다음과 같다.

정의 5.1.10 벡터장 $\mathbf{F}(x, y, z)$의 회전은 다음과 같이 정의된다.

$$\text{curl}(\mathbf{F}) = \det \begin{pmatrix} \mathbf{i} & \mathbf{j} & \mathbf{k} \\ \frac{\partial}{\partial x} & \frac{\partial}{\partial y} & \frac{\partial}{\partial z} \\ f_1 & f_2 & f_3 \end{pmatrix}$$

$$= \left(\frac{\partial f_3}{\partial y} - \frac{\partial f_2}{\partial z}, -\left(\frac{\partial f_3}{\partial x} - \frac{\partial f_1}{\partial z} \right), \frac{\partial f_2}{\partial x} - \frac{\partial f_1}{\partial y} \right)$$

그러므로 사상은

$$\text{curl} : (\text{벡터장}) \rightarrow (\text{벡터장})$$

이다.

이제 회전이 정말 어떤 종류의 소용돌이를 측정하는지 하나의 예를 살펴보자. 앞에서 벡터장 $\mathbf{F}(x, y, z) = (-y, x, 0)$는 소용돌이처럼 보였음을 기억하자. 회전은

$$\text{curl}(\mathbf{F}) = \det \begin{pmatrix} i & j & k \\ \frac{\partial}{\partial x} & \frac{\partial}{\partial y} & \frac{\partial}{\partial z} \\ -y & x & 0 \end{pmatrix}$$

$$= (0, 0, 2)$$

로 주어지는데 이는 소용돌이 동작은 z축과 수직인 xy-평면 상에서 일어나고 있음을 반영한다.

스톡스 정리의 진술로부터 벡터 $\text{curl}(\mathbf{F})$가 소용돌이와 수직인 방향을 가리키는 반면 직관적으로 $\text{curl}(\mathbf{F})$의 길이는 벡터장이 실제로 얼마만큼 회전하는지를 측정함을 알게 된다.

5.1.8 방향성

다양체는 방향성orientability도 가져야 한다. 표면에 있어서의 방향성은 연속적으로 변하지만 소멸하지 않는 표면에 대한 법선 벡터장을 선택할 수 있음을 의미한다. 곡선에 대해서는 각 점에서 연속적으로 변하는 단위 접선 벡터를 선택할 수 있음을 의미한다.

비-방향성^{non-orientable} 표면의 대표적인 예는 뫼비우스 띠^{Möbius strip}로서 종이띠를 반쯤 뒤틀어서 양 끝을 서로 붙여서 만들 수 있다.

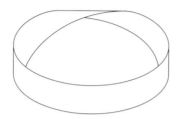

방향성을 가지는 다양체는 법선 방향 또는 접선 방향의 선택에 따라 두 가지의 방향^{orientation}을 가진다. 게다가 경계 곡선 ∂S를 가지며 방향이 있는 표면 S는 ∂S에 방향을 유도한다. 이는 3차원 영역이 경계 표면에 방향을 유도하는 것과 유사하다. 경계의 유도 방향을 잘못 선택했을 경우에는 스톡스 정리의 다양한 버전은 단지 부호만 다를 것이다. 앞의 문장들이 모호하게 들릴지라도 공황 상태에 빠질 필요는 없다. 의도적으로 그렇게 한 것이다. 실제로 진지하게 방향을 정의하는 것은 약간의 수고가 요구된다. 주제에 접근하는 첫 번째 방식은 기본적인 예제에 집중하고 그 후 유도된 방향으로부터 생성되는 올바른 부호에 대해 고민하는 것이 최선이다. 방향성에 대한 진지한 정의는 다음 장에서 다룬다.

5.2 발산 정리와 스톡스 정리

기술적으로 편리하도록 이 장의 끝까지 벡터장을 구성하는 함수를 포함한 모든 함수는 필요한 만큼 충분히 많은 도함수를 가진다고 가정하자.

이 장의 전체적인 목표는 다양체의 경계 상에서의 함수의 값과 다양체의 내부에서의 도함수의 값이 깊은 관계가 있음을 강조함에 있다. 이 연결점은 이미 다음 정리에서 확연히 드러난다.

정리 5.2.1(미적분의 기본 정리^{The Fundamental Theorem of Calculus}) 함수

$$f : [a, b] \to \mathbb{R}$$

이 구간 $[a, b]$에서 미분 가능한 실수 함수라고 하자. 그러면 다음이 성립한다.

$$f(b) - f(a) = \int_a^b \frac{\mathrm{d}f}{\mathrm{d}x}\mathrm{d}x$$

여기서 도함수 $\frac{\mathrm{d}f}{\mathrm{d}x}$는 경계가 a와 b인 구간

$$[a,b] = \{x \in \mathbb{R} : a \le x \le b\}$$

에서 적분된다. 경계에서의 방향은 b와 $-a$ 또는

$$\partial[a,b] = b - a$$

이다.

미적분의 기본 정리는 다음과 같이 진술하는 것으로 해석된다. 즉 경계에서의 $f(x)$의 값은 내부에서의 도함수의 평균(적분)과 같다. 기본 정리를 일반화하는 한 가지 방법은 1차원 구간 $[a,b]$를 높은 차원의 어떤 것으로 바꾸고 1-변수 함수 f를 1-변수 이상의 함수 또는 (덜 분명하게) 벡터장으로 바꾸는 것이다. 물론 올바른 일반화는 증명될 수 있는 것에 의해 결정된다.

발산 정리에서는 구간은 3차원 다양체가 돼 경계는 표면이 되고 함수 f는 벡터장이 된다. f의 도함수가 여기서는 발산인데 다음 정리에서 명확히 설명하고 있다.

정리 5.2.2(발산 정리 The Divergence Theorem**)** $\mathbb{R}^3$ 상에서 2차원 콤팩트 다양체 ∂M을 경계로 하는 3차원 다양체를 M이라 하자. 또한 $\mathbf{F}(x,y,z)$를 $\mathbb{R}^3$ 상의 벡터장으로 표기하고 $\mathbf{n}(x,y,z)$를 경계 표면 ∂M에 대한 단위 법선 벡터라 하자. 이때 다음 식이 성립한다.

$$\int\int_{\partial M} \mathbf{F} \cdot \mathbf{n} \, \mathrm{d}S = \int\int\int_M (\mathrm{div}\mathbf{F}) \, \mathrm{d}x \, \mathrm{d}y \, \mathrm{d}z$$

증명은 5.5절에서 요약해 보자.

왼쪽 항은 경계에서의 벡터장 $\mathbf{F}$의 적분이며 오른쪽 항은 벡터장의 미분을 포함하는 함수 $\mathrm{div}(\mathbf{F})$의 내부에서의 적분이다.

스톡스 정리에서 구간은 표면이 되고 경계는 곡선이 되고 또한 함수는 벡터장이 된다. 도함수의 역할은 이제 벡터장의 회전이 담당하게 된다.

정리 5.2.3(스톡스 정리 Stoke's Theorem**)** M을 콤팩트 경계 곡선 ∂M을 갖는 $\mathbb{R}^3$ 상의 표면이라 하자. 또한 $\mathbf{n}(x, y, z)$를 M에 대한 단위 법선 벡터장이라 하고 $\mathbf{T}(x, y, z)$를 곡선 ∂M에 대한 유도 단위 접선이라 하자. 이때 $\mathbf{F}(x, y, z)$가 임의의 벡터장이라면 다음 식이 성립한다.

$$\int_{\partial M} \mathbf{F} \cdot \mathbf{T} \, ds = \int \int_M \text{curl}(\mathbf{F}) \cdot \mathbf{n} \, dS$$

발산 정리에서와 마찬가지로 이 장의 후반부에서 증명을 요약한다.

왼쪽 항은 경계에서의 벡터장 $\mathbf{F}$의 적분이며 오른쪽 항은 $\mathbf{F}$의 다양한 도함수로 주어지는 $\text{div}(\mathbf{F})$의 내부에서의 적분이다.

발산 정리와 스톡스 정리가 모두 독립적으로 증명되지만 그들 사이의 닮음꼴은 단순한 유사성을 뛰어넘는다. 이들은 미적분의 기본 정리와 같이 다음 장의 목표인 하나의 매우 일반적인 정리의 특별한 경우들이다. 각각의 증명은 매우 유사하다. 사실 이와 같은 형태의 정리를 증명하는 데는 기본적인 두 가지 방법이 있다. 첫째는 미적분의 기본 정리, 즉 $f(b) - f(a) = \int_a^b \frac{df}{dx} \, dx$로 축소하는 것이다. 발산 정리의 증명에서 이 방법이 설명된다.

둘째 방법은 두 단계로 돼 있다. 1단계는 공통의 경계를 공유하는 두 영역 R_1과 R_2가 주어질 때 다음이 성립함을 보이는 것이다.

$$\int_{\partial R_1} \text{함수} + \int_{\partial R_2} \text{함수} = \int_{\partial(R_1 \cup R_2)} \text{함수}$$

2단계는 정리가 무한소의 작은 영역에서도 성립함을 보이는 것이다. 실제로 정리를 증명하는 접근 방식은 원 영역을 무한소의 작은 영역으로 나눠 2단계를 수행하고 다시 1단계를 수행하는 것이다. 스톡스 정리에 이러한 접근 방식을 취할 것이다.

다시 말하지만 이 두 정리는 사실상 동일하다. 사실 대부분의 수학자들에게는 이 두 정리는 통상 하나의 이름인 '스톡스 정리'로 부른다.

5.3 발산 정리의 물리적 해석

이 절의 목표는 발산 정리의 물리적인 의미를 부여함으로써 부분적으로는 이 정리가 역사적으로 어떻게 발견됐는지 보여준다. 발산 정리는 표면을 통과하는 벡터장의 흐름 또는 선속flux은 내부의 각 점의 발산의 합과 정확히 같음을 나타낸다. 물론 이러한 용어들을 정의해야 하겠지만.

정의 5.3.1 S를 단위 법선 벡터장 $\mathbf{n}(x, y, z)$를 갖는 $\mathbb{R}^3$ 상의 표면이라 하자. 이때 표면 S를 통과하는 벡터장 $\mathbf{F}(x, y, z)$의 선속은 다음과 같다.

$$\int\int_S \mathbf{F} \cdot \mathbf{n}\, \mathrm{d}S$$

직관적으로 선속은 표면 S를 밀고 있는 벡터장 $\mathbf{F}$의 양을 의미한다.

흐르는 물줄기를 상상해 보자. 각 점에서의 물의 방향에 따른 접선 벡터를 벡터장이라고 하고 다음과 같은 벡터장을 가정하자.

이때 물줄기 가운데 얇은 고무판을 세운다고 하자. 선속은 물의 흐름을 방해하는 고무판을 붙드는 것이 얼마나 힘든지를 측정하는 것이다. 다음과 같은 세 가지 가능성을 생각하자.

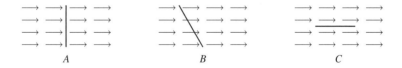

A의 경우 물이 고무판을 정면으로 부딪쳐 판을 붙들고 있기 어렵다. 반면 C의 경우에는 물이 그냥 지나가므로 아무런 노력도 필요하지 않다. 한편 B의 경우에는 판을 붙들고 있는 노력이 A와 C의 중간 정도 되는 것으로 보인다. 선속의 이러한 차이를 정량화하는 핵심은 흐름의 벡터장 $\mathbf{F}$와 얇은 막에 대한 법선 벡터장 $\mathbf{n}$과의 각이다. 분명히 내적 $\mathbf{F} \cdot \mathbf{n}$이 작용하고 있다. 따라서 이러한 개념을 사용해 선속이 다음과 같이 정의된다.

$$\int\int_S \mathbf{F} \cdot \mathbf{n}\, \mathrm{d}S$$

그 결과 표면 A를 통과하는 선속은 표면 B를 통과하는 선속보다 크고 B의 경우는 C의 경우, 즉 선속이 0인 경우보다 크다.

발산 정리는 경계 표면을 통과하는 벡터장의 선속은 내부에서의 벡터장의 발산의 합(적분)과 정확하게 같음을 말하고 있다. 어떤 점에서는 발산은 벡터장의 선속의 무한소적인 측정인 것이다.

5.4 스톡스 정리의 물리적 해석

여기서는 곡선에 대한 벡터장의 순환^{circulation} 개념을 다룬다. 순환을 정의하고 무엇을 의미하는지 논의하자.

정의 5.4.1 C를 단위 접선 벡터장 $\mathbf{T}(x, y, z)$를 갖는 $\mathbb{R}^3$ 상의 매끄러운 곡선이라 하자. 이때 곡선 C방향을 따르는 벡터장 $\mathbf{F}(x, y, z)$의 순환은 다음과 같다.

$$\int_C \mathbf{F} \cdot \mathbf{T} \, ds$$

다음과 같이 흐르는 물줄기를 나타내는 벡터장을 $\mathbf{F}$라고 하자.

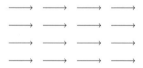

이때 물줄기 가운데 가는 철선(곡선 C)을 세운다고 하자. 철선 끝에는 작은 구슬이 달려 있어 위아래로 자유롭게 움직일 수 있게 돼 있다.

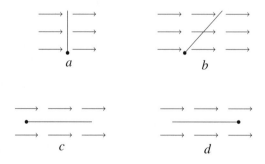

a의 경우에는 물줄기가 구슬을 전혀 움직이지 못한다. b의 경우 구슬이 밀려서 곡선을 따라 움직이기 시작하지만 c의 경우에는 구슬이 가장 빨리 움직인다. d의 경우에는 구슬이 곡선 C를 따라 움직이지 않고 움직이기 위해서는 노력이 필요하다. 이와 같은 정성적인 판단이 순환에 대한 위와 같은 정의에 정량적으로 들어간 것이다. 왜냐하면 내적 $\mathbf{F} \cdot \mathbf{T}$는 각 점에서 벡터장 $\mathbf{F}$의 얼마나 많은 부분이 접선 $\mathbf{T}$ 방향, 즉 곡선의 방향을 가리키는지를 측정하기 때문이다.

요약하면 순환은 얼마나 많은 벡터장이 곡선 C의 방향으로 흐르는지를 측정한다. 물리적으로는 벡터장은 힘으로 자주 표현되고 이 경우 순환은 일의 측정치인 셈이다.

그러므로 스톡스 정리는 표면 M을 경계 짓는 곡선 ∂M을 따르는 벡터장의 순환은 내부에서의 벡터장의 회전인 curl($\mathbf{F}$)의 법선 성분과 정확히 같음을 설명한다. 이 점이 용어 '회전^{curl}'이 사용되는 이유인데 이 값이 벡터장이 회전하려는 무한소적인 경향을 측정하는 것이다. 다른 말로 표현한다면 벡터장의 '소용돌이^{whirlpoolness}'의 측정치를 제공하는 것이다.

5.5 발산 정리의 개략적 증명

이 증명은 많은 가정을 단순화하기 때문에 개략적이라 할 수 있다. 우선 여기서 다루는 3차원 다양체 M이 단순하다^{simple}고 가정하자. 즉 x축, y축 또는 z축과의 어떤 평행선이라도 하나의 연결된 선분 또는 한 점에서 M과 교차하는 경우를 말한다. 따라서

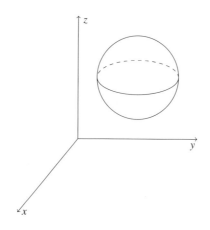

는 단순한 반면

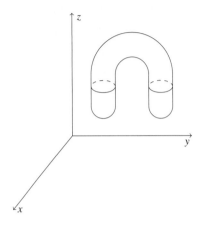

는 단순하지 않다.

벡터장의 성분을 다음과 같이 표기하자.

$$\mathbf{F}(z, y, z) = (f_1(x, y, z), f_2(x, y, z), f_3(x, y, z))$$
$$= (f_1, f_2, f_3)$$

또한 경계 표면 ∂M에서의 단위 법선 벡터장은 다음과 같이 표기하자.

$$\mathbf{n}(x, y, z) = (n_1(x, y, z), n_2(x, y, z), n_3(x, y, z))$$
$$= (n_1, n_2, n_3)$$

우리가 증명하려는 것은

$$\iint_{\partial M} \mathbf{F} \cdot \mathbf{n} \, dS = \iiint_M \text{div}(\mathbf{F}) \, dx \, dy \, dz$$

로서 다시 말하면

$$\iint_{\partial M} (f_1 n_1 + f_2 n_2 + f_3 n_3) \, dS = \iiint_M \left(\frac{\partial f_1}{\partial x} + \frac{\partial f_2}{\partial y} + \frac{\partial f_3}{\partial z} \right) dx \, dy \, dz$$

를 증명하려고 한다. 그러므로 다음을 증명한다면 우리의 증명은 끝난다.

$$\iint_{\partial M} f_1 n_1 \, \mathrm{d}S = \iiint_M \frac{\partial f_1}{\partial x} \, \mathrm{d}x \, \mathrm{d}y \, \mathrm{d}z$$

$$\iint_{\partial M} f_2 n_2 \, \mathrm{d}S = \iiint_M \frac{\partial f_2}{\partial y} \, \mathrm{d}x \, \mathrm{d}y \, \mathrm{d}z$$

$$\iint_{\partial M} f_3 n_3 \, \mathrm{d}S = \iiint_M \frac{\partial f_3}{\partial z} \, \mathrm{d}x \, \mathrm{d}y \, \mathrm{d}z$$

세 식이 유사한 방정식이므로 대표적으로 다음과 같이 마지막 식을 개략적으로 증명해 보자.

$$\iint_{\partial M} f_3(x,y,z) n_3(x,y,z) \, \mathrm{d}S = \iiint_M \frac{\partial f_3}{\partial z} \, \mathrm{d}x \, \mathrm{d}y \, \mathrm{d}z$$

함수 $n_3(x,y,z)$는 법선 벡터장 $\mathbf{n}(x,y,z)$의 z성분이다. M이 단순하다는 가정에 의해 경계 성분 ∂M을 다음과 같은 3개의 연결 조각으로 나눈다. 즉 $n_3 > 0$인 경우의 $\{\partial M\}_{\text{top}}$, $n_3 = 0$인 경우의 $\{\partial M\}_{\text{side}}$, $n_3 < 0$인 경우의 $\{\partial M\}_{\text{bottom}}$으로 나눈다.

예를 들어 ∂M이

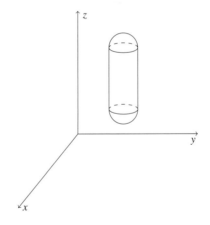

와 같으면

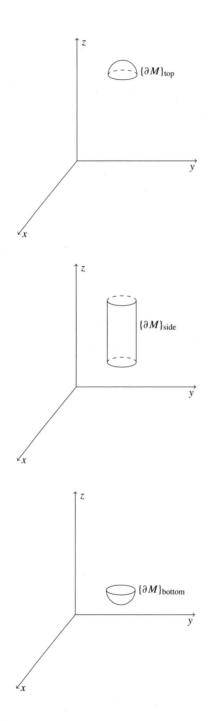

와 같이 3부분으로 나눈다. 그러면 경계 표면 적분도 다음과 같이 3부분으로 나눠 계산된다.

$$\iint_{\partial M} f_3 n_3 \mathrm{d}S = \iint_{\partial M_{\text{top}}} f_3 n_3 \mathrm{d}S + \iint_{\partial M_{\text{side}}} f_3 n_3 \mathrm{d}S$$
$$+ \iint_{\partial M_{\text{bottom}}} f_3 n_3 \mathrm{d}S$$
$$= \iint_{\partial M_{\text{top}}} f_3 n_3 \mathrm{d}S + \iint_{\partial M_{\text{bottom}}} f_3 n_3 \mathrm{d}S$$

마지막 식의 결과는 z 방향의 법선 성분 n_3가 ∂M_{side}에 대해 0이기 때문이다.

더 나아가 또 하나의 단순성 가정에 의해 $\{\partial M\}_{\text{top}}$이 함수

$$(x, y) \rightarrow (x, y, t(x, y))$$

의 상이 되는 xy평면 상의 영역 R이 존재한다.

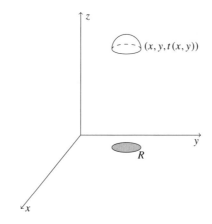

또한 이 영역 R은 $\{\partial M\}_{\text{bottom}}$이 함수

$$(x, y) \rightarrow (x, y, b(x, y))$$

의 상이 되는 xy평면 상의 영역이기도 하다.

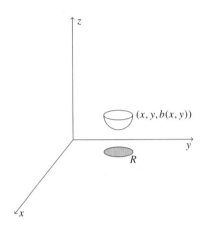

그러면 다음과 같은 식을 얻는다.

$$\int\int_{\partial M} f_3 n_3 \mathrm{d}S = \int\int_{\partial M_{\text{top}}} f_3 n_3 \mathrm{d}S + \int\int_{\partial M_{\text{bottom}}} f_3 n_3 \mathrm{d}S$$
$$= \int\int_R f_3(x,y,t(x,y)) \,\mathrm{d}x\,\mathrm{d}y + \int\int_R f_3(x,y,b(x,y)) \,\mathrm{d}x\,\mathrm{d}y$$
$$= \int\int_R (f_3(x,y,t(x,y)) - f_3(x,y,b(x,y))) \,\mathrm{d}x\,\mathrm{d}y$$

적분식 내부의 음의 부호는 $\{\partial M\}_{\text{bottom}}$에 대한 수직 성분이 아래로 향하기 때문이다. 결국 위 적분은 미적분의 기본 정리에 따라

$$\int\int_R \int_{b(x,y)}^{t(x,y)} \frac{\partial f_3}{\partial z} \,\mathrm{d}x\,\mathrm{d}y\,\mathrm{d}z$$

이 돼 마침내 결과적으로 보이려고 하는

$$\int\int\int_M \frac{\partial f_3}{\partial z} \,\mathrm{d}x\,\mathrm{d}y\,\mathrm{d}z$$

이 된다.

완전한 결과를 증명하기 위해서는 임의의 입체 M에 대해 M을 단순한 부분으로 나눠 각각의 단순한 부분이 발산 정리를 만족하면 원 M도 발산 정리를 만족함을 보이는 것이다.

직관적으로 어렵지는 않을지라도 이를 증명하기가 그리 쉽지는 않으며 미묘한 수렴에 관한 질문을 포함한다.

5.6 스톡스 정리의 개략적 증명

경계 곡선 ∂M을 갖는 표면을 M이라 하자.

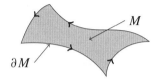

스톡스 정리의 증명을 두 단계로 나누자. 첫 번째, 옆 변을 공유하는 두 직사각형

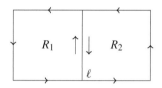

R_1과 R_2에 대해

$$\int_{\partial R_1} \mathbf{F} \cdot \mathbf{T}\, ds + \int_{\partial R_2} \mathbf{F} \cdot \mathbf{T}\, ds = \int_{\partial R_1 \cup R_2} \mathbf{F} \cdot \mathbf{T}\, ds$$

임을 증명하자. 여기서 $\mathbf{T}$는 단위 접선 벡터이다.

두 번째, 스톡스 정리가 무한소의 작은 직사각형에도 성립함을 보이는 것이다.

우선 증명하려는 것은 두 직사각형의 공통 옆 변 ℓ의 방향성은 서로 반대 방향이라는 것이다. 그러므로 직사각형 R_1의 변으로서의 ℓ 방향으로의 내적 $(\mathbf{F} \cdot \mathbf{T})$의 값은 직사각형 R_2의 변으로서의 ℓ 방향으로의 내적 $(\mathbf{F} \cdot \mathbf{T})$값과 크기는 같고 부호는 반대이다. 그러므로

$$\int_{\ell \subset \partial R_1} \mathbf{F} \cdot \mathbf{T}\, ds = -\int_{\ell \subset \partial R_2} \mathbf{F} \cdot \mathbf{T}\, ds$$

이다. 두 직사각형의 합집합 $R_1 \cup R_2$의 경계는 변 ℓ을 포함하지 않으므로

$$\int_{\partial R_1} \mathbf{F} \cdot \mathbf{T} \, ds + \int_{\partial R_2} \mathbf{F} \cdot \mathbf{T} \, ds = \int_{\partial R_1 \cup R_2} \mathbf{F} \cdot \mathbf{T} \, ds$$

가 된다.

스톡스 정리가 무한소의 작은 직사각형에도 성립함을 증명하기 전에 잠시 이것이 사실임이 알고 있다고 가정하자. 표면 M을 그림과 같이 (무한히 많은) 작은 직사각형들로 나누자.

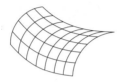

그러면 회전 관련 적분은

$$\int\int_M \text{curl}(\mathbf{F}) \cdot \mathbf{n} \, dS = \sum_{\text{작은 직사각형들}} \int\int \text{curl}(\mathbf{F}) \cdot \mathbf{n} \, dS$$
$$= \sum \int_{\partial(\text{각각의 직사각형})} \mathbf{F} \cdot \mathbf{T} \, ds$$

가 되는데 이는 스톡스 정리가 무한소의 작은 직사각형들에서 성립함을 가정하기 때문이다. 그러나 첫 번째 단계에 의해 위 합은 작은 직사각형들의 합집합의 경계에 대한 하나의 적분

$$\int_{\partial M} \mathbf{F} \cdot \mathbf{T} \, ds$$

와 동일해 스톡스 정리를 보여준다. 그러므로 이제 보여야 할 것은 스톡스 정리가 무한소의 작은 직사각형에도 성립함이다.

이를 보이기 전에 이와 같은 진술이 엄격하지 않은 것은 전체 합이 무한히 많은 직사각형에 대해 계산되므로 수렴 관련 미묘한 질문이 해결돼야 한다는 점이다. 하지만 이점에 대해서는 조용히 지나가자.

이제 스톡스 정리가 무한소의 작은 직사각형에 성립하는 이유를 개략적으로 설명하자. 이는 벡터장의 회전의 정의가 무엇인지에 대한 당위성을 포함한다.

좌표 변환에 의해 꼭지점 하나가 xy평면의 원점 $(0,0)$에 놓인 작은 직사각형 R을 가정하자.

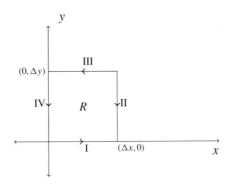

이 경우 단위 법선 벡터는 $n = (0, 0, 1)$이다.

벡터장이 $\mathbf{F}(x, y, z) = (f_1, f_2, f_3)$이면

$$\text{curl}(\mathbf{F}) \cdot \mathbf{n} = \frac{\partial f_2}{\partial x} - \frac{\partial f_1}{\partial y}$$

이 되고 결국

$$\left(\frac{\partial f_2}{\partial x} - \frac{\partial f_1}{\partial y} \right) \mathrm{d}x \, \mathrm{d}y = \int_{\partial R} \mathbf{F} \cdot \mathbf{T} \, \mathrm{d}s$$

가 성립함을 보이려는 것이다. 여기서 $\mathbf{T}$는 경계 직사각형 ∂M에 대한 단위 접선 벡터이며 $\mathrm{d}x \, \mathrm{d}y$는 직사각형 R에 대한 무한소 면적이다.

이제 $\int_{\partial R} \mathbf{F} \cdot \mathbf{T} \, \mathrm{d}s$를 계산하자.

직사각형 ∂M의 4개의 변은 다음과 같은 매개변수화를 가진다.

변	매개변수화	적분
I	$s(t) = (t\triangle x, 0), 0 \le t \le 1$	$\int_0^1 f_1(t\triangle x, 0)\triangle x\, \mathrm{d}t$
II	$s(t) = (\triangle x, t\triangle y), 0 \le t \le 1$	$\int_0^1 f_2(\triangle x, t\triangle y)\triangle y\, \mathrm{d}t$
III	$s(t) = (\triangle x - t\triangle x, \triangle y), 0 \le t \le 1$	$\int_0^1 -f_1(\triangle x - t\triangle x, \triangle y)\triangle x\, \mathrm{d}t$
IV	$s(t) = (0, \triangle y - t\triangle y), 0 \le t \le 1$	$\int_0^1 -f_2(0, \triangle y - t\triangle y)\triangle y\, \mathrm{d}t$

임의의 함수 $f(t)$에 대해 변수 t를 $1 - t$로 치환해도 다음 식이 항상 성립한다.

$$\int_0^1 f(t)\, \mathrm{d}t = \int_0^1 f(1 - t)\, \mathrm{d}t$$

따라서 직사각형의 변 III과 IV에 대한 적분은 $\int_0^1 -f_1(t\triangle x, \triangle y)\triangle x\, \mathrm{d}t$와 $\int_0^1 -f_2(0, t\triangle y)\triangle y\, \mathrm{d}t$로 변경될 수 있다. 그러면

$$\int_{\partial R} \mathbf{F} \cdot \mathbf{T}\, \mathrm{d}s = \int_{\text{I}} \mathbf{F} \cdot \mathbf{T}\, \mathrm{d}s + \int_{\text{II}} \mathbf{F} \cdot \mathbf{T}\, \mathrm{d}s + \int_{\text{III}} \mathbf{F} \cdot \mathbf{T}\, \mathrm{d}s + \int_{\text{IV}} \mathbf{F} \cdot \mathbf{T}\, \mathrm{d}s$$

$$= \int_0^1 (f_1(t\triangle x, 0)\triangle x + f_2(\triangle x, t\triangle y)\triangle y$$
$$- f_1(t\triangle x, \triangle y)\triangle x - f_2(0, t\triangle y)\triangle y)\, \mathrm{d}t$$

$$= \int_0^1 (f_2(\triangle x, t\triangle y) - f_2(0, t\triangle y))\triangle y\, \mathrm{d}t$$
$$- \int_0^1 (f_1(t\triangle x, \triangle y) - f_1(t\triangle x, 0))\triangle x\, \mathrm{d}t$$

$$= \int_0^1 \frac{f_2(\triangle x, t\triangle y) - f_2(0, t\triangle y)}{\triangle x}$$
$$- \frac{f_1(t\triangle x, \triangle y) - f_1(t\triangle x, y)}{\triangle y})\triangle x\triangle y\, \mathrm{d}t$$

가 돼 Δx, $\Delta y \to 0$일 때 위 식은 다음과 같이 수렴한다.

$$\int_0^1 \left(\frac{\partial f_2}{\partial x} - \frac{\partial f_1}{\partial y} \right) \mathrm{d}x\, \mathrm{d}y\, \mathrm{d}t$$

따라서 마지막 적분 결과는

$$\left(\frac{\partial f_2}{\partial x} - \frac{\partial f_1}{\partial y} \right) \mathrm{d}x\, \mathrm{d}y$$

가 돼 원하는 결과를 얻는다.

역시 Δx, $\Delta y \to 0$은 엄격하지 않은 단계이다. 또한 직사각형을 xy평면으로 가져오기 위해 좌표를 무관심하게 변경하는 모든 방식도 엄격한 증명에서는 정당화돼야 할 것이다.

5.7 참고 서적

대부분의 미적분 책은 이 장에서 다룬 다변수 미적분학을 끝 절 근처에서 다룬다. 오랫동안 인기 있는 선택은 토마스[Thomas]와 피니[Finney]의 교재[188]이다. 또 다른 좋은 자료는 스튜어트[Stewart]의 『Calculus』(1995)[183]이다.

물리학에 관한 질문 특히 전기와 자기의 영역에서의 질문은 이 장에서 수학의 전개를 위한 주된 역사적인 동기였다. 발산 정리와 스톡스 정리의 물리적인 증명은 여러 책에서 찾아볼 수 있으나 할리데이[Halliday], 레스닉[Resnick], 워커[Walker]의 물리학 교재[80]와 파인만[Feynman]의 『Lectures in Physics』(1988)[59]가 좋은 자료가 된다.

연습 문제

1. 이 장에서 보인 단순한 영역에 대한 발산 정리의 증명을 다음과 같은 영역으로 넓혀 증명하라.

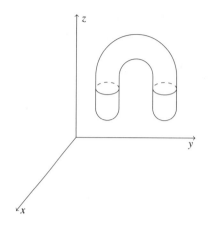

2. 경계 원 ∂D를 갖는 반지름 r인 원판 D가 다음과 같은 함수로 주어진다고 하자.

$$D = \{(x, y, 0) : x^2 + y^2 \le r\}$$

벡터장

$$\mathbf{F}(x, y, z) = (x + y + z, 3x + 2y + 4z, 5x - 3y + z)$$

에 대해 경로 적분 $\int_{\partial D} \mathbf{F} \cdot \mathbf{T}\, ds$를 구하라. 여기서 $\mathbf{T}$는 원 ∂D의 단위 접선 벡터이다.

3. 벡터장

$$\mathbf{F}(x, y, z) = (x, 2y, 5z)$$

에 대해 표면 적분 $\int \int_{\partial M} \mathbf{F} \cdot \mathbf{n}\, dS$를 구하라. 여기서 ∂M은 반지름이 r이며 원점이 중심인 공

$$M = \{(x, y, z) : x^2 + y^2 + z^2 \le r\}$$

의 경계이며 $\mathbf{n}$은 단위 법선 벡터이다.

4. 사상

$$r : \mathbb{R}^2 \to \mathbb{R}^3$$

는

$$r(u, v) = (x(u, v), y(u, v), z(u, v))$$

에 의해 주어진다고 한다. 이때 이 사상의 상을 표면 S라 하자. 선 v의 상이 상수임을 고려할 때

$$\left(\frac{\partial x}{\partial u}, \frac{\partial y}{\partial u}, \frac{\partial z}{\partial u} \right)$$

이 S의 접선 벡터임을 보여라.

5. 그린의 정리Green's Theorem는 다음과 같다.

정리 5.7.1(그린의 정리) σ를 **C** 내부의 단순한 닫힌곡선loop이라 하고 내부를 Ω라 하자. $P(x, y)$와 $Q(x, y)$가 미분 가능한 실수 함수라면 다음과 같은 식이 성립한다.

$$\int_{\sigma} P \, \mathrm{d}x + Q \, \mathrm{d}y = \int \int_{\Omega} \left(\frac{\partial Q}{\partial x} - \frac{\partial P}{\partial y} \right) \, \mathrm{d}x \, \mathrm{d}y$$

영역 Ω를 $z = 0$ 평면에 놓고 벡터장을 $\langle P(x, y), Q(x, y), 0 \rangle$라고 할 때 그린의 정리가 스톡스 정리를 따름을 증명하라.

미분 형식과 스톡스 정리

기본 대상: 미분 형식과 다양체

기본 목표: 스톡스 정리

이전 장에서는 다양한 정리를 보았다. 그들 모두는 내부에서 함수의 도함수를 갖는 기하 객체의 경계에서의 함숫값과 관련돼 있었다. 이 장의 목적은 이러한 결과의 근거가 되는 유일한 정리(스톡스 정리)가 있음을 보이는 것이다. 아쉽게도 근거가 되는 이런 장대한 정리를 선언하기 전에 수많은 기계 장치가 필요하다. 적분과 미분을 이야기하고 있으므로 k차원 공간에서의 적분 도구를 개발해야만 한다. 이를 통해 적분 가능 다양체 상의 객체들인 미분 형식으로 나아간다. 외미분exterior derivative은 이러한 형식을 미분하는 도구이다. 적분에 있어서는 부피를 계산하게 되는데 6.1절에서 다루게 된다. 6.2절은 미분 형식을 정의하고 6.3절에서는 미분 형식을 이전 장에서 다룬 벡터장 기울기 회전 분산과 연결한다. 6.4절에서는 다양체를 정의하고(실제로 3가지의 정의 방법이 주어진다). 6.5절에서는 다양체가 방향성을 갖는다orientable는 것이 무엇인지 그 의미에 집중하고 6.6절에서 다양체를 따라 미분 형식을 어떻게 적분하는지를 정의함으로써 마침내 6.7절에서 스톡스 정리를 선언하고 증명하게 된다.

6.1 평행 육면체의 부피

이 장은 궁극적으로 다양체(아직 정의되지 않았지만)에 대한 적분을 이해하는 데 관심이 있다. 하지만 이 절은 순수한 선형 대수며 남은 장을 설명하는 데 필수적인 부분이다.

우리가 다룰 문제는 다음과 같다. $\mathbb{R}^n$ 공간에서 k개의 벡터 $\mathbf{v}_1, \ldots, \mathbf{v}_k$가 주어진다고 가정하자. 이 k개의 벡터는 $\mathbb{R}^n$ 공간의 하나의 평행 육면체^{parallelepiped1}를 정의한다. 질문은 이 평행 육면체의 부피를 어떻게 계산하는가이다. 예를 들어 다음과 같은 두 벡터를 고려하자.

$$\mathbf{v}_1 = \begin{pmatrix} 1 \\ 2 \\ 3 \end{pmatrix} \quad \mathbf{v}_2 = \begin{pmatrix} 3 \\ 2 \\ 1 \end{pmatrix}$$

이 두 벡터가 펼치는 평행 육면체는 $\mathbb{R}^3$ 상의 평행사변형이다. 이 평행사변형의 면적을 계산하는 공식을 구해 보자(주: 납작한 평행사변형의 부피는 0이다. 한 점의 길이가 0이고 직선의 면적이 0인 것처럼. 여기서는 이 평행사변형의 2차원 '부피'를 구하려는 것이다).

두 가지 특별한 경우에 대해서 우리는 이미 답을 알고 있다. $\mathbb{R}^n$ 상의 하나의 벡터

$$\mathbf{v} = \begin{pmatrix} a_1 \\ \vdots \\ a_n \end{pmatrix}$$

에 대해 평행 육면체는 바로 벡터 $\mathbf{v}$이다. 여기서 '부피'는 이 벡터의 길이를 의미하며 피타고라스 정리에 의해

$$\sqrt{a_1^2 + \cdots + a_n^2}$$

로 주어진다.

다른 경우는 1장에서와 같이 $\mathbb{R}^n$ 상의 디터미넌트 정의로부터 주어지는 경우이다. n개의 벡터가 다음과 같다고 가정하자.

---

1 3차원에서는 '평행 육면체'가 적절하나 4차원 이상일 경우 '육면체'가 아니나, 편의를 위해 그대로 사용한다. – 옮긴이

$$\mathbf{v}_1 = \begin{pmatrix} a_{11} \\ \vdots \\ a_{n1} \end{pmatrix}, \ldots, \mathbf{v}_n = \begin{pmatrix} a_{1n} \\ \vdots \\ a_{nn} \end{pmatrix}$$

이 벡터로 만들어지는 평행 육면체의 부피는

$$\left| \det \begin{pmatrix} a_{11} & \cdots & a_{1n} \\ & \vdots & \\ a_{n1} & \cdots & a_{nn} \end{pmatrix} \right|$$

으로서 이미 1장의 디터미넌트의 정의로부터 알고 있다. 궁극적으로 구하는 공식은 이러한 결과를 보일 것이다.

여기서는 공식을 먼저 제시하고 합리적인 이유를 밝힌다. k개의 열벡터 $\mathbf{v}_1, \ldots, \mathbf{v}_k$를 이용해 다음과 같은 $n \times k$ 행렬을

$$A = (\mathbf{v}_1, \ldots, \mathbf{v}_k)$$

라 하자. A의 전치행렬 A^T는 $k \times n$ 행렬로서

$$A^T = \begin{pmatrix} \mathbf{v}_1^T \\ \vdots \\ \mathbf{v}_k^T \end{pmatrix}$$

이 된다. 여기서 $\mathbf{v}_i^T$는 $\mathbf{v}_i$의 행벡터^{row vector}이다.

정리 6.1.1 벡터 $\mathbf{v}_1, \ldots, \mathbf{v}_k$로 만들어지는 평행 육면체의 부피는 다음과 같다.

$$\sqrt{\det(A^T A)}$$

정리를 증명하기에 앞서 예를 들어보자. 단일 벡터

$$\mathbf{v} = \begin{pmatrix} a_1 \\ \vdots \\ a_n \end{pmatrix}$$

의 경우 행렬 A는 벡터 $\mathbf{v}$ 자체이므로 부피는

$$\sqrt{\det(A^T A)} = \sqrt{\det(\mathbf{v}^T \mathbf{v})}$$

$$= \sqrt{\det\left((a_1, \ldots, a_n)\begin{pmatrix} a_1 \\ \vdots \\ a_n \end{pmatrix}\right)}$$

$$= \sqrt{\det(a_1^2 + \cdots + a_n^2)}$$

$$= \sqrt{a_1^2 + \cdots + a_n^2}$$

이 돼 벡터 $\mathbf{v}$의 길이가 된다.

n개의 벡터 $\mathbf{v}_1, \ldots, \mathbf{v}_n$의 경우를 보자. 행렬 A는 $n \times n$이 되고 $\det(A) = \det(A^T)$를 이용해 부피를 원하는 대로

$$\sqrt{\det(A^T A)} = \sqrt{\det(A^T)\det(A)}$$

$$= \sqrt{\det(A)^2}$$

$$= |\det(A)|$$

와 같이 구한다.

일반적으로 $\sqrt{\det(A^T A)}$가 부피임을 보이기 위해 $\sqrt{\det(A^T A)}$에 대한 더 근본적인 기하적 접근을 취하는 예비적인 보조 정리가 필요하게 된다.

보조 정리 6.1.2 행렬

$$A = (\mathbf{v}_1, \ldots, \mathbf{v}_k)$$

에 대해 $A^T A$는 다음과 같으며

$$A^T A = \begin{pmatrix} |\mathbf{v}_1|^2 & \mathbf{v}_1 \cdot \mathbf{v}_2 & \ldots & \mathbf{v}_1 \cdot \mathbf{v}_k \\ \vdots & \vdots & \vdots & \vdots \\ \mathbf{v}_k \cdot \mathbf{v}_1 & \mathbf{v}_k \cdot \mathbf{v}_2 & \ldots & |\mathbf{v}_k|^2 \end{pmatrix}$$

$\mathbf{v}_i \cdot \mathbf{v}_j$는 벡터 $\mathbf{v}_i$와 $\mathbf{v}_j$의 내적이며 $|\mathbf{v}_i| = \sqrt{\mathbf{v}_i \cdot \mathbf{v}_j}$는 벡터 $\mathbf{v}_i$의 길이다.

이 보조 정리의 증명을 위해 다음 식을 살펴보자.

$$A^T A = \begin{pmatrix} \mathbf{v}_1^T \\ \vdots \\ \mathbf{v}_k^T \end{pmatrix} (\mathbf{v}_1, \ldots, \mathbf{v}_k)$$

각과 길이가 유지되는 $\mathbb{R}^n$ 상의 임의의 선형 변환을 적용한다면(즉 $\mathbb{R}^n$을 회전한다면) $|\mathbf{v}_i|$와 $\mathbf{v}_i \cdot \mathbf{v}_j$ 값은 변하지 않는다(각과 길이가 유지되는 $\mathbb{R}^n$의 선형 변환의 집합은 직교orthogonal 그룹이라고 부르는 $O(n)$ 그룹을 형성한다). 이렇게 함으로써 $\mathbb{R}^k$상의 평행 육면체의 부피를 구하는 문제로 축소된다.

정리의 개략적 증명: 그러므로

$$\sqrt{\det(A^T A)} = \sqrt{\det \begin{pmatrix} |\mathbf{v}_1|^2 & \mathbf{v}_1 \cdot \mathbf{v}_2 & \ldots & \mathbf{v}_1 \cdot \mathbf{v}_k \\ \vdots & \vdots & \vdots & \vdots \\ \mathbf{v}_k \cdot \mathbf{v}_1 & \mathbf{v}_k \cdot \mathbf{v}_2 & \ldots & |\mathbf{v}_k|^2 \end{pmatrix}}$$

인데 이것이 부피가 됨을 증명하려고 한다. 다음과 같은 $\mathbb{R}^n$의 표준 기저를 기억하자.

$$\mathbf{e}_1 = \begin{pmatrix} 1 \\ 0 \\ \vdots \\ 0 \end{pmatrix}, \quad \mathbf{e}_2 = \begin{pmatrix} 0 \\ 1 \\ \vdots \\ 0 \end{pmatrix}, \ldots, \mathbf{e}_n = \begin{pmatrix} 0 \\ 0 \\ \vdots \\ 1 \end{pmatrix}$$

여기서 각과 길이가 모두 유지되는 $\mathbb{R}^n$의 회전변환을 찾을 수 있으며 더욱 중요한 것은 이 $\mathbf{v}_1, \ldots, \mathbf{v}_k$ 벡터를 회전시켜 앞부분 k개의 표준 벡터 $\mathbf{e}_1, \ldots, \mathbf{e}_k$의 펼침span과 동일선 상에 놓이게 한다(이를 진지하게 증명하는 것이 꽤 수고스럽지만 기하적으로 합리적인 것이다). 회전후 각 벡터의 남은 $n - k$ 성분은 0이 된다. 그러므로 구하는 평행 육면체는 $\mathbb{R}^k$의 k 벡터로부터 만들어짐을 볼 수 있다. 그러나 이 값을 어떻게 계산하는 지는 이미 다음과 같이 알고 있다.

$$\sqrt{\det \begin{pmatrix} |\mathbf{v}_1|^2 & \mathbf{v}_1 \cdot \mathbf{v}_2 & \ldots & \mathbf{v}_1 \cdot \mathbf{v}_k \\ \vdots & \vdots & \vdots & \vdots \\ \mathbf{v}_k \cdot \mathbf{v}_1 & \mathbf{v}_k \cdot \mathbf{v}_2 & \ldots & |\mathbf{v}_k|^2 \end{pmatrix}}$$

6.2 미분 형식과 외미분

이 절은 길고 기술적 내용이 자주 언급되는 절이 될 것이다. 처음에 $\mathbb{R}^n$ 상의 기초적 k-형식을 정의하는데 이에 대해 분명한 기하적인 의미가 존재한다. 그런 다음 이러한 기초적 k-형식을 사용해 일반적 k-형식을 생성한다. 끝으로 현재로서는 의심할 바 없이 가장 비직관적인 부분인 외미분을 정의하게 되는데 이는 k-형식을 $(k+1)$-형식에 사상하는 도구로서 궁극적으로는 미분 형태의 작용으로 보인다. 다음 절에서는 전 장에서의 기울기 발산 회전이 외미분의 면에서 해석될 수 있음을 알게 된다.

6.2.1 기초적 k-형식

먼저, $\mathbb{R}^3$ 상의 기초적 2-형식을 이해하자. $\mathbb{R}^3$의 좌표축을 x_1, x_2, x_3로 표기할 때 3개의 기초적 2-형식이 존재하는데 쐐기곱$^{\text{wedge product}}$ $dx_1 \wedge dx_2$, $dx_1 \wedge dx_3$, $dx_2 \wedge dx_3$로 표기한다. 물론 이들이 무슨 의미인지를 결정해야 한다(곧 1-형식을 정의한다).

$dx_1 \wedge dx_2$는 $\mathbb{R}^3$ 상의 평행 육면체의 $x_1 x_2$-평면 상의 부호를 포함하는 투영^{projection} 면적을 나타낸다. 또한 $dx_1 \wedge dx_3$와 $dx_2 \wedge dx_3$도 평행 육면체의 $x_1 x_3$와 $x_2 x_3$-평면 상의 부호를 포함하는 투영 면적을 나타낸다.

하나의 예를 들어 이들 2-형식을 실제로 어떻게 계산하는지 알아보자. 다음과 같은 $\mathbb{R}^3$ 상의 두 벡터를 보자.

$$\mathbf{v}_1 = \begin{pmatrix} 1 \\ 2 \\ 3 \end{pmatrix} \quad \mathbf{v}_2 = \begin{pmatrix} 3 \\ 2 \\ 1 \end{pmatrix}$$

이 벡터는 $\mathbb{R}^3$ 상의 평행 육면체 P를 펼친다. 여기서 $\mathbb{R}^3$에서 $x_1 x_2$-평면으로의 투영 사상 $\pi : \mathbb{R}^3 \to \mathbb{R}^2$를 고려하자. 즉

$$\pi(x_1, x_2, x_3) = (x_1, x_2)$$

이때 $dx_1 \wedge dx_2$를 평행 육면체 P에 작용해 구해지는 $\pi(P)$의 면적으로 정의하자. 그러면

$$\pi(\mathbf{v}_1) = \begin{pmatrix} 1 \\ 2 \end{pmatrix} \quad \pi(\mathbf{v}_2) = \begin{pmatrix} 3 \\ 2 \end{pmatrix}$$

가 되며 $\pi(P)$는 다음과 같은 평행사변형이 된다.

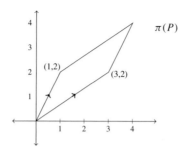

부호를 포함하는 면적은

$$\mathrm{d}x_1 \wedge \mathrm{d}x_2(P) = \det(\pi(\mathbf{v}_1), \pi(\mathbf{v}_2))$$
$$= \det \begin{pmatrix} 1 & 3 \\ 2 & 2 \end{pmatrix}$$
$$= -4$$

이다. 일반적으로 다음과 같은 3×2 행렬

$$A = \begin{pmatrix} a_{11} & a_{12} \\ a_{21} & a_{22} \\ a_{31} & a_{32} \end{pmatrix}$$

의 두 열은 평행 육면체를 정의하며 평행 육면체의 $\mathrm{d}x_1 \wedge \mathrm{d}x_2$는

$$\mathrm{d}x_1 \wedge \mathrm{d}x_2(A) = \det \begin{pmatrix} a_{11} & a_{12} \\ a_{21} & a_{22} \end{pmatrix}$$

가 된다. 같은 방법으로 $\mathrm{d}x_1 \wedge \mathrm{d}x_3$와 $\mathrm{d}x_2 \wedge \mathrm{d}x_3$은 각각 $x_1 x_3$와 $x_2 x_3$-평면 상의 부호를 포함하는 투영 면적을 나타낸다.

$$\mathrm{d}x_1 \wedge \mathrm{d}x_3(A) = \det \begin{pmatrix} a_{11} & a_{12} \\ a_{31} & a_{32} \end{pmatrix}$$

$$\mathrm{d}x_2 \wedge \mathrm{d}x_3(A) = \det \begin{pmatrix} a_{21} & a_{22} \\ a_{31} & a_{32} \end{pmatrix}$$

일반적인 기초적 k-형식을 정의하기 전에 기초적 1-형식을 보자. $\mathbb{R}^3$에는 3개의 기초적 1-형식이 존재하는데 각각 dx_1, dx_2, dx_3라 하자. 이들 각각은 $\mathbb{R}^3$의 1차원 평행 육면체를 하나의 좌표축으로 투영한 1차원 부피(길이)를 나타낸다. 예를 들어

$$\mathbf{v} = \begin{pmatrix} 1 \\ 2 \\ 3 \end{pmatrix}$$

인 경우 x_1축으로의 투영은 1이다. 이를 다음과 같이 정의한다.

$$dx_1(\mathbf{v}) = dx_1 \begin{pmatrix} 1 \\ 2 \\ 3 \end{pmatrix} = 1$$

일반적으로 벡터

$$\begin{pmatrix} a_{11} \\ a_{21} \\ a_{31} \end{pmatrix}$$

인 경우에는 다음과 같다.

$$dx_1 \begin{pmatrix} a_{11} \\ a_{21} \\ a_{31} \end{pmatrix} = a_{11}, \quad dx_2 \begin{pmatrix} a_{11} \\ a_{21} \\ a_{31} \end{pmatrix} = a_{21}, \quad dx_3 \begin{pmatrix} a_{11} \\ a_{21} \\ a_{31} \end{pmatrix} = a_{31}$$

이제 $\mathbb{R}^n$ 상의 기초적 k-형식을 정의해 보자. $\mathbb{R}^n$ 상의 좌표를 $x_1, \ldots, x_n$이라 할 때 $(1, 2, \ldots, n)$으로부터 길이 k의 부수열을 다음과 같이 선택하자.

$$I = (i_1, \ldots, i_k)$$

여기서 수열 성분은 $1 \leq i_1 < \cdots < i_k \leq n$을 만족해야 한다. 이때 $n \times k$ 행렬 A를 다음과 같이 놓을 때

$$A = \begin{pmatrix} a_{11} & a_{12} & \ldots & a_{1k} \\ \vdots & \vdots & \vdots & \vdots \\ a_{n1} & \ldots & \ldots & a_{nk} \end{pmatrix}$$

열벡터는 $\mathbb{R}^n$ 상의 k차원 평행 육면체 P를 펼치게 된다. 전개의 편이를 위해 A의 i번째 행을 A_i라 하면

$$A = \begin{pmatrix} A_1 \\ \vdots \\ A_n \end{pmatrix}$$

이 된다. 결국 기초적 k-형식

$$\mathrm{d}x_I = \mathrm{d}x_{i_1} \wedge \cdots \wedge \mathrm{d}x_{i_k}$$

는 행렬 A에 작용해 k차원 $x_{i_1}, \ldots, x_{i_k}$ 공간에 투영된 k차원 평행 육면체 P의 부피를 제공한다. 이는 다음과 같은 정의로 쓸 수 있다.

$$\mathrm{d}x_I(A) = \mathrm{d}x_{i_1} \wedge \cdots \wedge \mathrm{d}x_{i_k}(A) = \det \begin{pmatrix} A_{i_1} \\ \vdots \\ A_{i_k} \end{pmatrix}$$

기초적 k-형식은 k-공간 좌표로 투영된 k차원 평행 육면체의 부피를 측정할 수 있는 정확한 도구이다. 구체적인 부피 계산은 원 행렬의 일부 행들을 지운 후의 디터미넌트 계산으로 축소된다.

6.2.2 k-형식의 벡터 공간

1장에서 행렬의 디터미넌트의 3가지 서로 다른 해석을 돌이켜보자. 첫 번째는 계산하는 방법이었고, 세 번째는 평행 육면체의 부피의 관점이었는데 디터미넌트가 바로 여기에 나타나는 이유이기도 하다. 이제 두 번째 해석에 집중하려고 하는데 이는 디터미넌트가 행렬의 열 공간column space상의 다중선형 사상multilinear map이라는 것이다. 더 정확히 말하면 $M_{nk}(\mathbb{R})$이 실수 성분을 갖는 모든 $n \times k$ 행렬의 공간을 나타낸다면 $n \times n$ 행렬 A의 디터미넌트는 고유한 실수 함수

$$\det\colon M_{nn}(\mathbb{R}) \to \mathbb{R}$$

로 정의되며 다음을 만족한다.

1. $\det(A_1, \ldots, \lambda A_k, \ldots, A_n) = \lambda \det(A_1, \ldots, A_k)$
2. $\det(A_1, \ldots, A_k + \lambda A_i, \ldots, A_n) = \det(A_1, \ldots, A_n)$, $k \neq i$
3. $\det(\text{항등 행렬}) = 1$

k-형식도 다음과 같이 유사하게 정의된다.

정의 6.2.1 k-형식 ω는 다음과 같은 실수 함수

$$\omega \colon M_{nk}(\mathbb{R}) \to \mathbb{R}$$

로 정의되며 다음 식을 만족한다.

$$\omega(A_1, \ldots, \lambda B + \mu C, \ldots, A_k) = \lambda \omega(A_1, \ldots, B, \ldots, A_k) \\ + \mu \omega(A_1, \ldots, C, \ldots, A_k)$$

그러므로 ω는 다중선형 실수 함수이다.

디터미넌트의 성질에 따라 각각의 기초적 k-형식 dx_I는 바로 k-형식이 된다(물론 이 경우는 당연하지만 그렇지 않았으면 처음에 기초적 k-형식이라 부르지 않았을 것이다). 그리고 바로 다음과 같은 결과를 얻게 된다.

정리 6.2.2 벡터 공간 $\mathbb{R}^n$에 대한 k-형식은 $\binom{n}{k}$ 차원의 벡터 공간을 형성한다. 기초적 k-형식은 이 벡터 공간의 기저이며 이 벡터 공간은 $\bigwedge^k(\mathbb{R}^n)$으로 표기한다.

이 정리는 증명하지 않는다. k-형식이 벡터 공간을 이루는 것을 증명하기가 어렵지는 않으나 기초적 k-형식이 $\bigwedge^k(\mathbb{R}^n)$의 기저임을 보이는 데는 약간 더 노력이 필요하다.

마지막으로 0-형식은 바로 실수 자체이다.

6.2.3 k-형식 다루기 규칙

k-형식을 다루는 전반적인 규칙이 있다. 특히 k-형식과 l-형식을 결합해 $(k+l)$-형식을 만들 수 있다. 이렇게 만드는 방법은 직관적으로 이해하기 쉽지 않으나 한번 경험하면 바로 계산할 수 있는 도구가 된다. $\mathbb{R}^2$의 경우를 조심스럽게 살펴보고 형식을 결합하는 일반적인 규칙을 설명한 후 마지막으로 이것이 어떻게 $\mathbb{R}^2$ 경우와 관계있는지 확인하자.

$\mathbb{R}^2$ 상의 좌표를 x_1, x_2라고 하자. 그러면 dx_1, dx_2는 두 개의 기초적 1-형식이며 $dx_1 \wedge dx_2$는 유일한 기초적 2-형식이다. 이는 표기 상 두 개의 1-형식 dx_1, dx_2를 결합해 기초적 2-형식 $dx_1 \wedge dx_2$를 만드는 것처럼 보인다. 실제로 이와 같은 결합을 다음과 같은 경우에서 살펴보자.

다음과 같이

$$\mathbf{v}_1 = \begin{pmatrix} a_{11} \\ a_{21} \end{pmatrix} \quad \mathbf{v}_2 = \begin{pmatrix} a_{12} \\ a_{22} \end{pmatrix}$$

를 $\mathbb{R}^2$ 상의 두 벡터라 하자. 그러면

$$dx_1(\mathbf{v}_1) = a_{11} \quad dx_1(\mathbf{v}_2) = a_{12}$$

와

$$dx_2(\mathbf{v}_1) = a_{21} \quad dx_2(\mathbf{v}_2) = a_{22}$$

가 된다. 2×2 행렬 $(\mathbf{v}_1, \mathbf{v}_2)$에 대한 2-형식 $dx_1 \wedge dx_2$ 작용은 벡터 $\mathbf{v}_1$, $\mathbf{v}_2$가 만드는 평행육면체의 부피이므로 행렬 $(\mathbf{v}_1, \mathbf{v}_2)$의 디터미넌트가 된다. 그러므로

$$dx_1 \wedge dx_2(\mathbf{v}_1, \mathbf{v}_2) = a_{11}a_{22} - a_{12}a_{21}$$

이 된다. 그러나 이는

$$dx_1(\mathbf{v}_1)\, dx_2(\mathbf{v}_2) - dx_1(\mathbf{v}_2)\, dx_2(\mathbf{v}_1)$$

과 같음을 알 수 있다. 어느 정도까지는 2-형식 $dx_1 \wedge dx_2$를 1-형식 dx_1, dx_2와 관련지을 수 있으나 구체적으로 어떻게 됐는지는 명확하지 않다. 특히 첫인상은 위 식의 음의 부호를 양의 부호로 바꾸는 것이 일리가 있어 보이지만 안타깝게도 그렇게 하면 제대로 되지 않는다.

다만 n개의 원소에 대한 치환 그룹permutation group $\mathbf{S}_n$에 대해 몇 가지 사실을 돌이켜 보자 (11장에서 더 많은 논의가 있을 예정이다). $\mathbf{S}_n$의 각 원소는 집합 $\{1, 2, \ldots, n\}$의 순서를 나열하는permute 방식이다. 일반적으로 $\mathbf{S}_n$의 모든 원소는 뒤집기flip 또는 호환transposition의 결합으로 표현할 수 있다.

어떤 원소를 표현하는 데 짝수의 뒤집기가 필요하다면 원소가 부호 0을 가진다고 하고 홀수의 뒤집기가 필요하다면 원소가 부호 1을 가진다고 하자(이 부분이 제대로 정의되기 위해서는 원소의 부호 0(1)이라면 짝수(홀수) 뒤집기의 조합으로 요소가 표현될 수 있어야만 한다. 이는 사실이지만 여기서 증명하지는 않는다).

S_2를 보자. 집합 $\{1, 2\}$를 나열하는 방식은 두 가지다. $\{1, 2\}$를 그대로 두거나(자체 치환 identity permutation) 이 경우 부호는 0이며 $\{1, 2\}$를 뒤집어flip $\{2, 1\}$로 만들어 부호가 1이 되는 경우이다. 여기서 $\{1, 2\}$를 $\{2, 1\}$로 만드는 뒤집기를 $(1, 2)$로 표기해 첫째와 둘째를 치환하는 것을 나타내자. 3개의 원소 $\{1, 2, 3\}$을 치환하는 방식은 6가지이므로 S_3은 6개의 원소를 가진다. 각 원소는 뒤집기의 조합으로 쓰인다. 예를 들어 $\{1, 2, 3\}$를 $\{3, 1, 2\}$로 치환하는 경우를 보자(이는 첫째 원소를 둘째 칸으로 보내고 둘째를 셋째 칸으로 셋째를 첫째 칸으로 보냄을 의미한다). 이는 뒤집기 $(1, 2)$와 뒤집기 $(1, 3)$의 조합으로 이뤄진다. 즉 먼저 $\{1, 2, 3\}$에 뒤집기 $(1, 2)$를 적용해 $\{2, 1, 3\}$을 만들고, 다시 뒤집기 $(1, 3)$을 적용해(첫째와 셋째 요소를 교환해) $\{3, 1, 2\}$를 만들 수 있다.

다음과 같은 표기법을 사용하자. σ가 뒤집기 $(1, 2)$를 나타낸다면 이는

$$\sigma(1) = 2 \quad \sigma(2) = 1$$

이 되는 것이다. 같은 방법으로 S_3에서 σ가 뒤집기 $(1, 2)$ 이후 뒤집기 $(1, 3)$과의 조합이라면

$$\sigma(1) = 2 \quad \sigma(2) = 3 \quad \sigma(3) = 1$$

이 된다. 왜냐하면 치환을 통해 1은 2로 2는 3으로 3은 1로 보내졌기 때문이다.

k-형식과 l-형식이 주어졌다고 가정하자. 즉 $n = k + l$인 경우 S_n의 특별한 부분집합 (k, l) 뒤섞임shuffles을 고려하자. 이들은 다음과 같은 성질을 가지는 모든 원소 $\sigma \in S_n$이다.

$$\sigma(1) < \sigma(2) < \cdots < \sigma(k)$$

$$\sigma(k + 1) < \sigma(k + 2) < \cdots < \sigma(k + l)$$

그러므로 $(1, 2)$와 $(1, 3)$의 조합인 원소 σ는 $(2, 1)$ 뒤섞임인데 이는

$$\sigma(1) = 2 < 3 = \sigma(2)$$

이기 때문이다. 모든 (k, l) 뒤섞임 집합을 $S(k, l)$로 표기하자. 이 장 끝의 연습 문제에서 이들을 왜 '뒤섞임'이라고 부르는지 정당화하는 문제가 주어진다.

이제 쐐기곱$^{\text{wedge product}}$을 정식으로 정의할 수 있게 됐다.

정의 6.2.3 임의의 N에 대해 $N \times (k + l)$ 행렬 $A = (A_1, \ldots, A_{k+l})$을 고려하자(여기서 A_i는 열벡터다). 또한 τ가 k-형식이며 ω는 l-형식일 때 다음과 같이 정의하자.

$$\tau \wedge \omega(A) = \sum_{\sigma \in S(k, l)} (-1)^{\text{sign}(\sigma)} \tau\left(A_{\sigma(1)}, \ldots, A_{\sigma(k)}\right) \omega\left(A_{\sigma(k+1)}, \ldots, A_{\sigma(k+l)}\right)$$

이 정의를 통해 두 기초적 1-형식이 $\mathbb{R}^2$ 상의 쐐기^{wedge} 작용에 의해 하나의 2-형식을 만들게 됨을 알 수 있다. 긴 계산을 통해 세 기초적 1-형식이 $\mathbb{R}^3$ 상의 쐐기 작용으로 하나의 3-형식도 만들 수 있다.

이와 같은 정의에 의해 두 l-형식의 비교환^{anticommute}이 성립돼

$$\mathrm{d}x \wedge \mathrm{d}y = -\mathrm{d}y \wedge \mathrm{d}x$$

가 되며 일반적으로 τ가 k-형식이고 ω가 l-형식이면 다음 식이 성립한다.

$$\tau \wedge \omega = (-1)^{kl} \omega \wedge \tau$$

이는 위와 같은 쐐기곱을 이용해 증명할 수 있다(새로운 것을 깨닫게 하지는 않지만). k와 l이 모두 홀수이면

$$\tau \wedge \omega = (-1)\omega \wedge \tau$$

가 되므로 k가 홀수일 때 k^2도 홀수가 돼

$$\tau \wedge \tau = (-1)\tau \wedge \tau$$

가 되는데 이는 다음과 같은 경우일 때만 가능하다.

$$\tau \wedge \tau = 0$$

특별히 이는 항상 다음과 같은 의미를 가진다.

$$\mathrm{d}x_i \wedge \mathrm{d}x_i = 0$$

또한 $i \neq j$일 때는

$$\mathrm{d}x_i \wedge \mathrm{d}x_j = -\mathrm{d}x_j \wedge \mathrm{d}x_i$$

가 된다.

6.2.4 미분 k-형식과 외미분

여기서는 추상화^{abstraction}의 수준이 높게 유지될 것이다. 현재 우리는 무엇이 적분될 수 있는지(미분 k-형식일 것이다)에 대한 일반적인 개념과 무엇이 미분될 수 있는지(외미분 exterior derivative일 것이다)에 대한 일반적인 개념을 쫓고 있다.

우선 미분 k-형식을 정의하자. $\mathbb{R}^n$ 상의 정수 부분수열^{subsequence} $I = \{i_1, \dots, i_k\}$를 다음과 같은 조건으로 정의하자.

$$1 \leq i_1 < \cdots < i_k \leq n$$

그러면

$$\mathrm{d}x_I = \mathrm{d}x_{i_1} \wedge \cdots \wedge \mathrm{d}x_{i_k}$$

가 돼 미분 k-형식 ω는 다음과 같이 된다.

$$\omega = \sum_{\text{가능한 모든 } I} f_I \, \mathrm{d}x_I$$

여기서 각각의 $f_I = f_I(x_1, \dots, x_n)$는 미분 가능 함수이다.

따라서

$$(x_1 + \sin(x_2))\mathrm{d}x_1 + x_1 x_2 \mathrm{d}x_2$$

는 미분 1-형식의 한 예이며

$$e^{x_1 + x_3} \, \mathrm{d}x_1 \wedge \mathrm{d}x_3 + x_2^3 \, \mathrm{d}x_2 \wedge \mathrm{d}x_3$$

는 미분 2-형식의 한 예이다.

각각의 미분 k-형식은 $\mathbb{R}^n$ 상의 한 점에서 서로 다른 하나의 k-형식을 정의한다. 예를 들어 미분 1-형식 $(x_1 + \sin(x_2))\, dx_1 + x_1 x_2\, dx_2$는 점 $(3, 0)$에서 $3 dx_1$의 1-형식을 가지며 점 $(4, \frac{\pi}{2})$에서는 $5\, dx_1 + 2\pi\, dx_2$를 가진다.

외미분을 정의하기 위해 먼저 미분 0-형식의 외미분을 정의하고 귀납법에 의해 일반적인 k-형식에 대한 외미분을 정의하자. 외미분은 다음과 같이 k-형식을 $(k+1)$-형식으로 사상하는 것임을 알게 될 것이다.

$$d : k\text{-형식} \to (k+1)\text{-형식}$$

미분 0-형식은 미분 가능 함수의 다른 이름일 뿐이다. 주어진 0-형식 $f(x_1, \ldots, x_n)$에 대해 외미분 df는 다음과 같다.

$$df = \sum_{i=1}^{n} \frac{\partial f}{\partial x_i}\, dx_i$$

예를 들어 $f(x_1, x_2) = x_1 x_2 + x_2^3$이면

$$df = x_2\, dx_1 + (x_1 + 3x_2^2)\, dx_2$$

가 된다. f의 기울기가 $(x_2, x_1 + 3x_2^2)$와 유사한 모양에 유의하라. 다음 절에서 이것이 우연이 아님을 보게 된다.

주어진 k-형식 $\omega = \sum_{\text{가능한 모든 } I} f_I\, dx_I$에 대해 외미분 $d\omega$는 다음과 같다.

$$d\omega = \sum_{\text{가능한 모든 } I} df_I \wedge dx_I$$

예를 들어 $\mathbb{R}^3$ 상의 1-형식

$$\omega = f_1\, dx_1 + f_2\, dx_2 + f_3\, dx_3$$

에 대한 외미분 $d\omega$는

$$
\begin{aligned}
d\omega &= df_1\, dx_1 + df_2\, dx_2 + df_3\, dx_3 \\
&= \left(\frac{\partial f_1}{\partial x_1}\, dx_1 + \frac{\partial f_1}{\partial x_2}\, dx_2 + \frac{\partial f_1}{\partial x_3}\, dx_3 \right) \wedge dx_1
\end{aligned}
$$

$$+ \left(\frac{\partial f_2}{\partial x_1} \, \mathrm{d}x_1 + \frac{\partial f_2}{\partial x_2} \, \mathrm{d}x_2 + \frac{\partial f_2}{\partial x_3} \, \mathrm{d}x_3 \right) \wedge \mathrm{d}x_2$$

$$+ \left(\frac{\partial f_3}{\partial x_1} \, \mathrm{d}x_1 + \frac{\partial f_3}{\partial x_2} \, \mathrm{d}x_2 + \frac{\partial f_3}{\partial x_3} \, \mathrm{d}x_3 \right) \wedge \mathrm{d}x_3$$

$$= \left(\frac{\partial f_3}{\partial x_1} - \frac{\partial f_1}{\partial x_3} \right) \mathrm{d}x_1 \wedge \mathrm{d}x_3 + \left(\frac{\partial f_2}{\partial x_1} - \frac{\partial f_1}{\partial x_2} \right) \mathrm{d}x_1 \wedge \mathrm{d}x_2$$

$$+ \left(\frac{\partial f_3}{\partial x_2} - \frac{\partial f_2}{\partial x_3} \right) \mathrm{d}x_2 \wedge \mathrm{d}x_3$$

와 같이 계산된다. 이는 벡터장 (f_1, f_2, f_3)의 회전^{curl}과 유사해 보이는데 이것도 우연이 아님을 보게 된다.

다음은 많은 계산에 있어서 핵심이 된다.

명제 6.2.4 임의의 미분 k-형식 ω에 대해 다음 식이 성립한다.

$$\mathrm{d}(\mathrm{d}\omega) = 0$$

증명은 이 장의 마지막에 있는 연습 문제 중 하나인데 $\mathbb{R}^n$에서 다음과 같이 미분 순서는 바뀌어도 문제가 되지 않음과

$$\frac{\partial}{\partial x_i} \frac{\partial f}{\partial x_j} = \frac{\partial}{\partial x_j} \frac{\partial f}{\partial x_i}$$

또한 $\mathrm{d}x_i \wedge \mathrm{d}x_j = -\mathrm{d}x_j \wedge \mathrm{d}x_i$도 사용해야 한다.

6.3 미분 형식과 벡터장

이 장의 전반적인 목표는 고전적인 발산 정리, 그린의 정리, 스톡스 정리가 하나의 일반적인 정리의 특별한 경우임을 보이는 것이다. 이 정리는 미분 형식이라는 언어로 표현된다. 이 정리가 앞 장의 정리로 어떻게 축소되는지 보이기 위해 미분 형식을 함수와 벡터장에 연결해야 한다. 적절한 해석에 따라 $\mathbb{R}^3$에서 외미분이 기울기 회전 발산과 상응함을 보게 된다.

x, y, z를 $\mathbb{R}^3$ 상의 표준좌표라 하자. 첫째 단계로 다음과 같은 사상을 정의하자.

$$T_0 : 0\text{-형식} \to \mathbb{R}^3 \text{ 상의 함수}$$
$$T_1 : 1\text{-형식} \to \mathbb{R}^3 \text{ 상의 벡터장}$$
$$T_2 : 2\text{-형식} \to \mathbb{R}^3 \text{ 상의 벡터장}$$
$$T_3 : 3\text{-형식} \to \mathbb{R}^3 \text{ 상의 함수}$$

T_0, T_1, T_3의 정의는 자연스럽지만 T_2의 정의에는 약간의 정당성이 필요하다.

앞 절에서 미분 0-형식은 함수임을 보았다. 그러므로 T_0는 입력을 그대로 사상하는 항등사상identity map이다. 또한 세 개의 기초적 1-형식 dx, dy, dz를 알고 있다. 따라서 일반적인 미분 1-형식은 다음과 같다.

$$\omega = f_1(x, y, z)\, dx + f_2(x, y, z)\, dy + f_3(x, y, z)\, dz$$

여기서 f_1, f_2, f_3은 $\mathbb{R}^3$ 상의 별개의 3개의 함수이다. 그리고 다음과 같이 정의하자.

$$T_1(\omega) = (f_1, f_2, f_3)$$

T_3에 대한 정의는 바로 주어진다. $\mathbb{R}^3$ 상에서는 단 한개의 기초적 3-형식 $dx \wedge dy \wedge dz$가 존재하므로 일반적인 미분 3-형식은

$$\omega = f(x, y, z)\, dx \wedge dy \wedge dz$$

형태를 보인다. 여기서 f는 $\mathbb{R}^3$ 상의 함수이다. 그리고 이 함수를 T_3로 정의한다.

$$T_3(\omega) = f(x, y, z)$$

이미 언급한 것처럼 T_2에 대한 정의는 바로 주어지지 않는다. 3개의 기초적 2-형식이 존재하므로 일반적인 미분 2-형식은 다음처럼 보인다.

$$\omega = f_1(x, y, z)\, dx \wedge dy + f_2(x, y, z)\, dx \wedge dz + f_3(x, y, z)\, dy \wedge dz$$

여기서 f_1, f_2, f_3은 예상대로 $\mathbb{R}^3$ 상의 함수이다. 이때 T_2를 다음과 같이 정의한다.

$$T_2(\omega) = (f_3, \ -f_2, f_1)$$

이 정의를 정당화하는 방법 중 하나는 외미분을 기울기 회전 발산과 연결하는 필요한 정리를 증명하는 데 이 정의를 사용하는 것이다. 둘째 방법은 잠시 후 보게 되는 쌍대 공간 dual space을 이용하는 것이다.

다음을 증명하고자 한다.

정리 6.3.1 $\mathbb{R}^3$ 상에서 ω_k가 k-형식이라 하자. 그러면

$$T_1(\mathrm{d}\omega_0) = \mathrm{grad}(\mathrm{T}_0(\omega_0))$$

$$T_2(\mathrm{d}\omega_1) = \mathrm{curl}(\mathrm{T}_1(\omega_1))$$

$$T_3(\mathrm{d}\omega_2) = \mathrm{div}(\mathrm{T}_2(\omega_2))$$

가 성립한다.

각각은 단순한 계산으로서 이 장 끝의 연습 문제로 주어진다. 위와 같은 작업이 가능하도록 하기 위해 T_2를 정의할 필요가 있었다. 이것이 사상 T_2의 정의를 정당화하는 한 가지 방법이다.

T_2가 왜 그렇게 돼야 하는지에 대한 또 다른 정당화 이유가 있다. 이 접근은 더 추상적이지만 궁극적으로 더 중요하다. 이는 더 높은 차원에 대해 일반화가 가능하기 때문이다.

좌표 $x_1, \ldots, x_n$을 갖는 $\mathbb{R}^n$을 고려하자. 여기서는 하나의 기초적 n-형식 $\mathrm{d}x_1 \wedge \cdots \wedge \mathrm{d}x_n$이 존재한다. $\mathbb{R}^n$ 상의 n-형식 벡터 공간 $\bigwedge^n(\mathbb{R}^n)$은 1차원이며 실수 $\mathbb{R}$이다. 이 사상을 다음과 같이 표현하자.

$$T : \bigwedge^n(\mathbb{R}^n) \to \mathbb{R}$$

그러므로 $T\left(\alpha \, \mathrm{d}x_1 \wedge \cdots \wedge \mathrm{d}x_n\right) = \alpha$를 만족한다.

또한 벡터 공간 $\bigwedge^n(\mathbb{R}^n)$에 대한 쌍대dual 벡터 공간이 $\bigwedge^{n-k}(\mathbb{R}^n)$벡터 공간으로 자연스럽게 확인되는지 알아보자. ω_{n-k}가 $\bigwedge^{n-k}(\mathbb{R}^n)$에 속한다고 하자. 먼저 보이려는 것은 하나의 $(n-k)$-형식이 어떻게 $\bigwedge^k(\mathbb{R}^n)$ 상의 선형 사상으로 해석되는지이다. ω_k가 임의의 k-형식이라면 다음과 같이 정의하자.

$$\omega_{n-k}(\omega_k) = T(\omega_{n-k} \wedge \omega_k)$$

이는 선형 사상이므로 직접적인 계산이 가능하다. 1장으로부터 쌍대dual 벡터 공간은 원 벡터 공간과 동일한 차원을 가짐을 알고 있다. 또한 직접 계산을 통해서도 $\bigwedge^k(\mathbb{R}^n)$과 $\bigwedge^{n-k}(\mathbb{R}^n)$이 동일한 차원임을 알고 있으므로 $\bigwedge^{n-k}(\mathbb{R}^n)$이 $\bigwedge^k(\mathbb{R}^n)$에 대한 쌍대 벡터 공간이다.

자연 기저 dx, dy, dz를 갖는 벡터 공간 $\bigwedge^1(\mathbb{R}^3)$를 살펴보자. 그러므로 쌍대 벡터 공간은 $\bigwedge^2(\mathbb{R}^3)$이다. 자연 기저의 하나의 원소는 $\bigwedge^1(\mathbb{R}^3)$의 기저 벡터의 하나를 1로 그리고 다른 기저 벡터를 0으로 보낸다. 그러므로 쌍대 벡터 공간으로서의 $\bigwedge^2(\mathbb{R}^3)$의 자연 기저는 $dy \wedge dz$($dy \wedge dz \wedge dx = 1 \cdot dx \wedge dy \wedge dz$이므로 1-형식 dx에 대응한다), $-dx \wedge dz$(dy에 대응) 그리고 $dx \wedge dy$(dz에 대응)이다. 따라서 dx를 행벡터 $(1,0,0)$, dy를 $(0,1,0)$, dz를 $(0,0,1)$로 놓으면 $dy \wedge dz$는 $(1,0,0)$, $dx \wedge dz$는 $(0,-1,0)$, $dx \wedge dy$는 $(0,0,1)$이 돼야 한다. 그러므로 2-형식

$$\omega = f_1 \, dx \wedge dy + f_2 \, dx \wedge dz + f_3 \, dy \wedge dz$$

는 실제로 $(f_3, -f_2, f_1)$과 같아야 하는데 이는 정확히 사상 T_2가 정의된 방법이다.

6.4 다양체

다양체가 어느 정도는 대부분 자연스럽게 발생하는 기하적 대상인 반면 정확한 정의를 만들기 위해서는 노력과 주의가 필요하다. 본질적으로 k차원 다양체는 $\mathbb{R}^k$ 상의 한 점 근방의 공처럼 보이는 위상 공간이다. 우선 텅 빈ambient $\mathbb{R}^n$에 존재하는 다양체를 고려하자. 이러한 형태의 다양체에 대한 두 가지 동등한 정의를 살펴보자. 하나는 매개변수적 버전parametric version이고 다른 하나는 내재적 버전implicit version이다. 각각의 버전에 대해 $\mathbb{R}^2$ 상의 단위 원 S^1

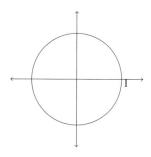

이 하나의 1차원 다양체임을 조심스레 보이려 한다(물론 단순히 원에만 관심이 있다면 이러한 모든 정의가 필요하지 않겠지만 원을 사용함으로써 정의의 정확성에 대해 더 편안한 느낌이 들 것이다). 그리고 나서 추상 다양체를 정의하게 되는데 이러한 형태의 다양체가 꼭 $\mathbb{R}^n$ 상에서 정의될 필요는 없다.

원 S^1으로 다시 돌아가자. 임의의 한 점 $p \in S^1$의 가까운 점에서는 원은 구간(솔직히 말하면 휘어진 구간)처럼 보인다. 유사하게 정의를 통해 $\mathbb{R}^3$ 상의 단위구 S^2가 2차원 다양체임을 보이려 한다. 임의의 한 점 $p \in S^2$의 가까운 점에서는 구는 원판(휘어진 원판)처럼 보인다.

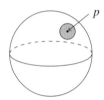

현재의 다양체 대상의 정의에서는 잘 정의된 접선 공간^{tangent space} 개념이 존재하지 않는 점을 가진 다음과 같은 대상은 제외한다.

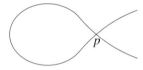

이는 p점에서 접선의 어려움이 존재하며 다음과 같은 원추^{cone}

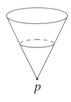

도 꼭지점 p에서 접선의 어려움이 존재한다. 기술적인 기록으로서 이 절 끝까지 제2 가산^{second countable} 하우스도르프 위상 공간을 M이라 칭하자.

$k \leq n$인 경우 k차원 매개변수화 사상은 임의의 미분 가능한 사상

$$\phi : (\mathbb{R}^k \text{ 상의 공}) \to \mathbb{R}^n$$

이며 모든 점에서의 야코비안 차수^{rank}는 정확히 k여야 한다. 국부^{local} 좌표에서 $u_1, \ldots, u_k$ 가 $\mathbb{R}^k$의 좌표이며 ϕ가 n개의 미분 가능 함수 $\phi_1, \ldots, \phi_n$으로 표현된다면(즉 $\phi = (\phi_1, \ldots, \phi_n)$) 모든 점에서 다음과 같은 가역적인^{invertible} $n \times k$ 야코비안 행렬의 $k \times k$ 소행렬식 ^{minor}이 존재해야 한다.

$$D\phi = \begin{pmatrix} \frac{\partial \phi_1}{\partial u_1} & \cdots & \frac{\partial \phi_1}{\partial u_k} \\ \vdots & & \vdots \\ \frac{\partial \phi_n}{\partial u_1} & \cdots & \frac{\partial \phi_n}{\partial u_k} \end{pmatrix}$$

정의 6.4.1(매개화된 다양체) $\mathbb{R}^n$ 상의 모든 점 $p \in M$에 대해 p점을 포함하는 열린집합 U 가 존재하며 매개변수화 사상 ϕ가

$$\phi(\mathbb{R}^k \text{ 상의 공}) = M \cap U$$

를 만족하면 $\mathbb{R}^n$ 상의 하우스도르프 위상 공간 M은 k차원 다양체이다.

원 S^1을 고려하자. 점 $p = (1, 0)$에서의 매개변수화 사상은

$$\phi(u) = \left(\sqrt{1 - u^2}, u \right)$$

이며 점 $p = (0, 1)$에서의 매개변수화 사상은

$$\phi(u) = \left(u, \sqrt{1 - u^2} \right)$$

이 된다.

매개변수화가 주어지면 6.5절에서 보듯이 다양체의 접선 공간에 대한 기저를 찾기 쉬워 진다. 더 정확히 말하면 접선 공간이 야코비안 $D\phi$의 열에 의해 펼쳐진다. 이 점이 사실 상 다양체 정의에 매개변수화를 사용하는 강점이다.

또 다른 접근은 다양체를 $\mathbb{R}^n$ 상의 함수 집합의 0 궤적으로 정의하는 것이다. 여기서 실제 로 법선^{normal} 벡터가 정의에서 주어진다.

정의 6.4.2(내재적 다양체) $\mathbb{R}^n$ 상의 모든 점 $p \in M$에 대해 p점을 포함하는 열린집합 U가 존재하고 다음과 같은 조건을 만족하는 $(n-k)$-미분 가능 함수 $\rho_1, \ldots, \rho_{n-k}$가 존재하면

$\mathbb{R}^n$ 상의 집합 M은 k차원 다양체이다.

1. $M \cap U = (\rho_1 = 0) \cap \cdots \cap (\rho_{n-k} = 0)$
2. $M \cap U$의 모든 점에서 기울기 벡터 $\nabla\rho_1, \ldots, \nabla\rho_{n-k}$가 선형 독립적이다.

법선 벡터가 바로 다양한 $\nabla\rho_j$임을 증명할 수 있다. 예를 들어 원 S^1으로 다시 돌아가 보자. 내재적 방법으로

$$S^1 = \{(x, y) : x^2 + y^2 - 1 = 0\}$$

임을 알고 있다. 여기서 $\rho = x^2 + y^2 - 1$이며

$$\nabla(x^2 + y^2 - 1) = (2x, 2y)$$

는 절대로 0 벡터가 아니고 법선벡터이므로 증명을 마친다.

3.5절의 음함수 정리$^{\text{Implicit Function Theorem}}$에서 논의된 것처럼 두 가지 정의는 동등하다. 그러나 이러한 정의는 $\mathbb{R}^n$ 상의 집합 M의 존재에 의존돼 있으며 $\mathbb{R}^n$ 환경의 성질을 결정적으로 사용한다. 때로는 어떤 자연스러운 방법으로도 $\mathbb{R}^n$에 존재하지 않는 것처럼 보이는 점의 집합에 대해 미적분을 적용하려는 경우가 있다. 역사적으로 이러한 점이 아인슈타인의 일반상대성 이론$^{\text{General Theory of Relativity}}$에서 처음으로 강조됐다. 즉 우주는 4차원 다양체로 설명되지만 $\mathbb{R}^4$도 아니고 어떤 자연스러운 방법으로도 더 높은 차원 $\mathbb{R}^n$에도 존재하지 않는다.

전해 들은 바에 따르면 아인슈타인은 수학자들이 필요한 모든 장치들을 쌓아왔음에 놀라워했다고 한다. 이제 우리의 목표는 추상 다양체를 정의하고 다시 한번 S^1이 다양체임을 보이는 것이다. 이 과정에서 이미 알고 있는 함수 $f : \mathbb{R}^n \to \mathbb{R}^n$이 미분 가능하다는 것의 의미를 사용하게 된다.

정의 6.4.3(다양체)   하나의 제2 가산$^{\text{second countable}}$ 하우스도르프 위상 공간 M이 다음과 같은 조건을 만족하면 n차원 다양체이다. 즉 임의의 열린 덮개 (U_α)가 존재해 각각의 열린 집합 U_α에 대해 연속 사상

$$\phi_\alpha : \mathbb{R}^n \text{ 상의 열린 공} \to U_\alpha$$

이 일대일과 위로의 사상이며 또한 사상

$$\phi_\alpha^{-1}\phi_\beta : \phi_\beta^{-1}(U_\alpha \cap U_\beta) \to \phi_\alpha^{-1}(U_\alpha \cap U_\beta)$$

가 미분 가능해야 한다.

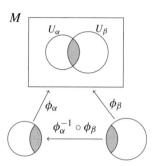

$\phi_\beta^{-1}(U_\alpha \cap U_\beta)$와 $\phi_a^{-1}(U_\alpha \cap U_\beta)$가 모두 $\mathbb{R}^n$ 상의 열린집합이므로 3장에서 이미 논의했듯이 $\phi_a^{-1}\phi_\beta$가 미분 가능하다는 것이 무엇을 의미하는지를 알고 있다. 아이디어는 바로 M에 있는 각각의 열린집합 U_α를 $\mathbb{R}^n$ 상의 해당되는 열린 공으로 확인하는 것이다. 사실상 $x_1, \dots, x_n$이 $\mathbb{R}^n$ 상의 좌표라면 U_α 상의 모든 점 p를 $\phi_a^{-1}(p)$에 의해 주어지는 n-짝으로 표기할 수 있다. 일반적으로 U_α의 좌표계가 선택되면 좌표 $x_1, \dots, x_n$으로 확인한다. 수학자들이 다양체가 $\mathbb{R}^n$ 상의 각 점 주위에 열린 공처럼 보이는 어떤 것이라고 말하는 정의가 바로 이것이다.

이제 S^1이 이와 같은 정의를 만족하는 다양체임을 보이자. 4개의 열린집합으로 구성된 S^1의 열린 덮개를 찾고 각각에 대해 대응하는 사상 ϕ_i를 기록하고 $\phi_1^{-1}\phi_2$이 미분 가능한지 확인한다(다른 $\phi_i^{-1}\phi_j$이 미분 가능한지 보이는 것도 유사하다).

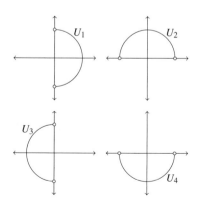

집합 U_1을

$$U_1 = \{(x, y) \in S^1 : x > 0\}$$

와 같이 정하고 함수

$$\phi_1 : (-1, 1) \to U_1$$

을

$$\phi_1(u) = \left(\sqrt{1 - u^2}, u \right)$$

와 같이 정의하자. 여기서 $(-1, 1)$은 열린 구간 $\{x : -1 < x < 1\}$을 나타낸다. 유사하게 U_2, U_3, U_4와 ϕ_2, ϕ_3, ϕ_4를 다음과 같이 정의하자.

$$U_2 = \{(x, y) \in S^1 : y > 0\},$$
$$U_3 = \{(x, y) \in S^1 : x < 0\},$$
$$U_4 = \{(x, y) \in S^1 : y < 0\}$$
$$\phi_2(u) = \left(u, \sqrt{1 - u^2} \right),$$
$$\phi_3(u) = \left(-\sqrt{1 - u^2}, u \right),$$
$$\phi_4(u) = \left(u, -\sqrt{1 - u^2} \right)$$

이제 적절한 정의역에서 $\phi_1^{-1}\phi_2$이 미분 가능한지 살펴보자. 그런데

$$\phi_1^{-1}\phi_2(u) = \phi_1^{-1}\left(u, \sqrt{1 - u^2} \right) = \sqrt{1 - u^2}$$

이므로 $-1 < u < 1$에서 미분 가능하다(다른 경우에 대해서도 바로 증명된다).

이제 함수가 다양체에서 미분 가능함이 무엇을 의미하는지 말할 수 있게 됐다. 다시 한번 정의를 $\mathbb{R}^n$에서 $\mathbb{R}$로의 함수의 미분 가능성에 대한 설명으로 축소해 보자.

정의 6.4.4 다양체 M 상의 실수 함수 f가 다음과 같은 조건을 만족하면 미분 가능하다. 즉 열린 덮개 (U_α)와 $\phi_\alpha : \mathbb{R}^n$ 상의 열린 공 $\to U_\alpha$인 사상에 대해 합성 함수^{composition function}

$$f \circ \phi_\alpha : \mathbb{R}^n \text{ 상의 열린 공} \to \mathbb{R}$$

이 미분 가능해야 한다.

다양체의 추상적 정의에 대해 한 가지 어려움이 남아있다. 정의가 M의 열린 덮개의 존재에 의존된다는 것이다. 원 S^1의 열린 덮개를 고려해 보자. 확실히 많은 다른 열린 덮개들이 존재하며 또한 S^1에 다음과 같은 다양체 구조를 만들게 된다.

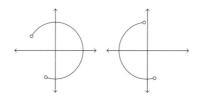

그러나 이는 여전히 동일한 원이다. 이렇게 다른 방법으로 원에 다양체를 씌우는 것을 어떻게 구별할 수 있을까? 다양체 사이의 동등성에 대한 자연스러운 개념을 찾아야 한다 (곧 보겠지만 이와 같은 동등성이 있을 때 두 다양체는 미분동형하다^{diffeomorphic}고 말한다). 정의하기 전에 두 다양체 사이에 미분 가능한 사상을 갖는다는 것이 무엇을 의미하는지를 정의할 필요가 있다. 표기를 위해 열린 덮개 (U_α)와 상응하는 사상 ϕ_α를 갖는 m차원 다양체를 M이라 하고 열린 덮개 (V_β)와 상응하는 사상 η_β를 갖는 n차원 다양체를 N이라 하자.

정의 6.4.5 $f : M \to N$이 M으로부터 N으로의 사상이라 하자. 또한 점 $p \in M$에 대해 p를 포함하는 열린집합을 U_α라 하고 $q = f(p)$에 대해 q를 포함하는 열린집합을 V_β라 하자. 그러면 사상 $\eta_\beta^{-1} \circ f \circ \phi_\alpha$이 $\mathbb{R}^m$의 점 $\phi_\alpha^{-1}(p)$의 근방에서 미분 가능하면 f는 미분 가능하다.

이제 동등성 개념을 정의할 수 있게 된다.

정의 6.4.6 두 다양체 M과 N이 다음 조건을 만족하면 미분동형하다^{diffeomorphic}. 즉 사상 $f : M \to N$이 일대일과 위로의 사상이며 미분 가능하고 역사상 f^{-1}도 미분 가능해야 한다.

끝으로 관련된 다양한 함수가 미분 가능해야 한다는 요구조건을 연속 함수, 해석 함수 등으로 바꾸면 연속 다양체, 해석 다양체 등을 정의할 수 있다.

6.5 접선 공간과 방향

미분 k-형식을 하나의 k차원 다양체를 따라 어떻게 적분하는지를 보이기 전에 방향성에 대한 완전히 어질러진 논점과 씨름해야 한다. 그러나 방향성을 정의할 수 있기 전에 먼저 다양체의 접선 공간을 정의해야 한다. 다양체에 대한 암시적 혹은 매개변수적 정의를 사용하면 이는 바로 나온다. 추상 다양체에 대한 정의는 꽤 복잡하다(그러나 가장 좋은 추상화에서처럼 접선 공간에 대해서는 이 방법이 가장 올바르다).

6.5.1 내재적 다양체와 매개변수적 다양체의 접선 공간

$\mathbb{R}^n$ 상에서 내재적으로 정의되는 k차원의 다양체를 M이라 하자. 이때 정의에 따라 각 점 $p \in M$에 대해 p를 포함하는 열린집합 U와 U 상의 $(n-k)$ 실수 함수 $\rho_1, \ldots, \rho_{n-k}$가 존재해

$$(\rho_1 = 0) \cap \cdots \cap (\rho_{n-k} = 0) = M \cap U$$

를 만족하고 모든 점 $q \in M \cap U$에서 벡터

$$\nabla \rho_1(q), \ldots, \nabla \rho_{n-k}(q)$$

들이 선형 독립이다.

정의 6.5.1 p점에서 M에 대한 법선 공간 $N_p(M)$은 벡터

$$\nabla \rho_1(p), \ldots, \nabla \rho_{n-k}(p)$$

에 의해 펼쳐지는 벡터 공간이다. p점에서 다양체 M에 대한 접선 공간 $T_p(M)$은 각각의 법선 벡터에 직각인 $\mathbb{R}^n$ 상의 모든 벡터 $\mathbf{v}$로 구성된다.

$x_1, \ldots, x_n$이 $\mathbb{R}^n$ 상의 표준 좌표라면 다음과 같은 보조 정리를 가진다.

보조 정리 6.5.2   벡터 $\mathbf{v} = (v_1, \ldots, v_n)$이 모든 $i = 1, \ldots, n-k$에 대해 다음을 만족하면 $\mathbf{v}$는 접선 공간 $T_p(M)$에 속한다.

$$0 = \mathbf{v} \cdot \nabla \rho_i(p) = \sum_{j=1}^{n} \frac{\partial \rho_i(p)}{\partial x_j} v_j$$

매개변수로 정의된 다양체에 대한 접선 공간의 정의는 직설적이다. 여기서는 매개변수화 사상의 야코비안이 핵심이 된다. M이 $\mathbb{R}^n$ 상의 다양체이고 매개변수화 사상

$$\phi : (\mathbb{R}^k \text{ 상의 공}) \to \mathbb{R}^n$$

이 n개의 함수

$$\phi = (\phi_1, \ldots, \phi_n)$$

으로 주어질 때 ϕ의 야코비안은 $n \times k$ 행렬

$$D\phi = \begin{pmatrix} \frac{\partial \phi_1}{\partial u_1} & \cdots & \frac{\partial \phi_1}{\partial u_k} \\ \vdots & & \vdots \\ \frac{\partial \phi_n}{\partial u_1} & \cdots & \frac{\partial \phi_n}{\partial u_k} \end{pmatrix}$$

로 주어진다.

정의 6.5.3 p점에서의 M에 대한 접선 공간 $T_p(M)$은 행렬 $D\phi$의 열에 의해 펼쳐진다.

물론 이 두 가지 접근의 동등성은 증명이 가능하다.

6.5.2 추상 다양체에 대한 접선 공간

내재적으로 정의되거나 매개변수화로 정의되는 다양체 모두 자연스러운 벡터 공간 구조를 갖는 하나의 주변 공간$^{\text{ambient space}}$에 존재한다. 특히 $\mathbb{R}^n$ 상의 벡터가 서로 수직이라는 자연스러운 개념이 있고 이러한 주변 공간을 사용해 접선 공간을 정의했다. 안타깝게도 추상 다양체에 대해서는 그런 주변 공간이 존재하지 않는다. 다만 우리에게 주어진 것은 실수 함수가 미분 가능하다는 것이 무엇을 의미하는지를 아는 것이다.

미적분학에서 미분은 접선을 구하고 함수의 변화율을 계산하는 도구이다. 여기서는 함수의 변화율로서의 도함수에 초점을 맞추자. 3차원 공간 $\mathbb{R}^3$의 3개의 편도함수$^{\text{partial derivative}}$ $\frac{\partial}{\partial x}, \frac{\partial}{\partial y}, \frac{\partial}{\partial z}$를 고려하자. 각각은 $\mathbb{R}^3$에 대한 접선 방향을 가리킬 뿐 아니라 함수 $f(x, y, z)$가 얼마나 빨리 변하는지를 측정하는 방법을 제공한다.

$$\frac{\partial f}{\partial x} = \text{함수 } f \text{의 } x\text{-방향으로의 변화율}$$

$$\frac{\partial f}{\partial y} = \text{함수 } f \text{의 } y\text{-방향으로의 변화율}$$

$$\frac{\partial f}{\partial z} = \text{함수 } f \text{의 } z\text{-방향으로의 변화율}$$

이런 방식, 즉 함수의 변화율로서 추상 다양체 상의 접선 벡터를 정의하려고 한다. 그리고 도함수의 대수적 성질을 요약한다(말하자면 선형성을 가지며 라이프니츠 법칙Leibniz' rule을 만족한다).

그러나 M 상의 미분 가능 함수를 좀 더 면밀하게 살펴보아야 한다. 한 점 p에서의 함수 f의 도함수를 원한다면 p에서의 f의 변화율을 측정해야 한다. 이는 p에 가까운 점의 f값만을 포함하게 되고 p로부터 떨어진 점의 f값은 관계가 없다. 이는 다음과 같은 동등 관계의 숨겨진 동기가 된다. p와 U 상에서 정의되는 미분 가능 함수 f를 포함하는 M 상의 열린집합을 (f, U)라 하자. 이때 열린집합 $U \cap V$에서 $f = g$이면

$$(f, U) \sim (g, V)$$

라고 한다. 이에 따라 다음과 같은 공간을 정의 할 수 있다.

$$C_p^\infty = \{(f, U)\}/ \sim$$

이 표기는 자주 사용될 것이며 C_p^∞의 하나의 원소를 f로 표기하자. 공간 C_p^∞는 벡터 공간으로서 점 p에 가까운 함수의 성질을 나타낸다(수학적으로 표현하자면 C_p^∞는 미분 가능 함수 다발에서의 하나의 가닥의 예이다).

정의 6.5.4   접선 공간 $T_p(M)$은 모든 선형 사상

$$v : C_p^\infty \to C_p^\infty$$

의 공간으로서

$$v(fg) = f v(g) + g v(f)$$

가 성립한다.

끝으로 이 정의가 다른 두 정의와 동일함을 보일 필요가 있으나 자명하지 않아 연습 문제로 남긴다.

6.5.3 벡터 공간의 방향

목표는 주어진 임의의 벡터 공간 V에 대해 2개의 가능한 방향^{orientations}이 있음을 깨닫는 것이다. 그 방법은 V에 대해 가능한 기저에 대해 동등 관계를 수립하고 단지 2종류의 동치류$^{equivalence\ classes}$만이 존재함을 보이는 것인데 각각을 방향이라고 부른다.

$\mathbf{v}_1, \ldots, \mathbf{v}_n$과 $\mathbf{w}_1, \ldots, \mathbf{w}_n$이 V의 두 기저라고 하자. 그러면

$$\mathbf{w}_1 = a_{11}\mathbf{v}_1 + \cdots + a_{1n}\mathbf{v}_n$$
$$\vdots$$
$$\mathbf{w}_n = a_{n1}\mathbf{v}_1 + \cdots + a_{nn}\mathbf{v}_n$$

을 만족하는 고유한 실수 a_{ij}, $i, j = 1, \ldots, n$이 존재한다. $n \times n$ 행렬 (a_{ij})를 A라 하면 $\det(A) \neq 0$임을 알고 있다. $\det(A) > 0$이면 기저 $\mathbf{v}_1, \ldots, \mathbf{v}_n$과 $\mathbf{w}_1, \ldots, \mathbf{w}_n$이 동일한 방향을 가진다고 한다. $\det(A) < 0$이면 두 기저가 서로 반대 방향을 가진다고 한다. 다음 보조 정리는 행렬 곱을 통해 증명할 수 있다.

보조 정리 6.5.5 동일한 방향을 가지는 것은 벡터 공간의 기저 집합에 대한 하나의 동등 관계이다.

직관적인 개념은 기저 $\mathbf{v}_1, \ldots, \mathbf{v}_n$을 움직여 $\mathbf{w}_1, \ldots, \mathbf{w}_n$으로 가져갈 때 각 단계에서 기저가 유지되면 기저 $\mathbf{v}_1, \ldots, \mathbf{v}_n$과 $\mathbf{w}_1, \ldots, \mathbf{w}_n$은 동일한 방향을 가진다. 아래와 같은 $\mathbb{R}^2$의 그림에서 기저 $\{(1, 0), (0, 1)\}$과 $\{(1, 1), (-1, 1)\}$은 같은 방향을 가지나 $\{(-1, 0), (0, 1)\}$은 다른 방향을 가진다.

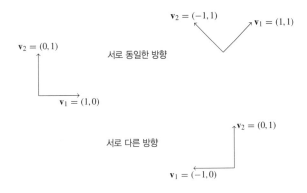

벡터 공간의 방향을 선택하는 것은 2개의 가능한 방향 중 하나, 즉 하나의 기저를 선택하는 것이다.

6.5.4 다양체의 방향과 경계

각각의 접선 공간 $T_p(M)$에 대해 하나의 매끄럽게 변하는 방향을 선택할 수 있다면 다양체 M은 하나의 방향을 가진다. '매끄럽게 변하는' 것이 무엇을 의미하는지 기술적인 관점은 무시하지만 기본적인 아이디어는 다양체 M 상의 한 점에서 다른 점으로 기저를 매끄럽게 이동할 수 있음을 말한다.

X^o가 방향을 가진 다양체 M에 있는 열린 연결 집합이며 X가 X^o의 폐포[closure]라면 경계 $\partial(X) = X - X^o$는 M보다 차원이 하나 낮은 매끄러운 다양체이다. 예를 들어 $M = \mathbb{R}^2$면 X^o의 한 예는 열린 단위 원판이 될 수 있다.

$$D = \{(x, y) : x^2 + y^2 < 1\}$$

이때 D의 경계는 단위 원이 되며

$$S^1 = \{(x, y) : x^2 + y^2 = 1\}$$

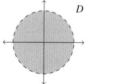
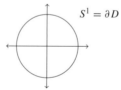

이는 1차원 다양체이다. 열린집합 X^o는 주변 다양체 M의 방향을 물려받는다. 목표는 경계 $\partial(X)$가 정규[canonical] 방향을 가짐을 보이는 것이다. 한 점 $p \in \partial(X)$를 고려하자. $\partial(X)$가 M보다 하나 낮은 차원이므로 p 점에서의 법선 공간은 1차원이 된다. X로 들어가지 않고 X에서 나오는 법선 벡터 n을 선택하자. 이 벡터 n은 $\partial(X)$에 수직인 반면 M에는 접선 벡터이다. $T_p(\partial(X))$의 하나의 기저를 $v_1, \ldots, v_{n-1}$으로 정하면 기저 $n, v_1, \ldots, v_{n-1}$은 M의 방향과 같게 된다. $T_p(\partial(X))$의 모든 기저가 같은 방향을 가짐을 증명할 수 있으며 벡터 $v_1, \ldots, v_{n-1}$의 선택은 경계 다양체 $\partial(X)$에 대한 방향을 결정한다.

예를 들어 $M = \mathbb{R}^2$라 하고 $\mathbb{R}^2$의 각 점에 대해 기저 $\{(1,0),(0,1)\}$을 선택하자.

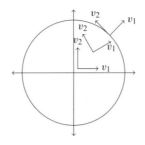

단위 원 S^1에 있어서 각 점 $p = (x,y)$에서 밖으로 향하는 법선 벡터는 바로 벡터 (x,y)이다. 이때 접선 벡터 $(-y,x)$는 주어진 것과 동일한 방향을 갖는 $\mathbb{R}^2$의 하나의 기저를 제공한다. 이렇게 함으로써 경계 다양체의 방향을 자연스럽게 선택하게 된다.

6.6 다양체의 적분

이 절의 목표는 심볼

$$\int_M \omega$$

의 의미를 이해하는 것이다. 여기서 M은 k차원 다양체이며 ω는 미분 가능 k-형식이다. 따라서 (최종적으로) 보이려는 것은 k차원 다양체를 따라서 적분해야 하는 것이 바로 미분 가능 k-형식이다. 이 방법은 이미 잘 알고 있듯이 모든 계산을 $\mathbb{R}^k$ 상의 다중 적분으로 축소시킨다.

우선 조심스럽게 $\mathbb{R}^2$ 상의 1-형식을 들여다보자. 다양체는 1차원이므로 곡선이 된다. $\mathbb{R}^2$ 평면 상의 곡선을 C라 하자. 이를 다음과 같은 사상으로 매개변수화하자.

$$\sigma : [a,b] \to \mathbb{R}^2$$

$$\sigma(u) = (x(u), y(u))$$

$f(x,y)$가 $\mathbb{R}^2$ 상의 연속 함수라면 경로 적분 $\int_C f(x,y)\,\mathrm{d}y$를 다음과 정의하자.

$$\int_C f(x, y) \, \mathrm{d}x = \int_a^b f(x(u), y(u)) \frac{\mathrm{d}x}{\mathrm{d}u} \, \mathrm{d}u$$

우측 적분은 실수 구간의 단일 변수 적분이다. 같은 방법으로 $\int_C f(x, y) \, \mathrm{d}y$도 다음과 같이 주어진다.

$$\int_C f(x, y) \, \mathrm{d}y = \int_a^b f(x(u), y(u)) \frac{\mathrm{d}y}{\mathrm{d}u} \, \mathrm{d}u$$

연쇄 법칙을 사용해 $\int_C f(x, y) \, \mathrm{d}x$와 $\int_C f(x, y) \, \mathrm{d}y$의 값이 객관화와는 관계가 없음을 확인할 수 있다. 위와 같은 방법은 적어도 $f(x, y) \, \mathrm{d}x$와 $f(x, y) \, \mathrm{d}y$가 $\mathbb{R}^2$ 상의 미분 가능 1-형식처럼 보인다는 점에서 암시하는 바가 많다. 매개변수화 사상 $\sigma(u)$의 2×1 야코비안 행렬

$$D\sigma = \begin{pmatrix} \mathrm{d}x/\mathrm{d}u \\ \mathrm{d}y/\mathrm{d}u \end{pmatrix}$$

을 고려하자. $f(x, y) \, \mathrm{d}x$와 $f(x, y) \, \mathrm{d}y$가 미분 가능 1-형식이라면 정의에 의해 각 점 $\sigma(u)$에서 다음과 같은 식이 성립한다.

$$f(x, y) \, \mathrm{d}x(D\sigma) = f(x, y) \, \mathrm{d}x \left(\begin{pmatrix} \mathrm{d}x/\mathrm{d}u \\ \mathrm{d}y/\mathrm{d}u \end{pmatrix} \right) = f(x(u), y(u)) \frac{\mathrm{d}x}{\mathrm{d}u}$$

$$f(x, y) \, \mathrm{d}y(D\sigma) = f(x, y) \, \mathrm{d}y \left(\begin{pmatrix} \mathrm{d}x/\mathrm{d}u \\ \mathrm{d}y/\mathrm{d}u \end{pmatrix} \right) = f(x(u), y(u)) \frac{\mathrm{d}y}{\mathrm{d}u}$$

그러므로 적분 $\int_C f(x, y) \, \mathrm{d}x$와 $\int_C f(x, y) \, \mathrm{d}y$를 다음과 같이 쓸 수 있다.

$$\int_C f(x, y) \, \mathrm{d}x = \int_a^b f(x, y) \, \mathrm{d}x(D\sigma) \, \mathrm{d}u$$

$$\int_C f(x, y) \, \mathrm{d}y = \int_a^b f(x, y) \, \mathrm{d}y(D\sigma) \, \mathrm{d}u$$

이는 일반적인 적분 $\int_M \omega$를 어떻게 정의하는지 암시하고 있다. 여기서 k-형식으로서의 ω가 임의의 $n \times k$ 행렬을 실수로 사상하는데 다양체 M을 매개변수화한 후 매개변수화

사상의 야코비안으로부터 ω를 얻는다.

정의 6.6.1 M이 k차원의 방향을 갖는 $\mathbb{R}^n$ 상의 미분 가능 다양체로서 일대일 그리고 위로의 매개변수화 사상

$$\phi : B \to M$$

이 존재한다고 하자. 여기서 B는 $\mathbb{R}^k$ 상의 단위 공이다. 또한 매개변수화 사상은 다양체 M과 동일한 방향을 가진다고 가정하자. 이때 ω가 $\mathbb{R}^n$ 상의 미분 가능 k-형식이면

$$\int_M \omega = \int_B \omega(D\phi)\, du_1 \cdots du_k$$

이 성립한다.

연쇄 법칙 계산을 통해 $\int_M \omega$이 올바로 정의됐음을 증명할 수 있다.

보조 정리 6.6.2 k차원 다양체 M의 방향성을 유지하는 2개의 매개변수화 ϕ_1과 ϕ_2 사이에는 다음 식이 성립한다.

$$\int_B \omega(D\phi_1)\, du_1 \cdots du_k = \int_B \omega(D\phi_2)\, du_1 \cdots du_k$$

즉 $\int_M \omega$는 매개변수화와 무관하다.

이제 $\mathbb{R}^k$ 상의 단위 공으로부터의 일대일 그리고 위로의 미분 가능한 사상의 상^{image}으로서의 다양체에 대한 $\int_M \omega$이 무엇을 의미하는지 이해하게 된다. 모든 다양체가 하나의 매개변수화 사상의 상으로서 주어지는 것은 아니다. 예를 들면 $\mathbb{R}^3$ 상의 단위구 S^2는 적어도 2개의 사상이 필요하다(기본적으로 북극과 남극을 덮을 수 있도록). 방향성을 갖는 합리적인 다양체는 중복되지 않는 매개변수화의 셀 수 있는 만큼의 집합으로 (거의) 덮을 수 있다. 더 정확히 M 상의 중복되지 않은 열린집합의 집합 $\{U_\alpha\}$가 있고 각 α에 대해 방향이 유지되는 매개변수화 사상

$$\phi_\alpha : B \to U_\alpha$$

가 존재하며 공간 $M - \bigcup U_\alpha$는 k보다 낮은 차원을 가진다. 또한 임의의 미분 가능 k-형식에 대해 다음과 같이 쓸 수 있다.

$$\int_M \omega = \sum_\alpha \int_{U_\alpha} \omega$$

물론 이와 같은 정의는 열린집합의 선택에 의존되는 것처럼 보이나 (여기서 보이지는 않으나) 그렇지 않음을 보일 수 있다.

보조 정리 6.6.3 $\int_M \omega$ 값은 집합 $\{U_\alpha\}$의 선택과는 무관하다.

원칙적으로 위 합은 무한일 수 있어 수렴 문제가 있으나 실제로 이는 거의 문제가 되지 않는다.

6.7 스톡스 정리

이제 이 장의 목표에 다다르게 됐다.

정리 6.7.1(스톡스 정리) M이 방향을 갖는 $\mathbb{R}^n$ 상의 k차원 다양체이며 경계 ∂M은 M으로부터 유도된 방향을 갖는 매끄러운 $(k-1)$차원 다양체이며 ω가 미분 가능 $(k-1)$-형식이라 하자. 그러면

$$\int_M \mathrm{d}\omega = \int_{\partial M} \omega$$

가 성립한다.

이는 다음과 같은 직관의 날카로운 양적 버전이다.

경계에서의 함수의 평균 = 내부에서의 도함수의 평균

이 하나의 정의는 발산 정리, 그린의 정리, 벡터-미적분학에서의 스톡스 정리의 고전적 결과를 특별한 경우로서 포함한다.

이제 M이 $\mathbb{R}^k$ 상의 단위 입방체^{cube}이고

$$\omega = f(x_1, \ldots, x_k)\,\mathrm{d}x_2 \wedge \cdots \wedge \mathrm{d}x_k$$

인 특별한 경우에 대해 스톡스 정리를 명백히 증명해 보자. 그 후에는 일반적인 경우에 대한 증명 뒤에 숨겨진 주된 아이디어를 개략적으로 살펴보자.

단위 입방체 경우의 증명: M이

$$M = \{(x_1, \ldots, x_k) : \text{각각의 } i \text{에 대해 } 0 \le x_i \le 1\}$$

인 입방체일 때 경계 ∂M은 $\mathbb{R}^{k-1}$ 상의 $2k$개의 단위 입방체로 구성된다. 다음과 같은 두 경계 요소에 대해 살펴보자.

$$S_1 = \{(0, x_2, \ldots, x_k) \in M\}$$
$$S_2 = \{(1, x_2, \ldots, x_k) \in M\}$$

$\omega = f(x_1, \ldots, x_k)\, dx_2 \wedge \cdots \wedge dx_k$인 경우 $dx_j \wedge dx_j = 0$이므로

$$d\omega = \sum \frac{\partial f}{\partial x_i}\, dx_i \wedge dx_2 \wedge \cdots \wedge dx_k,$$

$$= \frac{\partial f}{\partial x_1}\, dx_1 \wedge dx_2 \wedge \cdots \wedge dx_k$$

가 된다.

단위 입방체 M을 따라 $d\omega$를 적분하기 위해 방향을 유지하는 매개변수화 사상을 항등 사상^{identity map}으로 선택하면

$$\int_M d\omega = \int_0^1 \cdots \int_0^1 \frac{\partial f}{\partial x_1}\, dx_1 \cdots dx_k$$

가 성립한다. 한편 미적분의 기본정리에 의해 좌측 항의 적분은

$$\int_M d\omega = \int_0^1 \cdots \int_0^1 f(1, x_2, \ldots, x_k)\, dx_2 \cdots dx_k$$
$$- \int_0^1 \cdots \int_0^1 f(0, x_2, \ldots, x_k)\, dx_2 \cdots dx_k$$

가 된다. 이제 적분 $\int_{\partial M} \omega$을 주시하자. $\omega = f(x_1, \ldots, x_k)\, dx_2 \wedge \cdots \wedge dx_k$이므로 경계를 따른 적분의 값이 0이 아닌 부분은 $\mathbb{R}^{k-1}$ 상의 단위 입방체로서 좌표 값이 $x_2, \ldots, x_k$로 주어지는 S_1과 S_2이다. 이 둘은 서로 반대 방향이다. 이러한 점은 M이 평면 상의 정사각형

에서 잘 드러난다. 여기서 S_1은 정사각형의 바닥이며 S_2는 윗부분이다. 정사각형의 방향으로부터 유도되는 S_1과 S_2의 방향이 어떻게 서로 반대가 되는지를 확실히 보게 된다.

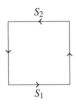

그러면

$$\int_{\partial M} \omega = \int_{C_1} \omega + \int_{C_2} \omega$$
$$= \int_0^1 \cdots \int_0^1 -f(0, x_2, \ldots, x_k)\, dx_2 \cdots dx_k$$
$$+ \int_0^1 \cdots \int_0^1 f(1, x_2, \ldots, x_k)\, dx_2 \cdots dx_k$$

가 돼 $\int_M d\omega$와 같게 된다. □

이제 $\mathbb{R}^n$ 상의 다양체 M에 대한 일반적인 증명을 개략적으로 들여다보자. 단위 입방체에 대한 위와 같은 주장이 어떤 형태의 입방체에도 유사한 방법으로 적용될 수 있다. 또한 임의의 미분 가능 $(k-1)$-형식은 다음과 같이 표현된다.

$$\omega = \sum f_I\, dx_I$$

여기서 각각의 I는 $(1, \ldots, n)$으로부터 취한 $(k-1)$-짝을 나타낸다.

M을 많은 작은 입방체로 나눠 보자. 인접한 입방체의 경계는 서로 반대 방향을 가진다.

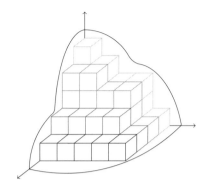

그러므로

$$\int_M d\omega \approx \text{모든 입방체에 대한} \int_{\text{작은 입방체}} d\omega \text{의 합}$$

$$= \text{모든 입방체에 대한} \int_{\partial(\text{작은입방체})} \text{의 합}$$

$$\approx \int_{\partial(M)} \omega$$

와 같이 된다. 마지막 근사는 입방체의 인접한 경계가 반대 방향을 가져 서로 상쇄되는 사실에 기인한다. 남아 있는 경계 부분은 오직 M 자신의 경계로부터 밖으로 밀려난 경계 뿐이다. 마지막 단계는 입방체를 더욱더 잘게 나눔에 따라 위의 근사가 등호로 바뀌는 것을 보이는 것이다.

그러나 M이 입방체들의 합으로 항상 나눠질 수 없음을 주시해야 한다. 이러한 난제를 푸는 것은 그리 쉽지 않다.

6.8 참고 서적

허바드^{Hubbard}와 허바드^{Hubbard}의 『Vector Calculus Linear Algebra and Differential Forms: A Unified Approach』(1998)[98]은 탁월한 책으로서 풍부한 정보를 제공하는 데 미분 형식을 고전적인 벡터 미적분학과 선형 대수학의 문맥에 놓고 있다. 스피박^{Spivak}의 『Calculus on Manifolds』(1971)[176]은 많은 사람에게 최고의 자료로서 내용이 짧고 간결하다([175]에서 스피박이 ϵ, δ 실해석학을 여유있게 설명하는 것과는 여러 가지 면에서 정반

대이다). 스피박은 올바른 정의를 얻기 위해서는 수학적인 작업이 이뤄져야 하고 그 후에 정리들(특히 스톡스 정리)이 자연스럽게 따라 나온다고 강조한다. 하지만 간결함 때문에 그의 책이 최고의 입문서는 아닌 것 같다. 플레밍^{Fleming}의 『Functions of Several Variables』(1977)[60] 또한 좋은 입문서이며 두 카르무$^{\text{do Carmo}}$의 『Differential Forms and Applications』(1994)[46] 또한 마찬가지다.

필자의 『Electricity and Magnetism for Mathematicians: A Guided Path from Maxwell's Equations to Yang-Mills』(2015)[70]도 있다. 초기 판의 5.4절의 둘째 단락에서는 끔찍한 타이핑 오류가 있는데 '갑자기 전하^{charge}가 yz평면에 수직인 힘을 받는다'로 수정돼야 한다. xy평면이 아니다.

연습 문제

1. 6.2.3절에서 뒤섞임^{shuffle}을 왜 그렇게 부르는지 합리적인 근거를 설명하라(52장의 카드 섞음^{shuffling}을 생각하라).

2. $\mathbb{R}^3$ 상의 3개의 기초적 1-형식을 dx, dy, dz라 하자. 쐐기곱$^{\text{wedge product}}$의 정의를 사용해 다음을 보여라.

$$(dx \wedge dy) \wedge dz = dx \wedge (dy \wedge dz)$$

3. 임의의 미분 k-형식 ω에 대해 다음을 증명하라.

$$d(d\omega) = 0$$

4. $\mathbb{R}^n$ 상의 1-형식 dx, dy에 대해 다음을 보여라.

$$dx \wedge dy = -dy \wedge dx$$

5. 정리 6.3.1을 증명하라.

6. 이 장에서 정의하고 있는 $T : \bigwedge^n \mathbb{R}^n \to \mathbb{R}$을 만족하는 사상

$$\omega_{n-k}(\omega_k) = T(\omega_{n-k} \wedge \omega_k)$$

가 $\bigwedge^{n-k} \mathbb{R}^n$으로부터 $\bigwedge^k (\mathbb{R}^n)^*$으로의 선형 사상을 제공하고 있음을 보여라.

7. 3개의 정의를 사용해 $\mathbb{R}^3$상의 단위구 S^2가 2차원 다양체임을 증명하라.

8. 직사각형의 반대 변이 다음과 같이 주어진다고 가정하자.

이때 이것이 왜 토러스^{torus} 인지 보이고 이것이 왜 2-다양체인지 보여라.

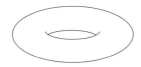

9. 이 문제의 목표는 실수 사영 공간$^{real\ projective\ space}$이 다양체임을 보이는 것이다.
$\mathbb{R}^{n+1} - 0$상에서 임의의 0이 아닌 실수 λ에 대해 동등 관계를 다음과 같이 정의하자.

$$(x_0, x_1, \ldots, x_n) \sim (\lambda x_0, \lambda x_1, \ldots, \lambda x_n)$$

또한 실수 사영 n-공간을 다음과 같이 정의하자.

$$\mathbb{P}^n = \mathbb{R}^{(n+1)} - (0) / \sim$$

그러므로 사영 3-공간에서 $(1, 2, 3)$은 $(2, 4, 6)$, $(-10, -20, -30)$과 동일하게 간주되나 $(2, 3, 1)$ 또는 $(1, 2, 5)$와는 다르다. $\mathbb{P}^n$에서 $(x_0, \ldots, x_n)$을 포함하는 동치류$^{equivalence\ class}$를 기호 $(x_0 : \ldots : x_n)$로 표기하자. 그러므로 $\mathbb{P}^3$에서 $(1, 2, 3)$에 해당하는 점은 $(1 : 2 : 3)$으로 표기한다. 따라서 $\mathbb{P}^3$에서 $(1 : 2 : 3) = (2 : 4 : 6) \neq (1 : 2 : 5)$가 된다. 사상

$$\phi_0 : \mathbb{R}^n \to \mathbb{P}^n$$

을 $\phi_0(u_1, \ldots, u_n) = (1 : u_1 : \ldots : u_n)$로 정의하고 사상

$$\phi_1 : \mathbb{R}^n \to \mathbb{P}^n$$

을 $\phi_1(u_1, \ldots, u_n) = (u_1 : 1 : u_2 : \ldots : u_n)$로 정의하고 이와 같이 계속해 사상 ϕ_n까지 정의하자. 이때 이와 같은 사상을 사용해 $\mathbb{P}^n$을 n차원 다양체로 만들 수 있음을 보여라.

10. 이 장에서의 스톡스 정리의 특별한 경우로서 다음과 같은 정리가 성립함을 보여라.

    a. 미적분의 기본 정리(스톡스 정리를 증명하기 위해 미적분의 기본 정리를 사용할 수밖에 없었다. 그러므로 미적분의 기본 정리가 스톡스 정리의 단순한 따름정리라고 실제로 주장할 수 없다)

    b. 그린의 정리

    c. 발산 정리

    d. 5장의 스톡스 정리

07

곡선과 곡면의 곡률

기본 대상: 공간에서의 곡선과 곡면
기본 목표: 곡률의 계산

고등학교 수학의 대부분은 직선과 평면에 관한 것이다. 물론 기하학에서는 이러한 납작한 대상보다 훨씬 많다. 고전적으로 미분기하학은 공간 상에서 곡선과 곡면이 어떻게 휘고 꼬이는지에 관한 것이다. 용어 '곡률curvature'은 나타난 휘어짐의 다양한 척도를 나타내는 데 사용된다.

안타깝게도 서로 다른 다양한 형태의 곡률을 계산하기 위한 계산과 공식은 꽤 방대하고 혼란스러워 보인다. 그러나 곡률이 무엇이건 간에 분명한 것은 직선과 평면의 곡률은 0이어야 하며 반지름이 r인 원(구)의 곡률은 원(구)의 어느 점에서나 동일하고 반지름이 작은 원(구)의 곡률은 반지름이 큰 원(구)의 곡률보다 크다는 것이다(지구의 지표면에서 균형을 잡기가 볼링 공 위보다 쉽다는 개념을 보여준다).

곡률과 같은 형태의 개념은 보통 미적분학에서 처음 소개된다. 1차 미분이 접선(과 선형) 정보를 제공하는 반면 2차 미분은 곡률 형태의 척도인 오목함concavity을 측정한다. 그러므로 곡률 계산에서는 2차 미분을 살펴보게 된다.

7.1 평면 곡선

평면 곡선을 매개변수화

$$r(t) = (x(t), y(t))$$

를 통해 다음과 같은 하나의 사상으로 기술하자.

$$r : \mathbb{R} \to \mathbb{R}^2$$

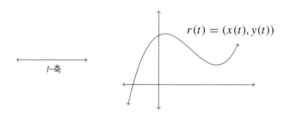

변수 t를 파라미터라 부른다(흔히 시간으로 간주된다). 실제 평면 곡선은 다양한 방법으로 매개변수화된다. 예를 들면 아래 두 매개변수 식은 모두 단위 원을 나타낸다.

$$r_1(t) = (\cos(t), \sin(t))$$

$$r_2(t) = (\cos(2t), \sin(2t))$$

곡률의 계산은 매개변수의 선택과는 무관해야 한다. 두 가지 합리적인 방법의 동등함은 증명할 수 있다. 가장 표준적인 매개변수화 접근을 시도하자. 바로 호^{arc} 길이 매개변수화다. 즉 매개변수화 $r : [a, b] \to \mathbb{R}$은 곡선의 호 길이가 $b - a$가 되는 사상이다. 호의 길이는

$$\int_a^b \sqrt{\left(\frac{dx}{ds}\right)^2 + \left(\frac{dy}{ds}\right)^2} \, ds$$

이므로 길이가 $b - a$가 되기 위해서는

$$\sqrt{\left(\frac{dx}{ds}\right)^2 + \left(\frac{dy}{ds}\right)^2} = 1$$

즉 호 길이 매개변수화에 있어서 접선 벡터의 길이는 항상 1이어야 한다.

$$|\mathbf{T}(s)| = \left|\frac{dr}{ds}\right| = \left|\left(\frac{dx}{ds}, \frac{dy}{ds}\right)\right| = \sqrt{\left(\frac{dx}{ds}\right)^2 + \left(\frac{dy}{ds}\right)^2} = 1$$

곡률에 대한 질문으로 돌아가 보자. 다음과 같은 직선

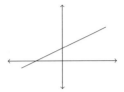

의 각 점은 동일한 접선을 가진다. 다음과 같은 원을 고려할 때

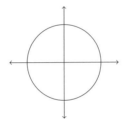

접선 벡터의 방향은 계속해서 변한다. 이를 통해 곡률을 접선 벡터 방향의 변화로서 정의하기에 이르게 된다. 변화율을 측정하기 위해 도함수를 사용한다.

정의 7.1.1 다음과 같이 호 길이로 매개변수화되는 평면 곡선

$$r(s) = (x(s), y(s))$$

에 대해 곡선의 한 점에서의 주 **곡률**principal curvature κ는 접선 벡터의 매개변수 s에 대한 도함수의 길이로 정의한다.

$$\kappa = \left|\frac{d\mathbf{T}(s)}{ds}\right|$$

---

a, b, c, d가 상수인 직선 $r(s) = (as + b, cs + d)$를 고려하자. 이때 접선 벡터는

$$\mathbf{T}(s) = \frac{\mathrm{d}r}{\mathrm{d}s} = (a, c)$$

이므로 곡률은

$$\kappa = \left| \frac{\mathrm{d}\mathbf{T}(s)}{\mathrm{d}s} \right| = |(0, 0)| = 0$$

이 돼 예상한 바와 같다.

원점을 중심으로 반지름이 a인 원을 고려해 보자. 호 길이 매개변수화는

$$r(s) = \left(a \cos\left(\frac{s}{a}\right), a \sin\left(\frac{s}{a}\right) \right)$$

이므로 $\mathbf{T}(s)$와 곡률 a는 다음과 같다.

$$
\begin{aligned}
\kappa &= \left| \frac{\mathrm{d}\mathbf{T}(s)}{\mathrm{d}s} \right| \\
&= \left| \left(-\frac{1}{a} \cos\left(\frac{s}{a}\right), -\frac{1}{a} \sin\left(\frac{s}{a}\right) \right) \right| \\
&= \sqrt{\frac{1}{a^2} \cos^2\left(\frac{s}{a}\right) + \frac{1}{a^2} \sin^2\left(\frac{s}{a}\right)} \\
&= \frac{1}{a}
\end{aligned}
$$

이와 같은 곡률의 정의는 직선과 원에 대해 초기에 가졌던 직관과 동일함을 알게 된다.

7.2 공간 곡선

이제 상황은 좀 더 어렵다. 곡률을 규정하는 값도 없다. 공간 곡선의 매개변수화는 다음과 같은 형태일 것이다.

$$r(s) = (x(s), y(s), z(s))$$

앞 절에서와 같이 호 길이에 의한 매개변수화를 가정해 정규화하면 접선 벡터의 길이는

$$|\mathbf{T}(s)| = \left| \frac{dr}{ds} \right| = \left| \left(\frac{dx}{ds}, \frac{dy}{ds}, \frac{dz}{ds} \right) \right|$$

$$= \sqrt{ \left(\frac{dx}{ds} \right)^2 + \left(\frac{dy}{ds} \right)^2 + \left(\frac{dz}{ds} \right)^2 }$$

$$= 1$$

이 된다. 변화율을 접선 벡터의 방향으로 계산해 보자.

정의 7.2.1 다음과 같이 호 길이로 매개변수화되는 공간 곡선

$$r(s) = (x(s), y(s), z(s))$$

에 대해 곡선의 한 점에서의 **주 곡률**principal curvature κ는 접선 벡터의 매개변수 s에 대한 도함수의 길이로 정의한다.

$$\kappa = \left| \frac{d\mathbf{T}(s)}{ds} \right|$$

숫자 κ는 곡률을 나타내는 값 중의 하나이다. 다른 하나는 비틀림 또는 꼬임torsion이다. 정의하기 전에 먼저 예비 작업을 하자.

주 법선 벡터principal normal vector $\mathbf{N}$을 다음과 같이 정의하자.

$$\mathbf{N} = \frac{1}{\kappa} \frac{d\mathbf{T}}{ds}$$

$\mathbf{N}$의 길이는 1이다. 더 중요한 점은 다음 명제에서 보듯이 이 벡터가 접선 벡터 $\mathbf{T}(s)$와 직교한다는 것이다.

명제 7.2.2 공간 곡선의 모든 점에서 다음이 성립한다.

$$\mathbf{N} \cdot \mathbf{T} = 0$$

증명: 호 길이 매개변수화를 사용하기 때문에 접선 벡터의 길이는 항상 1이므로

$$\mathbf{T} \cdot \mathbf{T} = 1$$

이 성립하며 또한

$$\frac{d}{ds}(\mathbf{T} \cdot \mathbf{T}) = \frac{d}{ds}(1) = 0$$

이 성립한다. 한편 곱셈 규칙에 따라

$$\frac{d}{ds}(\mathbf{T} \cdot \mathbf{T}) = \mathbf{T} \cdot \frac{d\mathbf{T}}{ds} + \frac{d\mathbf{T}}{ds} \cdot \mathbf{T} = 2\mathbf{T} \cdot \frac{d\mathbf{T}}{ds}$$

이 돼 결국

$$\mathbf{T} \cdot \frac{d\mathbf{T}}{ds} = 0$$

를 얻게 된다. 즉 $\mathbf{T}$와 $\frac{d\mathbf{T}}{ds}$가 직교함을 알 수 있다. 또한 주 법선 벡터 $\mathbf{N}$이 벡터 $\frac{d\mathbf{T}}{ds}$의 스칼라 배수이므로 $\mathbf{N} \cdot \mathbf{T} = 0$이 성립한다. □

이중 법선 벡터^{binormal vector} $\mathbf{B}$를 다음과 같이 정의하자.

$$\mathbf{B} = \mathbf{T} \times \mathbf{N}$$

$\mathbf{T}$와 $\mathbf{N}$의 길이가 1이므로 $\mathbf{B}$도 단위 벡터가 된다. 그러므로 곡선의 각 점에서 3개의 상호 직교 단위 벡터 $\mathbf{T}$, $\mathbf{N}$, $\mathbf{B}$가 존재한다. 비틀림^{torsion}은 이중 법선 벡터 $\mathbf{B}$ 방향의 변화율과 관련 있는 값으로서 정의에 앞서 다음과 같은 명제가 필요하다.

명제 7.2.3 벡터 $\frac{d\mathbf{B}}{ds}$는 주 법선 벡터 $\mathbf{N}$의 스칼라 배수이다.

증명: $\frac{d\mathbf{B}}{ds}$가 $\mathbf{T}$와 $\mathbf{B}$에 동시에 직교하므로 $\mathbf{N}$과 같은 방향을 가리킴을 보이자. 먼저 이전 명제에서와 같은 방법으로 $\mathbf{T}$를 $\mathbf{B}$로 치환하면 $\frac{d\mathbf{B}}{ds} \cdot \mathbf{B} = 0$이 돼 $\frac{d\mathbf{B}}{ds}$가 $\mathbf{B}$에 직교함을 얻는다. 또한

$$\begin{aligned}
\frac{d\mathbf{B}}{ds} &= \frac{d}{ds}(\mathbf{T} \times \mathbf{N}) \\
&= \left(\frac{d\mathbf{T}}{ds} \times \mathbf{N}\right) + \left(\mathbf{T} \times \frac{d\mathbf{N}}{ds}\right) \\
&= (\kappa\mathbf{N} \times \mathbf{N}) + \left(\mathbf{T} \times \frac{d\mathbf{N}}{ds}\right)
\end{aligned}$$

$$= \left(\mathbf{T} \times \frac{\mathrm{d}\mathbf{N}}{\mathrm{d}s} \right)$$

을 통해 $\frac{\mathrm{d}\mathbf{B}}{\mathrm{d}s}$가 $\mathbf{T}$에 직교하므로 결국 $\frac{\mathrm{d}\mathbf{B}}{\mathrm{d}s}$가 $\mathbf{N}$의 스칼라 배수일 수밖에 없다. □

정의 7.2.4 공간 곡선의 비틀림^{torsion} τ는 다음을 만족하는 값이다.

$$\frac{\mathrm{d}\mathbf{B}}{\mathrm{d}s} = -\tau \mathbf{N}$$

이제 이 두 값이 무엇을 의미하는지 직관적인 이해가 필요하다. 기본적으로 비틀림은 공간 곡선이 평면 곡선으로부터 얼마나 휘어졌는지를 측정하고 주 곡률은 바로 그 평면 곡선의 곡률을 측정한다. 다음과 같은 공간 곡선을 살펴보자.

$$r(s) = \left(3\cos\left(\frac{s}{3}\right), 3\sin\left(\frac{s}{3}\right), 5 \right)$$

이는 평면 $z = 5$ 상의 반지름이 3인 원이다. 이 경우 비틀림이 0임을 다음을 통해 보게 된다. 먼저 접선 벡터는

$$\mathbf{T}(s) = \frac{\mathrm{d}r}{\mathrm{d}s} = \left(-\sin\left(\frac{s}{3}\right), \cos\left(\frac{s}{3}\right), 0 \right)$$

이 되므로

$$\frac{\mathrm{d}\mathbf{T}}{\mathrm{d}s} = \left(-\frac{1}{3}\cos\left(\frac{s}{3}\right), -\frac{1}{3}\sin\left(\frac{s}{3}\right), 0 \right)$$

으로부터 길이 계산을 통해 주 곡률이 $\frac{1}{3}$임을 알 수 있다. 주 법선 벡터는

$$\mathbf{N} = \frac{1}{\kappa}\frac{\mathrm{d}\mathbf{T}}{\mathrm{d}s} = \left(-\cos\left(\frac{s}{3}\right), -\sin\left(\frac{s}{3}\right), 0 \right)$$

이므로 이중 법선 벡터는

$$\mathbf{B} = \mathbf{T} \times \mathbf{N} = (0, 0, 1)$$

로 계산되고 비틀림은

$$\frac{d\mathbf{B}}{ds} = (0,0,0) = 0 \cdot \mathbf{N}$$

이 돼 0임을 알 수 있다. 이는 사실 공간 곡선으로 위장된 평면 곡선을 다루고 있음을 보여준다.

다음과 같은 나선^{helix}을 살펴보자.

$$r(t) = (\cos(t), \sin(t), t)$$

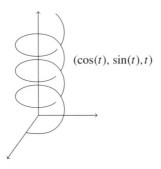

이 경우는 곡선이 원의 모양으로 움직이므로 주 곡률은 양의 상수이어야 한다. 또한 z-좌표가 t이므로 나선이 평면으로부터 계속해서 나오고 있다. 그러므로 비틀림은 0이 아닌 상수이어야 한다. 접선 벡터는

$$\frac{dr}{dt} = (-\sin(t), \cos(t), 1)$$

로서 고유한 길이를 가지지는 않는다. 이 나선의 호 길이 매개변수화는

$$r(t) = \left(\cos\left(\frac{1}{\sqrt{2}}t\right), \sin\left(\frac{1}{\sqrt{2}}t\right), \frac{1}{\sqrt{2}}t \right)$$

로서 접선 벡터는

$$\mathbf{T}(t) = \left(-\frac{1}{\sqrt{2}} \sin\left(\frac{1}{\sqrt{2}}t\right), \frac{1}{\sqrt{2}} \cos\left(\frac{1}{\sqrt{2}}t\right), \frac{1}{\sqrt{2}} \right)$$

가 되며 주 곡률 κ는 벡터

$$\frac{d\mathbf{T}}{dt} = \left(-\frac{1}{2}\cos\left(\frac{1}{\sqrt{2}}t\right), -\frac{1}{2}\sin\left(\frac{1}{\sqrt{2}}t\right), 0 \right)$$

의 길이이므로 다음과 같다.

$$\kappa = \frac{1}{2}$$

또한 주 법선 벡터는

$$\mathbf{N}(t) = 2\frac{d\mathbf{T}}{dt} = \left(-\cos\left(\frac{1}{\sqrt{2}}t\right), -\sin\left(\frac{1}{\sqrt{2}}t\right), 0 \right)$$

이 되고 이중 법선 벡터는

$$\mathbf{B} = \mathbf{T} \times \mathbf{N}$$
$$= \left(\frac{1}{\sqrt{2}}\sin\left(\frac{1}{\sqrt{2}}t\right), -\frac{1}{\sqrt{2}}\cos\left(\frac{1}{\sqrt{2}}t\right), \frac{1}{\sqrt{2}} \right)$$

와 같이 계산되고 벡터

$$\frac{d\mathbf{B}}{dt} = \left(\frac{1}{2}\cos\left(\frac{1}{\sqrt{2}}t\right), \frac{1}{2}\sin\left(\frac{1}{\sqrt{2}}t\right), 0 \right)$$

의 길이인 비틀림 τ는 다음과 같다.

$$\tau = \frac{1}{2}$$

7.3 곡면

접선 벡터가 어떻게 변하는지를 측정함으로써 공간 곡선의 곡률을 잘 이해할 수 있었다. 곡선에서 곡면으로의 일반화가 가능한지 접선 평면의 변이를 살펴보자. 평면의 방향은 법선 벡터의 방향에 의해 결정되므로 곡률 함수를 법선 벡터의 변화율을 측정함으로써 정의할 수 있다. 예를 들면 평면 $ax + by + cz = d$ 상의 각 점에서의 법선 벡터는 다음과 같은 벡터 $\langle a, b, c \rangle$이다.

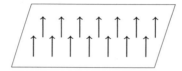

법선 벡터가 상수이므로 방향에서의 변이는 없다. 올바르게 정의된다면 이 정의가 직관적으로 그럴듯한 아이디어이어야 한다. 즉 법선 벡터가 변하지 않기 때문에 곡률은 0이 돼야 한다.

곡면을 다음과 같이 표기하자.

$$X = \{(x, y, z) : f(x, y, z) = 0\}$$

즉 곡면을 매개변수화가 아닌 내재적으로 정의하고 있다. 곡면의 각 점에서의 법선 벡터는 다음과 같은 정의 함수의 기울기이다.

$$\mathbf{n} = \nabla f = \left\langle \frac{\partial f}{\partial x}, \frac{\partial f}{\partial y}, \frac{\partial f}{\partial z} \right\rangle$$

우리가 관심을 가지는 것은 법선 벡터의 방향이 어떻게 변하는가이지 법선 벡터의 길이가 어떻게 변하는가는 아니다(길이는 원래 곡면을 변화시키지 않고도 쉽게 변화시킬 수 있다). 그러므로 정의 함수 f를 정규화해 각 점에서의 법선 벡터 $\mathbf{n}$의 길이가 1이 되게 한다.

$$|\mathbf{n}| = 1$$

이제 다음과 같은 자연 사상$^{\text{natural map}}$에 이른다.

정의 7.3.1 가우스 사상$^{\text{Gauss map}}$은 함수

$$\sigma : X \to S^2$$

로서 $\mathbb{R}^3$ 상의 단위구 S^2에서 다음과 같이 정의된다.

$$\sigma(p) = \mathbf{n}(p) = \nabla f = \left\langle \frac{\partial f}{\partial x}(p), \frac{\partial f}{\partial y}(p), \frac{\partial f}{\partial z}(p) \right\rangle$$

점이 곡면 X 위를 움직이면 상응하는 법선 벡터는 구 위를 움직이게 된다. 이 법선 벡터가 어떻게 변하는지 보기 위해 벡터 값 함수 σ를 미분하고 다음과 같은 가우스 사상의 야코비안을 주시해야 한다.

$$\mathrm{d}\sigma : TX \rightarrow TS^2$$

여기서 TX와 TS^2은 각각의 접선 평면을 나타낸다. 2차원 벡터 공간 TX와 TS^2에 대해 정규직교^{orthonormal} 기저를 선택하면 $\mathrm{d}\sigma$를 2×2 행렬로 쓸 수 있다.

정의 7.3.2　가우스 사상의 야코비안에 관한 2×2 행렬은 헤시안^{Hessian} 행렬이다.

TX 또는 TS^2에 대한 정규직교 기저를 다르게 선택하면 서로 다른 헤시안 행렬에 도달하지만 고유값^{eigenvalue}, 행렬 대각값^{trace}, 디터미넌트(이들은 헤시안의 불변량이다)는 변하지 않는다. 이러한 불변량이 곡률 연구의 중점 부분이다.

정의 7.3.3　곡면 X에 대한 헤시안의 두 고유값을 주 곡률$^{\text{principal curvatures}}$이라고 한다. 헤시안 행렬의 디터미넌트(주 곡률의 곱)는 가우스 곡률이며 헤시안 대각값(주 곡률들의 합)은 평균 곡률이다.

이제 이러한 곡률을 어떻게 계산하는지 그리고 부분적으로 직관과 일치하는지 확인하게 된다. 다행스럽게 간편한 알고리듬이 이를 해결해 준다. 곡면 X를 $\{(x, y, z) : f(x, y, z) = 0\}$로 그리고 각 점에서 법선 벡터의 길이가 1이 되게 정의하자. 이때 확장된 헤시안을 다음과 같이 정의하자.

$$\tilde{H} = \begin{pmatrix} \partial^2 f/\partial x^2 & \partial^2 f/\partial x \partial y & \partial^2 f/\partial x \partial z \\ \partial^2 f/\partial x \partial y & \partial^2 f/\partial y^2 & \partial^2 f/\partial y \partial z \\ \partial^2 f/\partial x \partial z & \partial^2 f/\partial y \partial z & \partial^2 f/\partial z^2 \end{pmatrix}$$

($\tilde{H}$는 일반적으로 따로 명명하지는 않는다)

X 상의 점 p에서 두 정규 직교 접선 벡터를 다음과 같이 선택하자.

$$\mathbf{v}_1 = a_1 \frac{\partial}{\partial x} + b_1 \frac{\partial}{\partial y} + c_1 \frac{\partial}{\partial z} = \begin{pmatrix} a_1 & b_1 & c_1 \end{pmatrix}$$

$$\mathbf{v}_2 = a_2 \frac{\partial}{\partial x} + b_2 \frac{\partial}{\partial y} + c_2 \frac{\partial}{\partial z} = \begin{pmatrix} a_2 & b_2 & c_2 \end{pmatrix}$$

정규 직교 벡터이므로 다음과 같은 요구 조건을 가진다.

$$\mathbf{v}_i \cdot \mathbf{v}_j = \begin{pmatrix} a_i & b_i & c_i \end{pmatrix} \begin{pmatrix} a_j \\ b_j \\ c_j \end{pmatrix} = \delta_{ij}$$

여기서 δ_{ij}는 $i \neq j$일 때는 0이고 $i = j$일 때는 1이다. 또한 행렬 H를 다음과 같이 설정하자.

$$h_{ij} = \begin{pmatrix} a_i & b_i & c_i \end{pmatrix} \tilde{H} \begin{pmatrix} a_j \\ b_j \\ c_j \end{pmatrix}$$

연쇄 법칙에 따라 다음과 같은 결과를 얻는다.

명제 7.3.4 좌표계를 헤시안 행렬이 H가 되도록 선택하자. 이때 점 p에서 곡면 X의 주 곡률들은 행렬

$$H = \begin{pmatrix} h_{11} & h_{12} \\ h_{21} & h_{22} \end{pmatrix}$$

의 고유값이며 가우스 곡률은 $\det(H)$ 평균 곡률은 $\mathrm{trace}(H)$ 가 된다.

몇 개의 예를 들어 계산해 보자. 첫 예로 다음과 같은 평면 X를 살펴보자.

$$ax + by + cz - d = 0$$

선형 함수 $ax + by + cz - d$의 2차 도함수는 모두 0이므로 확장된 헤시안은 3×3의 0 행렬이다. 따라서 헤시안은 2×2의 0 행렬이므로 주 곡률 가우스 곡률 평균 곡률은 예상대로 모두 0이다.

두 번째 예로 반지름 r인 구면 $X = \{(x, y, z) : \frac{1}{2r}(x^2 + y^2 + z^2 - r^2) = 0\}$을 고려하자.

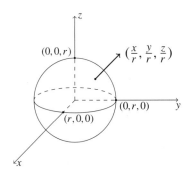

법선 벡터는 단위벡터

$$\begin{pmatrix} \dfrac{x}{r} & \dfrac{y}{r} & \dfrac{z}{r} \end{pmatrix}$$

이므로 확장된 헤시안은

$$\tilde{H} = \begin{pmatrix} \frac{1}{r} & 0 & 0 \\ 0 & \frac{1}{r} & 0 \\ 0 & 0 & \frac{1}{r} \end{pmatrix} = \frac{1}{r} \, I$$

이 돼 임의의 두 정규 직교 벡터 $\mathbf{v}_1$, $\mathbf{v}_2$에 대해

$$h_{ij} = \begin{pmatrix} a_i & b_i & c_i \end{pmatrix} \tilde{H} \begin{pmatrix} a_j \\ b_j \\ c_j \end{pmatrix} = \frac{1}{r} \mathbf{v}_i \cdot \mathbf{v}_j$$

를 얻어 다음과 같은 대각 행렬 헤시안을 얻게 된다.

$$H = \begin{pmatrix} \frac{1}{r} & 0 \\ 0 & \frac{1}{r} \end{pmatrix} = \frac{1}{r} I$$

두 주 곡률은 모두 $\dfrac{1}{r}$이며 구의 어떤 점을 선택하더라도 변하지 않아 우리의 직관과 일치함을 알 수 있다.

마지막 예로 X가 원기둥^{cylinder}인 경우를 살펴보자.

$$X = \left\{ (x, y, z) : \frac{1}{2r}(x^2 + y^2 - r^2) = 0 \right\}$$

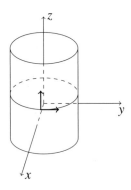

xy 평면과 평행인 임의의 한 평면과 이 원기둥과의 교집합은 반지름이 r인 원이므로 주 곡률의 하나는 원의 곡률, 즉 $\frac{1}{r}$이 돼야 한다고 생각할 수 있다. 또한 원기둥 상의 각 점을 통해 z축과 평행인 직선이 존재해 또 하나의 주 곡률이 0이 될 수 있다는 것이다. 이러한 추측을 체크하자. 확장된 헤시안은 다음과 같이 계산된다.

$$\tilde{H} = \begin{pmatrix} \frac{1}{r} & 0 & 0 \\ 0 & \frac{1}{r} & 0 \\ 0 & 0 & 0 \end{pmatrix}$$

원기둥의 각 점에서의 정규직교 벡터를 다음과 같이 선택할 수 있다.

$$\mathbf{v}_1 = \begin{pmatrix} a & b & 0 \end{pmatrix}$$
$$\mathbf{v}_2 = \begin{pmatrix} 0 & 0 & 1 \end{pmatrix}$$

따라서 앞에서 정의된 헤시안의 계산에 따라 다음과 같은 대각 행렬의 헤시안을 구하게 된다.

$$H = \begin{pmatrix} \frac{1}{r} & 0 \\ 0 & 0 \end{pmatrix}$$

이를 통해 주 곡률이 $\frac{1}{r}$과 0임을 확인할 수 있다.

7.4 가우스-본네 정리

곡률은 위상적 불변값이 아니다. 구와 타원체^{ellipsoid}는 위상적으로 동등하지만(직관적으로는 한쪽을 계속해서 뒤틀면 다른 쪽이 될 수 있다는 것이다. 기술적으로 표현하면 한 쪽에서 다른 쪽으로의 위상적 위상 동형 사상^{homeomorphism}이 존재한다) 분명한 점은 곡률이 서로 다르다. 하지만 곡률을 너무 많이 바꿀 수는 없다. 더 정확하게는 한 점 가까운 곳에서 곡률을 크게 만들면 다른 점에서 곡률이 보상돼야 한다. 이것이 가우스-본네 정리^{Gauss-Bonnet Theorem}의 핵심으로 이 절에서 언급된다.

방향성을 갖는 콤팩트 곡면, 즉 위상적으로 구, 토러스^{torus}, 2홀^{hole} 토러스, 3홀 토러스 등으로 범위를 제한하자.

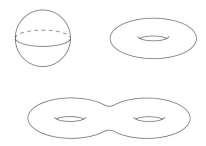

홀의 개수(종수^{genus} g로 부름)는 유일한 위상적 불변값으로서 같은 종수를 갖는 두 곡면은 위상적으로 동등함을 의미한다.

정리 7.4.1(가우스-본네 정리) 곡면 X에 대해 다음 식이 성립한다.

$$\int_X \text{가우스 곡률} = 2\pi(2 - 2g)$$

그러므로 가우스 곡률^{Gaussian curvature}이 국부적 및 위상적 불변값이 아닌 반면 해당 곡면에 대한 평균값은 그런 성질의 불변값이다. 위 식의 왼쪽 항이 분석적이라면 오른쪽 항은 위상적이다. 다음과 같은 형식의 등식

$$\text{분석 정보} = \text{위상적 정보}$$

는 1960년부터 아티야-싱어 색인 공식^{Atiyah-Singer Index Formula}에 이르기까지 현대 수학에 스며들었다(가우스-본네 정리는 이 공식의 하나의 특별한 경우이다). 현재까지는 국부적^{local} 미

분 불변값이 존재한다면 이에 상응하는 전체적global 위상적 불변값도 존재한다고 가정한다. 현재도 일치점을 찾으려고 노력하고 있다.

7.5 참고 서적

다양한 교재가 엄청나게 많다. 이는 부분적으로는 곡선과 곡면의 미분 기하학이 19세기에 뿌리를 두고 있는 반면 더 높은 차원의 미분 기하학이 일반적으로 20세기적인 느낌이 있기 때문인 듯싶다. 오랫동안 대중적인 입문서 3권은 두 카르무do carmo[48], 밀만Milman과 파커Parker[140] 오닐O'Neil[150]의 책이다. 더 최근의 혁신적인 교재는 헨더슨Henderson의 저서로서[88] 기하적인 직관을 강조하고 있다. 알프레드 그레이Alfred Gray[76]는 수학 계산을 위한 소프트웨어 패키지인 매스매티카Mathematica를 사용하는 두꺼운 책을 저술했다. 실제 계산을 어떻게 하는지를 보여주는 좋은 자료가 된다. 또릎Thorpe[189]의 교재도 흥미롭다.

맥클리어리McCleary의 『Geometry from a Differentiable Viewpoint』(1995)[136]은 많은 내용을 포함하고 있는데 논증기하학axiomatic geometry의 장에서도 이 책이 나오는 이유이기도 하다. 모르간Morgan[141]은 리만기하학Riemannian geometry에 대한 간결하고 읽기 쉬운 책을 저술했다. 두 카르무의 『Riemannian Geometry』(1994)[47]도 있다. 또한 고전적인 저서들이 있다. 스피박의 5권의 책[177]은 인상적인데 그중 1권은 입문서로서 견고한 위치를 유지하고 있다. 1960년대와 1970년대의 바이블은 고바야시Kobayashi와 노미쯔Nomizu의 『Foundations of Differential Geometry』(1996)[112, 113]이다. 입문서가 아닌 이들은 맵시에서는 뒤처지기는 하나 신진 미분기하학자라면 이 두 권의 책과 씨름하기를 권한다.

연습 문제

1. 평면 곡선 C가 $r(t) = (x(t), y(t))$와 같이 주어진다고 하자. 임의의 한점에서의 곡률이 다음과 같음을 증명하라.

$$\kappa = \frac{x'y'' - y'x''}{((x')^2 + (y')^2)^{3/2}}$$

(매개변수화 $r(t)$가 반드시 호 길이 매개변수화가 아닐 수 있음에 주의하라).

2. 평면 곡선 C가 $y = f(x)$로 주어질 때 점 $p = (x_0, y_0)$가 변곡점point of inflection이 되기 위한 필요충분조건은 p에서의 곡률이 0임을 증명하라($f(x_0) = 0$일 때 p는 변곡점이다).

3. 다음과 같은 곡면에 대해

$$z = x^2 + \frac{y^2}{4}$$

각 점에서의 주 곡률을 구하라. 곡면을 스케치하라. 스케치가 주 곡률을 계산한 것 같은 직관을 보이는가?

4. 다음과 같은 원뿔cone을 고려하자.

$$z^2 = x^2 + y^2$$

가우스 사상의 상image을 구하라(수직 벡터의 길이가 1임을 기억하라). 이 상으로부터 주 곡률에 대해 알 수 있는 것이 무엇인가?

5. $A(t) = (a_1(t), a_2(t), a_3(t))$와 $B(t) = (b_1(t), b_2(t), b_3(t))$가 미분 가능 함수의 2개의 3-짝일 때 다음을 보여라.

$$\frac{d}{dt}(A(t) \cdot B(t)) = \frac{dA}{dt} \cdot B(t) + A(t) \cdot \frac{dB}{dt}$$

08

기하학

기본 대상: 평면 상의 점과 선

기본 목표: 서로 다른 기하학의 공리

BC 300년 초부터 1800년대에 이르기까지 유클리드^{Euclid}의 공리 기하학은 올바른 추론의 표본이었다. 여기에는 하나의 사고^{thought} 시스템이 있어 기본적인 정의와 공리로 출발해 기하학에 대한 정리를 계속해서 증명하고 어떤 경험적 입력 없이 모든 것이 이뤄지는 방식이었다. 유클리드 기하학이 우리가 사는 공간을 올바르게 기술하고 있다고 사람들은 믿었다. 순수 사상이 물질세계에 대해 그럴듯하게 말하는 것 같았다. 수학자들에 대한 성급한 생각이다. 그러나 1800년대 초까지 비유클리드 기하학$^{non\text{-}Euclid\ geometry}$이 발견되고 1900년대 초까지 특수상대성이론과 일반상대성이론에 도달하게 돼 다양한 형태의 기하학이 존재하기 때문에 우리 우주를 설명하는 기하학의 한 형태는 경험적 질문이라는 것이 분명했다. 순수 사상은 가능성을 말할 수 있지만 올바른 것을 끄집어낼 수는 없는 것처럼 보인다(고상한 수학자이며 성가신 친구가 설명하는 인기 있는 논제인 클라인^{Kline}의 『Mathematics and the Search for Knowledge』(1972)[111]를 보라).

유클리드는 기본적인 정의로부터 출발해 그의 용어에 대한 정의를 시도했다. 오늘날 이는 잘못된 출발로 본다. 공리적 시스템은 정의되지 않은 용어의 집합과 이러한 정의되지 않은 용어 간의 관계(공리)의 집합에서 출발한다. 공리적 시스템은 모순이 발생하지 않으면 '작동한다'. 그러고는 이 공리를 근거로 정리를 증명할 수 있다. 쌍곡선hyperbolic 기하학과 타원elliptic 기하학은 가능한 어떤 모순도 유클리드 기하학에서의 모순으로 해석되는 것이 증명될 때에 신중하게 받아들여졌다. 유클리드 기하학에 모순이 있다고 믿는 사람은 없기 때문이었다. 이 장의 적절한 부분에서 논의될 것이다.

8.1 유클리드 기하학

유클리드는 23개의 정의Definitions, 5개의 가정Postulates, 5개의 통념Common Notions에서 출발한다. 각각에 대해 몇 개의 예(히스Heath의 유클리드 번역서 『Euclid's Elements』(2002)[56]와 시더버그Cederberg의 『A Course in Modern Geometries』(2001)[29])를 통해 그의 탁월한 언어의 풍미를 느껴보자.

예를 들면 유클리드의 선line의 정의는 다음과 같다.

> 선은 폭이 없는 길이이다.

그가 정의하는 면surface은 다음과 같다.

> 면은 길이와 폭width만을 갖는 객체이다.

이러한 정의는 위와 같은 단어들이 무엇을 의미하는지 느끼는 직관과 일치하지만 현대의 관점에서 보면 모호하게 들린다.

그가 제시한 5개의 가정은 오늘날 공리로 불린다. 이들을 통해 기하학의 기본적 가정들이 설정된다. 예를 들어 그의 4번째 가정은 다음과 같다.

> 모든 90도 각은 이웃각과 같다.

끝으로 그의 5개의 통념은 등식에 관한 것으로서 3번째 통념은 다음과 같다.

동일한 것을 등식에서 빼도 나머지는 동일하다.

모든 것이 바로 이해되지만 5번째 가정은 그렇지 않다. 이 가정은 유클리드의 처음 부분의 나머지들과는 다른 느낌을 준다.

5번째 가정: 하나의 직선이 두 직선과 만나 같은 변에 90도 미만의 두 내각을 이룰 때 두 직선을 무한히 연장해 만나는 각은 180도 미만이다.

아래 그림을 보면 위 가정이 완전히 합리적인 진술임을 확실하게 알 수 있다.

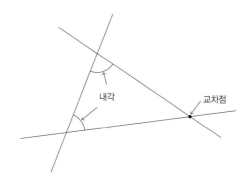

이것이 진실이 아니라면 놀랄만하지만 문제가 된 것은 이것이 기본 가정이라는 것이다. 공리는 그저 합리적이기보다는 자명해야 한다. 이 진술은 다른 가정들보다 훨씬 복잡하고 겉으로만 보아도 훨씬 더 많은 어휘가 필요하다. 또한 두 직선을 길게 밖으로 확장하면 교차점이 있을 거라는 진술에서 부분적으로 무한대를 가정하고 있다. 유클리드뿐만 아니라 수학자도 불편한 감정을 공유하고 있어 이들은 이 가정을 할 수 있는 한 최소로 사용했다.

한 가지 가능한 접근으로는 이 가정을 더 매력적인 다른 가정으로 교체해 이 문제 있는 가정을 정리로 바꾸는 것이다. 이 가정과 동등한 수많은 진술이 있지만 실제로 제대로 된 것은 없다. 아마도 가장 인기 있는 것은 플레이페어의 공리^{Playfair's Axiom}이다.

플레이페어의 공리: 하나의 선으로부터 떨어진 한 점을 지나며 그 선과 평행인 하나의 고유한 선이 존재한다.

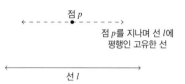

점 *p*

점 *p*를 지나며 선 *l*에
평행인 고유한 선

선 *l*

확실히 합리적인 진술이다. 그러나 이를 기본적인 가정으로 놓기는 아직 그렇게 대담하지는 않다. 5번째 가정을 다른 공리를 이용해 증명 가능한 진술로 보일 수 있다면 가장 이상적이다. 5번째 가정을 증명하려고 노력하다 실패한 것으로부터 다른 기하학의 발전을 가져왔다.

8.2 쌍곡선 기하학

5번째 가정이 다른 공리의 결과를 따라야 한다는 것을 보이는 한 가지 방법은 가정이 거짓이라고 가정하고 모순을 찾는 것이다. 플레이페어의 공리를 사용하면 두 가지 가능성을 가진다. 한 점을 지나며 주어진 선과 평행인 선은 존재하지 않거나 또는 한 개 이상의 선이 존재하는 경우이다. 이와 같은 가정들은 이제 다음과 같은 이름으로 불린다.

타원 공리 Elliptic Axiom: 선으로부터 떨어진 한 점을 지나며 그 선과 평행인 선은 존재하지 않는다.

이는 실제로 평행선이 존재하지 않거나 또는 모든 두 선은 교차한다고 주장하는 것이다 (여전히 터무니없다).

쌍곡선 공리 Hyperbolic Axiom: 선으로부터 떨어진 한 점을 지나며 그 선과 평행인 선은 한 개 이상이다.

평행이 무엇을 의미하는지 분명히 하자. 두 직선이 교차하지 않으면 평행하다고 정의한다.

5번째 가정이 거짓이라고 가정하고 모순을 찾으려 했던 첫 번째 사람은 지로람모 새커리Girolamo Saccheri(1667~1773)였다. 그는 그러한 평행선이 없다면 모순이 발생함을 재빠르게 보였다. 그러나 쌍곡선 공리를 가정했을 때는 어떤 모순도 발생하지 않았다. 안타깝게도 새커리는 모순을 찾았다고 생각하고 유클리드가 옳았다고 주장하는 책 『Euclides ab

Omni Naevo Vindicatus$^{Euclid\ Vindicated\ from\ all\ Faults}$』(1969)를 저술했다.

칼 가우스$^{Carl\ Gauss}$(1777~1855)도 이 문제에 대해 생각했으나 5번째 가정을 부정함으로써 다른 기하학이 일어날 것을 깨닫고 자신의 연구 결과를 아무에게도 말하지 않고 발간하지도 않은 것처럼 보인다.

현재 쌍곡선 기하학이라고 부르는 비유클리드 기하학을 독립적으로 처음 개발한 사람은 니콜라이 로바쳅스키$^{Nikolai\ Lobatchevsky}$(1792~1856)와 야노스 보야이$^{Janos\ Bolyai}$(1802~1860)였다. 이들은 새커리처럼 타원 공리가 유클리드의 다른 공리와 일관되지 않음을 보였고 또한 쌍곡선 공리가 다른 공리와 모순되지 않음도 보였다. 하지만 새커리와는 다르게 그들은 자신 있게 결과를 출판했고 가짜 모순을 찾지 않았다.

물론 많은 결과를 증명하고 모순을 만나지 않았다고 해서 다음 날 모순이 일어나지 않는다는 것은 아니다. 다시 말하면 보야이와 로바쳅스키는 어떤 모순도 절대 일어날 수 없음을 증명하는 일관성을 증명하지는 못했다. 일관성의 증명을 가능하게 하는 다른 기하학 모델을 찾으려 했던 사람은 펠릭스 클라인$^{Fleix\ Klein}$(1849~1925)이었다. 물론 우리가 만나게 되는 모델을 개발한 사람은 앙리 포앙카레$^{Henri\ Poincaré}$(1854~1912)였다.

그러므로 문제는 주어진 공리의 집합이 어떻게 하나의 일관된, 즉 모순이 전혀 일어날 수 없는 이론을 형성하는지 보이는 것이다. 모델 접근 방법은 쌍곡선 기하학 자체가 일관됨을 보이지 않는 대신 유클리드 기하학만큼 일관됨을 보일 것이다. 이 방법은 쌍곡선 기하학의 직선을 유클리드 기하학의 반원으로 모델링하는 것이다. 이 경우 쌍곡선 기하학의 각 공리는 유클리드 기하학의 정리가 된다. 또한 이 과정은 역으로 유클리드 기하학의 각 공리는 쌍곡선 기하학의 정리가 된다. 그러므로 쌍곡선 기하학의 숨겨진 어떤 모순이 존재하면 유클리드 기하학에서도 숨겨진 모순이 존재한다는 것이다(존재할 것이라고 아무도 믿지 않는 모순).

모델의 구체적인 연구를 위해 다음과 같은 상반 평면$^{upper\ half-plane}$을 고려하자.

$$H = \{(x, y) \in \mathbb{R}^2 : y > 0\}$$

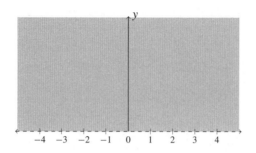

우리가 고려하는 점은 단지 H 내의 점만이다. 쌍곡선 기하학 모델의 핵심은 직선들을 어떻게 정의하는가이다. 선이라 함은 H 내의 수직선 또는 x축을 수직으로 교차하는 반원을 말한다.

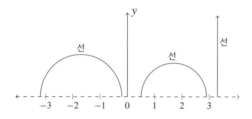

이것이 쌍곡선 기하학 모델인지 확인하기 위해서는 각 공리를 체크해 보아야 한다. 예를 들면 임의의 두 점 사이에 고유한 선이 존재하는지 체크할 필요가 있다(또는 이 경우 H 상의 임의의 두 점에 대해 그들 사이에 수직선 또는 고유한 반원이 존재하는지를 보이는 것이다).

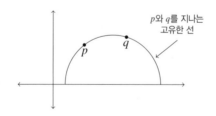

중요하게 확인해야 할 것은 이 모델에 대해 쌍곡선 공리가 분명히 진실인지이다.

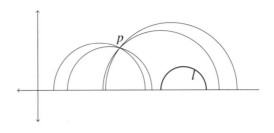

이 모델은 쌍곡선 기하학의 각 공리를 유클리드 기하학의 정리로 해석하게 된다. 따라서 쌍곡선 기하학에서의 선에 관한 공리는 유클리드 기하학에서의 반원이 된다. 그러므로 쌍곡선 기하학은 유클리드 기하학만큼 일관성을 가진다.

더 나아가 이 모델은 5번째 가정이 진실이라고 또는 거짓이라고 가정할 수 있음을 보인다. 이는 5번째 가정이 다른 공리와는 무관함을 의미한다.

8.3 타원 기하학

타원 공리를 가정하면 어떻게 될까? 새커리, 가우스, 보야이, 로바쳅스키 모두 이 새로운 공리는 다른 공리와 일관됨을 보였다. 그러나 또 다른 새로운 기하학을 찾아내기 위해 다른 공리를 바꿀 수는 없었을까? 베른하르트 리만Bernhard Riemann(1826~1866)이 바로 정확히 그렇게 했다. 즉 다른 공리를 바꾸는 두 가지 방법이 있고 그에 따른 두 가지 새로운 기하학이 있음을 보였다. 오늘날 단일 타원 기하학single elliptic geometry과 이중 타원 기하학 double elliptic geometry이라고 부르는 것이다(클라인이 명명함). 둘 다 클라인이 모델을 개발했고 유클리드 기하학과 일관됨을 보였다.

유클리드 기하학에서는 임의의 2개의 서로 다른 점이 고유한 선 위에 존재한다. 또한 유클리드 기하학에서는 하나의 선은 평면을 분할한다. 그러므로 임의의 선 *l*이 주어지면 선 *l*에서 떨어져 있는 최소한 두 점이 존재해 두 점을 연결하는 선분이 *l*과 교차해야 한다.

단일 타원 기하학에서는 타원 공리에 더해 하나의 선은 평면을 **분할하지 않는다**고 가정한다. 또한 임의의 2점은 고유하게 선을 결정한다는 유클리드 가정도 유지한다. 이중 타원 기하학에서는 2점이 하나 이상의 선상에 놓일 수 있다고 가정하지만 하나의 선은 평면을 분할한다는 유클리드 가정을 유지한다. 어린 시절에 알고 있었던 직선만을 생각한다면 이 모든 것이 불합리하게 들리겠지만 곧 보게 되듯이 클라인이 개발한 모델에서는 이해가 된다.

이중 타원 기하학에서는 '평면'은 단위 구이며 점은 구 상의 점이며 '선'은 구 상의 큰 원이다(큰 원이라 함은 최대 지름을 갖는 원을 의미한다).

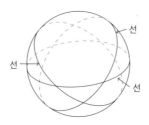

임의의 두 선이 교차하며(즉 타원 공리를 만족함) 두 점의 대부분은 고유하게 하나의 선을 정의하는 반면 서로 반대편에 있는 점은 무한히 많은 선상에 놓여있다. 그러므로 이중 타원 기하학에서의 선에 관한 진술은 유클리드 기하학에서의 큰 원에 관한 진술에 해당한다.

단일 타원 기하학에서는 모델은 규모는 작지만 더 복잡하다. '평면'은 이제 상반구가 되고 경계 원 상의 점은 대척점antipodal point이 된다. 즉

$$\{(x, y, z) : x^2 + y^2 + z^2 = 1, z \geq 0\}/\{(x, y, 0)는 (-x, -y, 0)와 동일하다\}$$

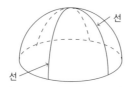

그러므로 경계선 상의 점 $(\frac{1}{\sqrt{2}}, -\frac{1}{\sqrt{2}}, 0)$은 $(-\frac{1}{\sqrt{2}}, \frac{1}{\sqrt{2}}, 0)$과 동일하다. '선'은 반구 상의 큰 반원이 될 것이다. 타원 공리가 성립함을 알게 된다. 나아가 경계에서 대척점이 동일하므로 어떤 선도 평면을 분할하지 않음을 알게 된다. 그러므로 단일 타원 기하학에서 진술은 유클리드 기하학의 큰 반원에 대한 진술과 상응한다.

8.4 곡률

유클리드 기하학의 가장 기본적인 결과 중 하나는 삼각형의 내각의 합이 180도라는 것이다. 다시 말하면 90도를 2개 더한 값이다.

증명을 떠올려 보자. 꼭지점이 P, Q, R인 삼각형이 주어질 때 플레이페어의 공리에 따라 R을 지나며 P, Q에 의해 펼쳐지는 직선과 평행한 고유한 직선이 존재한다. 엇각^{alternating}
^{angle}의 결과에 따라 α, β, γ의 합은 180도이다.

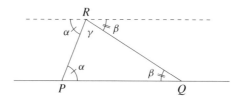

여기서 플레이페어의 공리를 사용했음에 유의해야 한다. 그러므로 이 결과가 비유클리드 기하학에서 반드시 진실인 것은 아니다. 쌍곡선의 상반 평면 상의 삼각형과 이중 타원 기하학에서 구 상에서의 삼각형의 그림을 본다면 이 주장이 이해될 것이다.

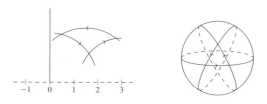

쌍곡선 기하학에서는 삼각형의 내각의 합이 180도보다 작게 된다. 반면에 타원 기하학에서는 삼각형의 내각의 합이 180도보다 크게 될 것이다. 삼각형의 면적이 작아질수록 삼각형의 내각의 합이 180도에 가까워짐을 보일 수 있다. 결과적으로 이는 가우스 곡률과 연결된다(분명하지는 않지만). 서로 다른 형식의 기하학은 서로 다른 가우스 곡률을 갖도록 거리(메트릭)의 측정 방법이 정해진다. 더 정확하게는 유글리드 평면의 가우스 곡률은 0이며 쌍곡선 평면의 가우스 곡률은 -1이며 타원 평면의 가우스 곡률은 1이다. 그러므로 미분 기하학과 곡률은 각각의 서로 다른 기하학의 공리와 연결돼 있다.

8.5 참고 서적

시기와 관계없이 가장 인기 있는 수학 교재 중 하나는 힐베르트Hilbert와 콘보센Cohnvossen 의 『Geometry and the Imagination』(1999)[92]이다. 모든 신중한 학생들은 주의 깊게 이 책을 공부해야 한다. 20세기 최고의 기하학자(비수학자가 기하학이라고 인식하게 된 분야를 실제로 연구한 사람들) 중 한 사람인 콕시터Coxeter는 위대한 저서 『Introduction to Geometry』(1989)[39]를 저술했다. 다양한 형태의 기하학에 대해 더 직접적으로 설명하는 표준 교재로는 간스Gans[68], 시더버그Cederberg[29], 랭Lang과 머로우Murrow[120]의 책이 있다. 로빈 하츠혼Robin Hartshorne의 『Geometry: Euclid and Beyond』(1989)[85]는 최근에 발간된 흥미로운 책이다. 맥클리어리McCleary의 『Geometry from a Differentiable Viewpoint』(1995)[136]은 비유클리드 기하학과 미분 기하학의 입문을 경험할 수 있는 책이다. 또한 쌍곡선 기하학은 특별히 곡면 3-겹three-folds 매듭의 위상을 이해하는 데 중요하다. 고전적인 매듭이론의 소개서로 콜린 아담스Colin Adams의 『The Knot Book』(2004)[1]이 있다.

끝으로 유클리드의 책인 『Elements』는 아직도 읽을 가치가 있다. 그린 라이언 프레스 Green Lion Press[56]의 최근 발간 판이 꽤 괜찮다.

연습 문제

1. 이 문제는 쌍곡선 기하학의 또 다른 모델을 보여준다. 다음과 같은 열린 원판 상의 점을 고려하자.

$$D = \{(x, y) \in \mathbb{R}^2 : x^2 + y^2 < 1\}$$

선은 D의 경계선을 직교하는 원호들arcs of circles이 될 것이다. 이 모델이 쌍곡선 공리를 만족함을 보여라.

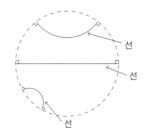

2. 상반 평면 모델에서 무한대에 놓인 모든 점이 한 점과 동일하면 상반 평면 모델과 문제 1의 모델이 동등함을 보여라.

3. 평면에 대한 플레이페어 공리와 같은 의미를 공간에서 찾아라.

4. 상반 공간^{upper half-space} 개념을 발전시켜 *P*는 하나의 '평면'이고 이 평면으로부터 떨어진 한 점을 *p*라고 할 때 평면 *P*를 교차하지 않고 *p*를 포함하는 무한개의 평면들이 존재함을 보여라.

5. 단일 타원 기하학의 다른 모델을 살펴보자. 단위 원판으로부터 시작하자.

$$D = \{(x, y) \in \mathbb{R}^2 : x^2 + y^2 \le 1\}$$

경계 상의 대척점을 확인하라. 즉 $a^2 + b^2 = 1$일 때 (a, b)와 $(-a, -b)$가 동일함을 확인하라. 점은 원판 상의 점이며 경계에서는 이 조건을 만족한다.

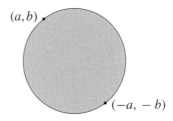

이 모델에서 선이 대척점에서 시작하고 대척점에서 끝난다면 선은 유클리드 선이다. 이 모델이 단일 타원 기하학을 기술하고 있음을 보여라.

6. 단일 타원 기하학의 또 다른 모델을 살펴보자. 우리의 점이 공간 상에서 원점을 지나는 선이라 하자. 이 기하학에서 우리의 선은 공간 상에서 원점을 지나는 평면들이다 (원점을 지나는 두 개의 선은 고유한 평면을 펼친다). 이 모델이 단일 타원 기하학을 기술하

고 있음을 보여라.

7. 공간 상에서 원점을 지나는 선이 단위 반구^{half of the unit sphere}

$$\{(x, y, z) \in \mathbb{R}^3 : x^2 + y^2 + z^2 = 1 \text{ and } z \geq 0\}$$

의 천정을 어떻게 교차하는지를 봄으로써 문제 6의 모델이 본문에 있는 단일 타원 기하학 모델과 동등함을 보여라.

CHAPTER

09

가산성과 선택 공리

기본 목표: 무한집합 비교하기

가산성^{countability}과 선택 공리^{Axiom of Choice} 모두 '무한대' 뒤에 깔린 알기 어려운 개념을 이해하려고 맞서있다. 정수 $\mathbb{Z}$와 실수 $\mathbb{R}$이 모두 무한 집합이지만 실수의 무한대는 정수의 무한대보다 분명히 크다는 것을 보게 된다. 그 다음에 선택 공리로 눈을 돌린다. 이것은 유한 집합에 대해서는 직접적이며 공리가 전혀 아니지만 무한 집합에 적용할 때는 내용이 깊고 수학의 다른 공리와는 독립적이다. 나아가 선택 공리는 수많은 놀랄만하고 역설적인 것 같은 결과를 암시한다. 예를 들면 선택 공리를 통해 측정할 수 없는 실수 집합의 존재가 확연함을 보게 된다.

9.1 가산성

핵심은 무한대의 순서와 크기가 있다는 것이다. 첫 단계는 두 집합의 동일한 크기에 대한 올바른 정의를 찾는 것이다.

정의 9.1.1　집합 $\{1, 2, 3, \ldots, n\}$으로부터 집합 A로의 일대일과 위로의^{one-to-one and onto} 함수가 존재할 때 집합 A는 집합의 크기^{cardinality}가 n으로 유한하다. 자연수 $\mathbb{N} = \{1, 2, 3, \ldots\}$ 으로부터 집합 A로의 일대일과 위로의 함수가 존재하면 집합 A는 가산 무한^{countably infinite} 하다. 유한하거나 가산 무한한 집합은 가산성이 있다 또는 셀 수 있다^{countable}고 한다. 집합 A가 공집합이거나 셀 수 없으면 A는 셀 수 없을 만큼 무한하다^{uncountably infinite}.

예를 들어 집합 $\{a, b, c\}$는 원소가 3으로 유한하다. 더 골치 아프고 도전적인 예는 무한대인 경우에 발생한다.

예를 들어 양의 짝수

$$2\mathbb{N} = \{2, 4, 6, 8, \ldots\}$$

는 진부분집합으로 자연수^{natural numbers} $\mathbb{N}$에 포함돼 있지만 $\mathbb{N}$과 동일한 크기의 가산 무한 집합이다. 분명하게 일대일과 위로의 사상

$$f : \mathbb{N} \to 2\mathbb{N}$$

은 $f(n) = 2 \cdot n$이다. 일반적으로 이 일대일 대응은 다음과 같이 나타난다.

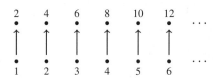

범자연수^{whole numbers}의 집합 $\{0, 1, 2, 3, \ldots\}$도 가산 무한하다. 일대일과 위로의 사상

$$f : \mathbb{N} \to \{0, 1, 2, 3, \ldots\}$$

이 함수

$$f(n) = n - 1$$

로 주어진다. 또한 함수의 그림은 다음과 같다.

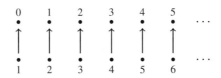

정수^{integers} $\mathbb{Z}$도 가산 무한하다. 그림은 다음과 같다.

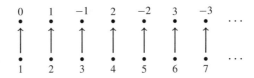

명확한 일대일과 위로의 사상은

$$f : \mathbb{N} \to \mathbb{Z}$$

로서 짝수 n에 대해서는

$$f(n) = \frac{n}{2}$$

홀수 n에 대해서는

$$f(n) = -\frac{n-1}{2}$$

이다. 전형적으로 그림이 실제 함수보다 더 설득력 있다.

다음과 같이 표현되는 유리수^{rationals}

$$\mathbb{Q} = \left\{ \frac{p}{q} : p, q \in \mathbb{Z}, q \neq 0 \right\}$$

또한 가산 무한하다. 다음과 같은 그림은 양의 유리수가 가산 무한함을 보여준다.

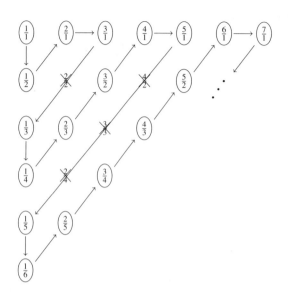

위 행렬에서 모든 양의 유리수가 나타나며 각각의 유리수는 하나의 자연수와 만난다.

정리 9.1.2 A, B가 가산 무한 집합이라고 할 때 카티지언 곱^cartesian product $A \times B$도 가산 무한하다.

증명: A, B가 모두 자연수 $\mathbb{N}$과 일대일 대응을 이루므로, 우리가 보여야 할 것은 $\mathbb{N} \times \mathbb{N}$이 가산 무한한지이다. $\mathbb{N} \times \mathbb{N} = \{(n, m) : n, m \in \mathbb{N}\}$에 대해 올바른 다이어그램은 다음과 같다.

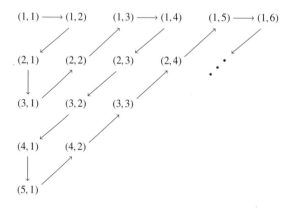

덜 분명하지만 더욱더 대수적으로 명확한 일대일과 위로의 사상

$$f : \mathbb{N} \times \mathbb{N} \to \mathbb{N}$$

은

$$f(m,n) = \frac{(n+m-2)(n+m-1)}{2} + m$$

의 순서 값으로 정의된다. □

$\mathbb{N} \times \mathbb{N}$이 $\mathbb{N}$과 같은 크기라는 사실이 유한의 경우와 현저하게 다름을 알 수 있다. 이 사실을 분명하게 하기 위해 3개의 원소로 된 집합 $A = \{a, b, c\}$를 고려하자. $\mathbb{N} \times \mathbb{N}$은 9개의 원소를 가진 집합 $\{(a,a), (a,b), (a,c), (b,a), (b,b), (b,c), (c,a), (c,b), (c,c)\}$이다.

어떤 면에서 자연수보다 훨씬 더 큰 크기의 무한 집합이 존재한다. 난해하다고 볼 수는 없지만 기본적이 예는 실수이다. 확실히 유한하지 않으며 또한 가산 무한하지도 않다.

실수 $[0,1] = \{x \in \mathbb{R} : 0 \le x \le 1\}$이 셀 수 없음을 보이는 유명한 칸토어^{Cantor} 대각화 진술을 살펴보자.

정리 9.1.3 구간 $[0,1]$은 셀 수 없다$^{\text{not countable}}$.

증명: 모순을 이용해 증명하자. 즉 일대일과 위로의 사상 $f : \mathbb{N} \to [0,1]$이 존재한다고 가정하고 상$^{\text{(image)}}$이 아닌 $[0,1]$ 사이의 실수를 찾아 f가 위로의 사상과 모순됨을 보이자. $[0,1]$ 사이의 모든 실수는 다음과 같은 십진 전개$^{\text{decimal expansion}}$로 표현된다.

$$0.x_1 x_2 x_3 x_4 \ldots$$

여기서 각각의 x_k는 $0, 1, 2, 3, \ldots, 9$중 하나의 값이다. 이 전개를 고유하도록 만들기 위해서 $0.99999\ldots$를 제외하고 올림$^{\text{round up}}$을 항상 적용하자. 즉 $0.32999\ldots$는 항상 0.33으로 기록한다.

이제 가정한 일대일 대응 $f : \mathbb{N} \to [0,1]$을 적용해 다음과 같이 써 보자.

$$f(1) = 0.a_1 a_2 a_3 \ldots,$$
$$f(2) = 0.b_1 b_2 b_3 \ldots,$$

$$f(3) = 0.c_1c_2c_3\ldots,$$
$$f(4) = 0.d_1d_2d_3\ldots,$$
$$f(5) = 0.e_1e_2e_3\ldots$$

등등…. 여기서 a_i, b_j 등은 일대일 대응에 의한 0과 9 사이의 고정된 값이다. 변수가 아니다.

이제 위에서 나오지 않은 새로운 실수 $0.N_1N_2N_3N_4\ldots$를 구성해 f가 위로의[onto] 사상의 가정과 모순됨을 찾자. 다음과 같이 N_k를 설정하자.

$$N_k = \begin{cases} 4 & f(k)\text{의 } k\text{번째 값} \neq 4 \\ 5 & f(k)\text{의 } k\text{번째 값} = 4 \end{cases}$$

(값 4와 5의 선택은 중요하지 않다. 0과 9 사이의 어느 두 값이라도 가능하다)

$a_1 \neq 4$이면 $N_1 = 4$이고 $a_1 = 4$이면 $N_1 = 5$이므로 의심할 바 없이

$$0.N_1N_2N_3\ldots \neq 0.a_1a_2\ldots = f(1)$$

이다. 같은 방법으로 $b_2 \neq 4$이면 $N_2 = 4$이고 $b_2 = 4$이면 $N_2 = 5$이므로

$$0.N_1N_2N_3\ldots \neq 0.b_2b_2b_3\ldots = f(2)$$

이와 같이 계속된다. 십진 전개는 고유하므로 $f(k)$의 k번째 값이 각각의 N_k와 같지 않게 정의되므로 $0.N_1N_2N_3\ldots$는 어떤 $f(k)$와도 같지 않아 f가 위로의 사상의 가정과 모순된다. 그러므로 자연수로부터 $[0,1]$로의 위로의 함수는 존재할 수 없다. 실수가 분명히 유한하지 않으므로 가산 무한해야 한다. □

9.2 소박한 집합론과 역설

수학적 대상이 무엇인지에 대한 질문은 18세기 말과 19세기 초 깊은 논쟁의 근원이었다. 한편으로는 논리에서 괴델[Gödel]의 연구와 또 다른 한편으로는 지쳐서 기껏해야 부분적인 결의 정도가 다였다. 수학적 대상을 분명하게 만들어 내는 알고리듬이 쓰인다면 또는 존재의 가정이 모순이 없으면 예를 한 가지라도 찾지 못하더라도 그 대상이 존재하

는가? 복잡성 이론의 개발로 건설적인 증명과 존재의 증명 사이의 긴장은 지난 30년 동안 완화돼 왔다. 건설적 진영은 레오폴드 크로네커$^{Leopold\ Kronecker}$(1823~1891), 브루워$^{L.\ E.\ J.\ Brouwer}$(1881~1966), 에릿 비숍$^{Errett\ Bishop}$(1928~1983)이 이끌었다. 데이빗 힐베르트$^{David\ Hilbert}$(1862~1943)가 이끄는 존재적 진영이 결국 승리했는데 그들은 대부분의 수학자가 공감했던 체르멜로-프랜켈$^{Zermelo-Fraenkel}$과 선택 공리로 불렸던 공리시스템인 올바른 집합-이론적 기반 위에 모든 수학이 세워져야 한다는 믿음을 끌어냈다. 선택 공리의 세부 사항은 폴 코헨$^{Paul\ Cohen}$의 『Set Theory and the Continuum Hypothesis』(1966)[32]의 2장 1, 2절을 참고하라. 이것은 실제로 이러한 공리를 쓸 수 있는 연구하는 수학자가 거의 없었음에도 이뤄져 우리의 일에 대한 확신이 공리로부터 나오지 않음을 분명히 제시한다. 더 정확히 말하자면 공리가 선택되고 발전돼 우리가 이미 알고 있는 결과가 진실이 되게 한다. 이 절에서는 격의 없이 집합이론을 논하고 유명한 체르멜로-레쎌$^{Zermelo-Russell}$의 역설을 보임으로써 집합을 이해하는 데 진실한 관심이 필요함을 보인다.

집합에 대한 소박한 개념은 꽤 괜찮다. 여기서 집합이란 어떤 성질을 공유하는 어떤 대상들의 모임이다. 예를 들어

$$\{n : n은\ 짝수\}$$

는 완벽하게 합리적인 집합이다. 기본적인 연산은 합집합, 교집합, 여집합이다. 집합으로부터 어떻게 정수와 연결시키는지 보게 될 것이다.

우선 미묘하지만 주어진 집합 A에 대해 새로운 하나의 집합 $\{A\}$를 항상 만들 수 있다. 집합 $\{A\}$는 한 개의 원소 A로 구성돼 있다. A가 짝수의 집합으로 무한개의 원소를 가지고 있더라도 집합 $\{A\}$는 오직 한 개의 원소를 가진다. 집합 A에 대해 계승자^{successor} 집합 A^+를 집합 A와 집합 $\{A\}$의 합집합으로 정의하자. 그러므로 $x \in A$이거나 $x = \{A\}$이면 $x \in A^+$이다.

원소를 포함하지 않는 공집합 $\emptyset$에서 출발하자. 이 집합은 정수 0으로 대응시키자. 그리고 공집합의 계승자를 1로 한다.

$$1 = \emptyset^+ = \{\emptyset\}$$

그다음 계승자는 2로 표기한다.

$$2 = (\emptyset^+)^+ = \{\emptyset, \{\emptyset\}\}$$

일반적으로 집합 n의 계승자를 $n + 1$로 나타낸다.

계승자를 1을 더하는 것으로 생각함으로써 재귀^{recursion} 덧셈과 곱셈, 뺄셈, 나눗셈을 통해 복구가 가능하다.

안타깝게도 이와 같은 방식의 소박한 전개는 역설^{paradox}에 이른다. 집합처럼 보이지만 존재할 수 없는 집합을 만들어 보자. 우선 때로는 집합 자신이 자신의 일원일 수 있고 어떤 때는 그렇지 않기도 하다(적어도 소박한 집합 이론을 공부할 때는 말이다. 체르멜로-프랜켈 집합 이론의 역학의 많은 부분은 집합에 대한 그와 같은 무관심한 상상을 배제한다). 예를 들면 짝수의 집합은 그 자체가 짝수는 아니며, 따라서 자신의 원소가 될 수 없다. 반면에 두 개 이상의 원소를 갖는 모든 집합을 원소로 갖는 집합은 그 자체가 구성원이다. 이제 다음과 같은 역설적 집합을 정의하자.

$$X = \{A : A\text{는 자신을 포함하지 않는 집합}\}$$
$$= \{A : A \notin A\}$$

집합 X는 자신의 원소일까? $X \in X$이면 X의 정의에 따라 $X \notin X$이 돼야 하는데 이는 말이 안 된다. 그러나 $X \notin X$이면 $X \in X$이 돼 역시 우스꽝스럽다. X를 집합으로 받아들이기에 문제가 존재한다. 이것이 체르멜로-레쎌의 역설이다.

이것이 작고 하찮은 문제라고 생각하는가? 이 문제를 처음 대한 버트란드 러쎌^{Bertrand} ^{Russell}(1872~1970)은 그날 밤 안으로 쉽게 해결할 수 있으리라 확신했다고 자서전에 밝혔다. 하지만 그는 이듬해를 이 문제와 싸우며 수학의 기반에 대한 공격 방법을 송두리째 바꾸어야만 했다. 러쎌은 알프레드 화이트헤드$^{Alfred\ Whitehead}$(1861~1947)와 함께 집합 이론을 사용하지 않는 대신 유형 이론$^{type\ theory}$을 개발했다. 유형 이론은 집합 이론보다 추상적으로 더 좋지도 더 낫지도 않다. 그러나 역사적인 2차 세계대전까지 수학자들은 집합 이론이라는 언어에 그들의 연구의 기초를 두고 있었다. 이 전쟁으로 집합 이론을 잘 아는 에른스트 체르멜로$^{Ernst\ Zermelo}$(1871~1953) 같은 독일 난민들이 미국 수학자들을 가르쳤다.

집합 이론의 정의에 대해 너무 염려하지는 않아도 된다. 신경이 많이 쓰이겠지만 당신이 생각하는 집합이 그것이라면 위와 같은 어려움에 이르게 된 것이 무엇인지 정확하게 설명해 준다.

9.3 선택 공리

집합 이론의 공리는 선택되고 발전돼 우리가 이미 아는 결과를 진실로 확인시켜 준다. 여전히 이러한 공리가 즉각적으로 자명하길 원한다. 전반적으로 이 경우가 맞다. 선택 공리를 제외하면 실제 공리가 논쟁적인 것은 몇 되지 않는다.

공리 9.3.1(선택 공리$^{Axiom\ of\ Choice}$) $\{X_\alpha\}$를 공집합이 아닌 집합군^{family}이라 하자. 이때 각각의 집합 X_α로부터 1개씩의 원소를 취한 집합 X가 존재한다.

유한 집합에 대해서는 이는 자명하고 전혀 공리적이지 않다(다른 공리로부터 증명할 수 있다는 의미이다). 예를 들어 $X_1 = \{a, b\}$, $X_2 = \{c, d\}$라 하자. 그러면 X_1로부터 1개의 원소와 X_2로부터 1개의 원소로 구성된 집합 X가 확실하게 존재한다. 즉 $X = \{a, c\}$가 존재한다.

어려움은 이 정리를 무한(비가산 무한)개의 집합에 적용할 때 발생한다. 선택 공리는 집합 X를 찾는 방법을 제공하지는 않는다. 단지 X의 존재를 선언할 뿐이다. 어떤 대상의 존재를 증명하기 위해 선택 공리가 요구될 때 그 대상을 실제로 만들어 갈 수 없게 된다. 다른 말로 표현하면 실제로 그 대상을 만들 방법이 없다는 것이다. 단지 그 존재를 알 뿐이다.

또 다른 어려움은 선택 공리가 진실임에 있지 않고 이를 공리로 가정할 필요성에 있다. 공리는 투명하고 분명해야 한다. 진술이 다른 공리를 따르는 것으로 증명될 수 있다면 그 진술에 대해 누구에게나 어떤 어려움도 없어야 한다.

1939년 쿠르트 괴델$^{Kurt\ Gödel}$은 선택 공리가 다른 공리와 일관됨을 보였다. 이는 어떤 면으로는 선택 공리를 사용하는 것이 다른 공리에서 아직 나타나지 않은 모순으로 이끌지는 않는다는 의미이다. 그러나 1960년대 초에 폴 코헨$^{Paul\ Cohen}$[32]은 선택 공리가 다른 공리와 무관함을 보여 다른 공리로부터 유도될 수 없으므로 확실히 하나의 공리임을 의미한다. 특히 선택 공리가 거짓이라고 가정해도 모순이 일어나지 않음을 여전히 확신할 수 있다.

선택 공리에 대한 셋째 어려움은 다른 진술의 어떤 항목과도 동등함이다. 그중에는 매우 특이한 것도 있다. 선택 공리와 동등한 것 중의 몇 개는 하워드^{Howard}와 루빈^{Rubin}의 『Consequences of the Axiom of Choice』(1998)[96]을 참고하라. 이러한 동등함 중 하나는 다음 절의 주제이다.

9.4 측정 불가능한 집합

경고: 이 절에서 모든 집합은 실수 $\mathbb{R}$의 부분집합이다. 나아가 실수 $\mathbb{R}$에 대한 르베그^{Lebesgue} 측도^{measure}에 대해 실무 지식이 있다고 가정한다. 특히 다음과 같은 것이 필요하다.

- 집합 A가 측정 가능하면 측도 $m(A)$는 외측도^{outer measure} $m^*(A)$와 같다.
- $A_1, A_2, \ldots$가 서로소^{disjoint}이며 측정 가능하면 합집합은 측정 가능하며

$$m\left(\bigcup_{i=1}^{\infty} A_i\right) = \sum_{i=1}^{\infty} m(A_i)$$

가 성립한다. 마지막 조건은 다음과 같은 개념이다. 두 집합의 길이가 각각 a, b이면 두 집합을 붙여 놓으면 길이가 $a+b$가 된다는 것이다. 이 예는 로이든^{Royden}의 『Real Analysis』(Prentice Hall, 1988)[158]의 측정 불가능 집합^{non-measurable set}의 예를 밀접하게 따르고 있다.

이제 서로소며 외측도가 동일한 집합열 $A_1, A_2, \ldots$를 찾으려 한다. 이들은 측정 가능하다면 동일한 측도를 가지며 합집합은 단위 구간 $[0, 1]$이다. 단위 구간의 르베그 측도는 단지 길이이므로

$$1 = \sum_{i=1}^{\infty} m(A_i)$$

를 얻는다. A_i가 측정 가능하면 모든 측도가 동일하므로 무한개 값을 더해 1이 됨을 의미한다. 이는 불합리하다. 수열이 수렴한다면 각 항이 0으로 수렴해야 한다. 그러므로 무한개 값을 더해서 1이 될 수 없음은 확실하다.

이 절의 핵심은 집합 A_i를 찾기 위해 선택 공리를 사용할 필요가 있다는 것이다. 이는 이러한 집합을 실제로 결코 만들 수 없기 때문에 '찾다'라는 용어에 대해 상당히 느슨한 입장을 취한다는 것이다. 대신 실제로 찾지는 않고 선택 공리를 통해 집합의 존재를 주장할 뿐이다.

$x, y \in [0, 1]$일 때 $x - y$가 유리수이면 x, y는 동치^{equivalent} 또는 등가라고 하고 $x \equiv y$로 표기한다. 이것이 동치 관계$^{\text{equivalence relation}}$이며(동치 관계의 성질에 대해서는 부록 A를 참조하라) 단위 구간을 서로소인 동치류$^{\text{equivalence classes}}$로 나눌 수 있음을 확인할 수 있다.

서로소인 이들 집합에 선택 공리를 적용해 보자. 이들 동치류의 각 집합으로부터 하나씩 원소를 취한 집합 A를 고려하자. 그러므로 A의 임의의 두 원소의 차는 유리수이다. 아직 A에 대한 겉으로 드러나는 명확한 기술은 없는 상태임을 주시하자. 주어진 하나의 실수가 A에 존재하는지는 알 길이 없지만 선택 공리에 의해 A는 존재한다. 곧 A가 측정 가능하지 않음을 보게 될 것이다.

A의 외측도와 동일한 외측도를 갖는 서로소이며 합집합이 단위 구간인 집합들의 가산 집합을 찾아보자. $[0, 1]$ 내의 유리수는 셀 수 있으므로 0과 1 사이의 모든 유리수를 $r_0, r_1, r_2, \ldots$로 나열할 수 있다. 편의를 위해 $r_0 = 0$으로 놓자. 이때 각각의 유리수 r_i에 대해

$$A_i = A + r_i \pmod 1$$

로 놓으면 A_i의 원소는 다음과 같은 형태로 표시된다.

$$a + r_i - ((a + r_i)\text{의 최대 정수})$$

특히 $A = A_0$이다. 또한 모든 i에 대해

$$m^*(A) = m^*(A_i)$$

이 성립하는데 증명하기 어렵지는 않고 약간 미묘하지만 이는 집합 A를 값 r_i만큼 단순히 이동하는 것이 아니라 모듈로 계산을 통해 1을 제거하기 때문이다.

이제 A_i가 서로소며 단위 구간을 덮음을 보이자. 우선 A_i와 A_j의 교집합에 임의의 x가 존재한다고 하자. 그러면 집합 A에 a_i와 a_j가 존재해 다음 식이 성립한다.

$$x = a_i + r_i \ (\text{mod } 1) = a_j + r_j \ (\text{mod } 1)$$

그러므로 $a_i - a_j$는 유리수이며 $a_i \equiv a_j$이므로 $i = j$가 된다. 그러므로 $i \neq j$인 경우에는

$$A_i \cap A_j = \emptyset$$

이 돼 원하는 결과를 얻게 된다.

이제 x가 단위 구간 내의 임의의 원소라고 하자. 이는 A내의 어떤 원소 a와 동치 관계일 것이다. 그러므로 단위 구간 내에 유리수 r_i가 존재해

$$x = a + r_i \quad \text{or} \quad a = x + r_i$$

가 된다. 어느 경우이든 $x \in A_i$가 성립한다. 그러므로 A_i는 단위 구간을 덮는 서로소인 집합들의 가산 집합이다. 그러나 이는 단위 구간의 길이를 동일한 수의 무한급수로서 다음과 같이

$$1 = \sum_{i=1}^{\infty} m(A_i) = \sum_{i=1}^{\infty} m(A)$$

갖게 되는데 이는 불가능하다. 그러므로 A는 측정 가능하지 않다.

9.5 괴델과 독립 증명

수학적 대상의 본질에 관한 토론에서 올바른 수학이 일관적이어야 한다는 것(즉 진술과 부정을 모두 증명하는 것은 가능할 필요가 없다)에는 모두 동의한다. 결국 대부분의 사람들은 수학이 완전하다고(즉 임의의 수학적 진술이 끝내 증명되거나 또는 반증될 수 있다는 의미) 암시적으로 가정하고 있음을 깨닫게 됐다. 데이빗 힐베르트David Hilbert는 이 두 가지 목표를 신중한 증명을 통해 정확한 수학적 진술로 번역하고 싶어 했다. 이러한 시도는 형식주의Formalism로 알려졌다. 힐버트 추종자들에게는 안타깝지만 쿠르트 괴델(1906~1977)은 1931년 이러한 희망을 박살 냈다. 그는 다음을 증명했다.

기본적인 산술을 포함할 정도로 강력한 어떤 공리적 시스템도 그 시스템 안에 증명될 수 없거나 반증될 수 없는 진술이 있어야 한다. 더 나아가 괴델이 내놓은 증명될 수 없거나 반증될 수 없는 진술의 예는 주어진 공리적 시스템은 스스로 일관적이라는 것이다.

그러므로 단 한 방의 공격으로 괴델은 일관성과 완전성 모두가 우리의 손아귀 밖에 있음을 보였다. 물론 누구도 현대 수학 내부에 숨겨진 모순이 존재한다고 심각하게 생각하지는 않는다. 하지만 체르멜로-프랜켈 집합 이론 안에서 증명될 수 없거나 반증될 수 없는 진술이 있다는 것을 사람들은 걱정하고 있다. 선택 공리가 바로 그 예이다. 그러한 진술은 수학의 다른 공리와 무관하다고 사람들은 말한다. 반면 수학에 있어서 대부분의 공개적 질문들은 체르멜로-프랜켈 집합 이론과 선택 공리와 무관하지 않을 것 같다. 한 가지 예외는 P=NP 질문인데(19장에서 논의됨) 많은 사람이 수학의 나머지 부분과는 무관하다고 믿고 있다.

9.6 참고 서적

필자가 여러 해 동안 집합 이론에 대한 소개를 얻은 최고의 자료는 할모스^{Halmos}의 『Naive Set Theory』(1974)[82]였는데 많은 부분 그가 그 주제에 대해 스스로를 가르치기 위해 저술했다. 필자는 윌리엄스 대학에서 골드레이^{Goldrei}의 『Classic Set Theory: For Guided Independent Study』(2017)[71]를 많이 사용했다. 한마디로 탁월하다. 또 다른 최근의 교재는 모스초바키스^{Moschovakis}의 『Notes on Set Theory』(1994)[144]이다. 집합 이론보다는 논리에 대한 소개서로는 골드스턴^{Goldstern}과 쥬다^{Judah}의 『The Incompleteness Phenomenon』(1998)[72]이 있다. 약간 고급 교재로서는 엄청난 해설가 스멀얀^{Smullyan}의 『Gödel's Incompleteness Theorems』(1992)[172]가 있고 간결한 고급 교재로서 코헨^{Cohen}의 『Set Theory and the Continuum Hypothesis』(1966)[32]가 있다.

괴델의 연구에 대한 소개서로 오랫동안 인기 있는 책은 나겔^{Nagel}과 뉴먼^{Newman}의 『Gödel's Proof』(1960)[146]이다. 이 책에 영감을 받은 호프쉬타터^{Hofstadter}는 놀라운 책인 『Gödel, Escher, Bach: An Eternal Golden Braid』(1979)[95]을 저술했다. 정확히 말하면 수학 책은 아니지만 아이디어가 가득해 누구나 읽기를 권한다. 또 다른 인상적인 최근의 책은 힌티카^{Hintikka}의 『Principles of Mathematics Revisited』(1998)[94]이다. 논리에 대한 새로운 기법과 괴델의 연구에 대한 힌티카의 게임-이론적 해석이 소개된다.

끝으로 모든 수학자가 좋아하는 그래픽 소설인 『Logicomix: An Epic Search for Truth』 (2009)[49]를 아포스톨로스 독시아디스^{Apostolos Doxiadis}와 크리스토스 파파디미트리우 ^{Christos Papadimitriou}가 저술했다.

연습 문제

1. 유리수 계수를 갖는 단일 변수 2차 다항식 집합

$$\{ax^2 + bx + c : a, b, c \in \mathbb{Q}\}$$

가 가산 집합임을 보여라.

2. 유리수 계수를 갖는 모든 단일 변수 다항식 집합이 가산 집합임을 보여라.

3. 유리수 계수를 갖는 단일 변수의 모든 공식적인 멱급수^{power series} 집합

$$\{a_0 + a_1 x + a_2 x^2 + \cdots : a_0, a_1, a_2, \ldots \in \mathbb{Q}\}$$

는 가산 집합이 아님을 보여라.

4. 0과 2로 이뤄진 모든 무한 순열^{sequences}의 집합은 가산 집합이 아님을 보여라. (이 집합 은 15장에서 정의할 칸토어 집합이 가산 집합이 아님을 보여주는 데 사용될 것이다.)

5. 9.2절에서 범자연수가 집합으로 정의됐다. 또한 1 더하기가 정의됐다. 2 더하기를 정 의하라. 그리고 일반적으로 정수를 정의하라. 이 정의를 이용해 $2 + 3 = 3 + 2$를 보 여라.

6. (난이도 상) 집합 S에 대해 연산 $<$이 존재해 두 원소 x, y에 대해 $x < y$, $y < x$, $x = y$ 또 는 x, y는 관계를 가지지 않음일 때 집합 S는 부분 순서^{partially ordered} 집합이다. 두 원소 x, y에 대해 $x < y$, $y < x$ 또는 $x = y$이면 부분 순서매기기는 전순서매기기^{total ordering}이다. 예를 들면 S가 실수이면 '보다 적은'으로서의 $<$의 표준 해석은 전체 실수 에 대해 순서를 정한다. 반면에 S가 어떤 다른 집합의 모든 부분집합의 집합이라면

<를 집합 포함으로 표시할 때 부분 순서 매기기가 존재한다. 이는 전순서매기기는 아니다. 왜냐하면 주어진 두 부분집합에 대해 하나가 다른 하나에 포함돼야 하는 것은 아니기 때문이다. 부분 순서 집합을 포셋^{poset}이라 부른다.

S를 포셋이라 하자. S의 연쇄^{chain}는 S의 부분집합으로서 부분 순서매기기가 전순서매기기가 되는 곳이다. 조른의 보조 정리$^{Zorn's\ Lemma}$는 모든 연쇄가 상한계를 가지는 포셋이면 S는 극대 원소$^{maximal\ element}$를 포함한다고 말한다. 연쇄에 대한 상한계는 연쇄 안에 있을 필요는 없으며 극대 원소가 고유할 필요도 없다.

a. 선택 공리가 조른의 보조 정리를 암시함을 보여라.

b. 조른의 보조 정리가 선택 공리를 암시함을 보여라(좀 더 어려움).

7. (난이도 상) 하우스도르프 극대 원칙$^{The\ Hausdorff\ Maximal\ Principle}$은 모든 포셋은 하나의 연쇄가 다른 연쇄에 엄격하게 포함되지 않는다는 의미인 극대 연쇄를 가진다고 말한다. 하우스도르프 극대 원칙이 선택 공리와 동치 관계임을 보여라.

8. (난이도 상) 선택 공리는(하우스도르프 극대 원칙을 통해) 모든 필드^{field}가 대수적으로 닫힌 필드에 포함됨을 암시하고 있음을 보여라(정의를 위해 11장을 보라).

10

기초적 수론

기본 대상: 수

기본 사상: 모듈로 연산

기본 목표: 수의 구조 이해

수학의 서로 다른 가지branch를 분류하는 두 가지 방법이 있다. 하나는 사용되는 기법technique이며 다른 하나는 연구되는 주제subject이다. 해석학에서 사용되는 도구를(넓게는 ϵ, δ 사용을 의미함) 집중적으로 사용한다면 해석학 분야에서 일하고 있을 것이고 추상 대수학의 도구를 사용한다면 대수학 왕국에 있는 것이다. 이들은 기법 중심으로 나눈 분야이다. 반면에 우리가 사용하는 도구와는 무관하게 단지 문제를 해결하기를 원한다면 이는 주제 중심 분야이다. 최전방에서 연구는 비중 있는 주제 중심이다. 대부분의 수학 과목은 특히 학부 수준에서는 방법에 관한 것이다. 예를 들어 실해석학의 소개 과목에서는 ϵ, δ를 어떻게 사용하는지 그리고 어떻게 생각해야 하는지를 배운다.

수학의 가지 중 하나인 수론number theory은 압도적으로 주제 중심이다. 당연히 수론학자는 수를 공부한다. 수를 좋아하고 수에 대한 질문을 던지고 정리를 증명하려고 노력하고 도움이 되는 어떤 도구도 기꺼이 사용하려 한다. 극단적으로 단순하게 수론은 사용하는 도구의 형식에 따라 3개의 분야로 나눌 수 있다. 기초적 수론elementary number theory은 기초적 도구(미적분학이나 기하학보다 훨씬 복잡하지 않은 것을 말함)를 사용한다. '기초적'이 쉽다는 것을 의미하지는 않는다. 대수적 수론algebraic number theory은 추상 대수학 특별히 교환 링 이론commutative ring theory과 그룹 링 이론의 도구를 사용한다. 해석적 수론analytic number theory은 해석학 특히 복소수 해석학의 도구를 주로 사용한다.

미국 대학 학부의 수론의 일반적인 소개 교과과정에서 단지 기초적인 도구만을 사용한다는 사실은 이와 같은 설명을 약간 더 탁하게 한다. 대부분의 대학의 이 수업에서는 계산 교과목에서 증명을 통한 이론적 교과목으로의 천이 과정을 가르친다. 훌륭한 교과 과정이란 기본적인 수론은 쉽다는 느낌을 학생들에게 줘야 하지만 사실은 그렇지 않은 것이 분명하다.

10.1 수의 유형

아래와 같은 수의 선number line을 살펴보자.

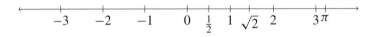

선상의 각 점은 실수 $\mathbb{R}$이다. 실수real number를 엄밀하게 정의하기가 다소 까다롭고 미묘하지만 이 장에서는 십진 전개가 가능한 수로 단순하게 생각하자. 그러므로 임의의 수는

$$a_n a_{n-1} \ldots a_2 a_1 . b_1 b_2 b_3 \ldots$$

와 같이 쓸 수 있고 각각의 a_k와 b_k는 $\{0, 1, 2, 3, 4, 5, 6, 7, 8, 9\}$ 중의 한 값이다.

자연수natural numbers는

$$\mathbb{N} = \{0, 1, 2, 3, \ldots\}$$

이다(어릴 때는 이것이 범자연수whole numbers이고 자연수는 $1, 2, 3, \ldots$이라고 배웠다). 자연수 $\mathbb{N}$ 내에는 다음과 같이 소수prime numbers가 있다.

$$\mathcal{P} = \{2, 3, 5, 7, 11, 13, \ldots\}$$

다음으로 정수^{integers}는

$$\mathbb{Z} = \{\ldots -3, \, -2, \, -1, 0, 1, 2, 3, \ldots\}$$

이다. 심볼 $\mathbb{Z}$는 독일어 '세다'라는 단어 'Zählen'으로부터 왔다. 모든 자연수는 정수이지만 당연히 정수가 모두 자연수는 아니다. 그러므로

$$\mathbb{N} \subsetneq \mathbb{Z}$$

이 성립한다. 또한 유리수^{rational numbers}는 다음과 같이 정의되며

$$\mathbb{Q} = \{p/q : p, q \in \mathbb{Z}, q \neq 0\}$$

또한

$$\mathbb{N} \subsetneq \mathbb{Z} \subsetneq \mathbb{Q}$$

가 성립한다.

모든 실수가 유리수는 아니다. 유리수가 아닌 실수를 무리수^{irrational}라고 부른다. 다음 예를 보자.

정리 10.1.1 2의 제곱근 $\sqrt{2}$는 유리수가 아니다.

증명: 이는 수학의 고전적인 증명 중 하나이다. 모든 자연수는 소수의 고유한 곱으로 나뉜다는 기본 사실에 근거를 둔다(다음 절에서 다룸).

$\sqrt{2}$가 유리수라고 가정하자. 이는

$$\sqrt{2} = \frac{a}{b}$$

를 만족하는 양의 정수 a, b가 존재한다는 의미이다. a, b는 서로 공약수가 없다고 가정하자. 물론 공약수가 있으면 나눠 없앤다. 그러면

$$b\sqrt{2} = a$$

가 되고 양변을 제곱해 다음과 같이 제곱근을 없앤다.

$$2b^2 = a^2$$

이는 a^2이 2로 나눠지므로 a^2은 2를 포함한다. 2가 소수이므로 이는 a가 2로 나뉘어야 하므로 결국 $a = 2c$가 된다. 즉

$$2b^2 = 4c^2$$

이 되고

$$b^2 = 2c^2$$

이 된다. 그런데 이는 위에서와 같이 b가 2로 나뉘어 결국 a, b의 공약수가 2가 돼 a, b는 서로 공약수가 없다는 가정과 모순된다. 그러므로 $\sqrt{2}$는 무리수이다. □

그러므로 모든 실수가 유리수는 아니다. 사실은 매우 적다. 유리수 계수 1차 다항식으로 인수분해되지 않는 유리수 계수 2차 다항식의 근 α를 2차 무리수quadratic irrational라고 한다. 전형적인 예는 $\sqrt{2}$로서 다항식

$$P(x) = x^2 - 2$$

의 근 중 하나이다. 이처럼 유리수 계수 n차 다항식이 유리수 계수의 낮은 다항식으로 인수분해되지 않을 때 다항식의 근을 n차 대수적 수라고 한다. 실수가 임의의 n차에 대해 대수적이면 그 실수는 대수적이다. 모든 유리수 p/q가 1차 다항식

$$qx - p$$

의 근이므로 다음 식이 성립한다.

$$\mathbb{N} \subsetneq \mathbb{Z} \subsetneq \mathbb{Q} \subsetneq \text{(대수적 수)}$$

그러나 유리수 계수의 다항식의 근이 실수일 필요는 없다. 예를 들면 $x^2 + 2 = 0$의 2개의 근은 허수imaginary numbers $\pm i\sqrt{2}$이다. 이제 실수를 넘어 복소수complex numbers $\mathbb{C}$를 고려해야 한다.

마지막으로 대수적이 아닌 실수를 초월수transcendental numbers라 한다. 어떤 면으로는 초월수의 정의는 부정적인데 이는 특별한 성질을 가진 수로 정의되기 보다는 특별한 성질을

254

가지지 않는 수로서 정의되기 때문이다. 조금은 모호하지만 이 때문에 초월수에 대한 연구가 대수적 수에 대한 연구보다 훨씬 어렵다. 그렇다고 해서 대수적 수가 이해하기 쉽다는 것을 암시하는 것은 아니다. 그렇게 생각하는 것은 매우 잘못된 것이다.

그러므로

$$\mathbb{R} = (대수적\ 실수) \cup (초월수)$$

가 성립한다. 어떤 초월수가 존재하는지는 분명하지 않다. 하지만 정리 9.1.3의 가산성 주장에 의해 대부분의 실수는 초월수이다. 이러한 형태의 주장은 확실한 예를 보여주지는 않는다. 그러나 수학에서 가장 기본적인 상수가 초월수로 알려져 있는데 바로 e(1870년대에 에르미트^{Hermite}가 증명함)와 π(1880년대에 린데만^{Lindemann}이 증명함)이다. 하지만 많은 부분이 알려지지 않았다. 예를 들어 아무도 다음 수의 상태에 대해 알지 못한다.

$$e + \pi$$

이 값이 유리수일 수도 있다. 그러나 분명히 말하지만 $e + \pi$가 초월수가 아니라고 생각하는 사람을 본 적이 없다. 우리의 무지의 예를 보여줄 뿐이다.

10.2 소수

이제 정수 $\mathbb{Z}$와 자연수 $\mathbb{N}$의 세계에 들어서게 된다.

수 1254792는 많은 인수^{factor}를 가진다. 즉

$$1254792 = 2 \cdot 2 \cdot 2 \cdot 3 \cdot 7 \cdot 7 \cdot 11 \cdot 97 = 2^3 \cdot 3 \cdot 7^2 \cdot 11 \cdot 97$$

수 1254792는 인수 2를 세 번, 인수 3을 한 번, 인수 7을 두 번, 인수 11을 한 번, 인수 97을 한 번 가진다. 나아가 이들 인수는 더 이상 인수로 나눠지지 않는다. 이들 각각은 소수^{prime}이다. 끝으로 1254792를 소수로 분해하는 유일한 방법은 위와 같다(곱하는 순서의 변화를 고려할 수 있음). 이것이 정수 이해하기의 시작이다.

양의 자연수 n은 3가지 형태 중 하나이다. 즉 1이거나 소수이거나(자기 자신과 1 외에는 인수가 없음을 의미함) 복합수^{composite}이다(적절한 소수 인수를 가짐을 의미함).

핵심은 다음과 같다.

정리 10.2.1 $n \geq 2$인 각각의 자연수 n은 소수의 곱으로 고유하게 인수분해된다. 다시 말하면 서로 다른 소수 $p_1, p_2, \ldots, p_k$와 고유한 정수 $m_1, m_2, \ldots, m_k$가 존재해 n이

$$n = p_1^{m_1} \cdots p_k^{m_k}$$

로 표현된다.

임의 수의 소인수 분해$^{\text{prime factorization}}$는 실제로 꽤 어렵다. 사실 매우 큰 수에 대해 가장 효과적인 방법에 근접한 것은 가장 소박하다. 즉 n이 주어지면 2로 나눠지는지 그리고 3으로 나눠지는지 그다음 5로 나눠지는지 등등으로 나눠지는지를 보는 것이다.

현재 컴퓨터 보안의 많은 부분은 두 수를 곱하기는 쉬우나 수를 인수분해하는 것은 계산하기 어렵다는 사실에 기반을 두고 있다. 이것이 좋은 코드가 가지는 핵심 성질이다. 다시 말하면 정보를 부호화하기 쉽고 동시에 복호화하기 어려운 방법이어야 한다.

물론 자연스럽게 생기는 질문은 얼마나 많은 소수가 있을까이다.

정리 10.2.2 소수는 무한대로 많이 존재한다.

증명: 이 증명은 시간이 흘러도 항상 최고의 증명이다. 소수의 개수가 많지만 유한하다고 가정하자. 이 소수를 $p_1, p_2, p_3, \ldots, p_n$으로 나열하자. 이제 리스트에 없는 소수 인수를 갖는 새로운 수를 만들어 모순을 찾아내자. 새로운 수를 다음과 같이 정하자.

$$N = p_1 p_2 p_3 \cdots p_n + 1$$

N이 소수 인수를 가지고 있음은 분명하다. 가능한 모든 소수는 $p_1, p_2, p_3, \ldots, p_n$이므로 이 중 하나로 N이 나뉘어야 한다. 이 소수가 p_i라면 p_i는 N과 곱 $p_1 p_2 p_3 \cdots p_n$를 나눠야 한다. 즉 p_i가

$$N - p_1 p_2 p_3 \cdots p_n = 1$$

를 나눠야 한다. 이는 말도 안 된다. 그러므로 제시한 소수보다 더 많은 소수가 존재해야 한다. □

이 증명은 정성적^{qualitative}이므로 단지 소수의 숫자가 한이 없이 계속됨을 의미할 뿐이지 얼마나 자주 소수가 나타나는지는 힌트도 주지 않는다.

다음과 같은 함수를 정의하자.

$$\pi(x) = \{x \text{보다 작거나 같은 소수의 수}\}$$

이 함수에 대해 무슨 말을 할 수 있을까? 다음 정리를 보자.

정리 10.2.3(소수 정리) 점근적으로^{asymptotically} 다음 식이 성립한다.

$$\pi(x) \sim \frac{x}{\ln(x)}$$

이는 다음을 의미한다.

$$\lim_{x \to \infty} \frac{\pi(x)\ln(x)}{x} = 1$$

원래 1700년대 말과 1800년대 초에 다양한 사람들이 추측했으나 수치 계산^{numerical calculations}에 기반을 두고 1890년대에 들어서 독립적으로 자크 아다마르^{Jacques Hadamard}와 샤를장 드 라 발레푸생^{Charles Jean de la Vallée Poussin}이 복소수 해석학의 결정적인 도구를 사용해 이 정리를 증명했다. 이 증명은 해석적 수론^{analytic number theory}의 일부로서 14장의 목표이다. 20세기 초 많은 사람은 소수 정리에 대한 기본적인 증명은 있을 수 없다고 믿었다(다시 말하지만 미적분학을 넘어서는 증명은 없다는 의미). 그러므로 아틀레 쎌베르그^{Atle Selberg}와 팔 에르되시^{Paul Erdős}가 1949년에 기본적인 증명을 발견했을 때 약간 놀라웠다. 그들의 증명은 기술적인 면에서 단지 기본적이었지만 실제로는 매우 어려웠다.

10.3 나눗셈 알고리듬과 유클리드 알고리듬

자연수를 어떻게 나누는지는 이른 나이에 배운다. 아래 정리가 핵심이며 수를 자주 접한 사람들에게는 어느 정도 자명한 것이다.

정리 10.3.1(나눗셈 알고리듬^{Division Algorithm}) 양의 자연수 m, n이 주어질 때 고유한 자연수 q, r이 존재해 $0 \le r \le n$ 조건 하에 다음을 만족한다.

$$m = qn + r$$

행렬을 이용해 다음과 같이 쓸 수 있다.

$$\binom{n}{m} = \begin{pmatrix} 0 & 1 \\ 1 & q \end{pmatrix} \binom{r}{n}$$

예를 들어 $m = 526$, $n = 28$인 경우 $526 = 18 \cdot 28 + 22$이므로 행렬 표현은 다음과 같다.

$$\binom{28}{526} = \begin{pmatrix} 0 & 1 \\ 1 & 18 \end{pmatrix} \binom{22}{28}$$

두 양의 정수 m, n에 대해 최대공약수$^{\text{the greatest common divisor}}$ $\gcd(m, n)$은 m, n의 최대 공통 인수이다. 앞의 예에서

$$526 = 2 \cdot 263,$$
$$28 = 2^2 \cdot 7$$

이므로 526과 28의 최대공약수는 2이다.

두 수 m, n의 최대공약수(이 경우 2)를 찾기 위해 다음과 같이 나눗셈 알고리듬을 반복적으로 사용할 수 있다.

$$526 = 18 \cdot 28 + 22,$$
$$28 = 1 \cdot 22 + 6,$$
$$22 = 3 \cdot 6 + 4,$$
$$6 = 1 \cdot 4 + 2,$$
$$4 = 2 \cdot 2 + 0$$

이와 같은 나눗셈 알고리듬의 반복적인 사용을 유클리드 알고리듬이라 한다. 인수분해의 핵심이다.

$d = \gcd(m, n)$이라면 $d = am + bn$을 만족하는 a, b가 존재한다. 예를 들면 $d = 2$, $m = 526$, $n = 28$인 경우

$$2 = -5 \cdot 526 + 94 \cdot 28$$

과 같다. 난데없이 나타난 것 같지만 이 결과는 위의 유클리드 알고리듬을 단지 풀어헤친

것이다. 이제 행렬을 어떻게 사용하는지 살펴보자.

$m = d_0$, $n = d_1$으로 놓고 나눗셈 알고리듬을 d_{k-1}, d_k에 적용해 귀납적으로 q_k, d_{k+1}을 다음과 같이 정의할 수 있다.

$$d_{k-1} = q_k d_k + d_{k+1} \quad \text{또는 행렬식으로는} \quad \begin{pmatrix} d_k \\ d_{k-1} \end{pmatrix} = \begin{pmatrix} 0 & 1 \\ 1 & q_k \end{pmatrix} \begin{pmatrix} d_{k+1} \\ d_k \end{pmatrix}$$

가 된다. 유클리드 알고리듬은 d_{n+1}이 0이 될 때까지 계속하면 d_n이 최대공약수가 된다. 즉

$$\begin{aligned} \begin{pmatrix} d_1 \\ d_0 \end{pmatrix} &= \begin{pmatrix} 0 & 1 \\ 1 & q_1 \end{pmatrix} \begin{pmatrix} d_2 \\ d_1 \end{pmatrix} \\ &= \begin{pmatrix} 0 & 1 \\ 1 & q_1 \end{pmatrix} \cdots \begin{pmatrix} 0 & 1 \\ 1 & q_n \end{pmatrix} \begin{pmatrix} 0 \\ d_n \end{pmatrix} \\ &= \begin{pmatrix} a & c \\ b & d \end{pmatrix} \begin{pmatrix} 0 \\ d_n \end{pmatrix} \end{aligned}$$

이 되고 여기서 a, b, c, d는 정수이다. 또한 행렬 $\begin{pmatrix} 0 & 1 \\ 1 & q_1 \end{pmatrix}$은 디터미넌트가 -1이므로 $\begin{pmatrix} a & c \\ b & d \end{pmatrix}$의 디터미넌트는 $(-1)^n$이 된다. 위 마지막 식으로부터

$$\begin{pmatrix} 0 \\ d_n \end{pmatrix} = (-1)^n \begin{pmatrix} d & -c \\ -b & a \end{pmatrix} \begin{pmatrix} d_1 \\ d_0 \end{pmatrix}$$

를 얻게 돼 최대공약수 $d_n = \gcd(m, n) = \gcd(d_0, d_1)$ 공식은 다음과 같이 구한다.

$$d_n = (-1)^n (-b d_1 + a d_0) = (-1)^n (-bn + am)$$

10.4 모듈러 산술

나눗셈 알고리듬은 모듈러 산술^{modular arithmetic}로 연결된다. 양의 정수 n을 고정하고 m을 임의의 정수라 하자. 나눗셈 알고리듬을 적용하면 고유한 정수 q, r을 찾게 돼 $0 \le r < n$ 조건 하에

$$m = qn + r$$

로 표현된다. 이때

$$m = r \bmod n$$

이라 한다. 또한 다음과 같은 표기를 통해

$$\mathbb{Z}/n\mathbb{Z} = \{0, 1, 2, \ldots, n-1\}$$

모듈로 계산^{modding out}은 다음과 같은 함수이다.

$$\mathbb{Z} \to \mathbb{Z}/n\mathbb{Z}$$

이 함수가 덧셈과 곱셈을 유지함을 다음과 같이 알 수 있다. 임의의 두 수 m_1, m_2를 가정하자. n으로의 나눗셈 알고리듬을 m_1, m_2에 적용하면

$$m_1 = q_1 n + r_1,$$
$$m_2 = q_2 n + r_2$$

와 같다. 곱셈과 덧셈을 통해 다음을 얻게 된다.

$$m_1 + m_2 = r_1 + r_2 \bmod n,$$
$$m_1 \cdot m_2 = r_1 \cdot r_2 \bmod n$$

기초적이 아닌 11장에서 다루는 도구를 사용해 각각의 $\mathbb{Z}/n\mathbb{Z}$가 교환 링이며 p가 소수일 때 $\mathbb{Z}/p\mathbb{Z}$가 필드임을 보일 수 있다.

10.5 디오판토스 방정식

디오판토스 문제^{Diophantine problem}는 정수 계수를 갖는 다항식이 정수(또는 유리수) 해를 갖는지를 묻는 것으로 시작한다. $x^2 + y^2 = 3z^2$와 같은 이러한 방정식의 간단한 예는 즐겁게 풀어볼 만하지만 인공적인 것처럼 보이는 향이 강하게 난다. 이해할 만하지만 그렇게 생각하는 것은 잘못이다. 사실은 정수 계수의 다변수 방정식을 보게 되면 어떻게 풀어야

할지 아무도 단서조차 잡지 못하는 문제가 발생함을 알게 된다.

똑바로 문제에 부딪혀 보자. 다음 방정식은 얼마나 많은 정수해를 가질까?

$$x^2 + y^2 = 3z^2?$$

간단히 $x = y = z = 0$을 생각할 수 있다. 이를 자명한 해$^{\text{trivial solution}}$라 한다. 또 다른 해가 있을까? 더 이상 해가 없음을 보이자. 우선 x, y, z가 자명하지 않은 해$^{\text{nontrivial solution}}$이며 $x = 0$이라고 가정하자. 이는

$$y^2 = 3z^2$$

이므로 $3 = (y/z)^2$이 된다. 그러나 이는 $\sqrt{3}$이 $\pm y/z$, 즉 유리수가 돼야 한다. 이는 불가능하다. 대칭성에 의해 $y \neq 0$도 성립한다.

이제 x, y 모두 0이 아니라고 가정하자. 여기서 모듈러 산술을 사용하게 된다. 언제든지 식

$$x^2 + y^2 = 3z^2$$

이 주어지면 또한

$$x^2 + y^2 = 3z^2 \bmod 3$$

가 성립해야 한다. 이는 또한 다음을 의미한다.

$$x^2 + y^2 = 0 \bmod 3$$

mod 3 내에서 x, y는 0, 1, 2 값만을 가지며 $\mathbb{Z}/3\mathbb{Z}$ 내에서는

$$1^2 = 1, \quad 2^2 = 1$$

이므로 x, y 모두 모듈로 0(0 mod 3)이 아니라면 다음과 같다.

$$x^2 + y^2 = 2 \neq 0 \bmod 3$$

x, y 중 하나만 모듈로 0(0 mod 3)이라면

$$x^2 + y^2 = 1 \neq 0 \bmod 3$$

이 된다. 그러므로 x, y 모두 모듈로 0(0 mod 3)이다. 이는 x, y 모두 3으로 나눠짐을 의미한다. 따라서 원래 식 $x^2 + y^2$는 9로 나눠지므로 $3z^2$도 9로 나눠지며 z^2가 3으로 나눠짐을 의미한다. 이에 따라 결국 z가 3으로 나뉘어 x, y, z가 공약수를 가질 수 없다는 가정과 모순된다. 따라서 $x^2 + y^2 = 3z^2$는 정수해를 가지지 않는다.

이러한 모든 것이 재미있는 게임처럼 보이는데 사실이다. 그러나 또한 더 일반적인 원칙을 찾고자 노력하다 보면 수학의 가장 어려운 문제를 만나게 된다.

10.6 피타고라스의 삼중 수

전 절의 디오판토스 방정식 $a^2 + b^2 = 3c^2$과는 분명하게 대조적으로 다음과 같은 정리가 있다.

정리 10.6.1 다음 방정식의 해가 되는 무한히 많은 상대적 소수 정수가 존재한다.

$$a^2 + b^2 = c^2$$

$a^2 + b^2 = c^2$의 정수해를 피타고라스 삼중 수$^{\text{Pythagorean triples}}$라고 부르는데 이 수들이 아래 수직 삼각형의 변의 길이와 같기 때문이다.

기하적으로 증명하자.

증명: $a^2 + b^2 = c^2$의 해 a, b, c를 가정하면 $c \neq 0$이므로 양변을 c^2로 나눠

$$\left(\frac{a}{c}\right)^2 + \left(\frac{b}{c}\right)^2 = 1$$

를 얻는다. $a^2 + b^2 = c^2$의 정수해를 찾는 것은 방정식

$$x^2 + y^2 = 1$$

을 만족하는 유리수 x, y를 찾는 것과 같게 돼 단위 원 상의 유리수 점을 찾는 것이다.

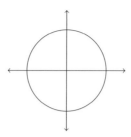

이제 $\mathbb{Q}^2$ 상에 무한개의 해가 존재함을 보이자. $x = 0$, $y = 1$이 해임을 이미 알고 있다. 이 점을 지나며 기울기가 λ인 직선을 살펴보자.

$$L_\lambda = \{(x, y) \in \mathbb{R}^2 : y = \lambda x + 1\}$$

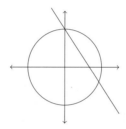

이 직선은 단위 원 상의 두 점을 지나며 그중 한 점이 $(0, 1)$이다. 다른 교차점을 찾기 위해서는 다음 식을 풀어야 한다.

$$(x^2 + y^2 = 1) \cap (y = \lambda x + 1)$$

즉

$$x^2 + (\lambda x + 1)^2 = 1$$

이며 결국 다음과 같은 2차 방정식을 얻는다.

$$(1 + \lambda^2)x^2 + 2\lambda x = 0$$

두 근은 $x = 0$과

$$x = \frac{-2\lambda}{1 + \lambda^2}$$

이다. 그러므로 $x^2 + y^2 = 1$의 또 다른 유리수 해는 기울기 λ가 유리수라는 가정하에 다음과 같다.

$$x = \frac{-2\lambda}{1 + \lambda^2}, \quad y = \frac{1 - \lambda^2}{1 + \lambda^2}$$

그러므로 각각의 기울기 λ는 $x^2 + y^2 = 1$의 새로운 해를 제공하고 그 결과 원 방정식 $a^2 + b^2 = c^2$의 정수해를 다음과 같이 제공한다.

$$a = -2\lambda, \quad b = 1 - \lambda^2, \quad c = 1 + \lambda^2 \qquad\qquad \square$$

이 접근법을 한 점을 선택하고 선을 돌리기라고 부른다.

지수 값을 바꾸는 것처럼 보이는 작은 변화를 줘 얻게 되는 다음과 같은 방정식

$$a^n + b^n = c^n$$

의 정수해를 찾으려 한다면 페르마의 마지막 정리^{Fermat's Last Theorem}에 이르게 돼 전혀 다른 수준의 문제에 봉착하게 된다. 1990년대 초기에 앤드류 와일스^{Andrew Wiles}가 해결한 이 문제에 대한 해는 현대 수학이 이룩해 낸 정점 중의 하나이다. 일반적으로 높은 차원의 디오판토스 문제에 대해 알려진 바가 별로 없다고 말해도 무리는 아니다.

10.7 연분수

모든 실수는 소수 전개^{decimal expansion}를 가진다. $0.\overline{999} = 1$이 조금 신경 쓰이기는 해도 소수 전개는 본질적으로 고유하다. 수를 더하거나 곱하기를 원한다면 실수의 소수 전개는 탁월한 방법이다(기저 2, 기저 3과 같은 방법으로 수를 전개하는 것처럼). 그러나 실수를 정수의 순열로 표현하는 전혀 다른 방법이 있는데 연분수 전개^{continued fraction expansion}라고 한다.

α가 실수라고 하자. 그러면 정수 a_0과 양의 정수 $a_1, a_2, \ldots$(유한개 또는 무한개의 a_i가 가능하다고 가정하자)가 존재해

$$\alpha = a_0 + \cfrac{1}{a_1 + \cfrac{1}{a_2 + \cfrac{1}{a_3 + \ldots}}}$$

를 만족한다. 이는 자주 다음과 같이 쓴다.

$$\alpha = [a_0; a_1, a_2, a_3, \ldots]$$

예로서 17/5은 다음과 같이 표현된다.

$$\begin{aligned}
\frac{17}{5} &= \frac{3 \cdot 5 + 2}{5} \\
&= 3 + \frac{2}{5} \\
&= 3 + \frac{1}{\frac{5}{2}} \\
&= 3 + \cfrac{1}{\frac{2 \cdot 2 + 1}{2}} \\
&= 3 + \cfrac{1}{2 + \frac{1}{2}} \\
&= [3; 2, 2]
\end{aligned}$$

이 계산은 실제로 17과 5에 유클리드 알고리듬을 단순히 적용한 것이다. 사실 연분수는 유클리드 알고리듬의 구현으로 해석할 수 있다. 이 알고리듬을 이용해 임의의 유리수를 연분수로 전개할 수 있다.

그러면 무리수에 대한 연분수를 어떻게 계산할까? 공식적인 정의는 다음과 같다. 실수 α에 대해

$$a_0 = \lfloor \alpha \rfloor$$

즉 α보다 작거나 같은 최대 정수로 정의한다. 그리고 α_1을 다음과 같이 정의한다.

$$\alpha_1 = \alpha - a_0$$

α_1이 0이면 끝낸다. 그렇지 않으면 $0 < \alpha_1 < 1$이다. 또한 a_1과 α_2를 다음과 같이 정의한다.

$$a_1 = \left\lfloor \frac{1}{\alpha_1} \right\rfloor$$

$$\alpha_2 = \frac{1}{\alpha_1} - \left\lfloor \frac{1}{\alpha_1} \right\rfloor = \frac{1}{\alpha_1} - a_1$$

α_2가 0이면 끝낸다. 그렇지 않으면 계속해 반복적으로 양의 정수 a_n과 단위 구간에서의 실수 α_n을 정의한다.

다음 정리를 살펴보자.

정리 10.7.1 실수 α가 유한한 연분수 전개를 가지기 위한 필요충분조건은 α가 유리수이다.

보다 인상적이고 더 심오한 결과는 다음과 같다.

정리 10.7.2 실수 α가 무한한 주기적 연분수 전개를 가지기 위한 필요충분조건은 α가 2차 무리수^{quadratic irrational}(제곱근)이다.

증명은 다소 어렵다. 정리가 어떤 느낌인지 다음 예를 살펴보자.

$$\alpha = 1 + \cfrac{1}{2 + \cfrac{1}{2 + \frac{1}{2+\dots}}} = [1; \bar{2}]$$

α가 2차 무리수가 분명하다. 다음 전개를 보자.

$$\alpha + 1 = 2 + \cfrac{1}{2 + \cfrac{1}{2 + \frac{1}{2+\dots}}}$$

$$= 2 + \frac{1}{\alpha + 1}$$

이것이 핵심이다. 연분수 전개의 주기성은 $\alpha + 1$이 자신의 연분수 전개 내부에 나타남을 의미한다. 식을 정리하면

266

$$(\alpha + 1)^2 = 2(1 + \alpha) + 1$$

이 되고 다시 정리해 $\alpha^2 = 2$를 얻는다. α가 분명히 양의 값이므로

$$\alpha = \sqrt{2}$$

이다. $\sqrt{2}$의 소수 전개가 좋은 패턴이 아님은 확실한 반면 연분수 전개는 꽤 깔끔하다.

그러므로 어떤 수가 유리수가 됨은 그 수의 소수 전개가 궁극적으로 주기적인 것과 필요충분조건이며 어떤 수가 2차 무리수가 됨은 그 수의 연분수 전개가 궁극적으로 주기적인 것과 필요충분조건이다. 이러한 점은 1849년 에르미트^{Hermite}와 야코비^{Jacobi}가 제시했던 다음과 같은 자연스러운 질문에 이르며 오늘날까지 해결되지 않고 열려 있다.

에르미 문제$^{The Hermite Problem}$: 실수를 정수의 순열로 표현함으로써 궁극적 주기성이 3차 무리수와 같게 되는 방법을 찾아라.

에르마 문제를 풀기 위한 시도한 알고리듬을 다차원 연분수$^{multidimensional continued fractions}$라 한다.

또한 연분수는 실수 α에 가장 근접한 유리수 근사값을 다음과 같은 기술적 의미로 제공한다. 각각의 n에 대해 다음을 정의하자.

$$\frac{p_n}{q_n} = [a_0; a_1, a_2, \ldots, a_n]$$

여기서 p_n과 q_n은 공약수를 가지지 않도록 선택하며 α의 수렴치^{convergents}라고 부른다. 즉 p_n/q_n이 α에 지극히 가장 근접할 뿐 아니라 분모를 q_n으로 제한하는 한 가능한 가장 가까운 값이라는 것이다. 다시 말하면 r, s가 공약수를 가지지 않는 정수일 때

$$\left| \alpha - \frac{r}{s} \right| < \left| \alpha - \frac{p_n}{q_n} \right|$$

이면

$$|s| > |q_n|$$

이 성립해야 한다.

10.8 참고 서적

기초적 수론에 대한 놀랄만한 입문서는 너무 많아 나열하기도 힘들다. 내가 선호하는 책 중 하나는 해럴드 스타크[Harold Stark]의 『An Introduction to Number Theory』(1978) [179]이다. 또 다른 좋은 책은 조우 실버만[Joe Silverman]의 『Friendly Introduction to Number Theory』(2017)[167]이다. 좀 더 오래된 탁월한 책은 에이치 대번포트[H. Davenport] 의 『The Higher Arithmetic: An Introduction to the Theory of Numbers』(2017)[40] 이다. 진실로 깊은 고전은 쥐 에이치 하디[G. H. Hardy]와 에드워드 라이트[Edward Wright]의 『An Introduction to the Theory of Numbers』(2008)[84]이다. 탁월하면서도 더 포괄적인 책은 스티븐 밀러[Steven Miller]와 라민 타클루-비가쉬[Ramin Takloo-Bighash]의 『An Invitation to Modern Number Theory』(2006)[139]이다. 또한 마틴 와이즈만[Martin Weissman]의 최근 서 적 『An Illustrated Theory of Numbers』(2017)[195]으로 그림과 이론과 문제가 훌륭하 게 섞인 책이다.

초월수는 이해하기 어렵다. 첫 출발은 에드워드 버거[Edward Burger]와 로버트 텁스[Robert Tubbs]가 공저한 『Making Transcendence Transparent: An Intuitive Approach to Classical Transcendental Number Theory』(2004)[27]이 적절하다.

연분수의 입문서로 문제 풀이 중심 책인 에드워드 버거[Edward Burger]의 『Exploring the Number Jungle: A Journey into Diophantine Analysis』(2000)[26]을 따라올 책 은 없다. 고전인 에이 킨친[A. Khinchin]의 『Continued Fractions』(1997)[110]도 있다. 또 한 추천할 만한 책은 프리츠 슈바이거[Fritz Schweiger]의 『Continued Fractions and their Generalizations: A Short History of f-expansions』(2016)[164], 더그 헨슬리 [Doug Hensley]의 『Continued Fractions』(2006)[89]와 최근 앤드류 시모슨[Andrew Simoson]의 『Exploring Continued Fractions: From the Integers to Solar Eclipses』(2019)[171] 가 있다. 연분수에 관한 많은 자연스러운 문제의 풍미를 느끼기 원한다면 조나단 보어 라인[Jonathan Borwein], 알프 반 데어 푸르텐[Alf van der Poorten], 제프리 샬릿[Jeffrey Shallit], 와딤 주 딜린[Wadim Zudilin] 공저의 기분 좋은 책 『Neverending Fractions: An Introduction to Continued Fractions』(2014)[20]을 추천한다.

연분수의 일반화에 대해서는 프릿츠 슈바이거^{Fritz Schweiger}의 『Multidimensional Continued Fractions』(2000)[163]와 올렉 카르펜코프^{Oleg Karpenkov}의 『Geometry of Continued Fractions』(2013)[108]이 있다.

수 자체가 기쁨이기에 수론에 대한 탁월한 대중적인 책이 발간됐다. 필자가 가장 좋아하는 책 중 하나는 줄리안 하빌^{Julian Havil}의 『The Irrationals : A Story of the Numbers You Can't Count On』(2012)[86]이다. 그가 쓴 『Gamma : Exploring Euler's Constant』(2017)[87]도 대단하다. 최근 몇 년간 큰 사건 중 하나는 이탕 장^{Yitang Zhang}이 2013년에 이룩한 쌍둥이 소수 추측^{twin prime conjecture}(p와 $p+2$ 형태의 소수 쌍이 무한개 존재하는지에 대한 질문)에 대한 찬란한 돌파구로서 이후 제임스 메이너드^{James Maynard}, 테렌스 타오^{Terrence Tao} 등과 같은 많은 수학자의 연구가 뒤따랐다. 이 모든 것이 비키 닐^{Vicky Neale}의 『Closing the Gap : The Quest to Understand Prime Numbers』(2017)[148]에 기술돼 있다. 엘리 마오^{Eli Maor}는 탁월한 책을 여러 권 저술했는데 『e : The Story of a Number』(2011)[129], 『Trigonometric Delights』(2020)[130], 『The Pythagorean Theorem : A 4,000-Year History』(2019)[131]등이다. 폴 나힌^{Paul Nahin}의 『An Imaginary Tale : The Story of $\sqrt{-1}$』(2016)[147]는 끔찍하게 명명한 허수 i에 대한 탁월한 설명을 보여준다. 현대 수학의 대가 중 한 명인 배리 메이저^{Barry Mazur}는 인기 있는 『Imagining Numbers (particularly the square root of minus fifteen)』(2003)[134]를 저술했다.

약간은 해설적이지 않지만 영감이 넘치는 책으로 윌리엄 던햄^{William Dunham}의 『Journey through Genius : The Great Theorems of Mathematics』(1991)[52]이 있다. 최고의 수학 역사가 중 하나인 레오 코리^{Leo Corry}는 『A Brief History of Numbers』(2015)[36]를 썼다. 아브넬 애쉬^{Avner Ash}와 로버트 그로스^{Robert Gross}는 3권의 책을 공저했는데 『Fearless Symmetry : Exposing the Hidden Patterns of Numbers』(2008), 『Elliptic Tales : Curves Counting and Number Theory』(2014), 『Summing It Up : From One Plus One to Modern Number Theory』(2018)[9, 10, 11]으로서 수학적으로 꽤 높은 수준에 있는 독자를 위해 쓰였다. 끝으로 존 콘웨이^{John Conway}와 리차드 가이^{Richard Guy}가 공저한 놀랄만한 저서인 『Book of Numbers』(1995)[34]이 있다.

연습 문제

1. 소수 p와 임의의 정수 $k \geq 2$에 대해 $\sqrt[k]{p}$가 무리수임을 보여라.

2. $\sqrt{2} + \sqrt{3}$가 차수^{degree} 4인 대수적 수$^{\text{algebraic number}}$임을 보여라.

3. $375a + 924b = 3$을 만족하는 정수 a, b를 구하라.

4. 연분수 전개가 다음과 같은 실수 γ를 구하라.

$$\gamma = 1 + \cfrac{1}{1 + \cfrac{1}{1 + \frac{1}{1 + \cdots}}} = [1 : 1, 1, 1, \ldots]$$

5. 다음을 만족하는 11개의 정수해를 구하라.

$$a^2 + b^2 = 2c^2$$

11

대수학

기본 대상: 그룹과 링
기본 사상: 그룹과 링의 준동형 사상

현재의 추상 대수학이 형용사 추상으로 표현될 자격이 있다할지라도 역시 견고한 역사적 뿌리와 함께 오늘날 추상 대수학의 적용이 의미가 있다. 대학 학부의 추상 대수학의 중심은 그룹의 개념에 있는데 대칭에 대한 기하적인 개념을 대수적으로 해석하는 것이다. 그 안에서 그룹의 풍부함을 볼 수 있는데 추상 그룹의 올바른 개념을 탄생시킨 3개의 독특한 분야는 다음과 같다. 다항식의 근을 찾기 위한 시도(보다 정확하게는 찾을 능력이 없음을 증명하려는 시도), 화학자의 크리스털의 대칭성 연구 그리고 미분 방정식을 풀기 위한 대칭 원리의 적용이다.

2차 방정식을 차수가 5 이상인 다항식에 일반화할 수 없는 것이 갈루아 이론^{Galois theory}의 중심이며 다항식의 근의 대칭성을 이해하는 것을 포함한다. 크리스털의 대칭은 공간에서의 회전 성질을 포함한다. 미분 방정식에 깔린 대칭성을 이해하기 위한 그룹 이론의 사용은 리 이론^{Lie Theory}에까지 이른다. 이 모든 것에서 그룹의 개념과 그룹의 실제 적용은 결정적이다.

11.1 그룹

이 절은 그룹의 기본적인 정의와 그룹 이론의 개념을 설명한다.

정의 11.1.1 공집합이 아닌 집합 G가 갖는 이항 연산

$$G \times G \to G$$

가 G 내의 모든 원소 a, b에 대해 $a \cdot b$로 표기되고 다음 조건을 만족하면 집합 G는 **그룹**이다.

1. 원소 $e \in G$가 존재해 G에 있는 모든 a에 대해 $e \cdot a = a \cdot e = a$가 성립한다(원소 e는 물론 항등원identity이라 부른다).

2. G에 있는 모든 a에 대해 원소 a^{-1}가 존재해 $aa^{-1} = a^{-1}a = e$이 성립한다(자연스럽게 a^{-1}를 a의 역수inverse라 부른다).

3. 모든 원소 $a, b, c \in G$에 대해 $(a \cdot b) \cdot c = a \cdot (b \cdot c)$가 성립한다(즉 결합 법칙associativity이 존재한다).

교환 법칙associativity이 필요하지 않음에 유의하라.

예를 들어보자. $GL(n, \mathbb{R})$이 역행렬이 존재하는 실수 계수로 된 모든 $n \times n$ 행렬의 집합이라 하자. 행렬의 곱셈 규칙 아래에서 $GL(n, \mathbb{R})$은 그룹이 분명하다. 물론 항등원은 다음과 같은 항등 행렬이다.

$$\begin{pmatrix} 1 & \cdots & 0 \\ & \ddots & \\ 0 & \cdots & 1 \end{pmatrix}$$

임의의 원소의 역수는 그 원소의 역행렬이다. 행렬 곱셈의 결합 법칙이 성립하는 것을 체크하는 데는 오랜 계산이 필요하다. 마지막 체크는 A, B가 역행렬 가능한 $n \times n$ 행렬이라면 행렬의 곱 $A \cdot B$가 역행열 가능한지이다. 선형 대수의 핵심 정리로부터 행렬이 역행렬 가능한지의 필요충분조건은 행렬의 디터미넌트가 0이 아님이다. $\det(A \cdot B) = \det(A) \det(B)$를 사용해

$$\det(A \cdot B) = \det(A) \cdot \det(B) \neq 0$$

를 얻는다. 그러므로 $GL(n, \mathbb{R})$은 그룹이다.

어떤 두 행렬을 선택하더라도 대부분은

$$A \cdot B \neq B \cdot A$$

이므로 그룹은 교환 법칙이 성립하지 않는다. 기하적으로 $GL(n, \mathbb{R})$의 원소는 $\mathbb{R}^n$ 상의 선형 사상으로 해석할 수 있다. 특별히 3차원 상의 회전을 생각해 보자. 이 회전들은 교환 법칙이 성립하지 않는다(이를 증명하는 것이 이 장 마지막에 연습 문제로 주어진다). 회전은 가역의 3×3 행렬로 표현되므로 $GL(3, \mathbb{R})$의 원소이다. 그룹이 대칭성 획득을 위한 대수적 방법이 되길 원한다면 그룹을 형성하기 위해 공간상의 회전이 필요하게 된다. 그러므로 그룹이 교환 법칙이 성립할 필요가 없다(회전은 결합 법칙이 성립하므로 그룹이 결합 법칙이 성립하도록 요구하는 이유임을 유의하라).

유한 그룹의 핵심 예제는 치환 그룹$^{permutation\ groups}$이다. 치환 그룹 $\mathbf{S}_n$은 서로 다른 n개의 원소에 대한 모든 치환들의 집합이다. 이항 연산은 결합^{composition}이며 항등원은 아무것도 치환하지 않는 자명한^{trivial} 치환이다.

일반적인 표기를 연습하기 위해 3개의 원소에 대한 치환 그룹을 살펴보자.

$$\mathbf{S}_3 = \{e, (12), (13), (23), (123), (132)\}$$

물론 표기에 대해 설명해야 한다. 순서를 가진 수의 3쌍 (a_1, a_2, a_3)를 고려하자. 여기서는 순서가 중요하다. 그러므로 (소, 말, 개)는 (개, 말, 소)와는 다르다. $\mathbf{S}_3$의 각 원소는 순서 있는 3쌍의 순서를 치환한다. 구체적으로 원소 (12)는 (a_1, a_2, a_3)를 (a_2, a_1, a_3)으로 치환한다.

$$(a_1, a_2, a_3) \overset{(12)}{\mapsto} (a_2, a_1, a_3)$$

예를 들면 원소 (12)는 (소, 말, 개)는 (말, 소, 개)로 치환한다. 그룹 $\mathbf{S}_3$의 다른 원소는 다음과 같이 시행한다. (13)은 (a_1, a_2, a_3)을 (a_3, a_2, a_1)로 치환한다.

$$(a_1, a_2, a_3) \overset{(13)}{\mapsto} (a_3, a_2, a_1)$$

(23)은 (a_1, a_2, a_3)를 (a_1, a_3, a_2)로 치환한다.

$$(a_1, a_2, a_3) \overset{(23)}{\mapsto} (a_1, a_3, a_2)$$

(123)은 (a_1, a_2, a_3)를 (a_3, a_1, a_2)로 치환한다.

$$(a_1, a_2, a_3) \overset{(123)}{\mapsto} (a_3, a_1, a_2)$$

(132)는 (a_1, a_2, a_3)를 (a_2, a_3, a_1)로 치환한다.

$$(a_1, a_2, a_3) \overset{(132)}{\mapsto} (a_2, a_3, a_1)$$

물론 항등원 e는 (a_1, a_2, a_3)을 그대로 둔다.

$$(a_1, a_2, a_3) \overset{(e)}{\mapsto} (a_1, a_2, a_3)$$

결합에 의해 치환을 서로 곱할 수 있으며 다음과 같은 곱셈표를 만들 수 있다.

$\cdot$	e	(12)	(13)	(23)	(123)	(132)
e	e	(12)	(13)	(23)	(123)	(132)
(12)	(12)	e	(132)	(123)	(23)	(13)
(13)	(13)	(123)	e	(132)	(12)	(23)
(23)	(23)	(132)	(123)	e	(13)	(12)
(123)	(123)	(13)	(23)	(12)	(132)	e
(132)	(132)	(23)	(12)	(13)	e	(123)

$\mathbf{S}_3$은 교환 법칙이 성립하지 않음에 유의하라. 사실 $\mathbf{S}_3$은 교환 법칙이 성립하지 않는 noncommutative 가장 작은 그룹이다. 그룹 이론의 창시자들 중 한 사람인 닐스 아벨Niels Abel 을 기리기 위해 다음과 같은 정의를 가진다.

정의 11.1.2 교환 법칙이 성립하는 그룹은 **아벨리언**abelian이다.

정수 $\mathbb{Z}$는 덧셈 아래에서 아벨리언 그룹을 형성한다. 대부분의 그룹은 아벨리언이 아니다. 모든 그룹을 이해하고 싶지만 물론 실제로 할 수 있는 것은 아니다. 바라기는 더 간단하고 더 단순한 그룹으로부터 최소한 그룹을 쌓아 나갈 수 있을 것이다. 이 과정을 다음과 같은 정의로부터 출발하자.

정의 11.1.3 공집합이 아닌 H가 G의 부분집합이며 또한 G의 이항 연산을 사용하는 하나의 그룹이면 H는 G의 **부분그룹**subgroup이다.

예를 들면

$$H = \left\{ \begin{pmatrix} a_{11} & a_{12} & 0 \\ a_{21} & a_{22} & 0 \\ 0 & 0 & 1 \end{pmatrix} : \begin{pmatrix} a_{11} & a_{12} \\ a_{21} & a_{22} \end{pmatrix} \in GL(2, \mathbb{R}) \right\}$$

로 정의되는 H는 가역의 3×3행렬 그룹 $GL(3, \mathbb{R})$의 부분그룹이다.

정의 11.1.4 그룹 G와 $\hat{G}$에 대해 함수

$$\sigma : G \to \hat{G}$$

이 존재할 때 모든 $g_1, g_2 \in G$에 대해

$$\sigma(g_1 \cdot g_2) = \sigma(g_1) \cdot \sigma(g_2)$$

이 성립하면 이 함수는 **그룹 준동형 사상**group homomorphism이다.

예를 들면 $A \in GL(n, \mathbb{R})$라 하자. 함수 $\sigma : GL(n, \mathbb{R}) \to GL(n, \mathbb{R})$을 다음과 같이 정의하자.

$$\sigma(B) = A^{-1}BA$$

그러면 임의의 두 행렬 $B, C \in GL(n, \mathbb{R})$에 대해 함수를 적용하면

$$\begin{aligned} \sigma(BC) &= A^{-1}BCA \\ &= A^{-1}BAA^{-1}CA \\ &= \sigma(B) \cdot \sigma(C) \end{aligned}$$

를 얻게 된다. 그룹 준동형 사상과 특별한 부분그룹 사이에 긴밀한 관계가 존재한다. 이를 보이기 전에 다음이 필요하다.

정의 11.1.5 G의 부분그룹을 H라 하자. 이때 G의 (좌) 잉여류cosets는 $g \in G$에 대해 다음과 같은 형태의 모든 집합이다.

$$gH = \{gh : h \in H\}$$

이는 다음과 같은 G에 대한 동치류equivalence class를 정의한다. 집합 gH가 $\hat{g}H$와 같다면, 즉 $gh = \hat{g}$를 만족하는 $h \in H$가 존재한다면

$$g \sim \hat{g}$$

이 성립한다. 자연스럽게 우 잉여류^{right cosets}는 집합

$$Hg = \{hg : h \in H\}$$

이며 그룹 G상의 동치 관계를 정의한다.

정의 11.1.6 모든 $g \in G$에 대해 $gHg^{-1} = H$가 성립하면 부분그룹 H는 정규적이다.

정리 11.1.7 G의 부분그룹을 H라 하자. 이항 연산

$$gH \cdot \hat{g}H = g\hat{g}H$$

하에서 잉여류 gH의 집합이 그룹을 형성하는 필요충분조건은 H가 정규 부분그룹이다(이 그룹은 G/H로 표기하며 $G \bmod H$라고 읽는다).

개괄적 증명: 증명의 대부분의 단계는 일상적이다. 주요 기술적 어려움은 이항 연산

$$(gH) \cdot (\hat{g}H) = (g\hat{g}H)$$

이 잘 정의돼 있는지 보이는 데 있다. 즉 집합 gH의 모든 원소와 집합 $\hat{g}H$의 모든 원소와의 곱으로 이뤄진 집합 $gH \cdot \hat{g}H$가 집합 $g\hat{g}H$와 동일함을 보여야 하는 것이다. H가 정규적이므로

$$\hat{g}H(\hat{g})^{-1} = H$$

이며 또한 다음이 성립한다.

$$\hat{g}H = H\hat{g}$$

그러므로 H가 부분그룹이므로 $H \cdot H = H$이며 두 그룹 간의 사상은 다음과 같다.

$$gH\hat{g}H = g\hat{g}H \cdot H = g\hat{g}H$$

따라서 사상이 올바로 정의된 것을 확인할 수 있다.

G/H의 항등원소는 $e \cdot H$이다. 또한 gH의 역은 $g^{-1}H$이다. 결합 법칙은 그룹 G의 결합 법칙을 따른다. □

$gH \cdot \hat{g}H = g\hat{g}H$로 쓸 때는 H가 모든 원소를 대표하므로 H가 하나의 원소가 아님을 명심해야 한다.

새로운 그룹 G/H의 적용으로서 순환그룹$^{\text{cyclic group}}$ $\mathbb{Z}/n\mathbb{Z}$를 정의하자. 초기 그룹은 정수 $\mathbb{Z}$이며 부분그룹은 고정된 정수 n의 모든 배수로 구성된다.

$$n\mathbb{Z} = \{nk : k \in \mathbb{Z}\}$$

정수는 아벨리언 그룹을 형성하므로 $n\mathbb{Z}$를 포함한 모든 부분그룹은 정규적이며 그에 따라 $\mathbb{Z}/n\mathbb{Z}$가 그룹을 형성한다. $\mathbb{Z}/n\mathbb{Z}$의 각 잉여류를 0과 $n-1$ 사이의 정수로 표현하는 것이 상례이다.

$$\mathbb{Z}/n\mathbb{Z} = \{0, 1, 2, \ldots, n-1\}$$

예를 들어 $n = 6$이면 $\mathbb{Z}/6\mathbb{Z} = \{0, 1, 2, 3, 4, 5\}$가 된다. 덧셈표는 다음과 같다.

+	0	1	2	3	4	5
0	0	1	2	3	4	5
1	1	2	3	4	5	0
2	2	3	4	5	0	1
3	3	4	5	0	1	2
4	4	5	0	1	2	3
5	5	0	1	2	3	4

정규 부분그룹과 그룹 준동형 사상을 연결하는 아래의 결정적 정리를 증명하는 것은 즐길만한 연습 문제가 된다.

정리 11.1.8 $\sigma : G \to \hat{G}$이 그룹 준동형 사상이라 하자.

$$\ker(\sigma) = \{g \in G : \sigma(g) = \hat{e}, \hat{G}\text{의 항등원}\}$$

이면 $\ker(\sigma)$는 G의 정규 부분그룹이다(이 부분그룹 $\ker(\sigma)$를 사상 σ의 핵^{kernel}이라 부른다).

그룹에 대한 연구는 크게 보면 정규 부분그룹의 연구이다. 위 정리에 따르면 이는 그룹 준동형 사상의 연구와 동등하며 또한 준동형 사상 연구를 통해 하나의 대상을 연구하는 20세기 중반의 연구 방침의 한 예이다.

유한그룹 이론의 핵심 정리인 실로우 정리$^{\text{Sylow's Theorem}}$는 부분그룹의 존재 여부를 그룹의 원소의 수와 연계한다.

정의 11.1.9 그룹 G의 차수^{order}는 $|G|$로 표기하며 G의 원소의 수와 같다.

예를 들면 $|\mathbf{S}_3| = 6$이다.

정리 11.1.10(실로우 정리$^{\text{Sylow's Theorem}}$) G가 유한그룹이라 하자.

(a) p를 소수라 할 때 p^α가 $|G|$를 나누면 G는 차수가 p^α인 부분그룹을 가진다.

(b) p^n이 $|G|$를 나누고 p^{n+1}이 $|G|$를 나누지 못하면 차수가 p^n인 임의의 두 부분그룹 H와 $\hat{H}$에 대해 $gHg^{-1} = \hat{H}$를 만족하는 하나의 원소 $g \in G$가 존재한다.

(c) p^n이 $|G|$를 나누고 p^{n+1}이 $|G|$를 나누지 못하면 차수가 p^n인 부분그룹의 수는 $1 + kp$이다. 여기서 k는 양의 정수이다.

증명은 허스튼^{Herstein}의 『Topics in Algebra』(1975)[90]의 2.12절을 참조하라.

중요한 점은 유한한 집합이 얼마나 많은 원소를 가지는지 단순히 아는 것으로써 유한그룹에 대한 작은 정보들을 모은다는 것이다.

11.2 표현이론

그룹의 가장 기본적인 예 중의 하나는 확실히 가역의 $n \times n$ 행렬이다. 표현이론은 임의의 주어진 추상 그룹을 행렬 그룹으로 어떻게 구현할 수 있는지를 연구한다. $n \times n$ 행렬이 벡터 공간 내에서의 선형 변환이므로 열벡터에 행렬을 곱함으로써 표현이론이 한 그룹을 어떻게 선형 변환의 그룹으로 구현할 수 있는지에 대한 연구라 할 수 있다.

V가 벡터 공간이라면 $GL(V)$는 V 내에서의 선형 변환 그룹을 나타낸다.

정의 11.2.1 벡터 공간 V에서의 그룹 G의 표현은 그룹 준동형 사상

$$\rho : G \rightarrow GL(V)$$

이다. 이를 ρ는 G의 표현이라 한다.

예를 들어 3개의 원소의 치환인 그룹 $\mathbf{S}_3$을 고려하자. 공간 $\mathbb{R}^3$ 상의 $\mathbf{S}_3$의 매우 자연적인 표현이 존재한다. 다음과 같은 벡터를 고려하자.

$$\begin{pmatrix} a_1 \\ a_2 \\ a_3 \end{pmatrix} \in \mathbb{R}^3$$

$\sigma \in \mathbf{S}_3$이면 다음과 같이 사상 ρ를 정의하자.

$$\rho(\sigma) \begin{pmatrix} a_1 \\ a_2 \\ a_3 \end{pmatrix} = \begin{pmatrix} a_{\sigma(1)} \\ a_{\sigma(2)} \\ a_{\sigma(3)} \end{pmatrix}$$

예를 들어 $\sigma = (12)$이면

$$\rho(12) \begin{pmatrix} a_1 \\ a_2 \\ a_3 \end{pmatrix} = \begin{pmatrix} a_2 \\ a_1 \\ a_3 \end{pmatrix}$$

가 된다. 행렬로 쓰면

$$\rho(12) = \begin{pmatrix} 0 & 1 & 0 \\ 1 & 0 & 0 \\ 0 & 0 & 1 \end{pmatrix}$$

이 되며 (123)이 (a_1, a_2, a_3)를 (a_3, a_1, a_2)로 치환하므로 $\sigma = (123)$이면

$$\rho(123) \begin{pmatrix} a_1 \\ a_2 \\ a_3 \end{pmatrix} = \begin{pmatrix} a_3 \\ a_1 \\ a_2 \end{pmatrix}$$

가 된다. 행렬로 쓰면

$$\rho(123) = \begin{pmatrix} 0 & 0 & 1 \\ 1 & 0 & 0 \\ 0 & 1 & 0 \end{pmatrix}$$

이다. $\mathbf{S}_3$의 다른 원소를 표현하는 행렬식은 이 장 끝에 있는 연습 문제로 남긴다.

표현이론의 목표는 주어진 그룹에 대한 가능한 모든 표현을 찾는 것이다. 이 질문이 일리가 있도록 하기 위해서는 옛 표현으로부터 새로운 표현을 어떻게 쌓아 나가는지 우선 봐야 한다.

정의 11.2.2 그룹 G에 대해 다음과 같은 G의 표현을 가정하자.

$$\rho_1 : G \to GL(V_1)$$

$$\rho_2 : G \to GL(V_2)$$

여기서 V_1과 V_2는 가능한 한 서로 다른 벡터 공간이다. 이때 $V_1 \oplus V_2$ 상에서의 G의 직접 합$^{\text{direct sum}}$ 표현은

$$(\rho_1 \oplus \rho_2) : G \to GL(V_1) \oplus GL(V_2)$$

로 표기되며 임의의 $g \in G$에 대해

$$(\rho_1 \oplus \rho_2)(g) = \rho_1(g) \oplus \rho_2(g)$$

로 정의된다.

$\rho_1(g) \oplus \rho_2(g)$를 행렬로 쓸 때는 블록 대각 행렬일 것이다.

표현을 분류하려면 다른 표현의 직접 합이 아닌 표현을 찾는 데 집중해야 한다. 이는 다음 정의로 인도한다.

정의 11.2.3 0이 아닌 벡터 공간 V 상의 그룹 G의 표현 ρ는 모든 $g \in G$와 $w \in W$에 대해

$$\rho(g)w \in W$$

를 만족하는 V의 부분 공간 W가 존재하지 않을 때 더 이상 나눌 수 없다^{irreducible}.

특히 하나의 표현이 두 개의 다른 표현의 직접 합이면 이 표현은 분명히 나눌 수 없다. 많은 특별한 그룹에 있어서 나눌 수 없는 모든 표현을 찾는데 엄청난 진전이 있었다.

표현이론은 자연 전체에서 발생한다. 좌표계를 바꿀 때마다 표현이 갑자기 나타난다. 사실은 대부분의 이론적인 물리학자는 기본적인 입자(전자와 같은)를 어떤 그룹(세상의 본질적인 대칭성을 가지는 그룹)의 나눌 수 없는 표현으로 정의할 것이다. 이 점에 대한 더 많은 부분은 스턴버그^{Sternberg}의 『Group Theory and Physics』(1995)[180] 특별히 3.9절의 마지막 부분을 보라.

11.3 링

그룹groups은 덧셈이 허용되는 집합이라고 본다면 링rings은 덧셈과 곱셈이 모두 허용되는 집합이라고 할 수 있다.

정의 11.3.1 공집합이 아닌 집합 R이 두 이항 연산 $\cdot$와 $+$가 R 상에서 다음 조건을 만족하면 링이다.

    (a) R은 덧셈 $+$와 함께 항등원identity이 0인 아벨리언 그룹을 형성한다.

    (b)   (결합 법칙) 모든 원소 $a, b, c \in R$에 대해 $a \cdot (b \cdot c) = (a \cdot b) \cdot c$가 성립한다.

    (c)   (분배법칙) 모든 원소 $a, b, c \in R$에 대해

$$a \cdot (b + c) = a \cdot b + a \cdot c$$

와

$$(a + b) \cdot c = a \cdot c + b \cdot c$$

가 성립한다.

링에서는 $\cdot$ 연산에서 교환 법칙, 즉 $a \cdot b = b \cdot a$를 요구하지 않는다.

원소 $1 \in R$이 존재해 모든 $a \in R$에 대해 $1 \cdot a = a \cdot 1 = a$이면 R이 단위 원소를 가진 링이라고 한다. 우리가 만나게 되는 거의 모든 링은 단위 원소를 가진다.

일반적인 덧셈과 곱셈을 가진 정수 $\mathbb{Z} = \{\ldots, -3, -2, -1, 0, 1, 2, 3, \ldots\}$은 링을 형성한다. 단변수 x와 복소수 계수를 갖는 $\mathbb{C}[x]$로 표기되는 다항식도 일반적인 다항식의 덧셈과 곱셈 하에서 링을 형성한다. 사실은 n변수 $\{x_1, \ldots, x_n\}$와 복소수 계수를 갖는 $\mathbb{C}[x_1, \ldots, x_n]$로 표기되는 다항식도 자연스럽게 링을 형성한다. 한편 $\mathbb{C}[x_1, \ldots, x_n]$에 대한 링-이론적 성질 연구는 대수기하학의 많은 부분의 중심에 있다. 복소수 계수의 다항식이 가장 공통으로 연구되고 있지만 정수 계수의 다항식 $\mathbb{Z}[x_1, \ldots, x_n]$, 유리수 계수의 다항식 $\mathbb{Q}[x_1, \ldots, x_n]$, 실수 계수의 다항식 $\mathbb{R}[x_1, \ldots, x_n]$ 모두 링이다. 사실은 R이 임의의 링이면 R의 계수로 된 다항식은 링 $R[x_1, \ldots, x_n]$을 형성한다.

정의 11.3.2 링 R과 $\hat{R}$에 대해 함수

$$\sigma : R \to \hat{R}$$

이 있을 때 모든 $a, b \in R$에 대해

$$\sigma(a + b) = \sigma(a) + \sigma(b)$$

와

$$\sigma(a \cdot b) = \sigma(a) \cdot \sigma(b)$$

가 성립하면 이 함수는 링 준동형 사상^{ring homomorphism}이다.

정의 11.3.3 링 R의 부분집합 I가 $+$ 연산 아래에서 R의 부분그룹이며 임의의 $a \in R$에 대해 $aI \subset I$, $Ia \subset I$이면 아이디얼^{ideal}이다.

링 이론에서의 아이디얼 개념은 그룹이론에서의 정규 부분그룹과 상응한다. 이 유사성은 다음 정리에서 증명된다.

정리 11.3.4 $\sigma : R \to \hat{R}$이 링 준동형 사상이라 하자. 만일

$$\ker(\sigma) = \{a \in R : \sigma(a) = 0\}$$

이면 집합 $\ker(\sigma)$는 R의 아이디얼이다(이 아이디얼 $\ker(\sigma)$를 사상 σ의 핵^{kernel}이라고 부른다).

개괄적 증명: 모든 $x \in \hat{R}$에 대해 이 장 끝에 있는 연습 문제 중 하나인 다음 결과를 사용해야 한다.

$$x \cdot 0 = 0 \cdot x = 0$$

이제 $b \in \ker(\sigma)$라 하자. 그러면 $\sigma(b) = 0$이 된다. 이때 임의의 $a \in R$에 대해 $a \cdot b \in \ker(\sigma)$와 $b \cdot a \in \ker(\sigma)$임을 보여야 한다. 먼저

$$
\begin{aligned}
\sigma(a \cdot b) &= \sigma(a) \cdot \sigma(b) \\
&= \sigma(a) \cdot 0 \\
&= 0
\end{aligned}
$$

이므로 $a \cdot b \in \ker(\sigma)$을 암시하고 있다.

같은 방법으로 $b \cdot a \in \ker(\sigma)$임을 보일 수 있으므로 $\ker(\sigma)$가 R의 아이디얼이다. □

정리 11.3.5 I가 R의 아이디얼이라 하자. 이때 집합 $\{a+I : a \in R\}$은 연산 $(a+I)+(b+I)$ $= (a+b+I)$와 $(a+I)\cdot(b+I) = (a\cdot b+I)$이 성립하면 링 R/I를 형성한다.

증명은 이 장 끝의 ㉑ 연습 문제에 남긴다.

링 연구는 아이디얼 또는 동등하게 동형 사상의 연구로 내려온다. 다시 언급하지만 링에 대한 연구를 해석하는 것이 20세기 중반의 링 사이의 사상에 대한 연구에 대한 접근 방식이다.

11.4 필드와 갈루아 이론

이제 고전적 대수학의 중심에 들어갈 준비가 됐다. 큰 관점에서 보면 고등학교 과정의 대수학에서 전체적으로 가장 중요한 점은 선형 다항식과 2차 다항식의 근을 찾는 것이다. 좀 더 복잡한, 그러나 기본적으로는 유사한 기법을 사용해 3차와 4차 다항식의 근도 찾을 수 있다. 그룹 이론과 링 이론의 발전에 있어서 중심이 되는 역사적 동기 중 하나는 5차 또는 6차 다항식의 근을 찾는 유사한 기법이 없음을 보이는 것이었다. 더 구체적으로 5차 또는 6차 다항식의 근은 다항식의 계수의 제곱근을 포함하는 공식으로는 구할 수 없다(역사적인 설명을 위해서는 에드워즈^{Edwards}의 『Galois Theory』(1984)[53]을 보라).

핵심은 단변수 다항식과 유한 그룹과의 일치점을 확립하는 것이다. 이는 갈루아 이론의 핵심으로서 이를 통해 근을 계수의 제곱근의 형태로(2차 방정식처럼) 표현할 수 있는 능력을 관련된 그룹의 성질과 분명하게 연결시키는 것이다.

이런 일치점을 설명하기 전에 필드^{fields}와 필드 확장$^{field\ extensions}$에 대해 알아보자.

정의 11.4.1 링 R이 다음 조건을 만족하면 필드^{field}이다.

1. R이 곱셈 단위 1을 가진다.
2. 모든 $a, b \in R$에 대해 $a\cdot b = b\cdot a$가 성립한다.
3. R에 속한 임의의 $a \neq 0$에 대해 $a\cdot a^{-1} = 1$을 만족하는 a^{-1}이 존재한다.

예를 들면 정수 $\mathbb{Z}$는 곱셈 역수를 가지지 않기 때문에 $\mathbb{Z}$는 필드가 아니다. 유리수 $\mathbb{Q}$, 실수 $\mathbb{R}$, 복소수 $\mathbb{C}$는 필드이다. 단변수 다항식의 링 $\mathbb{C}[x]$에 대해서는 필드 $\mathbb{C}(x) = \{\frac{P(x)}{Q(x)} : P(x)$

$Q(x) \in \mathbb{C}[x]$, $Q(x) \neq 0$가 존재한다.

정의 11.4.2 필드 k가 $\hat{k}$에 포함될 때 필드 $\hat{k}$를 필드 k의 필드 **확장**field extensions이라 한다.

예를 들어 복소수 $\mathbb{C}$는 실수 $\mathbb{R}$의 필드 확장이다.

일단 필드에 대한 개념을 가졌으므로 k 내의 계수를 갖는 단변수 다항식의 링 $k[x]$를 형성할 수 있다. 다음 결과는 기본적이지만 깊은 의미를 가진다.

정리 11.4.3 k가 필드라 하자. 그러면 k의 필드 확장 $\hat{k}$이 존재해 $k[x]$의 모든 다항식은 $\hat{k}$에서 하나의 근을 가진다.

이와 같은 필드 $\hat{k}$는 대수적으로 닫혀 있다고 한다. 증명은 갈링Garling의 『A Course in Galois Theory』(1987)[69]의 8.2절을 보라. 한 가지 경고는 증명이 선택 공리the Axiom of Choice를 사용하고 있다.

그룹이 어떻게 다항식의 근을 찾는 것과 관련돼 있는지 보이기 전에 선형 방정식 $ax + b = 0$의 근이 $x = -\frac{b}{a}$임을 기억하자. 물론 2차 방정식 $ax^2 + bx + c = 0$의 근은

$$x = \frac{-b \pm \sqrt{b^2 - 4ac}}{2a}$$

이다. 이미 흥미로운 일들이 일어나고 있다. 계수 a, b, c가 실수이지만 판별식 $b^2 - 4ac < 0$이면 근은 복소수가 될 것이다. 또한 계수가 유리수이더라도 $\sqrt{b^2 - 4ac}$이 유리수일 필요가 없듯이 근이 유리수일 필요는 없다.

이 두 관찰을 통해 자연스럽게 계수 필드의 필드 확장에 이르게 된다. 다항식의 최고 차계수가 1이며monic 계수가 유리수인 경우로 제한하자.

계수 $a_k \in \mathbb{Q}$인 n차 다항식을 다음과 같이 정의하자.

$$P(x) = x^n + a_{n-1}x^{n-1} + \cdots + a_0$$

대수학의 기본정리Fundamental Theorem of Algebra(실수의 대수적 폐쇄algebraic closure는 복소수라고함)에 따라 복소수 $\alpha_1, \ldots, \alpha_n$이 존재해

$$P(x) = (x - \alpha_1)(x - \alpha_2) \cdots (x - \alpha_n)$$

이 된다.

물론 전체적인 문제는 기본정리가 근이 무엇인지는 알려주지 않는다는 것이다. 임의의 차수의 다항식의 경우에 2차 방정식과 유사한 것이 있으면 좋겠다. 이전에 언급한 것처럼 3차와 4차 다항식의 경우에는 그러한 유사성이 존재하지만 급소를 찌르는 갈루아 이론의 명문구는 5차 또는 그 이상의 차수의 다항식의 경우에는 그러한 유사성은 존재하지 않는다이다. 이러한 주장의 증명은 고등학교 대수학의 도구를 훨씬 넘어서는 그 이상을 포함한다.

갈루아 이론을 빠르게 요약해 보자. 유리수 계수를 갖는 각각의 단변수 다항식을 복소수에 포함된 유리수의 필드 확장인 유리수 상의 고유한 유한 차원의 벡터 공간과 연결하자. 다시 말하면 $\alpha_1, \ldots, \alpha_n$이 다항식 $P(x)$의 근이라면 유리수와 근 $\alpha_1, \ldots, \alpha_n$을 포함하는 복소수상의 가장 작은 필드가 바라는 벡터 공간이다. 이제 선형 변환이 각각의 유리수 자신에게 사상하는 필드 자기동형 사상^{automorphism}이라는 강력한 제한 조건 아래에서 벡터 공간 내에서의 모든 선형 변환을 바라보자. 이는 강력한 제한 조건이기 때문에 유한 그룹을 형성하는 유한개의 변환만이 존재한다. 나아가 각각의 이런 선형 변환은 $P(x)$의 각 근을 다른 근에 사상할 뿐 아니라 근이 서로에게 어떻게 사상되는지에 의해 결정된다. 그러므로 이러한 특별한 선형 변환의 유한 그룹은 n개의 문자의 치환 그룹의 부분그룹이다. 마지막 심오한 결과는 이러한 유한 그룹이 근에 대한 성질을 결정한다는 것을 보이는 데 있다.

좀 더 자세하게 들여다보자. $P(x)$가 $\mathbb{Q}[x]$ 내에서 더 이상 인수분해되지 않는다고 가정하자. 이는 $P(x)$가 $\mathbb{Q}[x]$ 내에서 어떤 다항식들의 곱이 아니라는 의미이다. 그러므로 $P(x)$의 어떤 근 α_i도 유리수가 될 수 없다.

정의 11.4.4 $\mathbb{Q}$와 근 $\alpha_1, \ldots, \alpha_n$을 포함하는 $\mathbb{C}$의 최소의 부분필드^{subfield}를 $\mathbb{Q}(\alpha_1, \ldots, \alpha_n)$라고 정의한다.

정의 11.4.5 E가 $\mathbb{Q}$의 필드 확장이며 $\mathbb{C}$에 포함된다고 하자. 이때 $P(x)$의 복소수 근 $\alpha_1, \ldots, \alpha_n$에 대해 $E = \mathbb{Q}(\alpha_1, \ldots, \alpha_n)$인 다항식 $P(x) \in \mathbb{Q}[x]$가 존재하면 E를 분할 필드^{splitting field}라고 부른다.

유리수 $\mathbb{Q}$에 대한 분할 필드 E는 사실상 $\mathbb{Q}$상의 하나의 벡터 공간이다. 예를 들면 분할 필드 $\mathbb{Q}(\sqrt{2})$는 하나의 2차원 벡터 공간인데 이는 어떤 원소든 $a, b \in \mathbb{Q}$를 사용해 고유하게 $a + b\sqrt{2}$로 쓸 수 있기 때문이다.

정의 11.4.6 E가 $\mathbb{Q}$의 필드 확장이라 하자. 이때 $\mathbb{Q}$ 상의 E의 그룹 자기동형 사상^automorphism G는 모든 필드 자기동형 사상 $\sigma : E \to E$의 집합이다.

필드 자기동형 사상이란 필드 E로부터 자신으로의 일대일과 위로의 링 준동형 사상 ^homomorphism이 단위 원소^unit를 단위 원소로 사상하며 그 역이 링 준동형 사상임을 의미한다. 필드 확장의 필드 자기동형 사상은 각 유리수가 자신에게 사상되는 성질을 가짐(이 장 끝의 연습 문제 중 하나다)을 유의하라.

이러한 필드 자기동형 사상은 E로부터 자신으로의 선형 변환으로 해석될 수 있다. 그러나 모든 선형 변환이 필드 자기동형 사상은 아님을 곧 보게 될 것이다.

물론 끝마무리를 위해 이 자기동형 사상 집합이 실제로 그룹을 형성함을 보이는 보조 정리가 필요하다.

정의 11.4.7 $\mathbb{Q}$ 상의 확장 필드 E와 자기동형 사상 그룹 G가 주어졌을 때 G의 고정 필드 ^fixed field는 집합 $\{e \in E : \sigma(e) = e, \text{ 모든 } \sigma \in G\}$이다.

고정 필드 내에 $\mathbb{Q}$를 포함하는 필드 자기동형 사상에 주목하자. 나아가 고정 필드는 사실상 E의 부분필드임을 증명할 수 있다.

정의 11.4.8 $\mathbb{Q}$ 상의 E의 그룹 자기동형 사상 G의 고정 필드가 정확하게 $\mathbb{Q}$라면 $\mathbb{Q}$ 상의 확장 필드 E는 정규적이다.

G가 $\mathbb{Q}$ 상의 $\mathbb{Q}(\alpha_1, \ldots, \alpha_n)$의 자기동형 사상 그룹이라 하자. 여기서 $\mathbb{Q}(\alpha_1, \ldots, \alpha_n)$는 $a_k \in \mathbb{Q}$인 다음 다항식의 분할 필드이다.

$$P(x) = (x - \alpha_1)(x - \alpha_2) \cdots (x - \alpha_n)$$
$$= x^n + a_{n-1}x^{n-1} + \cdots + a_0$$

이 그룹 G는 다항식 $P(x)$의 근과 연결된다.

정리 11.4.9 자기동형 사상 그룹 G는 n개의 원소에 대한 치환 그룹 $\mathbf{S}_n$의 부분그룹이다. 다항식 $P(x)$의 근의 치환으로써 표현되고 있다.

개괄적 증명: 그룹 G의 임의의 자기동형 사상 σ에 대해 모든 근 α_i의 상이 $P(x)$의 다른 근임을 보여야 한다. 그러므로 자기동형 사상은 $P(x)$의 n개의 근을 단지 치환하는 것이다. 모든 유리수 a에 대해 $\sigma(a) = a$임이 결정적이다.

$$
\begin{aligned}
P(\sigma(\alpha_i)) &= (\sigma(\alpha_i))^n + a_{n-1}(\sigma(\alpha_i))^{n-1} + \cdots + a_0 \\
&= \sigma(\alpha_i)^n + \sigma(a_{n-1}(\alpha_i)^{n-1}) + \cdots + \sigma(a_0) \\
&= \sigma((\alpha_i)^n + a_{n-1}(\alpha_i)^{n-1} + \cdots + a_0) \\
&= \sigma(P(\alpha_i)) \\
&= \sigma(0) \\
&= 0
\end{aligned}
$$

따라서 $\sigma(\alpha_i)$는 다른 근이다. 증명을 여기서 마치지는 않지만 이를 위해 G에서의 자기동형 사상 σ가 근 α에 가하는 작용에 의해 완전히 결정된다는 것을 보일 필요가 있다. □

이 모든 것이 다음 정리로 귀결된다.

정리 11.4.10(갈루아 이론의 기본 정리 Fundamental Theorem of Galois Theory) $P(x)$가 $\mathbb{Q}[x]$ 내에서 나눌 수 없는 다항식이며 $E = \mathbb{Q}(\alpha_1, \ldots, \alpha_n)$이 자기동형 사상 그룹 G를 갖는 분할 필드라고 하자.

1. $\mathbb{Q}$를 포함하고 E에 포함되는 각각의 필드 B는 G의 하나의 부분그룹의 고정 필드이다. 이 부분그룹을 G_B로 표기하자.

2. $\mathbb{Q}$의 필드 확장 B가 정규적이 되기 위한 필요충분조건은 부분그룹 G_B가 G의 정규 부분그룹이어야 한다.

3. B상의 벡터 공간으로서의 E의 차수 rank는 G_B의 차수 order이다. $\mathbb{Q}$ 상의 벡터 공간으로서의 B의 차수는 그룹 G/G_B의 차수이다.

안타깝게도 이 간결한 정리의 각각의 함축적인 내용이 무엇을 의미하는지는 분명하지 않다. 이 정리를 왜 갈루아 이론의 기본 정리라고 부르는지도 명백하지 않다. 중요성에 대한 간략한 힌트 또는 속삭임은 바로 이것이 $\mathbb{Q} \subset B \subset E$를 갖는 필드 확장 B와 G의 부분집합 G_B 사이의 사전을 구축하고 있다는 것이다. 시소 형태의 다이어그램으로 표시하면 다음과 같다.

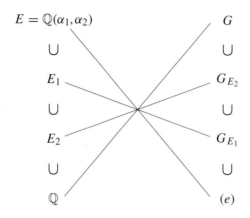

선은 부분그룹과 해당되는 고정 필드를 연결하고 있다.

그렇지만 이것이 다항식의 근을 찾는 것과 무슨 상관이 있는가? 우리의 목표(갈루아 이론으로는 불가능할 것으로 보이는데)는 2차 방정식과의 유사성을 찾는 것이다. 더 정확하게 표현하자.

정의 11.4.11 다항식 $P(x)$는 분할 필드 $\mathbb{Q}(\alpha_1,\ldots,\alpha_n)$이 $\mathbb{Q}$에 정수의 제곱근을 더한 확장 필드에 속한다면 풀 수 있다.

예를 들면 필드 $\mathbb{Q}(3\sqrt{2},5\sqrt{7})$은 제곱근 $3\sqrt{2}$와 $5\sqrt{7}$으로부터 구할 수 있다. 반면 필드 $\mathbb{Q}(\pi)$는 제곱근을 $\mathbb{Q}$에 더해도 구할 수 없다. 이는 π가 초월수라는 깊은 사실을 재설명하는 것이다.

2차 방정식의 근 $x = \frac{-b \pm \sqrt{b^2-4ac}}{2a}$는 2차 다항식의 근을 계수의 제곱근의 형태로 쓸 수 있음을 보여준다. 그러므로 모든 2차 다항식은 풀 수 있다. 5차 또는 그 이상의 차수의 방정식에 대한 2차 방정식의 유사성이 존재하지 않음을 보이기 위해서 할 수 있는 것은 그러한 모든 다항식이 풀 수 있는 것은 아니라는 것을 보이는 것이다. 이러한 조건은 다항식의 자기동형 사상 그룹의 용어로 기술한다.

정의 11.4.12 유한 그룹 G에 대해 각각의 G_i가 G_{i-1}에서 정규적이고 각 G_{i-1}/G_i가 아벨리언인 G의 둥지형 부분그룹 수열[nested sequence of subgroups] $G = G_0 \supseteq G_1 \supseteq G_2 \supseteq \cdots \supseteq G_n = (e)$가 존재하면 G는 풀 수 있다.

근을 제곱근의 형태로 쓰는 것과 그룹과의 연결은 다음 정리에 들어있다.

정리 11.4.13 다항식 $P(x)$를 풀 수 있는 필요충분조건은 분할 필드의 자기동형 사상 관련 그룹 G를 풀 수 있는 것이다.

고차 방정식의 해를 계수의 제곱근의 형태의 깔끔한 공식을 찾는 것이 불가능한 이유는 일반적으로 n차 다항식의 자기동형 사상 그룹이 치환 그룹 $\mathbf{S}_n$인 것과 다음 결과를 따르기 때문이다.

정리 11.4.14 n개의 원소에 대한 치환 그룹 $\mathbf{S}_n$은 n이 5보다 크거나 같은 경우에는 풀 수 없다.

물론 이러한 것은 명확히 정리라고 할 수 없다. 정리의 증명에 대한 탁월한 자료는 아틴[Artin]의 『Galois Theory』(1998)[6]을 참고하라.

근을 찾는 대수적 방법은 없지만 근접 근에 대한 많은 방법이 존재한다. 따라서 많은 수치 해석학의 기본 기술로 우리를 인도한다.

11.5 참고 서적

대수학 책은 1930년대를 기점으로 상당한 변형을 경험했다. 반 데어 바르덴[Van der Waerden]은 그의 대수학 책 『Modern Algebra』(1991)[192]을 저술했는데 에미 노터[Emmy Noether]의 특강에 기반을 두었다. 이러한 변화를 보여주는 첫 번째 학부 교재는 개릿 버코프[Garrett Birkhoff]와 선더스 매클레인[Saunders Mac Lane]의 『A Survey of Modern Algebra』(1997)[17]이다. 1960년대와 1970년대의 학부 교재는 허스튼[Herstein]의 『Topics in Algebra』(1975)[90]이었다. 현재 인기 있는 선택은 프랠라이[Fraleigh]의 『A First Course in Abstract Algebra』(1998)[65]과 갈리안[Gallian]의 『Contemporary Abstract Algebra』(1998)[67]이다. 서지 랭[Serge Lang]의 『Algebra』(1993)[118]은 대수학을 처음 배우기 위해 찾는 책은 아니

지만 오랫동안 대학원용 표준 교재였다. 수학 영역의 일을 하고 있다면 랭의 여러 책을 읽게 될 것이다. 제이컵슨[Jacobson]의 『Basic Algebra』(1985)[103], 아틴[Artin]의 『Algebra』(1995)[8], 헝거포드[Hungerford]의 『Algebra』(1997)[99] 역시 좋은 대학원 시작 교재이다.

갈루아 이론은 분명 수학의 가장 아름다운 주제 중 하나이다. 운 좋게도 갈루아 이론의 탁월한 학부용 교재가 여러 권 있다. 데이빗 콕스[David Cox]의 『Galois Theory』(2012)[37]은 그저 위대하다. 또 다른 최고의(그리고 최저로 싼) 책은 에밀 아틴[Emil Artin]의 『Galois Theory』(1998)[6]이다. 또 다른 탁월한 책은 이안 스튜어트[Ian Stewart][181]와 갈링[Garling][69]의 저서들이다. 에드워즈[Edwards]의 『Galois Theory』(1984)[53]은 역사적 발전을 보여준다. 또한 릴리안 리버[Lillian Lieber]의 『Galois and the Theory of Groups: A Bright Star in Mathesis』(1932)[123]은 절판된 지 오래다.

표현이론은 힐[Hill]의 『Groups and Characters』(1999)[93] 스텐버그[Sternberg]의 『Group Theory and Physics』(1995)[180]으로 시작할 수 있다. 그 외에도 표현이론 관련 볼만한 책이 많이 있다. 최고 중 하나는 윌리엄 풀턴[William Fulton]과 조우 해리스[Joe Harris]의 『Representation Theory: A First Course』(1991)[66]이 있다(필자는 표현이론의 기본을 해리스로부터 처음 배웠다).

암호학에는 많은 대수학이 사용된다. 경이로운 소개서인 수잔 롭[Susan Loepp]과 윌리엄 우터스[WilliamWootters]의 『Protecting Information: From Classical Error Correction to Quantum Cryptography』(2006)[125]를 보라.

마지막으로 마리오 리비오[Mario Livio]의 『The Equation that Couldn't Be Solved: How Mathematical Genius Discovered the Language of Symmetry』(2005)[124]는 갈루아 이론과 많은 것에 대한 인기 있고 즐거운 설명이다.

연습 문제

1. 이 책의 한구석을 공간 상의 원점 $(0, 0, 0)$으로 정하자. 이 구석으로부터 나오는 변을 x축, 다른 변을 y축, 나머지 변을 z축으로 명명하자. 이 문제의 목표는 회전은 교환 법칙이 성립하지 않음을 보이는 것이다. x축을 중심으로 90도 회전하는 것을 A라 하고

y축을 중심으로 90도 회전하는 것을 B라 하자. 책의 모양을 그려서 회전 A 후 회전 B를 적용하는 것이 회전 B 후 회전 A를 적용하는 것과 같지 않음을 보여라.

2. 그룹 준동형 사상의 핵이 정규 부분그룹임을 증명하라.

3. R을 링이라 하자. R의 모든 원소 x에 대해 링 R이 교환 법칙이 성립하지 않아도 다음이 성립함을 보여라.

$$x \cdot 0 = 0 \cdot x = 0$$

4. R을 링이라 하고 I를 링에서의 아이디얼이라 하자. R/I가 링의 구조를 가짐을 보여라 (이는 긴 문제이지만 링의 기본 정의를 확정하는 탁월한 방법이다).

5. 유리수 상의 분할 필드 $\mathbb{Q}(\sqrt{2})$가 $\mathbb{Q}$ 상의 2차원 벡터 공간임을 보여라.

6. 치환그룹 $\mathbf{S}_3$으로부터 시작하자.
   a. $\mathbf{S}_3$의 모든 부분그룹을 찾아라.
   b. 그룹 $\mathbf{S}_3$을 풀 수 있음을 보여라(이는 3차원 다항식에 대해 2차 방정식과 유사성이 있음을 결론짓게 한다).

7. 그룹 $\mathbf{S}_3$의 여섯 개의 원소 각각에 대해 이 장의 11.2절에 기술된 것처럼 $\mathbf{S}_3$의 표현과 상응하는 행렬을 찾아라.

8. H가 그룹 G의 정규 부분그룹이라면 H의 좌 잉여류^{cosets}와 우 잉여류 사이에 자연스러운 일대일 대응이 존재함을 보여라.

9. 유리수 $\mathbb{Q}$를 포함하는 필드 E를 고려하자. σ를 E의 필드 자기동형 사상이라 하자. 이는 특히 $\sigma(1) = 1$임을 암시한다. 이때 모든 유리수 $\frac{p}{q}$에 대해 $\sigma\left(\frac{p}{q}\right) = \frac{p}{q}$임을 보여라.

10. $T : G \to \tilde{G}$가 그룹 자기동형 사상이라 하자. 이때 모든 $g \in G$에 대해 $T(g^{-1}) = (T(g))^{-1}$임을 보여라.

11. $T : G \to \tilde{G}$가 그룹 자기동형 사상이라 하자. 이때 그룹 $G/\ker(T)$와 $\mathrm{Im}(T)$가 서로 동형 사상^{isomorphic}임을 보여라. 여기서 $\mathrm{Im}(T)$는 그룹 $\tilde{G}$에 있는 그룹 G의 상^{image}을 의미한다. 이 결과는 일반적으로 기본 동형 정리$^{\text{Fundamental Homomorphism Theorems}}$ 중 하나로 알려져 있다.

12

대수적 수론

기본 대상: 대수적 수 필드

기본 사상: 링과 필드 준동형 사상

기본 목표: 모든 대수적 수 필드 이해하기

12.1 대수적 수 필드

일반적으로 수론자는 수에 신경을 쓴다. 대수적 수론자는 대수적 수에 신경을 쓰는데 이 수란 정수 계수의 다항식의 근을 말한다.

모든 대수적 수의 집합을 $\overline{\mathbb{Q}}$로 표기하고 유리수 $\mathbb{Q}$의 대수적 폐포^{algebraic closure}라고 부른다. 자신이 하나의 필드이다.

정리 12.1.1 대수적 수 $\overline{\mathbb{Q}}$는 하나의 필드이다.

대수적 수론자의 꿈은 이 필드 $\overline{\mathbb{Q}}$를 이해하는 것이다. 결국 아무리 이해하기 어려울지라도 $\mathbb{C}$의 부분필드일 뿐이다. 어려움을 과대평가할 수는 없다. 이 필드는 너무 복잡해서 현재로서는 실제로 이해할 수 없다.

대신에 사람들은 유리수 $\mathbb{Q}$를 포함하는 $\overline{\mathbb{Q}}$의 매우 작은 부분필드를 연구한다.

α를 대수적 수라 하자. 그리고 $\mathbb{Q}(\alpha)$를 $\mathbb{Q}$와 α를 포함하는 $\mathbb{C}$내에 있는 가장 작은 필드라 하자. 이를 대수적 수 필드 또는 짧게 수 필드라고 부른다(또한 11.4절을 보라).

명제 12.1.2 필드 $\mathbb{Q}(\alpha)$는

$$\mathbb{Q}(\alpha) = \left\{ \frac{P(\alpha)}{Q(\alpha)} : P(x), Q(x) \in \mathbb{Q}[x], \ Q(\alpha) \neq 0 \right\}$$

로 정의된다.

정리 12.1.3 정수 계수와 줄일 수 없는 n차 다항식의 근을 α라고 가정하자. 이때 $\mathbb{Q}(\alpha)$는 $\mathbb{Q}$ 상의 다음과 같은 기저를 갖는 n차 벡터 공간이 된다.

$$1, \alpha, \alpha^2, \ldots, \alpha^{n-1}$$

이것의 풍미를 느끼기 위해 원소 $1/(3 + \sqrt{2}) \in (\sqrt{2})$를 고려하자. 이 수를 1과 $\sqrt{2}$의 항으로 써보자.

$$\frac{1}{3 + \sqrt{2}} = \frac{1}{3 + \sqrt{2}} \cdot \frac{3 - \sqrt{2}}{3 - \sqrt{2}} = \frac{3 - \sqrt{2}}{9 - 2} = \frac{3}{7} - \frac{1}{7}\sqrt{2}$$

더 일반적으로 대수적 수 $\alpha_1, \alpha_2, \ldots, \alpha_n$이 주어지면 $\mathbb{Q}(\alpha_1, \ldots, \alpha_n)$은 $\mathbb{Q}$와 α를 포함하는 $\mathbb{C}$ 내에 있는 가장 작은 필드를 나타낸다. 실제로 모든 $\mathbb{Q}(\alpha_1, \ldots, \alpha_n)$은 어떤 대수적 수 β에 대해 $\mathbb{Q}(\beta)$가 된다.

정리 12.1.4(원시 원소 정리 Theorem of the Primitive Element**)** 대수적 수 $\alpha_1, \alpha_2, \ldots, \alpha_n$이 주어지면 대수적 수 β가 존재해 다음을 만족한다.

$$\mathbb{Q}(\alpha_1, \ldots, \alpha_n) = \mathbb{Q}(\beta)$$

예를 들면 다음과 같다.

$$\mathbb{Q}(\sqrt{2}, \sqrt{3}) = \mathbb{Q}(\sqrt{2} + \sqrt{3})$$

12.2 대수적 정수

소수를 공부하는 즐거움이란! 소수는 다음과 같이 정수의 곱셈 빌딩 블록과 같다.

$$소수 \subsetneq \mathbb{Z} \subsetneq \mathbb{Q}$$

α가 n차의 대수적 수인 필드 확장 $\mathbb{Q}(\alpha)$를 고려하자. 이는 필드이다. $\mathbb{Q}(\alpha)$ 내부에 $\mathbb{Z}$의 역할을 할 수 있는 링이 존재하는가? 그렇다면 $\mathbb{Q}(\alpha)$에 소수와 같은 유사성이 있는가? 두 질문에 대한 답은 모두 '그렇다'이다.

대수적 수 필드에 관해 공부함에 따라 이러한 $\mathbb{Z}$의 유사성을 다항식의 근에 대한 성질 면에서 찾으려 하는 것은 합리적이다.

유리수 n/m을 고려하자. 이는 줄일 수 없는 아래 다항식의 근이다.

$$mx - n = 0$$

이 유리수는 $m = 1$일 때 정수가 된다. 즉 다음과 같은 최고 차수의 계수가 1인 줄일 수 없는 다항식이 근이 된다.

$$x - n = 0$$

이로부터 다음과 같은 정의가 나오게 된다.

정의 12.2.1 대수적 수 필드의 수 β가 줄일 수 없는 다항식

$$x^m + a_{m-1}x^{m-1} + \cdots + a_0$$

의 근이라면 β는 대수적 정수이다. 여기서 모든 계수 $a_0, \ldots, a_m$은 정수이다.

전통적으로 대수적 수 필드를 K로 표기하고 상응하는 대수적 정수의 부분집합을 O_K로 표기한다. 수 필드 K 내의 대수적 정수가 정수와 같은 역할을 하기를 바랄 뿐이다. 적어도 대수적 정수가 덧셈과 곱셈 아래에서 닫혀 있기를 바란다. 이는 정말 사실이다.

정리 12.2.2 대수적 정수 O_K는 곱셈과 덧셈 아래에서 닫혀 있다. 그러므로 필드 K 내의 링을 형성한다.

예를 들어 수 $3 + 5\sqrt{2} \in \mathbb{Q}(\sqrt{2})$는 다음 식의 하나의 근으로서 대수적 정수이며

$$x^2 - 6x - 41$$

이는 분명히 체크 가능하다.

사실은 더 많은 내용이 있다.

정리 12.2.3 α가 n차의 대수적 정수라 하자. 이때 모든 계수 $a_0, \ldots, a_{n-1}$을 갖는 다음과 같은 형태의 수

$$a_0 + a_1\alpha + \cdots + a_{n-1}\alpha^{n-1}$$

은 $\mathbb{Q}(\alpha)$ 내부의 하나의 대수적 정수이어야 한다.

안타깝게도 역이 항상 성립하는 것은 아니다. 예를 들어 $\mathbb{Q}(\sqrt{5})$ 내에서 수 $(1 + \sqrt{5})/2$는 식

$$x^2 - x - 1 = 0$$

의 근이므로 2차의 대수적 정수이다. 그러나 이 수가 2를 분모에 가짐에도 성립한다.

수 필드에서 대수적 정수를 결정하는 것은 미묘하다. 그러나 모든 대수적 수 필드 $\mathbb{Q}(\sqrt{d})$에 대해서는 이것이 완전히 결정됐으며 다음 정리에 요약돼 있다.

정리 12.2.4 $d = 1 \bmod 4$이면 $\mathbb{Q}(\sqrt{d})$ 내의 모든 대수적 정수는 다음과 같다.

$$m + n\frac{1 + \sqrt{d}}{2}$$

여기서 $m, n \in \mathbb{Z}$이다. $d = 2, 3 \bmod 4$이면 $\mathbb{Q}(\sqrt{d})$ 내의 모든 대수적 정수는 $m, n \in \mathbb{Z}$일 때 다음과 같다.

$$m + n\sqrt{d}$$

12.3 단위

우리가 원하는 바는 수 필드 K 내의 대수적 정수 $\mathcal{O}_K$가 $\mathbb{Z}$ 내의 정수와 뛰어난 유사성을 갖는 것이다. 이것이 연구의 중요한 목표가 되는 것은 $\mathbb{Z}$의 기본적 성질 하나하나가 미묘하고 흥미로운 방법으로 각각의 $\mathcal{O}_K$ 내에서 유사성을 가지는 것이다. 정수 내의 1과 -1의 성질에서 출발해 보자.

$$1 \cdot 1 = 1, \quad (-1) \cdot (-1) = 1$$

임의의 $n \in \mathbb{Z}$에 대해 $m \cdot n = 1$을 만족하는 $m \in \mathbb{Z}$는 $m = 1$과 $m = -1$이다. 이는 사소한 것처럼 보이며 정수에 대해서만 생각하면 사소하다. 그러나 수 필드 $\mathbb{Q}(\sqrt{5})$ 내의 대수적 정수 $\sqrt{5} - 2$와 $\sqrt{5} + 2$를 고려해 보자. 이들의 곱은

$$\left(\sqrt{5} - 2\right)\left(\sqrt{5} + 2\right) = 5 - 4 = 1$$

이 된다. $\mathbb{Q}(\sqrt{5})$ 내에서 1과 -1은 곱이 1이 되는 유일한 대수적 정수는 아님을 보인다. 이는 다음 정의로 이어진다.

정의 12.3.1 K를 대수적 수 필드라 하자. $\mathcal{O}_K$ 내의 대수적 정수 u에 대해 또 다른 대수적 정수 $v \in \mathcal{O}_K$가 존재해 다음이 성립하면 u는 단위이다.

$$u \cdot v = 1$$

다음 결과는 증명하기 어렵지 않다.

명제 12.3.2 수 필드 K에 대한 대수적 정수 $\mathcal{O}_K$의 링의 단위는 곱셈 아래에서 아벨리언 그룹을 형성한다.

단위를 찾는 것은 일반적으로 어렵지만 우리를 디리클레^{Dirichlet}에게 인도하는 멋진 구조 정리가 존재한다.

정리 12.3.3 대수적 수 필드 $\mathbb{Q}(\alpha)$에 대해 단위들의 그룹은 하나의 그룹으로서 $G \times \mathbb{Z}^{r_1+r_2-1}$ 형태의 그룹과 동형 사상이다. 여기서 G는 $\mathbb{Q}(\alpha)$ 내의 1의 모든 근$^{(e^{ip\pi/q} \text{ 형태의 값})}$의 그룹의 주기적 유한의 부분그룹이며 r_1은 정수 계수와 근이 α인 줄일 수 없는 다항식의 실수

근의 개수이며 $2r_2$는 복소수 근의 개수이다.

표준이지만 필자는 애쉬[Ash][12]의 6장의 이러한 결과의 진술을 직접 가져왔다. 더 나아가 이러한 그룹의 생성자들(근본적 단위라고 부름)을 찾는 것은 무지하게 도전적이다. 일반적으로 그들이 존재함을 알 뿐이다.

12.4 소수와 고유한 인수분해 문제

수 필드 K에 대한 대수적 정수 O_K가 정수를 닮았으면 좋겠다. 소수가 존재하고 고유한 인수분해가 존재할까? 답은 '그렇다'와 '꼭 그럴 필요는 없다'이다.

정의 12.4.1 임의의 대수적 정수 $\alpha \in O_K$가 O_K 내의 셈 단위가 아닌 두 대수적 정수의 곱이 아니면 α는 소수이다.

'셈 단위가 아니라' 함은 단지 다음과 같음을 의미한다. $\mathbb{Z}$ 내의 수 2는 $\mathbb{Z}$ 내의 소수임이 확실하다. 그러나 $2 = (-1)(-1)2$와 같이 세 정수의 곱이다. 물론 이는 어리석은 인수분해 방법이다. 왜냐하면 -1은 $\mathbb{Z}$의 단위이기 때문이다. 앞 절에서 봤듯이 다른 대수적 수 필드에 대한 단위는 더 복잡하지만 인수분해에 대해서는 하나하나 세고 싶지 않다.

마음을 사로잡는 많은 질문이 일어난다. 대수적 정수 O_K의 모든 링은 정수 $\mathbb{Z}$를 포함한다. 그러나 $\mathbb{Z}$에서의 소수가 O_K에서도 소수일까? 답은 때로는 '그렇다'이고 때로는 '아니다'이다. 예를 들어 $O_{\mathbb{Q}(\sqrt{3})}$에서

$$2 = \left(\sqrt{3} - 1\right)\left(\sqrt{3} + 1\right)$$

은 소수가 아니다.

이는 더욱더 흥미로운 결과에 이르게 된다. $\mathbb{Z}$에서 모든 정수는 소수의 곱으로 인수분해될 수 있다. 대수적 수 필드가 존재해 소수의 인수분해가 가능하지만 고유한 인수분해가 불가능한 다른 수 필드가 존재한다. 예를 들어 $O_{\mathbb{Q}(\sqrt{-5})}$에서 수 6은 서로 다른 두 개의 인수분해가 가능하다.

$$2 \cdot 3 = 6 = \left(1 + \sqrt{-5}\right)\left(1 - \sqrt{-5}\right)$$

물론 2, 3, $1 + \sqrt{-5}$, $1 - \sqrt{-5}$이 $\mathcal{O}_{\mathbb{Q}(\sqrt{-5})}$에서 소수임을 보여야 하지만 약간의 노력이 필요하다.

이는 다음과 같은 두 개의 자연스러운 질문을 품게 한다.

첫째, 하나의 수 필드 K가 다른 수 필드 L에 포함된다면 $\mathcal{O}_K$의 어느 소수가 $\mathcal{O}_L$의 소수로 유지될까? 더 미묘하지만 어떤 $\mathcal{O}_K$에 대해 고유한 인수분해가 존재할까? 이와 같은 질문은 소위 류필드론^{class field theory}으로 우리를 인도한다.

12.5 참고 서적

대수적 수론에 대한 대부분의 입문서들은 고급의 대학원생용이다. 학부 과정에서 어렵지만 좋은 추상 대수학을 이수한 학생들이 이롭게 읽을 수 있다고 이야기한다. 고전적 입문서 중 하나는 케넷 아일랜드^{Kenneth Ireland}와 마이클 로센^{Michael Rosen}의 『A Classical Introduction to Modern Number Theory』(1998)[100]이다. 더 최근의 책으로 프레이저 자비스^{Frazer Jarvis}의 『Algebraic Number Theory』(2014)[104], 폴 폴락^{Paul Pollack}의 『A Conversational Introduction to Algebraic Number Theory: Arithmetic beyond $\mathbb{Z}$』(2017)[152], 로버트 애쉬^{Robert B. Ash}의 『A Course in Algebraic Number Theory』(2010)[12], 이안 스튜어트^{Ian Stewart}와 데이빗 톨^{David Tall}의 『Algebraic Number Theory and Fermat's Last Theorem』(2015)[182]가 있다.

데이빗 콕스^{David Cox}의 『Primes of the Form $x^2 + ny^2$: Fermat, Class Field Theory, and Complex Multiplication』(2013)[38]은 입문서라기보다는 오히려 수학의 풍부한 영역에 대한 꽤 좋은 이야기이다. 마지막으로 데이빗 마커스^{David Marcus}의 『Number Fields』(2018)[132]는 고서이지만 최근에 새 판을 위해 레이텍^{Latex}으로 타이핑됐다.

연습 문제

1. 다음을 보여라.

$$\mathbb{Q}\left(\sqrt{2}, \sqrt{3}\right) = \mathbb{Q}\left(\sqrt{2} + \sqrt{3}\right)$$

2. d가 제곱이 아닌 양의 정수일 때 $K = \mathbb{Q}(\sqrt{d})$라 하자. 대수적 정수 O_K가 링을 형성함을 보여라.

3. 명제 12.3.2: 수 필드 K에 대한 대수적 정수 O_K의 링의 단위는 곱셈 아래에서 아벨리언 그룹을 형성한다를 증명하라.

4. $\mathbb{Q}(\sqrt{10})$의 4개의 단위를 찾아라.

복소해석학

기본 대상: 복소수

기본 사상: 해석 함수

기본 목표: 해석 함수의 동등성

단일 변수의 복소해석학은 복소수에서 복소수로 사상하는 특별한 형태의 함수(해석적 또는 복소해석적holomorphic)를 연구한다. 해석 함수를 정의하는 수많은 방법이 관계없는 듯하지만 동등한 방법이다. 각각 장점이 있기에 모두 알아야 한다.

먼저, 극한의 면에서(실수함수에 대한 도함수의 정의와 직접적인 유사성에서) 해석성analyticity을 정의하자. 그러고 나서, 이 극한 정의가 편미분 방정식과 놀라운 한 쌍인 코시-리만Cauchy-Rieman 방정식에 의해 포착될 수 있음을 보자. 해석성은 함수를 특정 경로 적분(코시 적분 공식)과 관련시키는 면으로 기술된다. 더 나아가 함수가 해석적이라는 것의 필요충분 조건이 함수가 수렴하는 멱급수로 쓰인다는 것을 보게 된다. 그러고 나서 $\mathbb{R}^2$에서 $\mathbb{R}^2$로의 사상으로서의 해석 함수는 0이 아닌 도함수를 가진다는 조건에서 각을 유지하는 공형(컨포멀conformal이 의미하는 것)이어야 한다는 것을 보게 된다. 목표는 다음과 같다.

정리 13.0.1 $f : U \to \mathbb{C}$ 가 복소수의 열린집합 U 로부터 복소수로의 함수라 하자. 함수 $f(z)$ 가 다음과 같은 동등 조건 중 어느 하나를 만족하면 $f(z)$ 가 해석적[analytic]이라고 한다.

(a) 모든 $z_0 \in U$ 에 대해

$$\lim_{z \to z_0} \frac{f(z) - f(z_0)}{z - z_0}$$

가 존재한다. 이 극한을 $f'(z_0)$ 로 표기하고 복소수 도함수라고 부른다.

(b) 함수의 실수부와 허수부가 다음과 같은 코시-리만 방정식을 만족한다.

$$\frac{\partial \mathrm{Re}(f)}{\partial x} = \frac{\partial \mathrm{Im}(f)}{\partial y}$$

$$\frac{\partial \mathrm{Re}(f)}{\partial y} = -\frac{\partial \mathrm{Im}(f)}{\partial x}$$

(c) σ 의 모든 내부 점이 U 안에 있도록 하는 U 안의 반시계 방향의 단순 닫힌곡선[loop]을 σ 라 하자. 이때 σ 내부의 임의의 복소수 z_0 에 대해 다음과 같은 적분을 만족한다.

$$f(z_0) = \frac{1}{2\pi i} \int_\sigma \frac{f(z)}{z - z_0}\, \mathrm{d}z$$

(d) 임의의 복소수 z_0 에 대해 U 내부에 z_0 의 열린 근방이 존재해 그 내부에서 다음과 같은 $f(z)$ 의 멱급수 형태의 균등 수렴 급수가 존재한다.

$$f(z) = \sum_{n=0}^{\infty} a_n (z - z_0)^n$$

더 나아가 f 가 점 z_0 에서 해석적이며 $f'(z_0) \neq 0$ 이면 함수 f 는 $\mathbb{R}^2$ 에서 $\mathbb{R}^2$ 로의 하나의 사상으로 간주하며 공형(즉 각을 유지함)이다.

실해석학과 복소해석학 사이에 기본적인 구분이 존재한다. 본질적으로 실수해석학은 미분 가능 함수를 연구한다. 하지만 이것이 함수에 대한 주요한 제한은 전혀 아니다. 복소해석학은 해석 함수를 연구한다. 이는 함수의 형태에 대한 주요한 제한으로서 해석 함수의 아주 놀랍고 유용한 성질을 만나게 한다. 해석 함수는 소수의 매우 깊은 성질로부터 미묘한 유체 흐름에 이르기까지 현대수학과 물리학 전반에 걸쳐 자주 등장한다. 이 주제는 잘 알아야 한다.

13.1 극한으로서의 해석성

이 장의 나머지 부분에 대해 복소수 $\mathbb{C}$의 하나의 열린집합을 U로 표기하자.

또한 $f : U \to \mathbb{C}$가 복소수의 열린집합 U로부터 복소수로의 함수라 하자.

정의 13.1.1 한 점 $z_0 \in U$에서 다음과 같은 극한이 존재하면 함수 $f(z)$는 해석적(또는 복소해석적holomorphic)이다.

$$\lim_{z \to z_0} \frac{f(z) - f(z_0)}{z - z_0}$$

이 극한을 $f'(z_0)$로 표기하고 도함수derivative라고 부른다.

물론 이는 $h \in \mathbb{C}$에 대한 다음과 같은 극한의 존재함과 동등하다.

$$\lim_{h \to 0} \frac{f(z_0 + h) - f(z_0)}{h}$$

모든 $\mathbb{C}$를 $\mathbb{R}$로 바꾸면 함수 $f : \mathbb{R} \to \mathbb{R}$이 미분 가능함에 대한 정확한 정의임을 알 수 있다. 미분 가능 함수의 많은 기본적인 성질(곱셈 규칙, 덧셈 규칙, 나눗셈 규칙, 연쇄 법칙 등과 같은)은 즉시 적용 가능하다. 따라서 이런 관점으로 볼 때 해석 함수에 대해 특이하게 특별한 것은 없는 것처럼 보인다. 그러나 극한이 실수 선 상에서가 아니라 실수 평면 상에서의 극한이다. 이 여분의 복잡성이 실수 미분 가능 함수와 허수 해석 함수와의 심오한 차이를 만드는데 곧 보게 된다.

다음으로 비-복소해석non-holomorphic 함수의 예를 들어 보자. 약간의 표기법이 필요하다. 복소수 $\mathbb{C}$는 실수의 2차원 벡터 공간을 형성한다. 더 정확하게 표현하면 복소수 z는 실수부와 허수부의 합으로 쓰인다.

$$z = x + iy$$

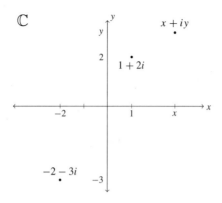

z의 컬레 복소수complex conjugate는

$$\bar{z} = x - iy$$

이다. $\mathbb{R}^2$ 상의 벡터로서의 복소수 z의 길이의 제곱이

$$x^2 + y^2 = z\bar{z}$$

임에 유의하자. 이러한 길이의 개념에 맞추어 곱 $z\bar{z}$는 자주 다음과 같이 표기된다.

$$z\bar{z} = |z|^2$$

다음과 같은 함수를 살펴보자.

$$f(z) = \bar{z} = x - iy$$

곧 보게 되지만 이 함수는 복소해석 함수가 아니다. 정의에서 우리는 $h \to 0$에 따른 극한을 바라보지만 h가 허수여야 한다는 것이 핵심이다. 따라서 $\mathbb{C}$ 상의 어떤 경로로 h가 0으로 접근하든 허용해야 한다. 다른 말로는 $\mathbb{R}^2$ 상의 어느 경로로든지 접근이 허용돼야 한다. 이제 두 가지 서로 다른 경로에 따른 극한을 구해 서로 다른 극한값에 따라 $\bar{z}$가 복소해석적이지 않음을 보게 된다.

편의를 위해 $z_0 = 0$이라 하자. 실수값 h에 대해

$$\lim_{h \to 0} \frac{f(h) - f(0)}{h - 0} = \lim_{h \to 0} \frac{h}{h} = 1$$

을 얻는다. h를 허수라 할 때 그 값을 hi로 써서 다음과 같이 극한을 구한다.

$$\lim_{hi \to 0} \frac{f(hi) - f(0)}{hi - 0} = \lim_{h \to 0} \frac{-hi}{hi} = -1$$

두 극한이 같지 않으므로 함수 $\bar{z}$는 복소해석 함수가 될 수 없다.

13.2 코시-리만 방정식

함수 $f : U \to \mathbb{C}$에 대해 f의 상을 실수부와 허수부로 나눌 수 있다. 즉

$$z = x + iy = (x, y)$$

와 같이 함수 $f(z) = u(z) + iv(z)$를 다음과 쓸 수 있다.

$$f(x, y) = u(x, y) + iv(x, y)$$

예를 들어 $f(z) = z^2$이면

$$\begin{aligned}
f(z) &= z^2 \\
&= (x + iy)^2 \\
&= x^2 - y^2 + 2xyi
\end{aligned}$$

이 돼 함수 f의 실수부와 허수부는 다음과 같다.

$$\begin{aligned}
u(x, y) &= x^2 - y^2, \\
v(x, y) &= 2xy
\end{aligned}$$

이 절의 목표는 실수 함수 u와 v가 편미분 방정식의 특별한 체계를 만족시킴으로써 함수 f의 해석성을 포착하는 것이다.

정의 13.2.1 실수 함수 $u, v : U \to \mathbb{R}$에 대해 다음 식이 성립하면 u, v는 코시-리만 방정식을 만족한다.

$$\frac{\partial u(x, y)}{\partial x} = \frac{\partial v(x, y)}{\partial y}$$

$$\frac{\partial u(x,y)}{\partial y} = -\frac{\partial v(x,y)}{\partial x}$$

전혀 자명하지 않지만 다음 정리에서 설명하듯이 해석성과 밀접하게 관련돼 있기 때문에 이 방정식들은 모든 수학에서 가장 중요한 편미분 연립 방정식이다.

정리 13.2.2 복소수 함수 $f(x,y) = u(x,y) + iv(x,y)$가 한 점 $z_0 = x_0 + iy_0$에서 해석적이 되는 필요충분조건은 실수 함수 $u(x,y)$, $v(x,y)$가 z_0에서 코시-리만 방정식을 만족하는 것이다.

함수의 해석성이 존재하면 코시-리만 방정식을 만족시킴을 암시하며 반대로 편미분 함수 $\frac{\partial u}{\partial x}$, $\frac{\partial v}{\partial x}$, $\frac{\partial u}{\partial y}$, $\frac{\partial v}{\partial y}$들이 연속이며 코시-리만 방정식을 만족하면 해석성을 암시함을 보이려 한다. 다양한 편미분의 연속성에 대한 가정이 꼭 필요한 것은 아니지만 없을 경우에는 증명이 좀 더 어렵다.

증명: 먼저 점 $z_0 = x_0 + iy_0$에서 극한 $f'(z_0)$가 다음과 같이 존재한다고 가정하자.

$$\lim_{h \to 0} \frac{f(z_0 + h) - f(z_0)}{h}$$

핵심은 h가 복소수라는 점이다. 그러므로 h가 0으로 접근할 때 위 극한이 존재한다는 것은 h가 어떤 평면을 따라서 0으로 접근해도 극한이 존재한다는 것이다.

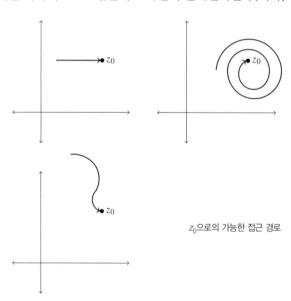

z_0으로의 가능한 접근 경로

306

코시-리만 방정식은 h의 서로 다른 경로에 따라 주어진다.

첫째 h가 실수라고 가정하자. 그러면

$$f(z_0 + h) = f(x_0 + h, y_0) = u(x_0 + h, y_0) + iv(x_0 + h, y_0)$$

이며 해석 함수의 정의와 부분적분의 정의에 따라

$$
\begin{aligned}
f'(z_0) &= \lim_{h \to 0} \frac{f(z_0 + h) - f(z_0)}{h} \\
&= \lim_{h \to 0} \frac{u(x_0 + h, y_0) + iv(x_0 + h, y_0) - (u(x_0, y_0) + iv(x_0, y_0))}{h} \\
&= \lim_{h \to 0} \frac{u(x_0 + h, y_0) - u(x_0, y_0)}{h} + i \lim_{h \to 0} \frac{v(x_0 + h, y_0) - v(x_0, y_0)}{h} \\
&= \frac{\partial u}{\partial x}(x_0, y_0) + i \frac{\partial v}{\partial x}(x_0, y_0)
\end{aligned}
$$

가 된다.

이제 h가 순수한 허수라고 가정하자. 표기를 위해 h를 hi로 바꾸면

$$f(z_0 + hi) = f(x_0, y_0 + h) = u(x_0, y_0 + h) + iv(x_0, y_0 + h)$$

가 되고 동일한 복소수 $f'(z_0)$는 편미분의 정의와 $\frac{1}{i} = -i$을 이용해 다음과 같이 전개된다.

$$
\begin{aligned}
f'(z_0) &= \lim_{h \to 0} \frac{f(z_0 + ih) - f(z_0)}{ih} \\
&= \lim_{h \to 0} \frac{u(x_0, y_0 + h) + iv(x_0, y_0 + h) - (u(x_0, y_0) + iv(x_0, y_0))}{ih} \\
&= \frac{1}{i} \lim_{h \to 0} \frac{u(x_0, y_0 + h) - u(x_0, y_0)}{h} + \lim_{h \to 0} \frac{v(x_0, y_0 + h) - v(x_0, y_0)}{h} \\
&= -i \frac{\partial u}{\partial y}(x_0, y_0) + \frac{\partial v}{\partial y}(x_0, y_0)
\end{aligned}
$$

h에 따른 이 두 극한값은 동일한 복소수 $f'(z_0)$이어야 하므로

$$\frac{\partial u}{\partial x} + i \frac{\partial v}{\partial x} = -i \frac{\partial u}{\partial y} + \frac{\partial v}{\partial y}$$

이 된다. 또한 $\frac{\partial u}{\partial x}, \frac{\partial v}{\partial x}, \frac{\partial u}{\partial y}, \frac{\partial v}{\partial y}$ 들이 모두 실수 함수이므로

$$\frac{\partial u}{\partial x} = \frac{\partial v}{\partial y}$$

$$\frac{\partial u}{\partial y} = -\frac{\partial v}{\partial x}$$

가 돼야 하는데 이는 바로 코시-리만 방정식이다.

코시-리만 방정식을 만족하면(편미분의 연속성의 추가 가정을 더해) $f(z)$가 해석적임을 증명하기 전에 복소수 곱이 어떻게 $\mathbb{R}^2$에서 $\mathbb{R}^2$로의 선형 사상으로(그러므로 2×2 행렬로) 해석되는지를 설명해야 한다.

하나의 복소수 $a+bi$를 정하고 임의의 다른 복소수 $x+iy$와의 곱은

$$(a+bi)(x+iy) = (ax-by) + i(ay+bx)$$

가 된다. $x+iy$를 $\mathbb{R}^2$상의 벡터 $\begin{pmatrix} x \\ y \end{pmatrix}$로 표현하면 $a+bi$에 의한 곱은 행렬 곱셈과 같게 돼

$$\begin{pmatrix} a & -b \\ b & a \end{pmatrix} \begin{pmatrix} x \\ y \end{pmatrix} = \begin{pmatrix} ax-by \\ bx+ay \end{pmatrix}$$

가 된다. 알 수 있듯이 모든 선형 변환

$$\begin{pmatrix} A & B \\ C & D \end{pmatrix} : \mathbb{R}^2 \to \mathbb{R}^2$$

가 복소수에 의한 곱과 같은 것은 아니다. 사실은 위로부터 다음과 같은 결과를 얻게 된다.

보조 정리 13.2.3 행렬

$$\begin{pmatrix} A & B \\ C & D \end{pmatrix}$$

가 복소수 $a+bi$에 의한 곱과 상응하기 위한 필요충분조건은 $A = D = a$와 $B = -C = -b$이다.

이제 정리의 다른 방향으로 돌아가자. 우선 함수 $f : \mathbb{C} \to \mathbb{C}$를 다음과 같이 정의되는 사상 $f : \mathbb{R}^2 \to \mathbb{R}^2$로 써 보자.

$$f(x,y) = \begin{pmatrix} u(x,y) \\ v(x,y) \end{pmatrix}$$

3장에서 설명했듯이 f의 야코비안은 고유 행렬

$$Df = \begin{pmatrix} \frac{\partial u}{\partial x}(x_0, y_0) & \frac{\partial u}{\partial y}(x_0, y_0) \\ \frac{\partial v}{\partial x}(x_0, y_0) & \frac{\partial v}{\partial y}(x_0, y_0) \end{pmatrix}$$

로 주어지며 다음을 만족한다.

$$\lim_{\substack{x \to x_0 \\ y \to y_0}} \frac{\left| \begin{pmatrix} u(x,y) \\ v(x,y) \end{pmatrix} - \begin{pmatrix} u(x_0, y_0) \\ v(x_0, y_0) \end{pmatrix} - Df \cdot \begin{pmatrix} x - x_0 \\ y - y_0 \end{pmatrix} \right|}{\left| (x - x_0, y - y_0) \right|} = 0$$

그러나 코시-리만 방정식 $\frac{\partial u}{\partial x} = \frac{\partial v}{\partial y}$와 $\frac{\partial u}{\partial y} = -\frac{\partial v}{\partial x}$는 이 야코비안이 복소수에 의한 곱을 나타낸다고 한다. 이 복소수를 $f'(z_0)$라고 부르자. $z = x + iy$와 $z_0 = x_0 + iy_0$을 이용해 위 극한 식을 다음과 같이 쓸 수 있다.

$$\lim_{z \to z_0} \frac{\left| f(z) - f(z_0) - f'(z_0)(z - z_0) \right|}{\left| z - z_0 \right|} = 0$$

이 식은 절대값이 없을지라도 성립하므로

$$\begin{aligned} 0 &= \lim_{z \to z_0} \frac{f(z) - f(z_0) - f'(z_0)(z - z_0)}{z - z_0} \\ &= \lim_{z \to z_0} \frac{f(z) - f(z_0)}{z - z_0} - f'(z_0) \end{aligned}$$

이 돼

$$f'(z_0) = \lim_{z \to z_0} \frac{f(z) - f(z_0)}{z - z_0}$$

가 항상 존재해 함수 $f : \mathbb{C} \to \mathbb{C}$가 해석적임을 보인다. □

13.3 함수의 적분 표현

해석 함수는 $\mathbb{C}$ 내의 폐루프closed loop 주변의 경로 적분으로 정의될 수 있다. 이는 해석 함수를 적분으로 쓸 수 있다는 것을 의미하는데 적분 표현integral representation이 의미하는 바이다. 폐루프 σ

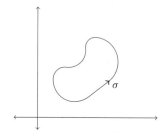

에 대해 내부점interior points에 대한 해석 함수의 값은 경계 상에서의 함수의 값으로부터 결정된다. 이는 어떤 해석 함수에 대해 이것이 가능한지 강력한 제한이 따른다. 해석 함수의 이러한 적분 표현의 결과는 호몰로지homology 이론의 시작부터 어려운 실수 적분의 계산(나머지 정리를 사용해)에 이른다.

우선 경로 적분과 그린의 정리Green's Theorem에 대한 사전 지식이 필요하다. 열린집합 U 내의 하나의 경로를 σ라 하자. 다시 말하면 σ는 하나의 미분 가능한 사상

$$\sigma : [0, 1] \rightarrow U$$

의 상image이다.

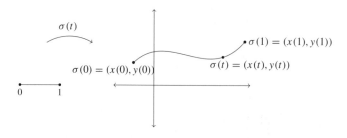

x, y를 각각 $\mathbb{C}$의 실수 좌표와 허수 좌표라 할 때 $\sigma(t) = (x(t), y(t))$로 씀으로써 다음과 같은 정의를 얻는다.

정의 13.3.1 $\mathbb{R}^2 = \mathbb{C}$의 하나의 열린 부분집합 U 상에서 정의되는 실수 함수를 $P(x, y)$와 $Q(x, y)$라 할 때 다음 식이 성립한다.

$$\int_\sigma P \, dx + Q \, dy = \int_0^1 P(x(t), y(t)) \frac{dx}{dt} \, dt + \int_0^1 Q(x(t), y(t)) \frac{dy}{dt} \, dt$$

함수 $f : U \to \mathbb{C}$를 다음과 같이 표현한다면

$$f(z) = f(x, y) = u(x, y) + i v(x, y) = u(z) + i v(z)$$

다음 정의로 이어진다.

정의 13.3.2 경로 적분 $\int_\sigma f(z) \, dz$는 다음과 같이 정의된다.

$$\int_\sigma f(z) \, dz = \int_\sigma \big(u(x, y) + i v(x, y) \big)(dx + i \, dy)$$

$$= \int_\sigma \big(u(x, y) + i v(x, y) \big) \, dx + \int_\sigma \big(i u(x, y) - v(x, y) \big) \, dy$$

이 절의 목표는 함수 f가 해석적일 때 이러한 경로 적분들이 여러 가지 특별한 성질을 가짐을 보는 것이다.

경로 σ에 대해 $\sigma(0) = \sigma(1)$인 매개변수화 $\sigma : [0, 1] \to U$가 존재하면 σ는 U 내에서 하나의 **폐루프**closed loop이다.

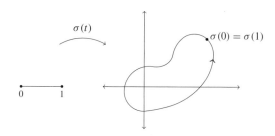

실제 경로에 대한 심볼과 매개변수화 함수에 대한 심볼을 동일하게 사용함에 주목하라. t 또는 s가 0이나 1일 때를 제외한 모든 $s \neq t$에 대해 $\sigma(t) \neq \sigma(s)$일 때 폐루프가 단순하다 simple고 한다.

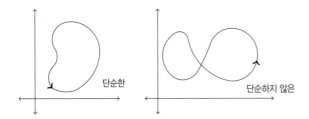

모든 단순한 폐루프는 그 내부를 반시계 방향으로 돌도록 매개변수화하자. 예를 들어 단위 원은 반시계 방향의 단순한 곡선으로 다음과 같이 매개변수화된다.

$$\sigma(t) = (\cos(2\pi t),\, \sin(2\pi t))$$

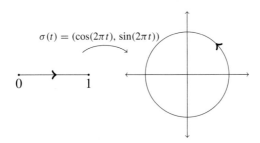

우리의 관심은 해석 함수의 반시계 방향의 단순한 곡선으로 도는 경로 적분에 있다. 다행스럽게 두 개의 핵심이 되는 쉬운 예제를 통해 일반적인 결과를 보게 된다. 이 예제는 단위 원을 도는 적분이다. 먼저 다음과 같이 정의되는 함수 $f : \mathbb{C} \to \mathbb{C}$를 보자.

$$f(z) = z = x + iy$$

함수의 경로 적분은

$$
\begin{aligned}
\int_{\sigma} f(z)\,\mathrm{d}z &= \int_{\sigma} z\,\mathrm{d}z \\
&= \int_{\sigma} (x + iy)(\mathrm{d}x + i\,\mathrm{d}y) \\
&= \int_{\sigma} (x + iy)\,\mathrm{d}x + \int_{\sigma} (xi - y)\,\mathrm{d}y \\
&= \int_{0}^{1} (\cos(2\pi t) + i\sin(2\pi t)) \frac{\mathrm{d}}{\mathrm{d}t} \cos(2\pi t)\,\mathrm{d}t
\end{aligned}
$$

$$+ \int_0^1 (i\cos(2\pi t) - \sin(2\pi t))\frac{\mathrm{d}}{\mathrm{d}t}\sin(2\pi t)\,\mathrm{d}t$$
$$= 0$$

가 된다.[1]

반면에 함수 $f(z) = \frac{1}{z}$의 예를 보자. 단위 원상에서 $|z|^2 = z\bar{z} = 1$이므로 $\frac{1}{z} = \bar{z}$가 된다. 그러면 위와 유사한 모든 적분 계산을 통해

$$\int_\sigma f(z)\,\mathrm{d}z = \int_\sigma \frac{\mathrm{d}z}{z} = \int_\sigma \bar{z}\,\mathrm{d}z = \int (\cos(2\pi t) - i\sin(2\pi t))(\mathrm{d}x + i\,\mathrm{d}y)$$
$$= 2\pi i$$

가 된다. 곧 보게 되겠지만 단위 원상에서의 경로 적분 $\int_\sigma \frac{\mathrm{d}z}{z}$가 $2\pi i$가 되는 이유는 함수 $\frac{1}{z}$이 원의 내부에서(즉 원점에서) 제대로 정의되지 않기 때문이다. 제대로 정의된다면 적분은 이전 예제처럼 0이 됐을 것이다. 전혀 명백하지는 않지만 이들이 핵심 예제이다.

다음 정리는 함수가 폐루프의 내부에서 해석적이면 폐루프를 따르는 해석 함수의 경로 적분은 항상 0이 됨을 보여 준다.

이제 그린의 정리가 필요하다.

정리 13.3.3(그린의 정리^{Green's Theorem}**)** σ가 $\mathbb{C}$ 내부의 반시계 방향의 단순한 폐루프며 그 내부를 Ω라 하자. $P(x,y)$와 $Q(x,y)$가 미분 가능한 실수 함수라면 다음 식이 성립한다.

$$\int_\sigma P\,\mathrm{d}x + Q\,\mathrm{d}y = \int\int_\Omega \left(\frac{\partial Q}{\partial x} - \frac{\partial P}{\partial y}\right)\mathrm{d}x\,\mathrm{d}y$$

---

1 적분 계산의 4번째 줄에서 t 함수 x, y의 미분과 전체 함수의 적분을 거쳐 $-\pi + \pi$가 돼 최종 0이 된다. – 옮긴이

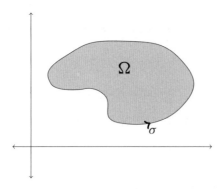

증명은 5장의 연습 문제 중 5번 문제로 남긴다.

이제 코시의 정리로 넘어가자.

정리 13.3.4(코시의 정리^{Cauchy's Theorem}**)** σ가 열린집합 U 내부의 반시계 방향의 단순한 폐루프로서 σ 내부의 모든 점이 U에 포함된다고 하자. 이때 $f : U \to \mathbb{C}$가 해석 함수라면 다음 식이 성립한다.

$$\int_\sigma f(z) \, dz = 0$$

경로 적분 $\int_\sigma f(z) \, dz$를 함수 $f(z)$의 폐루프 σ를 따른 일종의 평균으로 본다면 이 정리는 해석 함수 f에 대해서는 평균값이 0이라는 것이다. 한편 이 정리는 대부분의 함수에 대해서는 화려하리만큼 오류인데 이는 해석 함수가 매우 특별함을 보인다.

증명: 추가 가설로서 복소수 도함수 $f'(z)$가 연속이라고 가정하는데 이는 일부 작업에서는 사용하지 않을 수 있다.

실수 함수 $u(x, y)$, $v(x, y)$를 사용해 함수 $f(z) = u(z) + iv(z)$로 표현하자. 함수 $f(z)$가 해석적이므로 다음과 같은 코시-리만 방정식이 성립한다.

$$\frac{\partial u}{\partial x} = \frac{\partial v}{\partial y}$$

$$-\frac{\partial u}{\partial y} = \frac{\partial v}{\partial x}$$

이제 $f(z)$를 경로 적분하자.

$$\int_\sigma f(z)\,\mathrm{d}z = \int_\sigma (u+iv)(\mathrm{d}x+i\,\mathrm{d}y)$$
$$= \int_\sigma (u\,\mathrm{d}x - v\,\mathrm{d}y) + i\int_\sigma (u\,\mathrm{d}y + v\,\mathrm{d}x)$$
$$= \iint_\Omega \left(-\frac{\partial v}{\partial x} - \frac{\partial u}{\partial y}\right)\mathrm{d}x\,\mathrm{d}y + i\iint_\Omega \left(\frac{\partial u}{\partial x} - \frac{\partial v}{\partial y}\right)\mathrm{d}x\,\mathrm{d}y$$

여기서 마지막 식은 그린의 정리를 적용했고 Ω는 앞에서와 같이 폐루프 σ의 내부이다. 여기에 코시-리만 방정식을 다시 대입하면 경로 적분은 0이 된다. □

코시 정리의 실제적 증명은 짧지만 2개의 주요한 앞선 결과를 사용하고 있는데 바로 코시-리만 방정식과 해석성과의 동등함과 그린의 정리이다.

이 정리는 해석 함수의 적분 형태의 성질의 중심에 놓여 있다. 예를 들면 이 정리는 증명하지는 않지만 다음 정리로 (자명하지 않게) 이끈다.

정리 13.3.5 함수 $f : U \to \mathbb{C}$가 열린집합 U 내부에서 해석적이며 σ와 $\hat\sigma$가 단순 폐루프로서 σ가 U 내부에서 연속적으로 변형돼 $\hat\sigma$가 될 수 있을 때(즉 σ와 $\hat\sigma$가 U 내부에서 연속 변형 함수homotopic임) 다음 식이 성립한다.

$$\int_\sigma f(z)\,\mathrm{d}z = \int_{\hat\sigma} f(z)\,\mathrm{d}z$$

직관적으로 하나의 폐루프가 연속적으로 변형돼 U 내부의 다른 폐루프가 된다면 두 폐루프는 U 내부에서 연속 변형함수 관계homotopic이다. 즉

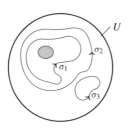

σ_1, σ_2는 U 내부에서 서로 연속 변형함수 관계이지만 이 영역에서 σ_3와는 그렇지 않다($\mathbb{C}$ 내에서는 셋이 서로 연속 변형함수 관계이지만). 연속 변형함수 관계의 기술적인 정의는 다음과 같다.

정의 13.3.6 두 경로 σ_1, σ_2에 대해 다음과 같은 연속적 사상이 존재하면 이들은 U 영역에서 서로 연속 변형함수 관계이다.

$$T : [0,1] \times [0,1] \to U$$

여기서

$$T(t,0) = \sigma_1(t)$$

$$T(t,1) = \sigma_2(t)$$

이다.

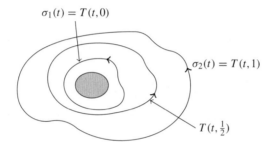

코시의 정리의 진술에서 단순한 폐루프 σ 내부의 모든 점이 열린집합 U에 포함된다는 요구조건은 σ가 U에 있는 한 점과 연속 변형함수 관계여야 한다는 것으로 바뀔 수 있다.

또한 단순히 연결된다는 개념도 필요하다. U 내의 모든 폐루프가 U 내의 한 점과 연속 변형함수 관계이면 $\mathbb{C}$ 내의 집합 U는 단순히 연결된다^{simply connected}고 한다. 직관적으로 U 내의 모든 폐루프의 내부 점을 U가 포함하면 U는 단순히 연결된다. 예를 들어 복소수 $\mathbb{C}$는 단순히 연결되지만 $\mathbb{C} - (0,0)$는 단순히 연결되지 않는다. 왜냐하면 $\mathbb{C} - (0,0)$은 단위 원을 포함하지만 단위 원판은 포함하지 않기 때문이다.

이제 다음과 같은 코시의 정리의 약간의 일반화가 필요하게 될 것이다.

명제 13.3.7 U가 $\mathbb{C}$ 내에서 단순히 연결된 열린집합이라 하자. 또한 $f : U \to \mathbb{C}$가 한 점 z_0에서 만을 제외하고는 해석적이며 모든 곳에서 연속이라 하자. σ가 U 내의 임의의 반시계 방향의 단순한 폐루프이면 다음 식이 성립한다.

$$\int_\sigma f(z)\, \mathrm{d}z = 0$$

증명은 코시의 정리의 증명과 유사하며 더 확장된 개념으로 한 점 z_0가 폐루프상에서도 모든 것이 성립한다는 것을 보증한다.

이 모든 것이 다음 결과로 이어진다.

정리 13.3.8(코시 적분 공식 ^{Cauchy Integral Formula}**)** $f : U \to \mathbb{C}$가 $\mathbb{C}$ 내의 단순히 연결된 열린집합 U 상에서 해석적이며 σ가 U 내의 임의의 반시계 방향의 단순한 폐루프이라 하자. 이때 σ 내부의 임의의 한 점 z_0에 대해 다음 식이 성립한다.

$$f(z_0) = \frac{1}{2\pi i} \int_\sigma \frac{f(z)}{z - z_0}\, \mathrm{d}z.$$

이 정리의 의미는 한 영역의 내부에 있는 임의의 점에서의 해석 함수 f의 값은 경계 곡선 상에서의 f의 값을 앎으로써 구할 수 있다는 것이다.

증명: 새로운 함수 $g(z)$가 $z \neq z_0$일 때는

$$f(z_0) = \frac{1}{2\pi i} \int_\sigma \frac{f(z)}{z - z_0}\, \mathrm{d}z$$

로 정의하고 $z = z_0$일 때는

$$g(z) = f'(z_0)$$

로 정의하자.

$f(z)$가 z_0에서 해석적이므로 정의에 의해

$$f'(z_0) = \lim_{z \to z_0} \frac{f(z) - f(z_0)}{z - z_0}$$

가 성립하므로 이는 새로운 함수 $g(z)$가 모든 곳에서 연속이며 아마도 z_0에서 만을 제외한 모든 곳에서 해석적임을 의미한다.

그런데 이전 정리에 의해 $\int_\sigma g(z)\, \mathrm{d}z = 0$이어야 한다. 그러므로

$$0 = \int_\sigma \frac{f(z) - f(z_0)}{z - z_0} \, \mathrm{d}z = \int_\sigma \frac{f(z)}{z - z_0} \, \mathrm{d}z - \int_\sigma \frac{f(z_0)}{z - z_0} \, \mathrm{d}z$$

가 돼 다음과 같은 식을 얻는다.

$$\int_\sigma \frac{f(z)}{z - z_0} \, \mathrm{d}z = \int_\sigma \frac{f(z_0)}{z - z_0} \, \mathrm{d}z$$
$$= f(z_0) \int_\sigma \frac{1}{z - z_0} \, \mathrm{d}z$$

우측 계산은 단순한 폐루프 σ를 중심이 z_0인 원으로 변형한 후의 경로 적분으로서 결과는 $2\pi i f(z_0)$가 된다. □

사실상 역도 역시 성립한다.

정리 13.3.9 σ가 임의의 반시계 방향의 단순한 폐루프며 $f : \sigma \to \mathbb{C}$가 단순한 폐루프상의 임의의 연속 함수라 하자. 또한 함수 f를 σ의 내부로 확장해 내부의 점 z_0에 대해

$$f(z_0) = \frac{1}{2\pi i} \int_\sigma \frac{f(z)}{z - z_0} \, \mathrm{d}z$$

가 성립한다고 하자. 이때 함수 $f(z)$는 σ의 내부에서 해석적이며 더 나아가 f는 무한히 미분 가능하다.

$$f^k(z_0) = \frac{k!}{2\pi i} \int_\sigma \frac{f(z)}{(z - z_0)^{k+1}} \, \mathrm{d}z$$

일반적인 증명은 대부분의 복소해석학 책에 나오지만 왜 도함수 $f'(z_0)$가 다음과 같은 경로 적분으로 쓰이는지 간단히 살펴보자.

$$\frac{1}{2\pi i} \int_\sigma \frac{f(z)}{(z - z_0)^2} \, \mathrm{d}z$$

표기의 편의를 위해 다음과 같이 표현하자.

$$f(z) = \frac{1}{2\pi i} \int_\sigma \frac{f(w)}{w - z} \, \mathrm{d}w$$

이 식을 미분하면

$$
\begin{aligned}
f'(z) &= \frac{\mathrm{d}}{\mathrm{d}z} f(z) \\
&= \frac{\mathrm{d}}{\mathrm{d}z} \left(\frac{1}{2\pi i} \int_\sigma \frac{f(w)}{w-z}\, \mathrm{d}w \right) \\
&= \frac{1}{2\pi i} \int_\sigma \frac{\mathrm{d}}{\mathrm{d}z} \left(\frac{f(w)}{w-z} \right) \mathrm{d}w \\
&= \frac{1}{2\pi i} \int_\sigma \frac{f(w)}{(w-z)^2}\, \mathrm{d}w
\end{aligned}
$$

가 돼 $z = z_0$을 넣으면 원하는 결과를 얻는다.

이 정리에서 원함수 $f : \sigma \to \mathbb{C}$가 해석적임을 가정하지 않음에 유의하라. 사실 정리는 단순한 폐루프상의 임의의 연속 함수가 내부에서의 해석 함수를 정의하는 데 사용될 수 있음을 말하고 있다. 지금까지의 증명을 개괄적 증명이라 하는 이유는 바로 미분 $\frac{\mathrm{d}}{\mathrm{d}z}$를 적분식 내로 가져오는 것에 대한 타당성을 보이지 않았기 때문이다.

13.4 멱급수로서의 해석 함수

다항식 $a_n z^n + a_{n-1} z^{n-1} + \cdots + a_0$는 작업하기 매우 좋은 함수이다. 특히 이들은 미분하거나 적분하기 쉽다. 우리가 관계해야 하는 것이 다항식들이라면 인생이 쉬울 텐데⋯ 그러나 실상은 그렇지 않다. e^z, $\log(z)$와 삼각 함수와 같은 기본 함수도 다항식이 아니다. 하지만 다행스럽게도 모든 이러한 함수가 해석적이다. 즉 이 절에서 보게 되듯이 이는 함수가 거의almost 다항식 또는 더 정확히 미화된glorified 다항식임을 의미한다. 특히 이 절은 다음 정리를 증명하는 것을 목표로 삼고 있다.

정리 13.4.1 U가 $\mathbb{C}$ 내의 하나의 열린집합이라 하자. 함수 $f : U \to \mathbb{C}$가 z_0에서 해석적이기 위한 필요충분조건은 z_0의 근방에서 $f(z)$가 다음과 같이 균등 수렴하는 멱급수와 동일함이다.

$$
f(z) = \sum_{n=0}^{\infty} a_n (z - z_0)^n
$$

실제로 균등 수렴하는 멱급수와 동일한 함수(앞에서 언급한 '미화된 다항식')는 몇 안 된다. 따라서 해석 함수가 그런 미화된 다항식으로 기술될 수 있는지 보여야 한다.

다음과 같은 식의 전개로부터

$$
\begin{aligned}
f(z) &= \sum_{n=0}^{\infty} a_n (z - z_0)^n \\
&= a_0 + a_1(z - z_0) + a_2(z - z_0)^2 + \cdots
\end{aligned}
$$

계수를 다음과 같이 구할 수 있다.

$$
\begin{aligned}
f(z_0) &= a_0, \\
f'(z_0) &= a_1, \\
f^{(2)}(z_0) &= 2a_2, \\
&\vdots \\
f^{(k)}(z_0) &= k!\, a_k
\end{aligned}
$$

그러므로 테일러급수$^{\text{Taylor series}}$를 이용해 $f(z) = \sum_{n=0}^{\infty} a_n(z - z_0)^n$를 다음과 같이 쓸 수 있다.

$$
f(z) = \sum_{n=0}^{\infty} \frac{f^{(n)}(z_0)}{n!}(z - z_0)^n
$$

다시 말하면 위 정리는 해석 함수가 그 함수의 테일러급수와 같을 뿐이라는 것이다.

먼저 멱급수의 기본적인 사실들을 복습함으로써 임의의 균등 수렴 멱급수가 해석 함수임을 정의하는 것을 보이고 개괄적인 증명을 진행하자.

3장에서 주어진 균등 수렴의 정의를 소환하자.

정의 13.4.2 U가 복소수 $\mathbb{C}$의 하나의 부분집합이라 하자. 함수의 수열 $f_n : A \to \mathbb{C}$가 함수 $f : U \to \mathbb{C}$에 **균등 수렴**하려면 임의의 $\epsilon > 0$에 대해 양의 정수 N이 존재해 모든 $n \geq N$인 경우에 U 내의 모든 점 z에 대해 다음 식이 성립해야 한다.

$$
|f_n(z) - f(z)| < \epsilon
$$

다른 말로 표현하면 마침내 모든 함수 $f_n(z)$는 극한 함수 $f(z)$ 주변의 ϵ-관^{tube} 내에 떨어짐을 보장하는 것이다.

우리에게 균등 수렴이 중요한 것은 다음 정리에 나타나지만 증명하지 않는다.

정리 13.4.3 해석 함수의 수열 $\{f_n(z)\}$가 열린집합 U 상에서 함수 $f : U \rightarrow \mathbb{C}$에 균등 수렴한다고 하자. 그러면 함수 $f_n(z)$ 또한 해석적이며 도함수 $(f_n'(z))$가 집합 U 상의 도함수 $f'(z)$에 점별 수렴$^{\text{converge pointwise}}$한다.

함수의 수열의 균등 수렴을 정의했으므로 이제는 급수의 부분합을 이용해 급수에 대한 진술을 수열의 진술로 변환함으로써 함수의 급수가 균등 수렴하는 것이 무엇을 의미하는지 이제 이해할 수 있게 된다.

정의 13.4.4 다항식 수열 $\left\{\sum_{n=0}^{N} a_n(z-z_0)^n\right\}$이 U 내에서 균등 수렴하면 복소수 a_n과 z_0을 갖는 급수 $\sum_{n=0}^{\infty} a_n(z-z_0)^n$은 복소수 $\mathbb{C}$의 열린집합 U 내에서 균등 수렴한다.

위 정리에 의해 그리고 다항식이 해석적이므로

$$f(z) = \sum_{n=0}^{\infty} a_n(z - z_0)^n$$

이 균등 수렴 급수이면 함수 $f(z)$는 해석적이다.

이제 임의의 해석 함수가 왜 균등 수렴 급수로 쓰일 수 있는지 개괄적으로 증명해 보자. 앞 절의 코시 적분 공식이 결정적이 될 것이다.

점 z_0 주위에서 해석적인 함수 f로부터 시작하자. z_0 주위의 하나의 단순한 폐루프 σ를 선택하자. 코시 적분 공식에 의해 σ 내부의 임의의 z에 대해 다음 식이 성립한다.

$$f(z) = \frac{1}{2\pi i} \int_{\sigma} \frac{f(w)}{w - z} \, \mathrm{d}w$$

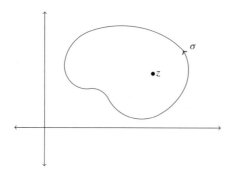

기하급수^{geometric series}의 합은 $|r| < 1$ 조건 하에

$$\sum_{n=0}^{\infty} r^n = \frac{1}{1-r}$$

이므로 $|z - z_0| < |w - z_0|$를 만족하는 모든 w 및 z에 대해

$$\frac{1}{w-z} = \frac{1}{w-z_0} \cdot \frac{1}{1 - \frac{z-z_0}{w-z_0}}$$

$$= \frac{1}{w-z_0} \cdot \sum_{n=0}^{\infty} \left(\frac{z-z_0}{w-z_0} \right)^n$$

이 성립한다. w를 폐루프 σ위의 점으로 제한하자.

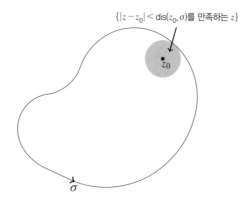

$\{ |z - z_0| < \text{dis}(z_0, \sigma)$를 만족하는 $z \}$

이때 $|z - z_0| < |w - z_0|$를 만족하는 복소수 z에 대해 $f(z)$는 다음과 같이 수렴하는 멱급

322

수가 된다.

$$f(z) = \frac{1}{2\pi i} \int_\sigma \frac{f(w)}{w - z}\,\mathrm{d}w$$
$$= \frac{1}{2\pi i} \int_\sigma \frac{f(w)}{w - z_0} \cdot \frac{1}{1 - \frac{z - z_0}{w - z_0}}\,\mathrm{d}w$$
$$= \frac{1}{2\pi i} \int_\sigma \frac{f(w)}{w - z_0} \sum_{n=0}^\infty \left(\frac{z - z_0}{w - z_0}\right)^n\,\mathrm{d}w$$
$$= \frac{1}{2\pi i} \int_\sigma \sum_{n=0}^\infty \frac{f(w)}{w - z_0} \left(\frac{z - z_0}{w - z_0}\right)^n\,\mathrm{d}w$$
$$= \frac{1}{2\pi i} \sum_{n=0}^\infty \int_\sigma \frac{f(w)}{w - z_0} \left(\frac{z - z_0}{w - z_0}\right)^n\,\mathrm{d}w$$
$$= \frac{1}{2\pi i} \sum_{n=0}^\infty (z - z_0)^n \int_\sigma \frac{f(w)}{(w - z_0)^{n+1}}\,\mathrm{d}w$$
$$= \sum_{n=0}^\infty \frac{f^{(n)}(z_0)}{n!}(z - z_0)^n$$

물론 위 증명은 상당히 엄밀하지 않다. 왜냐하면 적분과 합의 교환에 대한 정당함을 보이지 않았기 때문인데 이는 자명하지 않게 급수 $\sum_{n=0}^\infty \left(\frac{z - z_0}{w - z_0}\right)^n$이 균등 수렴한다는 사실로부터 나온다.

다음과 같은 코시 적분 공식도 사용했음을 유의하라.

$$f^{(n)}(z_0) = \frac{n!}{2\pi i} \int_\sigma \frac{f(w)}{(w - z_0)^{n+1}}\,\mathrm{d}w$$

13.5 공형 사상

이제 $\mathbb{R}^2$에서 $\mathbb{R}^2$로의 사상의 기하적 성질을 볼 때 해석 함수가 역시 매우 특별함을 보이고자 한다. 공형 사상(각을 유지하는 사상의 기술적 명칭)을 정의한 후 도함수가 0이 아닌 점에서 해석 함수가 공형임을 보이려 한다. 이는 코시-리만 방정식을 바로 따르고 있음을 의미한다.

각을 유지하는 사상을 정의하기 전에 곡선 사이의 각에 관해 기술할 필요가 있다. 곡선상의 점

$$\sigma_1(0) = \sigma_2(0)$$

에서 교차하는 미분 가능한 두 곡선을 다음과 같이 정의하자.

$$\sigma_1 : [-1, 1] \rightarrow \mathbb{R}^2$$

$$\sigma_2 : [-1, 1] \rightarrow \mathbb{R}^2$$

여기서 $\sigma_1(t) = (x_1(t), y_1(t))$이며 $\sigma_2(t) = (x_2(t), y_2(t))$이다.

이때 두 곡선의 각은 곡선의 접선 사이의 각으로 정의한다.

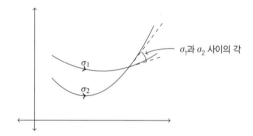

그러므로 곡선의 접선 사이의 내적dot product이 의미를 가진다.

$$\frac{d\sigma_1}{dt} \cdot \frac{d\sigma_2}{dt} = \left(\frac{dx_1}{dt}, \frac{dy_1}{dt} \right) \cdot \left(\frac{dx_2}{dt}, \frac{dy_2}{dt} \right)$$

$$= \frac{dx_1}{dt} \frac{dx_2}{dt} + \frac{dy_1}{dt} \frac{dy_2}{dt}$$

정의 13.5.1 (x_0, y_0)에서 교차하는 임의의 두 곡선 간 각이 유지되면, 즉 곡선 σ_1, σ_2 간 각이 상으로서의 곡선 $f(\sigma_1)$, $f(\sigma_2)$ 간 각과 같다면 함수 $f(x, y) = (u(x, y), v(x, y))$는 점 (x_0, y_0)에서 공형conformal이다.

그러므로

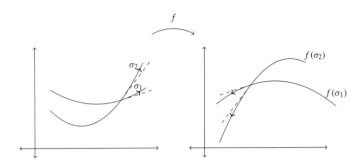

는 공형이나

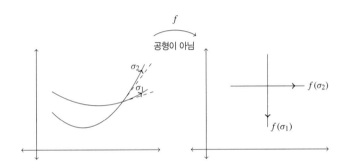

는 공형이 아니다.

정리 13.5.2 점 z_0에서 도함수가 0이 아닌 해석 함수 $f(z)$는 z_0에서 공형이다.

증명: 접선 벡터는 사상 f 아래에서 f의 2×2 야코비안 행렬을 곱함으로써 변환된다. 그러므로 야코비안이 각을 유지하는지 확인해야 한다. $z = x + iy$이므로 f를 실수부와 허수부로 다음과 같이 쓸 수 있다.

$$f(z) = f(x, y) = u(x, y) + iv(x, y)$$

$z_0 = (x_0, y_0)$에서의 야코비안은 다음과 같다.

$$Df(x_0, y_0) = \begin{pmatrix} \frac{\partial u}{\partial x}(x_0, y_0) & \frac{\partial u}{\partial y}(x_0, y_0) \\ \frac{\partial v}{\partial x}(x_0, y_0) & \frac{\partial v}{\partial y}(x_0, y_0) \end{pmatrix}$$

그러나 함수 f가 z_0에서 해석적이므로 코시-리만 방정식

$$\frac{\partial u}{\partial x}(x_0, y_0) = \frac{\partial v}{\partial y}(x_0, y_0),$$

$$-\frac{\partial u}{\partial y}(x_0, y_0) = \frac{\partial v}{\partial x}(x_0, y_0)$$

가 성립해 야코비안을 다음과 같이 쓸 수 있다.

$$Df(x_0, y_0) = \begin{pmatrix} \frac{\partial u}{\partial x}(x_0, y_0) & \frac{\partial u}{\partial y}(x_0, y_0) \\ -\frac{\partial u}{\partial y}(x_0, y_0) & \frac{\partial u}{\partial x}(x_0, y_0) \end{pmatrix}$$

행렬의 두 열이 서로 수직임(즉 내적이 0)에 유의하라. 이것만으로도 야코비안에 의한 곱셈이 각을 유지함을 보여준다. 또한 야코비안을 두 접선 벡터 $\frac{d\sigma_1}{dt}$, $\frac{d\sigma_2}{dt}$와 곱해 구하고 $\frac{d\sigma_1}{dt}$과 $\frac{d\sigma_2}{dt}$ 사이의 내적이 상image 접선 벡터 사이의 내적과 같음을 체크함으로써 각이 유지됨을 분명하게 보일 수 있다. □

다음 증명은 코시-리만 방정식을 해석성으로 접근시키는 방법을 사용한다. 더 기하적인 (그리고 안타깝게도 더 모호한) 접근은 h가 어떤 경로를 택해 0으로 접근하더라도

$$\lim_{h \to 0} \frac{f(z_0 + h) - f(z_0)}{h}$$

가 존재하기 위한 요구 조건을 조심스럽게 바라보는 것이다. 이 조건은 함수 f의 각 변화에 대한 강력한 제한을 두어야 한다.

이는 또한 역에 대한 접근 방식도 제공한다. 공형 함수 f가 해석성을 위한 다음과 같은 극한

$$\lim_{h \to 0} \frac{f(z_0 + h) - f(z_0)}{h}$$

을 만족하거나 또는 컬레 복소수 함수 $\bar{f}$에 대한 다음과 같은 극한

$$\lim_{h \to 0} \frac{\bar{f}(z_0 + h) - \bar{f}(z_0)}{h}$$

이 성립해야 한다. 여기서 $f(z) = u(z) + iv(z)$에 대한 컬레 복소수 함수는 다음과 같다.

$$\bar{f}(z) = u(z) - iv(z)$$

13.6 리만 사상 정리

두 정의역 D_1, D_2 사이에 일대일과 위로의 공형 사상^{conformal map}

$$f : D_1 \rightarrow D_2$$

가 존재하면 D_1과 D_2는 공형적으로 동등하다^{conformally equivalent}고 한다. 이런 함수 f가 존재한다면 역함수 역시 공형적이다. 공형은 기본적으로 f가 해석적임을 의미하므로 두 정의역이 공형적으로 동등하면 복소해석학에서 사용하는 도구를 사용해서는 이들을 구분하는 것은 불가능하다. 해석 함수가 함수 중에서 특별한 함수임을 고려할 때 두 정의역이 언제 공형적으로 동등한지를 결정하기 위한 깔끔한 결과가 이미 존재한다는 것은 상당히 놀랄 만 하다. 주요 결과는 다음과 같다.

정리 13.6.1(리만 사상 정리^{Riemann Mapping Theorem}**)** $\mathbb{C}$와 같지 않은 두 개의 단순 연결^{simply connected} 정의역은 공형적으로 동등하다.

(정의역 내 임의의 폐루프^{loop}가 정의역 내 한 점과 연속 변형^{homotopic} 관계이거나 또는 정의역 내의 모든 폐루프가 계속해서 한 점으로 줄어들 수 있으면 정의역은 단순 연결임을 기억해 내자) 이 결과는 자주 다음과 같이 선언된다. $\mathbb{C}$와 같지 않은 임의의 단순 연결 정의역 D에 대해 D로부터 단위 원판으로의 일대일과 위로의 사상이 존재한다. 즉 다음과 같은 정의역

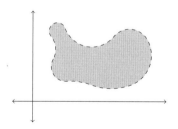

은 다음과 같은 정의역과 공형적으로 동등하다.

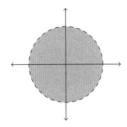

하지만 리만 사상 정리가 우리를 위해 원하는 함수 *f*를 제공하지는 않는다. 실제로 공형 사상을 찾는 것은 예술이다. 표준적인 접근 방식은 먼저 각각의 정의역으로부터 단위 원 판으로의 공형 사상을 찾는 것이다. 그러고 나서 두 정의역을 공형적으로 연결하기 위해 다양한 사상을 조합해 원판에 사상하고 또한 사상의 역을 원판에 사상한다.

예를 들어 우측 반평면 *D*를 고려하자.

$$D = \{z \in \mathbb{C} : \mathrm{Re}(z) > 0\}$$

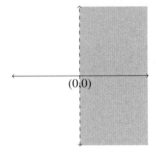

이때 함수

$$f(z) = \frac{1 - z}{1 + z}$$

는 *D*로부터 단위 원판으로의 공형 사상을 제공한다. 이는 *D*의 경계인 *y*축이 단위 원판 의 경계로 사상됨을 보임으로써 체크된다. 이 경우 *f*의 역은 *f* 자체이다.

리만 사상 정리는 왜 복소수 학자들이 그렇게 많은 시간을 들여 원판 함수론을 연구하는 지의 이유가 된다. 왜냐하면 원판에 관한 지식은 단순 연결 정의역에 관한 지식으로 쉽게 해석될 수 있기 때문이다.

다변수 복소수 이론에 있어서 모든 것은 훨씬 더 어려운데 이는 넓게는 리만 사상 정리의 고차원적 유사성이 존재하지 않기 때문이다. $\mathbb{C}^n$ 내에서 공형적으로 동등하지 않은 많은 단순 연결 정의역이 존재한다.

13.7 다수 복소 변수: 하르톡의 정리

n개의 복소 변수를 갖는 복소함수 $f(z_1, \ldots, z_n)$을 고려하자. $f(z_1, \ldots, z_n)$이 각각의 변수 z_i에 대해 개별적으로 복소해석적holomorphic이면 f가 다변수에 있어서 **복소해석적**(또는 해석적analytic)이라고 한다. 단일 변수 해석 함수에 대한 기본적인 많은 결과가 다변수의 경우로 넘어올 수 있지만 주제들이 매우 다르다. 이러한 차이는 하르톡의 정리Hartog's Theorem 에서 출발하는데 이 절의 주제이다.

단일 변수 함수 $f(z) = \frac{1}{z}$을 고려하자. 이 함수는 원점을 제외한 모든 점에서 복소해석적인데 원점에서는 함수가 정의되지 않는다. 그러므로 한 점에서 만을 제외하면 복소해석적인 단일 변수 함수를 찾는 것은 쉽다. 그러나 다변수의 복소해석적 함수에 대한 동일한 질문에 대해서는 어떤가? 고립된 한 점을 제외한 모든 곳에서 복소해석적인 함수 $f(z_1, \ldots, z_n)$이 존재하는가? 하르톡의 정리는 그런 함수는 존재할 수 없다는 것이다.

정리 13.7.1(하르톡의 정리Hartog's Theorem) U가 $\mathbb{C}^n$ 내의 열린 연결 영역이며 V가 U 내의 콤팩트 연결 집합이라 하자. 이때 $U - V$ 상에서 복소해석적인 임의의 함수 $f(z_1, \ldots, z_n)$은 모든 U 상에서 정의되는 하나의 복소해석 함수로 확장될 수 있다.

이는 V가 고립점인 경우를 확실히 포함한다. 특별한 경우에 대한 이 정리의 개괄적 증명을 진행하기 전에 다음 질문을 생각해 보자. 열린 연결 집합 U에 대한 자연적인 조건이 존재해 더 큰 열린집합으로 확장될 수 없는 U 상의 복소해석 함수가 존재할까? 그러한 집합 U를 **복소해석 정의역**domains of holomorphy이라고 부른다. 하르톡의 정리는 $U -$ (고립점) 같은 영역은 복소해석 정의역이 아니라고 말한다. 사실 명확한 기준은 분명히 존재하며 열린집합 U의 경계에 대한 기하적 조건을 포함한다(기술적으로 경계는 유사볼록pseudoconvex 이어야 한다). 하르톡의 정리는 다수 복소변수의 현상에 대한 완전히 새로운 세계를 열어 놓는다.

하르톡의 정리를 생각하게 하는 한 가지 방법은 함수 $\frac{f(z_1,\ldots,z_n)}{g(z_1,\ldots,z_n)}$을 하나의 반예제^{counter} ^{example}로 생각해 볼 수 있다. 여기서 f와 g는 해석적이다. 고립점에서 0이거나 또는 콤팩트 집합 상의 복소해석 함수 g를 찾을 수 있다면 하르톡의 정리는 거짓이 된다. 하르톡의 정리는 참 하나의 참 정리이기 때문에 하나 이상의 변수를 갖는 해석 함수는 고립점에서 0을 가질 수 없다. 사실 0 궤적 $g(z_1,\ldots,z_n)=0$에 대한 연구는 대수적 및 해석적 기하학의 많은 부분으로 연결된다.

이제 하르톡의 정리의 개괄적 증명을 위해 U가 다음과 같은 다원판^{polydisc}

$$U = \{(z,w) \in \mathbb{C}^2 : |z| < 1, |w| < 1\}$$

이며 V는 고립점 $(0,0)$이라는 가정을 통해 단순화하자. 또한 하나의 열린 연결 영역 U 상에서 복소해석적인 두 함수가 하나의 열린집합 U 상에서 같다면 그들은 U의 모든 곳에서 같다는 사실을 사용한다(이런 사실에 대한 증명은 단일 변수 복소수해석에서의 상응하는 결과와 유사하며 이 장의 연습 문제 3에서 보일 수 있다).

함수 $f(z,w)$가 $U - (0,0)$ 상에서 복소해석적이라 하자. 우리는 이를 확장해 f가 U의 모든 곳에서 복소해석적이기를 원한다. $|c| < 1$인 상수 집합 $z = c$를 고려하자. 집합

$$(z = c) \bigcap (U - (0,0))$$

는 $c \neq 0$일 때는 반지름 1인 열린 원판이며 $c = 0$일 때는 원점이 제거된 열린 원판이다. 다음과 같은 새로운 함수를 정의하자.

$$F(z,w) = \frac{1}{2\pi i} \int_{|v|=\frac{1}{2}} \frac{f(z,v)}{v - w} \, dv$$

이는 바로 우리가 바라는 확장이다. 먼저 함수 F는 원점을 포함한 U의 모든 점에서 정의된다. 변수 z는 적분 내에서 변하지 않으므로 코시 적분 공식에 따라 $F(z,w)$는 변수 w에 있어서 복소해석적이다. 원함수 f가 변수 z에 대해 복소해석적이므로 F도 변수 z에 대해 복소해석적이며 결국 F가 U의 모든 곳에서 복소해석적이다. 그러나 다시 코시 적분 공식에 따라 $z \neq 0$일 때는 $F = f$가 된다. 두 복소해석 함수가 임의의 U의 열린집합에서 같으므로 $U - (0,0)$에서도 동일하다.

하르톡의 정리의 일반적인 증명도 유사해 영역 U를 많은 원판과 원점이 제외된 원판들로 얇게 자르고 코시 적분 공식을 사용해 새로운 확장을 만드는 방법으로 문제를 축소한다.

13.8 참고 서적

복소해석학은 많은 곳에 적용되기 때문에 동일한 주제에 대해서는 각각 다른 면을 강조하는 많은 입문용 책이 있다. 훌륭한 입문서는 마스덴[Marsden]과 호프만[Hoffman]의 『Basic Complex Analysis』(1999)[133]이다. 폴카[Palka]의 『An Introduction to Complex Function Theory』(1991)[151] 또한 훌륭하다(필자는 폴카로부터 복소해석학을 배웠다). 더 최근의 입문서로는 그린[Greene]과 크란츠[Krantz]의 『Function Theory of One Complex Variable』(1997)[77]이 있다. 슈피글[Spiegel]의 『Complex Variables』(1983)[173]는 불같이 빠른 입문서로서 확고한 문제를 충분히 소개하는 탁월한 책이다.

복소해석학에 대한 대학원 교재는 많은데 처음에 시작하자마자 곧 높게 쌓아 올린다. 알포르스[Ahlfors]의 책[3]은 오랫동안 표준이 돼왔다. 책이 써진 (1960년대) 수학의 시대를 반영하고 매우 추상적인 관점에서 주제에 접근하고 있다. 콘웨이[Conway]의 『Functions of One Complex Variable』(1995)[33]은 대학원을 시작하는 학생들에게는 오랫동안 알포르스의 경쟁 서적이 됐으며 역시 꽤 좋은 도서다. 베렌스타인[Berenstein]과 게이[Gay]의 책 [16]은 복소해석학의 현대적 체계를 제공하고 있다. 다변수 복소해석학의 좋은 입문서로는 크란츠[Krantz]의 『Function Theory of Several Complex Variables』(2001)[116]가 있다.

학부의 수학 과정에서 가장 아름다운 주제는 아마도 복소해석일 것이다. 크란츠[Krantz]의 『Complex Analysis: The Geometric Viewpoint』(1990)[117]나 데이비스[Davis]의 『The Schwarz Function and Its Applications』(1974)[42]는 교재는 아니지만 두 책 모두 복소해석학의 매력적인 암시를 보여주고 있으며 해석 함수가 수학의 다른 부분과 어떻게 자연스럽게 연결될 수 있는지를 볼 수 있는 좋은 위치에 있는 책이다.

연습 문제

1. $z = x + iy$라 할 때 함수

$$f(z) = f(x, y) = y^2$$

가 해석 함수가 아님을 보여라. 또한 $z_0 = 0$인 경우에 대해 폐루프 σ가 원점을 중심으로 하는 단위 원일 때 함수 f가 코시 적분 공식

$$f(z_0) = \frac{1}{2\pi i} \int_\sigma \frac{f(z)}{z - z_0} \, \mathrm{d}z$$

를 만족하지 않음을 보여라.

2. 문제 1에서 주어진 함수와 다른 해석적이 아닌 하나의 함수 $f(z)$를 구하라. $f(z)$가 두 변수의 함수

$$f(x, y) = u(x, y) + iv(x, y)$$

라면 대부분의 어떤 함수 u, v라도 가능할 것이다.

3. $f(z)$와 $g(z)$가 폐루프 σ상에 있는 모든 점에서 동일하다고 하자. 폐루프 내부에 있는 모든 점 z에 대해서도 두 함수가 동일함을 보여라. 힌트로서 $g(z)$가 0 함수라고 가정하고 따라서 $f(z)$가 폐루프 σ를 따라서 0이라는 가정에서 출발하자. 그리고 $f(z)$가 폐루프의 내부에서 0 함수임을 보여라.

4. 단위 원판 $\{(x, y) : x^2 + y^2 < 1\}$에서 평면의 제1사분면 $\{(x, y) : x > 0, y > 0\}$으로의 일 대일과 위로의 공형 사상을 구하라.

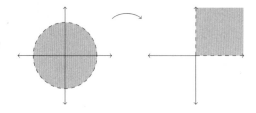

5. 서로 다른 복소수 z_1, z_2, z_3을 고려하자. 함수

$$T(z) = \frac{az + b}{cz + d}$$

가 z_1을 0으로, z_2를 1로, z_3을 2로 사상하고 $ad - bc = 1$이 되는 a, b, c, d를 찾을 수 있음을 보여라. 또한 -1 곱셈까지 a, b, c, d가 고유하게 결정됨을 보여라.

6. $\int_{-\infty}^{\infty} \frac{dx}{1+x^2}$를 다음과 같이 구하라.

   a. 다음 적분을 구하라.

   $$\int_{\gamma} \frac{dz}{1 + z^2}$$

   여기서 $\gamma = \gamma_1 + \gamma_2$는 복소평면의 폐루프로서

   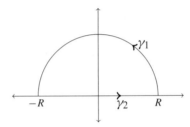

   경로는 다음과 같이 구성된다.
   $$\gamma_1 = \{Re^{\pi\theta} : 0 \leq \theta \leq \pi\}$$
   $$\gamma_2 = \{(x, 0) \in \mathbb{R}^2 : -R \leq x \leq R\}$$

   b. 다음을 보여라.

   $$\lim_{R \to \infty} \int_{\gamma_1} \frac{dz}{1 + z^2} = 0$$

   c. 적분값 $\int_{-\infty}^{\infty} \frac{dx}{1+x^2}$로 마무리하라.

   (이는 어려운 실제 적분을 어떻게 쉽게 계산하는지 보여주는 표준 문제이다. 전에 나머지^{residue}를 사용해 본 적이 없는 독자에게는 어려운 문제이지만 그렇지 않은 경우에는 쉬울 것이다).

7. 이 문제의 목표는 단위구(북극점 제외)로부터 복소수로의 공형 사상을 만드는 문제이다. 다음 식과 같은 구를 고려하자. $S^2 = \{(x, y, z) : x^2 + y^2 + z^2 = 1\}$.

a. 다음과 같은 함수

$$\pi : S^2 - (0,0,1) \to \mathbb{C}$$

로 정의되는 사상

$$\pi(x,y,z) = \frac{x}{1-z} + i\frac{y}{1-z}$$

이 일대일과 위로의 사상이며 공형임을 보여라.

b. $x + iy$를 점 $(x,y,0)$에 사상함으로써 복소수 $\mathbb{C}$를 $\mathbb{R}^3$ 내에 앉히는 것으로 생각하자. 위와 같은 사상 π가 $S^2 - (0,0,1)$ 상의 점 (x,y,z)를 $z = 0$ 평면과의 교차점, 즉 (x,y,z)와 $(0,0,1)$을 연결하는 직선과 $z = 0$ 평면과의 교차점으로 보내는 사상으로 해석될 수 있음을 보여라.

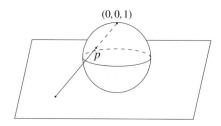

c. 이따금 사람들이 단위구가 $\mathbb{C} \cup \infty$와 같다고 인식하는지 그 이유를 말해 보라.

14

해석적 수론

기본 대상: 리만 제타 함수 $\zeta(s)$

기본 목표: $\zeta(s)$의 영점을 소수의 분포와 연결하기

소수prime numbers는 정수integers를 쌓아가는 빌딩 블록이다. 무한개의 소수가 존재한다는 사실은 수천 년 동안 알려져 왔다. 이들이 정수 사이에 어떻게 분포돼 있을까?

10장의 소수 정리(정리 10.2.3)를 통해 우리는 소수의 분포에 관한 추정치를 알고 있다. 전에 언급한 것처럼 이 분포는 소수의 긴 리스트를 보고 대략 추측한 것일 수 있다(쉽지 않은 판단이지만). 정말 놀라운 것은 증명이 우리를 편하게 하는 곱셈과 나눗셈의 세계를 떠나 대신에 복소해석학의 도구를 사용하라고 요구한다.

14.1 리만 제타 함수

1700년대에 오일러Euler는 소수가 무한개 존재할 것이라는 새로운 형식의 증명을 내놓았다.

그는 다음 함수를 정의함으로써 출발했다.

$$\zeta(s) = \sum_{n=1}^{\infty} \frac{1}{n^s}$$

이는 그 유명한 리만 제타 함수$^{\text{Riemann zeta function}}$의 원형이다. 다음 절에서는 리만이 오일러 이후 한 세기 더 늦게 살았음에도 불구하고 이것이 리만의 이름에 대한 역사적 불의가 아님을 보게 될 것이다.

오일러는 무한급수와 무한 곱을 어떻게 완전하게 다루는지를 알았다. 그 출발점은 $\zeta(s)$ $= \sum_{n=1}^{\infty} \frac{1}{n^s}$이 s가 1보다 큰 실수일 때에 수렴하고 $s = 1$일 때는 발산한다는 것이다(실제로는 실수가 1보다 큰 임의의 복소수 s에 대해서도 수렴한다). 이는 급수의 수렴에 관한 적분 판정법의 결과이다.

둘째 사실은 그는 기하급수$^{\text{geometric series}}$에 대한 모든 것을 알았기에 $|x| < 1$인 경우 다음과 같음을 알았다는 것이다.

$$\frac{1}{1-x} = 1 + x + x^2 + x^3 + \cdots$$

이는 그가 다음으로 나아가게 했다.

정리 14.1.1 $s > 1$인 경우

$$\zeta(s) = \sum_{n=1}^{\infty} \frac{1}{n^s} = \prod_{p \text{ prime}} \frac{1}{1 - \frac{1}{p^s}}$$

이 된다.

따름정리 14.1.2 무한개의 소수가 존재한다.

정리를 증명하기 전에 이 따름정리가 사실임을 확인하자. 소수의 개수가 유한개라고 가정하자. 그러면

$$\prod_{p \text{ prime}} \frac{1}{1 - \frac{1}{p^s}}$$

는 유한개의 수의 곱이므로 그 자체도 하나의 숫자이다. 특히 이는 $s = 1$일 때에 사실

이다. 그러나 이는 다음과 같은 합

$$\zeta(1) = \sum_{n=1}^{\infty} \frac{1}{n^1}$$

이 유한값임을 의미하는데 실제로 위 급수는 무한대로 발산한다. 그러므로 소수의 개수는 무한대임이 틀림없다.

이와 같은 일련의 추론은 돌파구가 됐다. 첫째 이는 소수의 개수와 함수-이론적 연결을 제공한다. 둘째 합 $\sum_{n=1}^{\infty} \frac{1}{n}$이 발산하는 속도는 소수의 증가율을 이해하도록 인도할 수 있다고 제시한다. 이는 사실 정리 10.2.3의 소수 정리 증명의 시작이다.

이제 정리를 증명하자.

증명: 증명의 배경이 되는 핵심 아이디어는 모든 양의 정수는 소수의 곱으로 고유하게 인수분해된다는 사실이다(정리 10.2.1). 함수-이론적 부분은 단지 기하급수에 대해 알고 있는 것이다.

소수에 대한 다음과 같은 항을 모두 곱하는 것인데

$$\frac{1}{1 - \frac{1}{p^s}}$$

이 항은 다음과 같은 합으로 전개될 수 있다.

$$1 + \frac{1}{p^s} + \frac{1}{p^{2s}} + \frac{1}{p^{3s}} + \cdots$$

따라서 무한 곱셈

$$\prod_{p \text{ prime}} \frac{1}{1 - \frac{1}{p^s}}$$

는 다음과 같다.

$$\left(1 + \frac{1}{2^s} + \frac{1}{2^{2s}} + \cdots\right)\left(1 + \frac{1}{3^s} + \frac{1}{3^{2s}} + \cdots\right)\left(1 + \frac{1}{5^s} + \frac{1}{5^{2s}} + \cdots\right)\cdots$$

앞의 두 항의 곱

$$\left(1 + \frac{1}{2^s} + \frac{1}{2^{2s}} + \cdots\right)\left(1 + \frac{1}{3^s} + \frac{1}{3^{2s}} + \cdots\right)$$

는 다음과 같이 전개되고

$$1 \cdot \left(1 + \frac{1}{3^s} + \frac{1}{9^s} + \cdots\right) + \frac{1}{2^s}\left(1 + \frac{1}{3^s} + \frac{1}{9^s} + \cdots\right)$$

$$+ \frac{1}{4^s}\left(1 + \frac{1}{3^s} + \frac{1}{9^s} + \cdots\right) + \cdots$$

이를 정리하면

$$1 + \frac{1}{2^s} + \frac{1}{3^s} + \frac{1}{4^s} + \frac{1}{6^s} + \frac{1}{8^s} + \frac{1}{9^s} + \frac{1}{12^s} + \cdots$$

이 된다. 이는 2와 3의 곱에 s승을 취한 역수의 모든 항의 합이다.

다음 괄호인 $\left(1 + \frac{1}{5^s} + \frac{1}{5^{2s}} + \cdots\right)$를 더 곱하면 그 결과는 2와 3과 5의 곱에 s승을 취한 역수의 모든 항의 합이다. 이를 계속하면 원하는 결과를 얻게 된다. □

14.2 리만의 통찰력

1859년에 리만은 『Ueber die Anzahl der Primzahlen unter einer gegebenen Grösse (주어진 양보다 작은 소수의 개수에 대해)』라는 논문을 발표했다. 이 짧은 논문은 인류 역사상 중요한 작품 중 하나인 것이다. 여기에서 리만은 소수 개수 함수 $\pi(x)$에 대한 연구에 혁신을 가져왔다. 그는 이 함수가 단순한 $\zeta(s)$가 아니라 복소변수 s의 함수로서의 $\zeta(s)$에 연관을 두고 있음을 강조했다. 이를 통해 그는 소수 개수 함수 $\pi(x)$의 성질을 이해하기 위해 복소해석 함수를 위해 개발되고 있는(부분적으로 그가 개발한) 도구를 사용했다.

리만은 다음과 같은 정리를 증명했다.

정리 14.2.1 해석적으로 $\mathbb{C}$에 연속된 제타 함수 $\zeta(s)$는 $s = 1$에서 단순 극점pole 하나의 무한대를 가진다. 모든 짝수에서는 영점zeros을 가진다(이를 자명한 영점이라 부른다).

$s=1$에서 $\zeta(1)=\sum_{n=1}^{\infty}1/n$이 돼 이는 일반적으로 미적분학에서 발산하는 첫 번째 무한급수로 나타난다. 음의 짝수가 $\zeta(s)$의 영점인 사실은 14.4절에 보일 것이다. 이는 자명한 영점이다. 이는 다른 것이 존재함을 제시하고 있으며 수학에서 가장 중요한 열린 질문으로 이어진다(그 중요함이 명확하지는 않더라도).

리만 가설 The Riemann Hypothesis: $\zeta(s)$의 자명하지 않은 영점은 단지 $\mathrm{Re}(s)=1/2$ 선상에만 놓여있다.

14.3 감마 함수

감마 함수는 하나의 기쁨이다. 이는 공통 현상의 작은 발현이다. 말하자면 어떤 수학적 대상이 초기에는 양의 정수에 대해서 정의되는 것처럼 보이나 사실 모든 실수 $\mathbb{R}$에 대해 또는 복소수 $\mathbb{C}$에 대해서도 정의된다는 것이다.

계승factorial을 고려해 보자.

$$n! = n(n-1)(n-2)\cdots 2\cdot 1$$

이는 확실히 양의 정수에 대해서만 성립하는 것처럼 보인다. 그러면 $3.5!$ 또는 $(2+8i)!$은 무엇을 의미할까?

첫째 단계는 아래 정의이다.

정의 14.3.1 실수 $x>0$에 대해서 감마 함수를 다음과 같이 정의하자.

$$\Gamma(x) = \int_0^{\infty} t^{x-1}e^{-t}\mathrm{d}t$$

그러므로 $\Gamma(x)$는 모든 복소수에 대한 이 함수의 해석적 연속이다.

$x>0$에 대해 위 적분이 수렴하는 것을 보일 수 있다.

이 우스꽝스럽게 보이는 함수는 다음과 같은 흥미로운 성질을 가진다.

정리 14.3.2 $x>0$에 대해 감마 함수는 다음과 같은 성질을 가진다.

$$\Gamma(1) = 1$$

$$\Gamma(x + 1) = x\Gamma(x)$$

$\Gamma(1) = 1$의 증명은 $x = 1$을 적분식에 넣어 계산하면 된다. $\Gamma(x + 1) = x\Gamma(x)$의 증명은 부분적분을 이용한다. 핵심은 이 정리가 다음과 같은 따름정리로 이어지는 것이다.

따름정리 14.3.3 양의 정수에 대해 감마 함수는 다음과 같은 성질을 가진다.

$$\Gamma(n) = (n - 1)!$$

$\Gamma(n)$이 $n!$이 아닌 $(n - 1)!$로 정의된 것은 성가신 역사적 사고이다. 어쩔 수 없이 굳어졌다. 왜 사실인지 다음을 보자.

$$\Gamma(2) = \Gamma(1 + 1) = 1 \cdot \Gamma(1) = 1,$$
$$\Gamma(3) = \Gamma(2 + 1) = 2 \cdot \Gamma(2) = 2!,$$
$$\Gamma(4) = \Gamma(3 + 1) = 3 \cdot \Gamma(3) = 3!$$

등등.

끝으로 다음 정리를 보자.

정리 14.3.4 $\Gamma(s)$의 무한대는 단지 $s = 0, -1, -2, -3, \ldots$에서의 단순 극점이다.

이 증명은 실제적인 작업을 포함한다(스토플^{Stopple}[184]의 8.4절을 보라).

14.4 함수방정식: 숨겨진 대칭

제타 함수 $\zeta(s)$는 소수와 연결돼 있다. 리만은 $\zeta(s)$ 배경의 함수론을 진지하게 받아들여야 한다고 했다. 이 절은 $\zeta(s)$에 감추어진 다소 놀랄만한 숨겨진 대칭에 대해 논의한다. 이 주제의 대부분에 관한 증명은 힘들다. 결과 스스로도 자명한 것과는 거리가 있다(아포스톨^{Apostol}[5]의 12.8절을 따르고 있다).

다음과 같은 새로운 함수를 정의하는 것으로 시작하자.

$$\Phi(s) = \frac{1}{\pi^{s/2}} \Gamma\left(\frac{s}{2}\right) \zeta(s)$$

이러한 낯선 함수를 생성하는 타당성은 다음 정리에서 주어진다.

정리 14.4.1(함수방정식 The Functional Equation**)**

$$\Phi(s) = \Phi(1-s)$$

이것이 그 숨겨진 대칭이다.

이 공식은 음의 짝수 정수가 $\zeta(s)$의 영점이 될 수 있는지를 설명해 준다. 즉 $s = -2n$으로 놓으면

$$\Phi(-2n) = \Phi(1+2n) = \frac{1}{\pi^{1/2+n}}\Gamma\left(\frac{1+2n}{2}\right)\zeta(1+2n)$$

이 된다. 오른편의 모든 항은 존재하는 항이므로 $\Phi(-2n) = \Phi(1+2n)$이 잘 정의된 값이 틀림없다. 그러나 또한

$$\Phi(-2n) = \frac{1}{\pi^{-n}}\Gamma(-n)\zeta(-2n)$$

도 성립한다. $\Gamma(s)$는 각각의 $-n$에서 극점을 가진다. 그 곱은 유한개이므로 이는 $\zeta(-2n)$이 0이어야 한다. 이것이 음의 짝수 정수를 함수 $\zeta(s)$의 자명한 영점이라고 부르는 이유이다. 이제 모든 것이 밝혀졌다.

함수방정식은 또한 변환 $s \to 1-s$에서도 변하지 않는 선인 $\text{Re}(s) = 1/2$이 어떤 중요한 것을 나타낼지도 모른다는 점을 제시한다.

14.5 $\pi(x)$와 $\zeta(s)$의 영점 연결

우리는 소수의 밀도와 x보다 작은 소수의 개수인 $\pi(x)$의 증가율을 정말 이해하고 싶다. 이제부터 $\pi(x)$와 복소함수 $\zeta(s)$의 영점을 연결하는 정확한 공식이 존재한다는 것을 확인할 것이다. 이 공식을 증명하는 것은 결코 쉽지 않다. 여기서는 공식이 어떤 것인지 보는 것으로 만족하자.

우선 또 다른 새로운 함수를 정의한다.

정의 14.5.1 폰 망골트 함수$^{\text{von Mangoldt function}}$는 다음과 같다.

$$\Lambda(n) = \begin{cases} \log(p) & n = p^k \text{인 경우 } p \text{는 소수} \\ 0 & n \neq p^k \text{인 경우 } p \text{는 임의의 소수} \end{cases}$$

x보다 작은 소수의 개수에 대한 하나의 측정 형태인 $\sum_{n<x} \Lambda(n)$을 살펴보자($\pi(x)$만큼 자명하지는 않지만). 다음 식을 주목하자.

$$\zeta(s) = \sum_{n=1}^{\infty} \frac{1}{n^s} = \prod_{p \text{ prime}} \frac{1}{1 - \frac{1}{p^s}}.$$

리만의 직관을 사용한다면 s의 실수부가 1보다 크면 복소수 s에 대해서도 등식은 사실임을 깨닫게 된다.

정리 14.5.2 $\mathrm{Re}(s) > 1$인 경우 다음 식이 성립한다.

$$\frac{\zeta'(s)}{\zeta(s)} = -\sum_{n=1}^{\infty} \frac{\Lambda(n)}{n^s}$$

이러한 주장에 대한 느낌을 얻기 위해 다음 증명을 보자.

증명: 왼편 식은 로그함수에 대한 미분이므로 다음과 같이 전개된다.

$$\begin{aligned}
\frac{\zeta'(s)}{\zeta(s)} &= \frac{\mathrm{d}}{\mathrm{d}s} \log(\zeta(s) \\
&= \frac{\mathrm{d}}{\mathrm{d}s} \log \left(\prod_{p \text{ prime}} \frac{1}{1 - \frac{1}{p^s}} \right) \\
&= -\sum_{p \text{ prime}} \frac{\mathrm{d}}{\mathrm{d}s} \log \left(1 - \frac{1}{p^s} \right) \\
&= -\sum_{p \text{ prime}} \frac{1}{1 - \frac{1}{p^s}} \frac{\mathrm{d}}{\mathrm{d}s} \left(1 - \frac{1}{p^s} \right) \\
&= -\sum_{p \text{ prime}} \log p \cdot \frac{1}{p^s} \cdot \frac{1}{1 - \frac{1}{p^s}}
\end{aligned}$$

$$(\text{미분을 취하기 위해 } 1/p^s = e^{-s \log(p)} \text{를 사용함})$$

$$= - \sum_{p \text{ prime}} \log p \cdot \frac{1}{p^s} \left(1 + \frac{1}{p^s} + \frac{1}{p^{2s}} + \frac{1}{p^{3s}} + \cdots \right)$$

$$(\text{기하급수에 대한 우리의 지식을 다시 사용함})$$

$$= - \sum_{n=1}^{\infty} \frac{\Lambda(n)}{n^s}$$

이는 우리가 원했던 식이다. $\qquad\qquad\square$

기본 아이디어는 $\sum_{n<x} \Lambda(n)$의 증가는 $\sum_{n \le x} \frac{\Lambda(n)}{n^s}$의 증가와 연결되고 이는 다시 $\frac{\zeta'(s)}{\zeta(s)}$가 얼마나 빨리 증가해 무한대에 이르는지에 연결된다. 이는 다시 분모의 영점에 연결되므로 제타 함수의 영점에 연결된다.

이에 대해 좀 더 정확하게 하자. 약간의 기술적 근거를 위해 다음과 같이 설정하자.

$$\Psi(x) = \frac{1}{2} \left(\sum_{n<x} \Lambda(n) + \sum_{n \le x} \Lambda(n) \right)$$

이에 따라 놀랍도록 분명한 공식을 얻게 된다(스토플^{Stopple}[184]로부터 가져온다).

정리 14.5.3(폰 망골트의 명시적 공식) $x > 1$에 대해

$$\Psi(x) = x - \sum_{\rho} \frac{x^\rho}{\rho} - \frac{1}{2} \log \left(1 - \frac{1}{x^2} \right) - \log(2\pi)$$

가 성립하며 각 ρ는 $0 < \text{Re}(\rho) < 1$일 때 $\zeta(s)$의 영점이다.

$\zeta(s)$의 자명하지 않은 영점이 나타나는 곳이 바로 여기다.

그러나 이를 원함수 $\pi(x)$와 어떻게 연결시킬까? 우선 로그 적분 $\text{Li}(x)$를 다음과 같이 정의하자.

$$\text{Li}(x) = \int_0^x \frac{dt}{\log(t)}$$

다음으로 정의할 것은 뫼비우스 함수$^{\text{Möbius function}}$이다. 양의 정수 n을 소수의 곱으로

$$n = p_1^{a_1} \cdots p_k^{a_k}$$

표현할 때 뫼비우스 함수는 다음과 같이 정의된다.

$$\mu(n) = \begin{cases} 1 & n=1 \text{일 때} \\ (-1)^k & \text{각 } a_i = 1 \text{일 때} \\ 0 & \text{적어도 } a_i \text{ 중 하나가 1보다 클 때} \end{cases}$$

그러므로 뫼비우스 함수의 값은 다음과 같다.

$$\mu(1) = 1, \quad \mu(2) = -1, \quad \mu(3) = -1,$$
$$\mu(4) = 0, \quad \mu(5) = -1, \quad \mu(6) = 1, \ldots$$

스토플^{Stopple}[184]의 표기를 따라 다음과 같은 식을 얻게 된다.

$$\pi(x) = \sum_{n=1}^{\infty} \frac{\mu(n)}{n} \text{Li}(x^{1/n}) + \sum_{\rho} \left(\sum_{n=1}^{\infty} \frac{\mu(n)}{n} \text{Li}(x^{\rho/n}) \right)$$
$$+ \sum_{n=1}^{\infty} \frac{\mu(n)}{n} \int_{x^{1/n}}^{\infty} \frac{dt}{t(t^2-1)\log(t)}$$

이는 쉬운 공식은 아니지만 $\zeta(s)$의 영점 ρ와 소수의 개수 $\pi(x)$를 직접적으로 연결시키고 있다. 증가율 항

$$\sum_{n=1}^{\infty} \frac{\mu(n)}{n} \text{Li}(x^{1/n}) \quad \text{과} \quad \sum_{n=1}^{\infty} \frac{\mu(n)}{n} \int_{x^{1/n}}^{\infty} \frac{dt}{t(t^2-1)\log(t)}$$

는 이해되지만 가운데 항인 아래 식은 미스터리이다.

$$\sum_{\rho} \left(\sum_{n=1}^{\infty} \frac{\mu(n)}{n} \text{Li}(x^{\rho/n}) \right)$$

$\zeta(s)$의 영점의 움직임은 직접적으로 $\pi(x)$의 증가율과 관련이 있다. 이 중 어느 것도 쉽지 않다. 이것이 리만이 쓴 유일한 논문이라면 그는 여전히 전설적일 것이다. 하지만 그는

훨씬 더 많이 썼다. 그러나 이 논문은 사실 그가 수론에 관해 쓴 유일한 논문이다.

14.6 참고 서적

베리 메이저^{Barry Mazur}와 윌리엄 스타인^{William Stein}은 영감 넘치는 『Prime Numbers and the Riemann Hypothesis』(2016)[135]를 저술했다. 필자는 제프리 스토플^{Jeffrey Stopple}의 『A Primer of Analytic Number Theory: From Pythagoras to Riemann』(2003)[184]로 부터 많은 것을 배웠다. 이 둘은 시작하기에 좋은 책이다.

오래된 표준 서적은 탐 아포스톨^{Tom Apostol}의 『Introduction to Analytic Number Theory』(1998)[5]로, 핵심적인 기술적 공식으로 가득 차 있다. 또 다른 고전은 해롤드 에드워즈^{Harold Edwards}의 『Riemann's Zeta Function』(2001)[54]이다. 간결하고 좋은 입문서는 제랄드 테넨바움^{Gérald Tenenbaum}과 미셸 멘데스 프랑스^{Michel Mendès France}의 『The Prime Numbers and Their Distribution』(2000)[187]이다. 최근의 서적으로 롤랜드 반 데어 빈^{Roland van der Veen}과 얀 반 드 크라츠^{Jan van de Craats}의 『The Riemann Hypothesis』(2015)[191]도 있다. 탁월한 책으로는 최근에 발간된 디미트리스 쿠쿨로풀로스^{Dimitris Koukoulopoulos}의 『The Distribution of Prime Numbers』(2019)[115]가 있다. 넓은 범위의 흥미로운 논문이 피터 보르와인^{Peter Borwein}, 스티븐 최^{Stephen Choi}, 브랜던 루니^{Brendan Rooney}, 안드레아 바이라스뮤엘러^{Andrea Weirathmueller}가 편집한 『The Riemann Hypothesis: A Resource for the Afficionado and Virtuoso Alike』(2008)[21]에 등재돼 있다.

에밀 아틴^{Emil Artin}은 여러 해 전에 감마 함수에 대한 즐거운 소책자[7]를 썼다(이 책은 또한 마이클 로센^{Michael Rosen}이 편집한 『Expositions by Emil Artin: A Selection』(2006)[157]의 일부이다).

최근 몇 년 사이에 놀라운 대중적인 해설서들이 발간됐는데 존 더비셔^{John Derbyshire}의 『Prime Obsession: Bernhard Riemann and the Greatest Unsolved Problem in Mathematics』(2004)[43], 마커스 드 사토이^{Marcus Du Sautoy}의 『Stalking the Riemann Hypothesis: The Quest to Find the Hidden Law of Prime Numbers』(2012)[50], 댄 락모어^{Dan Rockmore}의 『Stalking the Riemann Hypothesis: The Quest to Find the Hidden Law of Prime Numbers』(2004)[156]과 칼 사바[Karl Sabbagh]의 『Riemann Hypothesis』(2004)[162] 등이 있다.

연습 문제

1. 다음을 보여라.
$$\Gamma(1) = 1$$

2. $x > 0$에 대해 다음을 보여라.
$$\Gamma(x + 1) = x\Gamma(x)$$

다음은 연습 문제를 위한 수열로서 제타 함수의 값을 제시한다.

$$\zeta(2) = \sum_{k=0}^{\infty} \frac{1}{k^2} = \frac{\pi^2}{6}$$

이 논제는 진지하지는 않은 반면 오일러가 처음으로 이 놀라운 식을 어떻게 증명했는지를 보여준다. 더욱더 많은 것을 읽으려면 늘 읽기 즐거운 윌리엄 던햄[William Dunham]의 『Journey through Genius: The Great Theorems of Mathematics』(1991)[52]를 보라.

3. 함수가 근의 선형 인수의 곱으로 쓰일 수 있다고 가정하고(일반적으로 이는 사실이 아니다) 다음을 보여라.

$$\frac{\sin(x)}{x} = \prod_{k=1}^{\infty} \left(1 - \frac{x^2}{k^2\pi^2} \right)$$

우리가 엄밀하지 않다고 한 곳이 여기이다. 바이어슈트라스 분해 정리[Weierstrass factorization theorem]를 사용하면 엄밀하게 된다.

4. 테일러급수를 사용해 다음을 보여라.

$$\frac{\sin(x)}{x} = 1 - \frac{x^2}{3!} + \frac{x^4}{5!} - \frac{x^6}{7!} - \cdots$$

5. 정규적인 곱(이는 단지 곱하고 항을 재소팅함을 의미하며 수렴에 대해 너무 많이 고려하지는 않는다)에 의해 다음을 보여라.

$$\prod_{k=1}^{\infty} \left(1 - \frac{x^2}{k^2 \pi^2} \right) = 1 - \left(\sum_{k=0}^{\infty} \frac{1}{k^2 \pi^2} \right) x^2$$
$$+ \left(\left(\sum_{k=0}^{\infty} \frac{1}{k^2 \pi^2} \right)^2 + \sum_{k=0}^{\infty} \frac{1}{k^4 \pi^4} \right) x^4 - \cdots$$

6. 위의 계수를 비교해 다음을 보여라.

$$\zeta(2) = \sum_{k=0}^{\infty} \frac{1}{k^2} = \frac{\pi^2}{6}$$

7. 위의 계수를 비교해 $\zeta(4)$를 구하라.

르베그 적분

기본 대상: 가측 공간
기본 사상: 적분 가능 함수
기본 목표: 르베그 지배 수렴 정리

미적분학에서는 많은 함수에게 확실하게 적용되고 있는 함수의 리만 적분을 배운다. 안타깝게도 '많은'을 사용할 수밖에 없다. 르베그 측도^{Lebesgue measure}와 이것으로부터 나온 르베그 적분^{Lebesgue integral}은 적분의 올바른 개념 정의로 인도할 것이다. 르베그 적분을 사용해 훨씬 더 많은 함수를 적분할 수 있을 뿐 아니라 언제 함수의 극한의 적분이 적분의 극한과 같은지 이해할 수 있게 된다.

$$\lim_{n \to \infty} \int f_n = \int \lim_{n \to \infty} f_n$$

이것이 르베그 지배 수렴 정리^{Lebesgue Dominating Convergence Theorem}이다. 어떤 면에서 르베그 적분은 신들이 우리가 계속 사용하도록 의도한 적분이다.

실수 선 $\mathbb{R}$에 대한 르베그 측도의 개념을 개발하는 것으로 접근한 후 이를 이용해 르베그 적분을 정의하자.

15.1 르베그 측도

이 절의 목표는 실수 집합 E의 르베그 측도를 정의하는 것이다. 직관적으로 이는 E의 길이를 정의하는 것을 의미한다. 다음과 같은 구간에 대해

$$E = (a,b) = \{x \in \mathbb{R} : a < x < b\}$$

E의 길이 $\ell(E)$는

$$\ell(E) = b - a$$

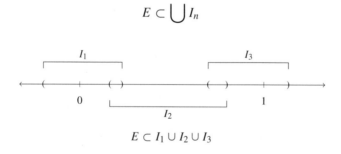

이다. 다음과 같이 구간이 아닌 집합의 길이는 어떻게 결정할까?

$$E = \{x \in [0,1] : x \text{는 유리수}\}$$

이미 알고 있는 구간의 길이를 매우 많이 사용해야 할 것이다. 실수의 부분집합 E를 고려하자.

$$I_n = (a_n, b_n)$$

으로 정의되는 열린 구간 $\{I_n\}$들의 가산 집합$^{\text{countable collection}}$이 다음 조건을 만족하면 집합 E를 덮는다.

$$E \subset \bigcup I_n$$

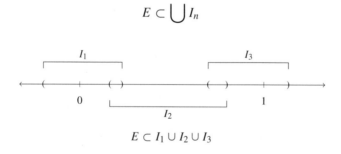

$$E \subset I_1 \cup I_2 \cup I_3$$

E의 길이 또는 측도가 무엇이든 간에 I_n의 길이의 합보다는 적어야 한다.

정의 15.1.1 $\mathbb{R}$내의 임의의 집합 E에 대해 외 측도^{outer measure}는

$$m^*(E) = \inf \left\{ \sum (b_n - a_n) : \text{구간 } \{(a_n, b_n)\} \text{의 집합은 } E \text{를 덮는다} \right\}$$

로 정의된다.

정의 15.1.2 모든 집합 A에 대해 다음 조건을 만족하면 집합 E는 측정 가능하다^{measurable}.

$$m^*(A) = m^*(A \cap E) + m^*(A - E)$$

$m(E)$로 표기되는 측정 가능한 E의 측도는 $m^*(E)$이다.

이와 같은 복잡한 정의의 이유는 모든 집합이 다 측정 가능한 집합은 아니기 때문이다. 누구도 측정 가능하지 않은 집합을 만들지는 않을지라도 9장에서 봤듯이 그러한 집합이 존재하기 위해서는 선택 공리를 사용해야만 한다.

내 측도^{inner measure}의 개념을 사용해 측정 가능한 집합을 정의하는 또 다른 방법이 있다. 여기서 집합 E의 내 측도는 다음과 같다.

$$m_*(E) = \sup \left\{ \sum (b_n - a_n) : E \supset \bigcup I_n \text{이며 } I_n = [a_n, b_n], \ a_n \le b_n \right\}$$

그러므로 열린 구간의 집합에 의한 집합 E의 덮개 대신에 닫힌구간의 집합으로 E 내부를 채운다.

$m^*(E) < \infty$이면 집합 E가 측정 가능한 집합이 되기 위한 필요충분조건은

$$m^*(E) = m_*(E)$$

이다. 어느 경우에라도 이제는 실수의 모든 부분집합의 길이를 측정하는 방법을 가진다.

이러한 정의를 어떻게 사용하는지에 대한 하나의 예로서 0과 1 사이의 유리수의 집합(E로 표기)의 측도가 0임을 보이자. E가 측정 가능하다고 가정하고 외 측도가 0임을 보일 것이다. 유리수는 셀 수 있음^{countable}이 결정적인 조건이 된다. 사실 이 가산성을 사용해 0과 1 사이의 유리수를 $a_1, a_2, a_3, \ldots$로 목록을 작성하자. 그리고 임의의 $\epsilon > 0$을 선택하자. I_1을 구간

$$I_1 = \left(a_1 - \frac{\epsilon}{2}, \ a_1 + \frac{\epsilon}{2} \right)$$

이라 하면 $\ell(I_1) = \epsilon$이다. I_2를

$$I_2 = \left(a_2 - \frac{\epsilon}{4},\; a_2 + \frac{\epsilon}{4}\right)$$

이라 하면 $\ell(I_2) = \frac{\epsilon}{2}$이다. I_3을

$$I_3 = \left(a_3 - \frac{\epsilon}{8},\; a_3 + \frac{\epsilon}{8}\right)$$

이라 하면 $\ell(I_3) = \frac{\epsilon}{4}$이 된다.

일반적으로 I_k를

$$I_k = \left(a_k - \frac{\epsilon}{2^k},\; a_k + \frac{\epsilon}{2^k}\right)$$

이라 하면 $\ell(I_k) = \frac{\epsilon}{2^{k-1}}$이 된다.

확실히 0과 1 사이의 유리수는 열린집합의 이 셀 수 있는 집합으로 덮어진다.

$$E \subset \bigcup I_n$$

그러면

$$m(E) \leq \sum_{n=1}^{\infty} \ell(I_n)$$
$$= \sum_{k=1}^{\infty} \frac{\epsilon}{2^{k-1}}$$
$$= \epsilon \sum_{k=0}^{\infty} \frac{1}{2^k}$$
$$= 2\epsilon$$

이 돼 ϵ을 0으로 접근시킬 때 $m(E) = 0$ 된다.

임의의 셀 수 있는 집합의 측도가 0임을 보이기 위해서 유사한 주장이 가능하다. 이 장의 끝의 연습 문제에서 만나 보자.

15.2 칸토어 집합

실수해석학에서 예제와 반예제^{counterexample}의 오래된 근원인 칸토어 집합$^{\text{Cantor set}}$은 최근에는 동적 시스템에서 중요한 역할을 해오고 있다. 이 집합은 어느 곳에서도 조밀하지 않고$^{\text{nowhere dense}}$ 측도 0인 단위 구간 $[0, 1]$의 부분집합이다. 어느 곳에서도 조밀하지 않다는 것은 칸토어 집합의 여집합의 폐포^{closure}가 단위 구간 전체임을 의미한다. 먼저 칸토어 집합을 구성하고 그러고 나서 셀 수 없고 또한 측도가 0임을 보이자.

각각의 양의 정수 k에 대해 단위 구간의 부분집합 C_k를 구성하고 칸토어 집합 C를 다음과 같이 정의한다.

$$C = \bigcap_{k=1}^{\infty} C_k$$

$k = 1$일 때 단위 구간 $[0, 1]$을 3등분한 후에 가운데 열린 구간을 제거해 C_1을 다음과 같이 설정한다.

$$C_1 = [0, 1] - \left(\frac{1}{3}, \frac{2}{3}\right)$$
$$= \left[0, \frac{1}{3}\right] \bigcup \left[\frac{2}{3}, 1\right]$$

C_1

남은 두 구간을 각각 3등분하고 각각 가운데 구간을 제거해 C_2를 다음과 같이 설정한다.

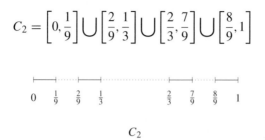

$$C_2 = \left[0, \frac{1}{9}\right] \bigcup \left[\frac{2}{9}, \frac{1}{3}\right] \bigcup \left[\frac{2}{3}, \frac{7}{9}\right] \bigcup \left[\frac{8}{9}, 1\right]$$

$$C_2$$

다음 C_3을 얻기 위해 C_2의 네 구간을 3등분한 후에 가운데 구간을 제거해 각각의 길이가 $\frac{1}{27}$인 8개의 닫힌구간을 얻는다. 이 과정을 계속해 k에 이르게 되면 C_k는 길이가 $\frac{1}{3^k}$인 2^k개의 닫힌구간으로 구성된다. 그러므로 각각의 C_k의 길이는

$$\text{길이} = \frac{2^k}{3^k}$$

이 된다. 이때 칸토어 집합 C는 모든 C_k의 교집합이다.

$$\text{칸토어 집합} = C = \bigcap_{k=1}^{\infty} C_k$$

칸토어 집합에 대한 초기의 관심 부분은 집합이 셀 수 없다는 것과 측도가 0인 것이었다. 먼저 칸토어 집합의 측도가 0임을 증명하고 그러고 나서 셀 수 없음을 증명하자. C가 모든 C_k의 교집합이므로 각 k에 대해

$$m(C) < m(C_k) = \frac{2^k}{3^k}$$

가 성립한다. 이때 k가 무한대로 갈 때 분수 $\frac{2^k}{3^k}$가 0으로 가므로 다음을 얻는다.

$$m(C) = 0$$

칸토어 집합의 셀 수 없음을 증명하는 것은 좀 더 많은 작업을 요한다.

실제적인 증명은 9장에서 논의된 칸토어 대각화라는 트릭을 적용하는 데까지 이르게 된다. 첫 단계는 $[0, 1]$ 사이의 임의의 실수 α를 다음과 같은 삼진법[tri-adic] 전개로 표현한다.

$$\alpha = \sum_{k=1}^{\infty} \frac{n_k}{3^k}$$

여기서 각각의 n_k는 0, 1 또는 2이다(이는 n_k가 $0, 1, \ldots, 9$인 십진법 전개 $\alpha = \sum_{k=1}^{\infty} \frac{n_k}{10^k}$의 3-유사 표현이다). 또한 삼진법 전개를 기저 3 표기로 다음을 얻을 수 있다.

$$\alpha = 0.n_1 n_2 n_3 \ldots$$

십진법 전개에서와 같이 올림이 허용되면 삼진법 전개의 계수 n_k는 고유하다. 즉 항상 다음과 같이 쓸 수 있다.

$$0.102222\ldots = 0.11000\ldots$$

칸토어 집합 C는 삼진법 또는 기저 3 표기를 사용해 특별히 깔끔한 표현을 가진다. 말하자면

$$C = \{0.n_1 n_2 n_3 \ldots \mid \text{각각의 } n_k \text{는 0 또는 2}\}$$

그러므로 모든 구간에서 가운데 구간을 제거하는 효과는 계수에 있어서 0을 허용하지 않는 것과 같다. 따라서 칸토어 집합은 0과 2의 무한수열의 집합으로 볼 수도 있다. 이는 9장의 연습 문제에서의 셀 수 없는 집합임을 보여준다.

15.3 르베그 적분

적분에 동기를 부여하는 한 가지 방법은 곡선의 아랫부분의 면적을 구하는 것이다. 르베그 적분은 상당히 이상한 곡선 아래의 면적도 구할 수 있다.

정의에 의해 단위 정사각형의 면적은 1이다.

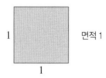

따라서 밑변이 a이고 높이가 b인 직사각형의 넓이는 ab이다

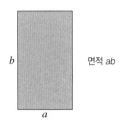

$\mathbb{R}$상의 측정 가능한 집합 E를 고려하자. 다음과 같은 집합 E의 특성함수$^{\text{characteristic function}}$ χ_E를 불러오자.

$$\chi_E(t) = \begin{cases} 1 & t \in E\text{인 경우} \\ 0 & t \in \mathbb{R} - E\text{인 경우} \end{cases}$$

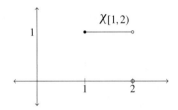

χ_E의 높이가 1이므로 함수(곡선) χ_E 아래의 면적은 E의 길이 또는 더 정확히 $m(E)$가 된다. 이를 $\int_E \chi_E$로 표기하자. 함수 $a \cdot \chi_E$ 아래의 면적은 $a \cdot m(E)$가 되며

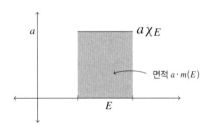

$\int_E a\chi_E$로 표기한다.

E와 F가 서로소^{disjoint}인 측정 가능한 집합이라 하자. 이때 곡선 $a \cdot \chi_E + b \cdot \chi_F$ 아래 있는 면적은 $a \cdot m(E) + b \cdot m(F)$이다.

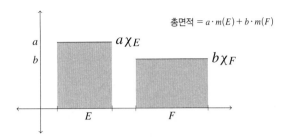

이는

$$\int_{E \cup F} a\chi_E + b\chi_F = a \cdot m(E) + b \cdot m(F)$$

와 같이 표현할 수 있다. 서로소이며 측정 가능한 집합 A_i의 셀 수 있는 하나의 집합에 대해 함수

$$\sum a_i \chi_{Ai}$$

를 계단함수^{step function}라 부른다. 집합 E가 측정 가능한 집합이라 하고

$$\sum a_i \chi_{Ai}$$

가 계단함수라 하자. 이때 다음과 같이 정의하자.

$$\int_E \left(\sum a_i \chi_{Ai} \right) = \sum a_i m(A_i \cap E)$$

이제 $\int_E f$를 정의할 준비가 됐다.

정의 15.3.1 함수 $f : E \to \mathbb{R} \cup (\infty) \cup (-\infty)$에 대해 정의역 E가 측정 가능하며 임의의 값 $\alpha \in \mathbb{R} \cup (\infty) \cup (-\infty)$에 대해

$$\{x \in E : f(x) = \alpha\}$$

가 측정 가능하면 함수 f는 측정 가능하다.

정의 15.3.2 f가 E상에서 측정 가능한 함수라고 하자. 이때 E상의 함수 f의 르베그 적분 Lebesgue integral은 다음과 같이 정의된다.

$$\int_E f = \inf\left\{ \int_E \sum a_i \chi_{A_i} : \text{모든 } x \in E\text{에 대해 } \sum a_i \chi_{A_i}(x) \geq f(x) \right\}$$

그림으로는 다음과 같다.

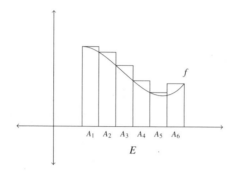

그러므로 각각의 계단함수에 대한 적분을 알고 계단함수의 적분을 더함으로써 원하는 함수의 적분을 근사화한다.

초급 미적분학에 나타나는 적분 가능한 모든 함수는 르베그 적분 가능 함수다. 역은 거짓이다. 반예제의 표준이 되는 함수 $f : [0,1] \to [0,1]$는 모든 유리수에서 값이 1이고 모든 무리수에서 0이다. 르베그 적분은

$$\int_{[0,1]} f = 0,$$

이며 이는 이 장의 끝에 있는 연습 문제 중 하나이다. 또한 이 함수는 리만 적분이 존재하지 않으며 이에 관해 2장의 연습 문제에 있다.

15.4 수렴 정리

르베그 적분은 미적분학 수업 때의 (리만) 적분보다 더 많은 함수를 적분할 수 있으며 또한 언제 다음 식이 성립하는지에 대한 올바른 판단 조건을 제공한다.

$$\int \lim_{k \to \infty} f_k = \lim_{k \to \infty} \int f_k$$

사실 그와 같은 결과가 사실이 아니었다면 적분에 대한 또 다른 정의를 선택해야만 했을 것이다.

전형적인 정리는 다음의 형태를 가진다.

정리 15.4.1(르베그 지배 수렴 정리^{Lebesgue Dominating Convergence Theorem}) 측정 가능한 집합 E상에서 $g(x)$가 르베그 적분 가능하고 $\{f_n(x)\}$가 르베그 적분 가능한 함수의 수열로서 E에 속한 모든 x에 대해 $|f_k(x)| \le g(x)$ 성립하며 $f_k(x)$의 점별 극한 $f(x)$가 다음과 같이 존재하면

$$f(x) = \lim_{k \to \infty} f_k(x)$$

이고 다음 식이 성립한다.

$$\int_E \lim_{k \to \infty} f_k(x) = \lim_{k \to \infty} \int_E f_k(x)$$

증명을 위해서는 로이든^{Royden}의 『Real Analysis』(1988)[158]의 4장 4절을 보라. 여기서는 단지 개략적으로 그려보자. $f_k(x)$가 $f(x)$에 균일 수렴한다면 ϵ, δ 해석학으로부터

$$\lim_{k \to \infty} \int f_k(x) = \int f(x)$$

임을 알 것이다. 즉 임의의 주어진 $\epsilon > 0$에 대해 양의 정수 N이 존재해 모든 x에 대해 그리고 모든 $k \ge N$에 대해 다음이 성립하면

$$|f(x) - f_k(x)| < \epsilon$$

함수 $f_k(x)$의 수열이 $f(x)$에 균일하게 수렴한다. 더 기묘하게 $y = f(x)$ 주변에 ϵ-튜브를 놓는다면 끝내는 $y = f_k(x)$가 이 튜브 안으로 떨어질 것이다. 증명에 대한 아이디어는 $f_k(x)$가 $f(x)$에 균일 수렴할 것이라는 것인데 임의의 작은 척도를 갖는 E의 부분집합으로부터 격리돼 있다. 더 정확하게 우리에게 필요한 명제는 다음과 같다.

명제 15.4.2 $\{f_n(x)\}$가 $m(E) < \infty$인 르베그 측정 가능한 집합 E상에서 적분 가능한 함수의 수열이라고 하자. 이때 $\{f_n(x)\}$가 함수 $f(x)$에 점별 수렴한다고 가정하자. 그러면 임의의 주어진 $\epsilon > 0$과 $\delta > 0$에 대해 양의 정수 N과 $m(A) < \delta$인 측정 가능한 집합 $A \subset E$가 존재해 모든 $x \in E - A$와 모든 $k \geq N$에 대해 $|f_k(x) - f(x)| < \epsilon$이 성립한다.

원 정리의 증명에 대한 기본적인 아이디어는 이제 다음과 같다.

$$\int_E \lim_{n \to \infty} f_n = \int_{E-A} \lim_{n \to \infty} f_n + \int_A \lim_{n \to \infty} f_n$$

$$= \lim_{n \to \infty} \int_{E-A} f_n + \max |g(x)| \cdot m(A)$$

집합 A가 임의의 작은 측도를 갖도록 선택할 수 있으므로 $m(A) \to 0$을 통해 원하는 결과를 얻을 수 있다.

위 명제는 다음을 통해 사실임을 보게 된다(로이든^{Royden}의 책의 3장 6절의 증명에 따라). 두 집합을 다음과 같이 설정하자.

$$G_n = \{x \in E : |f_n(x) - f(x)| \geq \epsilon\}$$

$$E_N = \bigcup_{n=N}^{\infty} G_n = \{x \in E : |f_n(x) - f(x)| \geq \epsilon, n \geq N\}$$

그러므로 $E_{N+1} \subset E_N$이 성립한다. 또한 $f_k(x)$가 $f(x)$에 점별 수렴하므로 집합 E_n의 극한으로 생각할 수 있는 $\cap E_n$은 공집합이 돼야 한다. 측도가 자연스러운 의미를 가지기 위해 $\lim_{N \to \infty} m(E_N) = 0$은 사실일 수밖에 없다. 따라서 주어진 $\delta > 0$에 대해 $m(E_N) < \delta$를 만족하는 E_N을 찾을 수 있다.

이는 르베그 적분을 통해 얻을 수 있는 한 예이다. 역사적으로 20세기 초반부에 르베그 적분의 발견은 많은 주요 진보를 빠르게 가져왔다. 예를 들면 1920년대까지는 확률이론은 엄밀한 기반을 갖지 못했다. 르베그 적분과 그에 따른 올바른 측정의 방법으로 기반들이 빠르게 구축됐다.

15.5 참고 서적

측도 이론에 대한 첫 번째 서적 중 하나는 할모스Halmos[83]에 의해 저술됐다. 여전히 탁월한 책이다. 필자가 측도 이론을 배운 책은 로이든Royden[158]의 책으로서 1960년대 이래 표준이 돼왔다. 루딘Rudin의 책[161]은 또 다른 탁월한 책이다. 이 나라 최고의 수학 교사 중 하나인 프랭크 존스Frank Jones는 최근 훌륭한 교재[106]를 저술했다. 폴란드Folland의 책[63] 역시 상당히 좋다. 끝으로 배리 사이먼Barry Simon의 『Real Analysis: A, Comprehensive Course in Analysis Part 1』(2015)[170]이 있는데 해석학 개관에 대한 여러 권으로 된 기념비적인 책의 첫 번째로서 각 권이 통찰력으로 가득 차 있다.

연습 문제

1. E가 임의의 셀 수 있는 실수의 집합일 때 $m(E) = 0$임을 보여라.

2. $f(x)$, $g(x)$가 정의역이 E인 르베그 적분 가능 함수라 하자. 다음 집합

$$A = \{x \in E : f(x) \neq g(x)\}$$

는 측도가 0이라고 가정하자. 이때 $\int_E f(x)$와 $\int_E g(x)$에 대해서 할 수 있는 말은 무엇인가?

3. 0과 1 사이의 모든 실수 x에 대해 $f(x) = x$라 하고 그 외의 다른 곳에서는 $f(x)$가 0이라 하자. 미적분으로부터 다음은 알고 있다.

$$\int_0^1 f(x)\, dx = \frac{1}{2}$$

이 함수 $f(x)$가 르베그 적분 가능 함수임을 보이고 적분값이 여전히 $\frac{1}{2}$임을 보여라.

4. 구간 $[0, 1]$에 대해 다음과 같은 함수를 정의하자.

$$f(x) = \begin{cases} 1 & \text{유리수 } x \\ 0 & \text{무리수 } x \end{cases}$$

$f(x)$가 르베그 적분 가능 함수로서 다음이 성립함을 보여라.

$$\int_0^1 f(x)\,\mathrm{d}x = 0$$

푸리에 해석학

> 기본 대상: 고정 주기를 갖는 실수 함수
>
> 기본 사상: 푸리에 변환
>
> 기본 목표: 주기 함수의 벡터 공간 기저 찾기

16.1 파동과 주기 함수 그리고 삼각 함수

파동은 해변에 부딪히는 파도, 클럽에서 벽에 부딪혀 튕겨 나가는 메아리, 양자역학에서 전자의 상태의 진화와 같이 자연의 모든 곳에서 일어난다. 적어도 이러한 이유 때문에라도 파동에 관한 수학은 중요하다. 실제로 파동을 위해 개발된 수학 도구인 푸리에 급수 (또는 고조파 분석$^{harmonic\ analysis}$)는 엄청나게 많은 수학의 분야와 연관돼 있다. 이 책에서는 작은 조각에 집중해 기본적인 정의를 보고 힐베르트 공간$^{Hilbert\ space}$이 어떻게 장면에 들어가고 푸리에 변환이 무엇처럼 보이는지 끝으로 푸리에 변환이 미분 방정식의 해를 구하는데 어떻게 쓰이는지 보게 될 것이다.

물론 파동은 다음과 같이 보일 것이다.

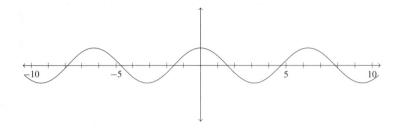

또는

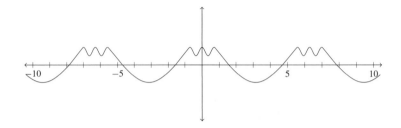

이 두 곡선은 주기 함수로 표현된다.

정의 16.1.1 함수 $f : \mathbb{R} \to \mathbb{R}$이 모든 x에 대해 $f(x+L) = f(x)$이면 f는 주기 L로 주기적이다.

다시 말하면 매 L 단위로 함수는 자신을 반복하기 위해 출발한다. 전형적인 주기 함수는 삼각 함수 $\cos(x)$와 $\sin(x)$로서 주기는 2π이다. 물론 $\cos\left(\frac{2\pi x}{L}\right)$와 $\sin\left(\frac{2\pi x}{L}\right)$와 같은 함수의 주기는 L이다.

사람들은 자주 함수 $f(x)$가 $f(x+L) = f(x)$일 뿐 아니라 $f(x)$가 주기적으로 되기 위해 L보다 작은 값이 없다면 $f(x)$가 주기 L을 가진다고 한다. 이러한 약속에 따르면 $\cos(x)$는 모든 x에 대해 $\cos(x + 4\pi) = \cos(x)$임에도 불구하고 4π가 아닌 2π의 주기를 가진다.

초급의 푸리에 급수의 중심 결과는 대부분의 주기 함수는 이러한 삼각 함수의 무한대 합이라는 것이다. 그러므로 어느 정도의 수준에 다다르면 $\cos\left(\frac{2\pi x}{L}\right)$와 $\sin\left(\frac{2\pi x}{L}\right)$와 같은 다양한 함수는 단지 주기 함수의 예가 아니다. 이들은 모든 주기 함수를 생성한다.

16.2 푸리에 급수

이제 주기 함수를 어떻게 이러한 코사인과 사인의 합으로 쓸 수 있는지 살펴보자. 우선 함수 $f : [-\pi, \pi] \to \mathbb{R}$을 다음과 같이 코사인과 사인의 급수로 쓴다고 가정하자.

$$a_0 + \sum_{n=1}^{\infty} (a_n \cos(nx) + b_n \sin(nx))$$

이러한 무한급수의 수렴에 대한 질문을 무시하고(수렴 문제는 다음 절에서 만난다). 다양한 계수 a_k와 b_k를 어떻게 순수하게 계산할 수 있는지 보자. 임의의 주어진 k에 대해

$$
\begin{aligned}
\int_{-\pi}^{\pi} f(x) \cos(kx) \, dx &= \int_{-\pi}^{\pi} \left(a_0 + \sum_{n=1}^{\infty} (a_n \cos(nx) + b_n \sin(nx)) \right) \cos(kx) dx \\
&= \int_{-\pi}^{\pi} a_0 \cos(kx) \, dx \\
&\quad + \sum_{n=1}^{\infty} \int_{-\pi}^{\pi} \cos(nx) \cos(kx) \, dx \\
&\quad + \sum_{n=1}^{\infty} \int_{-\pi}^{\pi} \sin(nx) \cos(kx) \, dx
\end{aligned}
$$

와 같이 전개된다. 직접 계산해 보면 다음과 같은 결과를 얻는다.

$$\int_{-\pi}^{\pi} \cos(kx) \, dx = \begin{cases} 2\pi, & k = 0 \\ 0, & k \neq 0 \end{cases}$$

$$\int_{-\pi}^{\pi} \cos(nx) \cos(kx) \, dx = \begin{cases} \pi, & k = 0 \\ 0, & k \neq 0 \end{cases}$$

$$\int_{-\pi}^{\pi} \sin(nx) \cos(kx) \, dx = 0$$

그러므로 다음과 같이 예측할 수 있다.

$$\int_{-\pi}^{\pi} f(x) \cos(kx) \, dx = \begin{cases} 2\pi a_0, & k = 0 \\ \pi a_n, & k \neq 0 \end{cases}$$

유사한 계산, 즉 적분 $\int_{-\pi}^{\pi} f(x) \sin(nx)\,\mathrm{d}x$를 통해 b_n에 대해 유사한 공식을 구할 수 있다. 이는 임의의 어떤 주기 함수라도 코사인과 사인의 무한급수로 쓸 수 있음을 제시한다.

정의 16.2.1 함수 $f : [-\pi, \pi] \to \mathbb{R}$에 대한 푸리에 급수는 다음과 같다.

$$a_0 + \sum_{n=1}^{\infty} (a_n \cos(nx) + b_n \sin(nx))$$

여기서 계수는 다음과 같이 주어진다.

$$a_0 = \frac{1}{2\pi} \int_{-\pi}^{\pi} f(x)\,\mathrm{d}x$$

$$a_n = \frac{1}{\pi} \int_{-\pi}^{\pi} f(x) \cos(nx)\,\mathrm{d}x$$

$$b_n = \frac{1}{\pi} \int_{-\pi}^{\pi} f(x) \sin(nx)\,\mathrm{d}x$$

계수 a_i, b_j는 푸리에 급수의 진폭 또는 푸리에 계수라고 부른다.

물론 이러한 정의는 위 적분이 존재하는 함수에만 적용될 수 있다. 곧 보게 되지만 결정적인 내용은 대부분의 함수는 실제로 그들의 푸리에 급수와 동일하다는 것이다.

함수의 푸리에 급수를 다르게 쓸 수 있는 방법이 있다. 예를 들면

$$e^{ix} = \cos x + i \sin x$$

를 사용해 실수 x에 대해 푸리에 급수를 다음과 같이 표현할 수 있다.

$$\sum_{n=-\infty}^{\infty} C_n e^{inx}$$

여기서 계수 C_n은 다음과 같다.

$$C_n = \frac{1}{2\pi} \int_{-\pi}^{\pi} f(x) e^{-inx}\,\mathrm{d}x$$

C_n 역시 진폭 또는 푸리에 계수라고 부른다. 사실은 이 장의 끝이 아닌 이 절의 끝까지 푸리에 급수를 $\sum_{n=-\infty}^{\infty} C_n e^{inx}$로 쓸 것이다.

우리의 희망은 (대부분 이뤄졌지만) 함수 $f(x)$가 그 함수의 푸리에 급수와 같은 것이다. 이를 위해 허용할 함수의 형식에 대해 약간의 제한을 두어야 한다.

정리 16.2.2 $f : [-\pi, \pi] \to \mathbb{R}$가 다음과 같은 제곱-적분 가능 함수라 하자.

$$\int_{-\pi}^{\pi} |f(x)|^2 \, dx < \infty$$

그러면 대부분의 점에서 함수 $f(x)$는 그 함수의 푸리에 급수와 같다.

$$f(x) = \sum_{n=-\infty}^{\infty} C_n e^{inx}$$

이 정리는 그 내부에 제곱-적분 가능 함수의 푸리에 급수는 수렴한다는 사실을 내포하고 있다. 더 나아가 위 적분이 르베그 적분이다. 대부분의 곳에서라는 의미는 측도가 0인 집합에 대한 가능한 점을 제외한 모든 점에서라는 것을 상기하자. 15장 연습 문제 2에서 보듯이 대부분의 점에서 동일한 두 함수는 동일한 적분값을 가진다. 그러므로 사실상 제곱-적분 가능 함수는 푸리에 급수와 동일하다.

푸리에 급수가 하는 역할은 함수를 수, 즉 진폭의 무한급수와 결합시키는 것이다. 이 급수는 분명하게 하나의 함수가 어떻게 복소 파동 e^{inx}의 (무한) 합이 되는지 알려준다. 즉 다음과 같은 제곱-적분 가능 함수로부터 복소수의 무한수열로의 사상 $\Im$가 존재한다.

$$\Im: \quad \begin{matrix} \text{제곱-적분 가능 함수의} \\ \text{벡터 공간} \end{matrix} \quad \to \quad \begin{matrix} \text{복소수 무한급수의} \\ \text{임의의 벡터 공간} \end{matrix}$$

또는

$$\Im: \quad \begin{matrix} \text{제곱-적분 가능 함수의} \\ \text{벡터 공간} \end{matrix} \quad \to \quad \begin{matrix} \text{진폭의 무한수열의} \\ \text{벡터 공간} \end{matrix}$$

이는 위의 정리에 따라 대부분의 곳에서 함수의 일대일 모듈로 동등성^{modulo equivalence} 이다.

이제 이와 같은 진술을 벡터 공간의 극히 중요한 급인 힐베르트 공간^{Hilbert spaces}의 언어로 해석하려 한다. 힐베르트 공간을 정의하기 전에 몇 가지 사전 정의가 언급돼야 한다.

정의 16.2.3 복소 벡터 공간 V 상에서 내적 $\langle \cdot, \cdot \rangle : V \times V \to \mathbb{C}$는 다음과 같은 사상이다.

1. 모든 복소수 $a, b \in \mathbb{C}$와 모든 벡터 $v_1, v_2, v_3 \in V$에 대해 $\langle av_1 + bv_2, v_3 \rangle = a\langle v_1, v_3 \rangle + b\langle v_2, v_3 \rangle$가 성립한다.

2. 모든 $v, w \in V$에 대해 $\langle v, w \rangle = \overline{\langle w, v \rangle}$가 성립한다.

3. 모든 $v \in V$에 대해 $\langle v, v \rangle \geq 0$이며 $v = 0$이면 $\langle v, v \rangle = 0$이다.

$\langle v, v \rangle = \overline{\langle v, v \rangle}$이므로 모든 벡터 v에 대해 $\langle v, v \rangle$는 실수이어야 한다. 그러므로 세 번째 요구조건 $\langle v, v \rangle \geq 0$은 이해가 된다.

어느 정도까지는 이런 것이 $\mathbb{R}^n$ 상의 내적에 대한 복소 벡터 공간의 유사성이다. 사실상 $\mathbb{R}^n$ 상의 내적의 기본적인 예는 다음과 같다. 다음과 같은 $\mathbb{R}^n$ 상의 두 벡터를 고려하자.

$$v = (v_1, \ldots, v_n),$$
$$w = (w_1, \ldots, w_n)$$

두 벡터 사이의 내적을 다음과 같이 정의하자.

$$\langle v, w \rangle = \sum_{k=1}^{n} v_k \overline{w}_k$$

이것이 $\mathbb{R}^n$ 상의 내적임을 확인할 수 있다.

정의 16.2.4 내적 $\langle \cdot, \cdot \rangle : V \times V \to \mathbb{C}$에 대해 유도된 길이^{induced norm}는 다음과 같이 주어진다.

$$|v| = \langle v, v \rangle^{1/2}$$

하나의 내적 공간에서 두 벡터의 내적이 0이면($\mathbb{R}^n$ 상의 내적에 대해 발생하는 현상) 두 벡터는 직교한다. 더 나아가 벡터의 길이^{norm}는 벡터로부터 벡터 공간의 원점까지의 거리의 측도로서 해석할 수 있다. 그러면 4장에서 봤듯이 거리의 개념을 가지는 다음과 같은 메트릭과 V 상의 위상이 존재한다.

$$\rho(v, w) = |v - w|$$

정의 16.2.5 거리 공간$^{\text{metric space}}$ (X, ρ)에 대해 모든 코시 수열이 수렴하면, 즉 $i, j \to \infty$ 일 때 $(v_i, v_j) \to 0$인 X 상의 임의의 수열 $\{v_i\}$에 대해 $v_i \to v$인(즉 $i \to \infty$일 때 $\rho(v, v_i) \to 0$) X 상의 원소 v가 존재할 때 거리 공간 (X, ρ)는 완전하다^{complete}.

정의 16.2.6 힐베르트 공간$^{\text{Hilbert space}}$은 내적으로 정의되는 위상에 대해 완전한^{complete} 내적 공간$^{\text{inner product space}}$이다.

다음과 같은 자연스러운 힐베르트 공간이 존재한다.

명제 16.2.7 르베그 제곱-적분 가능한 함수의 집합

$$\mathbf{L}^2[-\pi, \pi] = \left\{ \mathbf{f} : [-\pi, \pi] \to \mathbb{C} \mid \int_{-\pi}^{\pi} |\mathbf{f}|^2 < \infty \right\}$$

는 힐베르트 공간이며 다음과 같은 내적을 가진다.

$$\langle f, g \rangle = \int_{-\pi}^{\pi} f(x) \cdot \overline{g(x)} \, \mathrm{d}x$$

이 벡터 공간을 $\mathbf{L}^2[-\pi, \pi]$로 표기한다.

위 정의에서 공간이 완전하기 위해서는 르베그 적분 가능 함수가 필요하다.

일반적으로 각각의 p와 임의의 구간 $[a, b]$에 대해 다음과 같은 벡터 공간이 존재한다.

$$\mathbf{L}^p[a, b] = \left\{ f : [a, b] \to \mathbb{R} \mid \int_a^b |f(x)|^p \, \mathrm{d}x < \infty \right\}$$

이와 같은 벡터 공간에 대한 연구가 바나흐 공간$^{\text{Banach space}}$ 이론의 출발이다.

힐베르트 공간의 또 다른 표준 예제는 l^2로 표기되는 제곱-합가능한$^{\text{square-summable}}$ 수열의 공간이다.

명제 16.2.8 복소 수열의 집합

$$l^2 = \left\{ (a_0, a_1, \dots) \mid \sum_{j=0}^{\infty} |a_j|^2 < \infty \right\}$$

는 힐베르트 공간이며 다음과 같은 내적을 가진다.

$$\langle (a_0, a_1, \dots), (b_0, b_1, \dots) \rangle = \sum_{j=0}^{\infty} a_j \overline{b_j}$$

이제 제곱-적분 가능한 함수는 대부분의 곳에서 그들의 푸리에 급수와 동일하다는 사실을 힐베르트 공간의 언어로 다시 진술할 수 있다.

정리 16.2.9 힐베르트 공간 $\mathbf{L}^2[-\pi, \pi]$에 대해 함수

$$\frac{1}{\sqrt{2\pi}} e^{inx}$$

는 정규 직교orthonormal(샤우데르Schauder) 기저이다. 이는 길이가 1이며 쌍으로 직교이며 $\mathbf{L}^2[-\pi, \pi]$상의 각각의 원소는 기저 원소의 고유한 무한 선형 결합이라는 것을 의미한다.

샤우데르 기저라는 기술적인 용어를 사용했어야 함을 유의하자. 이는 1장에서 정의한 기저는 아니다. 벡터 공간에 있는 각 원소가 기저 원소의 고유한 유한 선형 결합일 필요가 있었다. 힐베르트 공간에 대해서도 그러한 필요가 있지만 그렇게 많이 사용될 것처럼 보이지는 않는다(그들 존재의 증명은 실제로 선택 공리로부터 유래한다). 더 자연스러운 기저는 바로 위의 것이다. 왜냐하면 여전히 계수의 고유성이 요구되고 무한 합을 허용하기 때문이다.

함수 $\frac{1}{\sqrt{2\pi}} e^{inx}$들이 정규 직교임을 증명하는 것은 단순한 적분 계산인 반면 이들이 기저를 형성함을 증명하는 것은 훨씬 더 힘들며 사실은 제곱-적분 가능한 함수는 그 함수의 푸리에 급수와 동일하다고 재진술하는 것이다.

정리 16.2.10 힐베르트 공간 $\mathbf{L}^2[-\pi, \pi]$의 임의의 함수 $f(x)$에 대해 대부분의 곳에서 다음 식이 성립한다.

$$f(x) = \sum_{n=-\infty}^{\infty} \left\langle f(x), \frac{1}{\sqrt{2\pi}}e^{inx} \right\rangle \frac{1}{\sqrt{2\pi}}e^{inx}$$

따라서 함수의 푸리에 급수의 계수는 $\mathbb{R}^3$상의 벡터와 표준 기저 $\begin{pmatrix} 1 \\ 0 \\ 0 \end{pmatrix}$, $\begin{pmatrix} 0 \\ 1 \\ 0 \end{pmatrix}$, $\begin{pmatrix} 0 \\ 0 \\ 1 \end{pmatrix}$와의 내적처럼 $f(x)$와 각 기저 벡터와의 내적일 뿐이다. 또한 함수와 푸리에 계수(진폭)와의 결합을 다음과 같은 선형 변환으로 볼 수 있다.

$$\mathbf{L}^2[-\pi,\pi] \to l^2$$

아주 자연스럽게 푸리에 급수가 다음과 같을 때 이러한 공식과 정리는 주기가 $2L$인 함수에 대한 버전들을 가진다.

정의 16.2.11   함수 $f:[-L,L] \to \mathbb{R}$은 다음과 같은 푸리에 급수를 가진다.

$$\sum_{n=-\infty}^{\infty} C_n e^{i\frac{n\pi x}{L}}$$

여기서 계수는 다음과 같다.

$$C_n = \frac{1}{2L} \int_{-L}^{L} f(x)e^{-\frac{in\pi x}{L}} \, \mathrm{d}x$$

현재까지 중요하고 미묘한 점인 푸리에 급수가 무한급수인 점이 무시됐다. 다음 절은 이러한 쟁점을 다룬다.

16.3 수렴에 관한 쟁점

1700년대에 이미 수학자들은 주어진 함수가 그의 푸리에 급수와 같음을 증명하려고 노력했다. 하지만 현실에서는 그러한 질문에 관해 이야기하기 위해 필요한 이론적 도구는 아직 없었으므로 그저 이치에 맞지 않는 발언들만 쏟아냈다. 1800년대 말에 이르기까지 디리클레Dirichlet, 리만Riemann, 깁스Gibbs의 업적 위에 쌓여 훨씬 많은 결과가 알려졌다.

이 절에서는 이러한 수렴 정리가 논의된다. 증명은 힘들다. 함수 $f(x)$에 대한 푸리에 급수를 다음과 같이 표기하자.

$$a_0 + \sum_{n=1}^{\infty} (a_n \cos(nx) + b_n \sin(nx))$$

이 급수가 무엇에 점별 수렴하는지 그리고 언제 수렴이 균일한지 알아야 한다.

정리 16.3.1 함수 $f(x)$가 연속이며 주기가 2π라 하자. 이때 다음이 성립한다.

$$\lim_{N \to \infty} \int_{-\pi}^{\pi} \left(f(x) - \left[a_0 + \sum_{n=1}^{N} (a_n \cos(nx) + b_n \sin(nx)) \right] \right) dx = 0$$

즉 연속 함수에 대해

$$y = \text{푸리에 급수의 부분합}$$

인 곡선 아래의 면적은 $y = f(x)$ 곡선 아래의 면적으로 접근한다. 이를 푸리에 급수가 함수 $f(x)$에 **평균적으로 수렴한다**converges in the mean고 한다.

이는 푸리에 급수가 임의의 고정점 x에서 무엇에 수렴하는지 거의 알려주지 않는다. 이제 $f(x)$가 닫힌구간 $[-\pi, \pi]$에서 조각별로 매끄러운piecewise smooth 함수라고 가정하자. 이는 $f(x)$가 조각별로 연속이며 유한개의 점을 제외한 모든 곳에서 도함수가 존재하며 도함수는 조각별로 연속임을 의미한다. 이러한 함수에 대해 한편 극한들을 다음과 같이 정의하자

$$f(x+) = \lim_{h \to 0,\ h > 0} f(x + h)$$

$$f(x-) = \lim_{h \to 0,\ h > 0} f(x - h)$$

정리 16.3.2 함수 $f(x)$가 닫힌구간 $[-\pi, \pi]$에서 조각별로 매끄러운 함수이면 모든 점 x에 대해 푸리에 급수는 함수

$$\frac{f(x+) + f(x-)}{2}$$

에 점별 수렴한다.

$f(x)$가 연속인 점에서 한편 극한들은 당연히 $f(x)$와 동일하다. 그러므로 연속이며 조각별로 매끄러운 함수에 대해 푸리에 급수는 함수에 점별로 수렴한다.

그러나 조각별로 매끄럽다고 할지라도 함수가 연속이지 않으면 위와 같은 점별 수렴은 균등 수렴과는 멀다. 여기에서 깁스 현상^{Gibbs phenomenon}이 관련된다. 푸리에 급수의 부분합을 다음과 같이 표시하자.

$$S_N(x) = \frac{a_0}{2} + \sum_{n=1}^{N}(a_n\cos(nx) + b_n\sin(nx))$$

그리고 f가 x_0에서 불연속점을 가진다고 가정하자. 예를 들어 다음과 같은 함수를 가정하자.

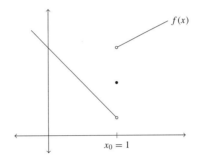

여기서 함수는 다음과 같다.

$$f(x) = \begin{cases} -x + 3/2 & -\pi < x < 1 \text{ 일 때} \\ 3/2 & x = 1 \text{ 일 때} \\ x/2 + 2 & 1 < x < \pi \text{ 일 때} \end{cases}$$

부분합 $S_N(x)$가 $\frac{f(x+)+f(x-)}{2}$에 수렴하는 반면 서로 다른 x에서의 수렴률은 매우 다르다. 사실은 더 좋은 수렴은 불연속점 x_0에서 일어나지만 x_0 가까운 곳에서는 더 나쁜 수렴이다. 그림에서는 $N = 20$일 때 이 같은 상황이 발생한다.

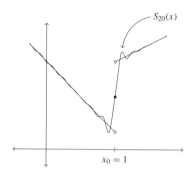

부분합이 불연속점 x_0 왼편에서는 실제 곡선 $y = f(x)$ 아래로 푹 꺼지고 불연속점 오른편에서는 곡선 $y = f(x)$ 위에 있음을 주시하자. 이는 푸리에 급수의 항을 아무리 많이 취할지라도 발생한다. 이 급수는 단지 균등 수렴하지 않을 뿐이다.

다행스럽게 이러한 현상은 함수가 연속이거나 조각별로 매끄러우면 발생하지 않는다.

정리 16.3.3 $f(x)$가 연속이며 $[-\pi, \pi]$에서 조각별로 매끄러우며 $f(-\pi) = f(\pi)$라 하자. 그러면 푸리에 급수는 $f(x)$에 균등 수렴한다.

따라서 합리적으로 괜찮은 함수에 대해서 안전하게 푸리에 급수로 치환할 수 있고 여전히 기본적인 미적분을 수행할 수 있다.

이러한 결과에 대한 증명은 해리 데이비스$^{Harry\ Davis}$의 『Fourier Series and Orthogonal Functions』(1989)[41] 3장을 보라.

16.4 푸리에 적분과 변환

대부분의 함수 $f : \mathbb{R} \to \mathbb{R}$은 물론 어떤 주기 L을 택하더라도 주기적이지 않다. 하지만 어떤 면으로는 이런 함수는 무한대로 주기적이라 할 수 있다. 푸리에 적분은 주기 L이 무한대로 접근할 때(그 결과 $\frac{n\pi x}{L}$이 0으로 접근함)의 결과이다. 푸리에 급수의 합의 기호는 적분이 되며 다음과 같은 결과를 얻는다.

정의 16.4.1 함수 $f : \mathbb{R} \to \mathbb{R}$을 고려하자. 이 함수의 푸리에 적분은 다음과 같다.

$$\int_0^\infty (a(t) \cos(tx) + b(t) \sin(tx))\, \mathrm{d}t$$

여기서

$$a(t) = \frac{1}{\pi} \int_{-\infty}^{\infty} f(x) \cos(tx) \, dx$$

$$b(t) = \frac{1}{\pi} \int_{-\infty}^{\infty} f(x) \sin(tx) \, dx$$

이다. 푸리에 적분은 다음과 같이 쓸 수도 있다.

$$\int_{-\infty}^{\infty} C(t) e^{itx} dt$$

여기서 $C(t)$는 다음과 같다.

$$C(t) = \frac{1}{2\pi} \int_{-\infty}^{\infty} f(x) e^{-itx} dx$$

다른 형태가 존재하는데 상수까지 모두 동등하다.

주요 정리는 다음과 같다.

정리 16.4.2 함수 $f : \mathbb{R} \to \mathbb{R}$이 적분 가능하다고 하자(즉 $\int_{-\infty}^{\infty} |f(x)| \, dx < \infty$). 그러면 측도가 0인 집합 외에 대해 함수 $f(x)$는 푸리에 적분과 동일하다.

푸리에 급수에서처럼 이 적분은 르베그 적분이다. 나아가 용어 '측도가 0인 집합'이란 르베그 측도가 0인 집합을 의미하며 분석 전반에 걸쳐 측도가 0인 집합은 일상적으로 무시된다.

곧 보게 되지만 푸리에 적분의 유용성의 큰 부분은 푸리에 변환Fourier transform의 존재에 있다.

정의 16.4.3 적분 가능 함수 $f(x)$의 푸리에 변환은 다음과 같다.

$$\Im(f(x))(t) = \int_{-\infty}^{\infty} f(x) e^{-itx} dx$$

이 개념은 푸리에 변환이 푸리에 급수의 계수 a_n과 b_n, 즉 파동의 진폭에 해당하는 것으로 볼 수 있다는 것이다. 계산에 의해 푸리에 급수로부터 원함수

$$f(x) = \frac{1}{2\pi} \int_{-\infty}^{\infty} \Im(f(x))(t) e^{itx} \mathrm{d}t$$

를 구할 수 있는데 함수 $f(x)$에 대해 적절한 조건이 수반된다. 따라서 푸리에 변환은 푸리에 급수의 진폭의 연속적 대응 값이라 할 수 있다. 즉 원함수 $f(x)$를 변환에 의해 주어지는 계수를 갖는 복소수 파동 e^{itx}의 합(적분)으로 쓰는 것이다(또한 상수 $\frac{1}{2\pi}$가 고정불변의 값은 아니다. 여기서 요구하는 것은 푸리에 변환의 적분 앞의 상수(여기서는 1)와 위 적분의 곱이 $\frac{1}{2\pi}$이라는 것이다).

다음 절에서 보듯이 응용 면에서 보면 원함수를 알기 전에 푸리에 변환을 자주 알게 된다.

현재로서는 푸리에 변환을 다음과 같은 일대일 사상으로 볼 수 있다.

$$\Im: \text{함수의 벡터 공간} \to \text{함수의 다른 벡터 공간}$$

또한 푸리에 변환을 진폭으로 생각하면 다음과 같이 쓸 수 있다.

$$\Im: \text{위치 공간} \to \text{진폭 공간}$$

르베그 적분의 선형성을 바로 따르므로 이 사상은 선형이다.

푸리에 변환의 강력함의 많은 부분은 이러한 벡터 공간 중 하나에 있는 함수의 대수적 및 해석적 성질과 다른 벡터 공간의 그것 사이에 사전이 존재한다는 것이다.

명제 16.4.4 $f(x, t)$가 $x \to \pm\infty$일 때 $f(x, t) \to 0$인 적분 가능 함수라 하자. 이때 변수 x에 대한 푸리에 변환 $\Im(f(x, t))(u)$에 대해 다음이 성립한다.

1. $\Im\{\frac{\partial f}{\partial x}\}(u) = iu\Im(f(x))(u)$,
2. $\Im\{\frac{\partial^2 f}{\partial x^2}\}(u) = -u^2\Im(f(x))(u)$,
3. $\Im\{\frac{\partial f(x, t)}{\partial t}\}(u) = \frac{\partial}{\partial t}\{\Im(f(x, t))\}(u)$.

부분적분을 이용해 명제 1을 보이고 명제 3에 대해 개괄적 증명을 보이자.

푸리에 변환의 정의에 따라

$$\Im\left\{\frac{\partial f}{\partial x}\right\}(u) = \int_{-\infty}^{\infty} \frac{\partial f}{\partial x} e^{-iux} \mathrm{d}x$$

이므로 부분적분에 의해 위 적분은 다음과 같이 된다.

$$e^{-iux} f(x,t) \mid_{-\infty}^{\infty} + iu \int_{-\infty}^{\infty} f(x,t) e^{-iux} \mathrm{d}x = iu \int_{-\infty}^{\infty} f(x,t) e^{iux} \mathrm{d}x$$

$x \to \pm\infty$일 때 $f(x,t) \to 0$이기 때문이며 따라서 위 식은 다음과 같이 된다.

$$iu\Im(f)$$

명제 3은

$$\Im\left\{\frac{\partial f(x,t)}{\partial t}\right\}(u) = \int_{-\infty}^{\infty} \frac{\partial f(x,t)}{\partial t} e^{-iux} \mathrm{d}x$$

이며 적분은 x에 대해서 편미분은 t에 대해서이므로 위 식은 다음과 같이 된다.

$$\frac{\partial}{\partial t} \int_{-\infty}^{\infty} f(x,t) e^{-iux} \mathrm{d}x$$

이는

$$\frac{\partial}{\partial t}\{\Im(f(x,t))\}(u)$$

이므로 증명됐다.　　　　　　　　　　　　　　　　　　　　　　　　　　□

다음 절에서는 이 명제를 사용해 편미분 방정식의 해를 구하는 것을 일반 미분 방정식의 해를 구하는 것(거의 항상 해가 존재한다)으로 축소하려고 한다. 그러기 위해 사전 정의가 하나 더 필요하다.

정의 16.4.5　두 함수 $f(x)$와 $g(x)$의 콘볼루션^{convolution} 또는 합성곱은 다음과 같이 정의된다.

$$(f * g)(x) = \int_{-\infty}^{\infty} f(u)g(x - u)\mathrm{d}u$$

직접 계산에 의해 콘볼루션의 푸리에 변환은 각 함수의 푸리에 변환의 곱으로 주어진다.

$$\Im(f * g) = \Im(f) \cdot \Im(g)$$

즉 푸리에 변환은 원 벡터 공간의 콘볼루션을 상[image] 벡터 공간의 곱으로 해석한다. 이는 편미분 방정식의 해를 구할 때 중요하게 사용된다. 어떤 단계에서 두 푸리에 변환의 곱을 만나게 되는데 이는 하나의 콘볼루션 함수의 푸리에 변환으로 인식될 수 있기 때문이다.

16.5 미분 방정식의 해 구하기

아이디어는 푸리에 변환이 미분 방정식을 단순한(모호하지만 대수적인) 방정식으로 해석하는 것이다. 이런 기법을 열 유속heat flow을 나타내는 편미분 방정식의 해를 구하는 데 적용해 보자. 여기서 푸리에 변환은 편미분 방정식PDE, Partial Differential Equation을 상미분 방정식ODE, Ordinary Differential Equation으로 변화시켜서 해를 구한다. 일단 푸리에 변환을 알게 되면 대부분 원함수를 복원할 수 있다.

다음 장에서 열 방정식을 유도하지만 여기서는 열 유속이 무한히 가는 긴 막대에 다음과 같이 주어진다고 하자.

$$\frac{\partial h}{\partial t} = c \frac{\partial^2 h}{\partial x^2}$$

여기서 $h(x, t)$는 시간 t와 위치 x에서의 온도를 나타내며 c는 주어진 상수이다. 초기에서의 온도 분포를 $f(x)$라 하자. 그러므로

$$\frac{\partial h}{\partial t} = c \frac{\partial^2 h}{\partial x^2}$$

를 만족시키고 초기값이

$$h(x, 0) = f(x)$$

인 함수 $h(x, t)$를 구하는 것이다.

또한 $x \to \pm\infty$를 가정하면 $f(x) \to 0$가 됨을 알 수 있다. 이는 기본적으로 매우 큰 x에 대해서는 막대가 초기에 0도임을 의미한다. 물리적인 이유로 궁극적인 해인 $h(x, t)$가 무엇이건 간에 $x \to \pm\infty$일 때 $h(x, t) \to 0$을 가정하게 된다.

다음과 같은 편미분 방정식

$$\frac{\partial h}{\partial t} = k \cdot \frac{\partial^2 h}{\partial x^2}$$

을 x에 대해 푸리에 변환시키면

$$\Im\left(\frac{\partial h(x, t)}{\partial t}\right)(u) = \Im\left(k \cdot \frac{\partial^2 h(x, t)}{\partial x^2}\right)(u)$$

가 되고 결국은

$$\frac{\partial}{\partial t}\Im(h(x, t))(u) = -ku^2\Im(h(x, t))(u)$$

를 얻게 된다. $\Im(h(x, t))(u)$는 변수 u와 t의 함수이다. 여기서 x는 원 PDE를 생각나게 하는 단순한 심볼로서 마치 유령과 같다.

일반적으로 t로 편미분할 때 다른 변수를 상수로 취급하듯이 변수 u를 상수로 취급하자. 그러면 위 방정식은 다음과 같은 ODE 형식으로 쓸 수 있다.

$$\frac{\mathrm{d}}{\mathrm{d}t}\Im(h(x, t))(u) = -ku^2\Im(h(x, t))(u)$$

이 ODE의 해는 다음 절에서 논의되겠지만 (찜찜하지만) 직관적으로 다음과 같다.

$$\Im(h(x, t))(u) = C(u)e^{-ku^2 t}$$

여기서 $C(u)$는 변수 u만의 함수로서 변수 t에 관해서는 상수이다. 초기 온도 $f(x)$를 사용해 $C(u)$를 구할 수 있다. $t = 0$일 때

$$\Im(h(x, 0))(u) = \Im(f(x))(u)$$

이며 $t=0$일 때 함수 $C(u)e^{-ku^2t}$는 $C(u)$가 되므로

$$\Im(f(x))(u) = C(u)$$

가 된다. 초기 온도 $f(x)$를 알고 있으므로 실제로 푸리에 변환을 계산할 수 있고 따라서 $C(u)$를 계산할 수 있다. 그러므로 온도 함수 $h(x,t)$의 푸리에 변환은 다음과 같다.

$$\Im(h(x,t))(u) = \Im(f(x))(u) \cdot e^{-ku^2t}$$

순간의 $g(x,t)$를 알고 있고 x에 대한 푸리에 변환이 다음과 같다고 가정하자.

$$\Im(g(x,t))(u) = e^{-ku^2t}$$

그런 $g(x,t)$가 존재한다면

$$\Im(h(x,t))(u) = \Im(f(x))(u) \cdot \Im(g(x,t))(u)$$

가 된다. 하지만 두 푸리에 변환의 곱은 하나의 콘볼루션 함수의 푸리에 변환으로 쓸 수 있다.

$$\Im(h(x,t))(u) = \Im(f(x) * g(x,t))$$

푸리에 변환의 원함수를 복원할 수 있으므로 이는 열 방정식에 대한 해가

$$h(x,t) = f(x) * g(x,t)$$

임을 의미한다. 그러므로 푸리에 변환이 e^{-ku^2t}인 함수 $g(x,t)$를 구할 수 있다면 열 방정식을 풀 수 있다. 다행히 이런 접근을 시도하는 것이 처음은 아니다. 여러 해 동안 많은 계산이 이뤄져 표를 만들었고 그러한 함수를 나열했다(이를 위해서는 푸리에 역변환.inverse Fourier transform의 개념을 정의해야 하고 함수 e^{-ku^2t}의 푸리에 역변환을 구해야 한다. 푸리에 변환보다 어렵지는 않지만 여기서 유도하지는 않는다). 하지만 역변환을 통해 다음과 같은 관계를 구할 수 있다.

$$\Im\left(\frac{1}{\sqrt{4\pi kt}}e^{\frac{-x^2}{4kt}}\right) = e^{-ku^2t}$$

그러므로 열 방정식의 해는 다음과 같다.

$$h(x,t) = f(x) * \frac{1}{\sqrt{4\pi kt}} e^{\frac{-x^2}{4kt}}$$

16.6 참고 서적

푸리에 해석학의 응용은 컴퓨터 단층 촬영의 일종인 CAT 스캔으로부터 소수의 분포에 관한 질문에까지 다양하므로 서로 다른 독자와 수학적 성숙의 수준을 겨냥한 책이 많다는 것은 놀랍지 않다. 바바라 허바드[Barbara Hubbard]의 『The World According to Wavelets』(1998)[97]은 탁월하다. 앞의 절반은 푸리에 급수의 기술적 내용이 아닌 표현으로 휘어잡지만 뒤의 절반은 진지한 수학을 다루고 있다. 여기서 웨이블릿이란 푸리에 급수에서 새롭게 나온 것으로 심오한 실제적인 응용을 보인 적이 있다. 굳건한 전통적인 입문서는 데이비스[Davis]가 지은 『Fourier Series and Orthogonal Functions』(1989) [41]이다. 약간 상급의 책은 폴란드[Folland]의 『Fourier Analysis and its Applications』 (1992)[61]이다. 간결하고 흥미로운 책은 씨일리[Seeley]가 쓴 『An Introduction to Fourier Series and Integrals』(1966)[165]이다. 오래됐지만 읽을 만한 책은 잭슨[Jackson]의 『Fourier Series and Orthogonal Polynomials』(1941)[102]이다. 하드코어 학생을 위해서는 1930년대 이후 이 주제에 대해 고전적 영감을 주는 지그문트[Zygmund]의 『Trigonometric Series』 (1988)[196]를 추천한다.

연습 문제

1. 다음과 같은 벡터 공간

$$\mathbf{L}^2[-\pi,\pi] = \left\{ f : [-\pi,\pi] \to \mathbb{C} \mid \int_{-\pi}^{\pi} |f|^2 < \infty \right\}$$

에 대해

$$\langle f, g \rangle = \int_{-\pi}^{\pi} f(x) \cdot \overline{g(x)}\, \mathrm{d}x$$

가 이 장에서 주장하는 내적$^{inner\ product}$임을 보여라.

2. 파동 방정식

$$\frac{\partial^2 y}{\partial t^2} = k \frac{\partial^2 y}{\partial x^2}$$

의 해를 구하는 문제를 k가 상수라는 가정 하에 푸리에 변환을 사용해 상미분 방정식의 해를 구하는 것으로 축소하라.

3. 다음과 같은 함수를 고려하자.

$$f_n(x) = \begin{cases} 2n & \frac{-1}{n} < x < \frac{1}{n} \ \text{일 때} \\ 0 & \text{그 외} \end{cases}$$

함수 $f_n(x)$의 푸리에 변환을 계산하라. n에 따른 함수 f_n과 그의 푸리에 변환을 그래프로 나타내고 그래프들을 비교해 결론을 도출하라.

17

미분 방정식

기본 대상: 미분 방정식

기본 목표: 미분 방정식의 해 구하기

17.1 기초

미분 방정식은 단지 하나의 방정식 또는 방정식들의 집합으로서 미지수는 함수와 도함수를 포함하는 방정식을 만족시켜야(풀어야) 하는 함수이다. 즉

$$\frac{dy}{dx} = 3y$$

는 미분 방정식으로서 미지수는 함수 $y(x)$이다. 이처럼

$$\frac{\partial^2 y}{\partial x^2} - \frac{\partial^2 y}{\partial x \partial t} + \frac{\partial y}{\partial x} = x^3 + 3yt$$

는 미지수가 두 개의 변수를 갖는 함수 $y(x, t)$인 미분 방정식이다. 미분 방정식은 넓게는 두 개의 부류로 나뉜다. 즉 상미분 방정식^{ODE, Ordinary Differential Equation}과 편미분 방정식^{PDE, Partial Differential Equation}이다. 상미분 방정식은 미지 함수가 독립적인 하나의 변수의 함수

이다. 즉 $\dfrac{\mathrm{d}y}{\mathrm{d}x}=3y$와

$$\frac{\mathrm{d}^2 y}{\mathrm{d}x^2} + \frac{\mathrm{d}y}{\mathrm{d}x} + \sin(x)y = 0$$

은 모두 상미분 방정식이다. 다음 절에서 보게 되듯이 이들은 원칙적으로 거의 항상 해를 가진다.

편미분 방정식(PDE)은 미지 함수가 하나 이상의 변수의 함수로서 다음과 같다.

$$\frac{\partial^2 y}{\partial x^2} - \frac{\partial^2 y}{\partial t^2} = 0$$

$$\frac{\partial^2 y}{\partial x^2} + \left(\frac{\partial y}{\partial t}\right)^3 = \cos(xt)$$

여기서 미지 함수는 두 변수의 함수 $y(x, t)$이다. PDE에 있어서는 해에 관한 한 모든 것이 선명하지 않다. 변수 분리 방법과 현명한 변수 치환 방법(굳이 방법이라고 부른다면)에 대해 논의할 것이다. 세 번째 방법으로는 16장에서 다뤘듯이 푸리에 변환을 사용하는 것이다.

미분 방정식을 나누는 또 다른 기준은 선형과 비선형이다. 미분 방정식의 해가 두 함수 f_1과 f_2일 때 임의의 두 수 λ_1, λ_2에 대해 함수

$$\lambda_1 f_1 + \lambda_2 f_2$$

가 또 다른 해가 된다면 미분 방정식은 동질의 선형$^{\text{homogeneous linear}}$이다. 따라서 해가 벡터 공간을 형성한다. 예를 들어 $\frac{\partial^2 y}{\partial x^2} - \frac{\partial^2 y}{\partial t^2} = 0$는 동질의 선형이다. 임의의 미분 방정식이 독립 변수를 뺌으로써 동질의 선형 미분 방정식으로 변할 수 있다면 그 미분 방정식은 선형이다. 방정식 $\frac{\partial^2 y}{\partial x^2} - \frac{\partial^2 y}{\partial t^2} = x$는 함수 x를 제거함으로써 동질의 선형 미분 방정식이 되므로 선형이다. 선형 미분 방정식의 중요한 사실은 해 공간이 벡터 공간의 선형 부분 공간을 형성하게 돼 선형 대수적 아이디어가 허용된다는 것이다. 자연스럽게 선형이 아닌 미분 방정식은 비선형 미분 방정식이다.

실제로 하나의 값이 다른 것에 따라 항상 변할 때는 미분 방정식이 발생한다. 물리의 기본 법칙도 확실하게 미분 방정식의 형식으로 기술된다. 예를 들어 뉴턴의 제2 법칙

$$\text{힘} = (\text{질량}) \cdot (\text{가속도})$$

는 다음과 같은 미분 방정식으로 표현된다.

$$\text{힘} = (\text{질량}) \cdot \left(\frac{\mathrm{d}^2(\text{위치})}{\mathrm{d}x^2} \right)$$

17.2 상미분 방정식

상미분 방정식을 풀기 위해서는 기본적으로 미분을 원상태로 돌려야 한다. 따라서 상미분 방정식을 푸는 것은 기본적으로 적분을 행하는 것과 같다. 사실 ODE와 적분 이론에서 같은 문제가 발생한다.

대부분의 (연속 함수 등과 같은) 합리적인 함수는 적분할 수 있다. 그러나 실제로 함수의 적분이 잘 알려진 어떤 함수(다항식, 삼각 함수, 역삼각 함수, 지수 또는 로그 함수 등과 같은)일 것으로 깨닫기는 일반적으로 불가능하다. ODE와 같이 대부분의 경우 해가 존재하지만 적은 경우만이 깨끗하고 분명하게 풀 수 있다. 따라서 표준이 되는 대학 2학년 수준의 공학에서 다루는 ODE 과정은 특별한 방정식에 적용하는 비법의 가방을 제공한다.[1]

이 절에서는 ODE가 해를 가진다는 사실과 자연스러운 초기 조건에 따라 해가 고유하다는 것에 관심을 갖자. 우선 하나의 ODE의 해를 구하는 것이 어떻게 1차 ODE 시스템을 푸는 것으로 축소될 수 있는지 보자. 1차 ODE 시스템이란 다음 식들을 만족하는 미지 함수 $y_1(x), \ldots, y_n(x)$의 방정식들이다.

$$\frac{\mathrm{d}y_1}{\mathrm{d}x} = f_1(x, y_1, \ldots, y_n)$$
$$\vdots$$
$$\frac{\mathrm{d}y_n}{\mathrm{d}x} = f_n(x, y_1, \ldots, y_n)$$

---

1 비법의 가방을 꾸미는 근거와 패턴이 있다. 이들은 밑에 깔린 방정식의 대칭성에 대한 조심스러운 연구를 포함한다. 더 많은 것은 피터 올리버(Peter Oliver)의 『Applications of Lie Groups to Differential Equations』(1993)[149]을 보라.

다음과 같은 하나의 미분 방정식으로부터 출발하자.

$$a_n(x)\frac{\mathrm{d}^n y}{\mathrm{d}x^n} + \cdots + a_1(x)\frac{\mathrm{d}y}{\mathrm{d}x} + a_0(x)y(x) + b(x) = 0$$

이때 다음과 같이 새로운 변수를 도입하자.

$$y_0(x) = y(x),$$
$$y_1(x) = \frac{\mathrm{d}y_0}{\mathrm{d}x} = \frac{\mathrm{d}y}{\mathrm{d}x},$$
$$y_2(x) = \frac{\mathrm{d}y_1}{\mathrm{d}x} = \frac{\mathrm{d}^2 y_0}{\mathrm{d}x^2} = \frac{\mathrm{d}^2 y}{\mathrm{d}x^2},$$
$$y_{n-1}(x) = \frac{\mathrm{d}y_{n-2}}{\mathrm{d}x} = \cdots = \frac{\mathrm{d}^{n-1} y_0}{\mathrm{d}x^{n-1}} = \frac{\mathrm{d}^{n-1} y}{\mathrm{d}x^{n-1}}$$

그러면 원 ODE의 해 $y(x)$는 다음과 같은 1차 ODE 시스템의 해를 제공하게 된다.

$$\frac{\mathrm{d}y_0}{\mathrm{d}x} = y_1,$$
$$\frac{\mathrm{d}y_1}{\mathrm{d}x} = y_2$$
$$\vdots$$
$$\frac{\mathrm{d}y_{n-1}}{\mathrm{d}x} = -\frac{1}{a_n(x)}(a_{n-1}(x)y_{n-1} + a_{n-2}(x)y_{n-2} + \cdots + a_0(x)y_0 + b(x))$$

이러한 모든 1차 ODE 시스템을 풀 수 있다면 모든 ODE 시스템을 풀 수 있다. 따라서 ODE에 대한 존재와 고유성 정리는 1차 ODE 시스템의 언어로 나타낼 수 있다.

우선 우리가 관심을 가지는 특별한 종류의 함수를 정의하자.

정의 17.2.1 $\mathbb{R}^{n+1}$의 영역 T상에서 정의되는 함수 $f(x, y_1, \ldots, y_n)$이 다음 조건을 만족하면 립시츠^{Lipschitz}이다. 즉 상수 N이 존재해 T 내의 모든 $(x, y_1, \ldots, y_n)$와 $(\hat{x}, \hat{y}_1, \ldots, \hat{y}_n)$에 대해 다음이 성립해야 한다.

$$|f(x, y_1, \ldots, y_n) - f(\hat{x}, \hat{y}_1, \ldots, \hat{y}_n)| \leq N \cdot (|y_1 - \hat{y}_1| + \cdots + |y_n - \hat{y}_n|)$$

함수가 립시츠가 돼야 한다고 요구하는 것이 주요한 제한 조건은 아니다. 예를 들어 열린 집합 상에서 연속 1차 편미분을 갖는 임의의 함수는 임의의 연결 콤팩트 부분집합상에서 립시츠다.

정리 17.2.2 각 함수 $f_1, \ldots, f_n$이 영역 T 내에서 립시츠인 1차 상미분 연립 방정식

$$\frac{\mathrm{d}y_1}{\mathrm{d}x} = f_1(x, y_1, \ldots, y_n)$$

$$\vdots$$

$$\frac{\mathrm{d}y_n}{\mathrm{d}x} = f_n(x, y_1, \ldots, y_n)$$

은 임의의 실수 x_0에 대해 해 $y_1(x), \ldots, y_n(x)$가 존재하는 구간 $(x_0 - \epsilon, x_0 + \epsilon)$를 가진다. 또한 수 $a_1, \ldots, a_n$이 주어질 때 영역 T 내의 $(x_0, a_1, \ldots, a_n)$에 대해 초기 조건

$$y_1(x_0) = a_1$$

$$\vdots$$

$$y_n(x_0) = a_n$$

을 만족하는 해는 고유하다.

다음과 같은 두 개의 1차 ODE를 갖는 시스템을 고려하자.

$$\frac{\mathrm{d}y_1}{\mathrm{d}x} = f_1(x, y_1, y_2),$$

$$\frac{\mathrm{d}y_2}{\mathrm{d}x} = f_2(x, y_1, y_2)$$

이때 해 $(y_1(x), y_2(x))$는 $\mathbb{R}^2$ 평면상의 곡선이다. 위 정리는 주어진 점 (a_1, a_2)를 교차하는 정확히 하나의 해 곡선$^{\text{solution curve}}$이 존재한다고 말하고 있다. 어떤 점에서는 ODE를 풀기가 PDE보다 쉬운 이유가 ODE에 대해서는 하나의 해 곡선을 찾으려고 하는 반면 (1차원 형태의 문제) PDE에 대해서는 해집합이 고차원이므로 훨씬 더 복잡한 기하를 가지기 때문이다.

해를 찾기 위해 피카르의 반복법$^{\text{Picard iteration}}$을 설정하고 왜 이 반복법이 미분 방정식을 푸는 데 실제로 효과가 있는 이유를 간단히 설명하자.

이 반복 과정을 위해 참 해$^{\text{true solution}}$ $y_1(x), \ldots, y_n(x)$에 접근하는 함수 $y_{1_k}(x), \ldots, y_{n_k}(x)$를 설정하자. 이제 각 i에 대해 다음과 같이 초기값을 설정하자.

$$y_{i_0}(x) = a_i$$

그러면 k번째 단계에서는 다음과 같이 정의된다.

$$y_{1_k}(x) = a_1 + \int_{x_0}^{x} f_1(t, y_{1_{k-1}}(t), \ldots, y_{n_{k-1}}(t)) \, dt$$

$$\vdots$$

$$y_{n_k}(x) = a_n + \int_{x_0}^{x} f_n(t, y_{1_{k-1}}(t), \ldots, y_{n_{k-1}}(t)) \, dt$$

이 정리의 결정적인 부분은 이들 각각이 하나의 해에 수렴한다는 것이다. 방법은 각각의 i에 대해 수열

$$y_{i_0}(x) + \sum_{k=1}^{\infty} (y_{i_k}(x) - y_{i_{k-1}}(x))$$

를 보면 N차 부분합 함수 $y_{i_N}(x)$을 가짐을 알 수 있다. 이 수열이 수렴하는 것을 보이는 것은 곧

$$|y_{i_k}(x) - y_{i_{k-1}}(x)|$$

가 충분히 빠르게 0에 접근함을 보이는 것이다. 그러나 이 절대값은 다음과 같이 된다.

$$\left| \int_{x_0}^{x} [f_i(t, y_{1_{k-1}}(t), \ldots, y_{n_{k-1}}(t)) - f_i(t, y_{1_{k-2}}(t), \ldots, y_{n_{k-2}}(t))] \, dt \right|$$

$$\leq \int_{x_0}^{x} |f_i(t, y_{1_{k-1}}(t), \ldots, y_{n_{k-1}}(t)) - f_i(t, y_{1_{k-2}}(t), \ldots, y_{n_{k-2}}(t))| \, dt$$

오른쪽 적분의 크기는 립시츠 조건을 적용해 조절할 수 있으며 0으로 접근함을 보일 수 있다.

17.3 라플라스 작용소

17.3.1 평균값 원리

$\mathbb{R}^n$ 상에서 함수 $u(x) = u(x_1, \ldots, x_n)$의 라플라스 작용소^{Laplacian}는

$$\triangle u = \frac{\partial^2 u}{\partial x_1{}^2} + \cdots + \frac{\partial^2 u}{\partial x_n{}^2}$$

이다. 누구나 다음과 같은 PDE

$$\triangle u = 0$$

가 균일하고 선형이며 따라서 해가 벡터 공간을 형성함을 쉽게 확인할 수 있다. 이 해는 명칭에 걸맞게 중요하다.

정의 17.3.1 함수 $u(x) = u(x_1, \ldots, x_n)$이 조화적^{harmonic}이려면 $u(x)$가 라플라스 작용소 방정식

$$\triangle u = 0$$

의 해가 돼야 한다.

라플라스 작용소의 중요성의 많은 부분은 그 해, 즉 조화 함수가 평균값 원리$^{\text{Mean Value}}$ ^{Principle}를 만족하는 점인데 이는 우리가 살펴볼 다음 주제이다. 임의의 점 $a \in \mathbb{R}^n$에 대해 중심이 a이고 반지름이 r인 구^{sphere}를 $S_a(r)$이라고 하자.

$$S_a(r) = \{x \in \mathbb{R}^n : |x - a| = r\}$$

정리 17.3.2(평균값 원리$^{\text{Mean Value Principle}}$) $u(x) = u(x_1, \ldots, x_n)$이 조화적이면 임의의 점 $a \in \mathbb{R}^n$에서 다음이 성립한다.

$$u(a) = \frac{1}{S_a(r)\text{의 면적}} \int_{S_a(r)} u(x)$$

$u(a)$는 중심이 a인 임의의 구에 대한 $u(x)$의 평균값과 같다. n이 2인 경우의 증명은 대부분의 복소해석학의 교재를 보라. 일반적인 경우에 대해서는 G. 폴란드$^{\text{G. Folland}}$의

『Introduction to Partial Differential Equations』(1995)[62]의 2.A절을 보라.

실제로 주어진 경계 조건에 따른 영역에서의 조화 함수를 찾으려는 경우가 많다. 이를 디리클레 문제Dirichlet problem라고 부른다.

디리클레 문제: R이 경계가 ∂R인 $\mathbb{R}^n$의 하나의 영역이라 하자. 여기서 g가 이 경계 상에서 정의되는 하나의 함수라고 가정하자. 디리클레 문제란 R 상에서

$$\triangle f = 0$$

를 만족하는 R 상의 함수 f를 찾는 것이다. 또한 ∂R 상에서

$$f = g$$

이어야 한다.

고전 물리학에서 자연스럽게 이와 같은 형태의 PDE가 전위로 나타난다. 또한 열 방정식의 정상 상태 해steady-state solution를 연구할 때에도 또한 PDE가 사용된다. 다음 절에서는 열 유속이 다음과 같은 PDE를 만족함을 볼 것이다.

$$\frac{\partial^2 u}{\partial x_1^2} + \cdots + \frac{\partial^2 u}{\partial x_n^2} = c \cdot \frac{\partial u}{\partial t}$$

여기서 $u(x_1,\ldots,x_n,t)$는 시간 t와 위치 $(x_1,\ldots,x_n)$에서의 온도를 나타낸다. 정상 상태 해는 시간에 따라 변하지 않는 해를 의미하므로

$$\frac{\partial u}{\partial t} = 0$$

이 성립한다. 또한 정상 상태 해는

$$\triangle u = \frac{\partial^2 u}{\partial x_1^2} + \cdots + \frac{\partial^2 u}{\partial x_n^2} = 0$$

를 만족시키므로 조화 함수다.

17.3.2 변수 분리법

포함되는 영역이 그래도 합리적일 때는 조화 함수를 찾고 디리클레 문제를 풀 수 있는 많은 방법이 있다. 여기서 변수 분리법을 소개하는데 이 방법은 열 방정식과 파동 방정식을 푸는 데 자주 사용된다. 그렇지만 이 방법이 항상 성공하는 것은 아니다.

구체적인 예로서 다음과 같은 식의 해를 찾아보자.

$$\frac{\partial^2 u}{\partial x^2} + \frac{\partial^2 u}{\partial y^2} = 0$$

정의역은 단위 정사각형이고 경계 조건은

$$u(x, y) = \begin{cases} h(x) & y = 1 \ \text{일 때} \\ 0 & x = 0, \, x = 1 \ \text{또는} \ y = 0 \ \text{일 때} \end{cases}$$

이며 $h(x)$는 초기에 사각형의 윗부분에 대해 정의된 구체적인 함수이다.

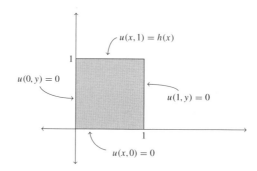

핵심 가정은 해가 다음과 같은 형태

$$u(x, y) = f(x) \cdot g(y)$$

이며 경계면에서는

$$f(0) = 0, \quad g(0) = 0, \quad f(1) = 0, \quad f(x) \cdot g(1) = h(x)$$

와 같다. 이것은 자연 그대로의 상태이다. 각각의 함수가 하나의 변수인 두 함수의 곱으로 표현되는 2-변수 함수는 거의 없다. 그러한 해를 실제로 찾을 수 있다면 앞의 말이 정당화될 것 같다. 그러나 정확하게 찾을 것이다(이야기를 끝내려면 여기서 증명하지 않지만 이 해가 고유함을 증명할 필요가 있다). $u(x, y) = f(x) \cdot g(y)$이며 $\Delta u = 0$이라면

$$\frac{\mathrm{d}^2 f}{\mathrm{d}x^2} g(y) + f(x) \frac{\mathrm{d}^2 g}{\mathrm{d}y^2} = 0$$

이 된다. 그러므로 다음 식을 얻는다.

$$\frac{\frac{\mathrm{d}^2 f}{\mathrm{d}x^2}}{f(x)} = -\frac{\frac{\mathrm{d}^2 g}{\mathrm{d}y^2}}{g(y)}$$

양변이 서로 전적으로 다른 변수에 의존하므로 양변은 하나의 상수와 같아야만 한다. 경계 조건 $f(0) = f(1) = 0$을 이용해 상수가 음의 값임을 보일 수 있다. 이를 $-c^2$으로 표기하면

$$\frac{\mathrm{d}^2 f}{\mathrm{d}x^2} = -c^2 f(x)$$

$$\frac{\mathrm{d}^2 g}{\mathrm{d}y^2} = c^2 g(y)$$

를 얻게 돼 2차 ODE의 해를 다음과 같이 구한다.

$$f(x) = \lambda_1 \cos(cx) + \lambda_2 \sin(cx)$$

$$g(y) = \mu_1 e^{cy} + \mu_2 e^{-cy}$$

이제 경계 조건을 넣어보자. $f(0) = 0$이므로

$$\lambda_1 = 0$$

이 되고 $g(0) = 0$이므로

$$\mu_1 = -\mu_2$$

를 얻게 되고 $f(1) = 0$을 통해

$$\lambda_2 \sin(cx) = 0$$

를 얻는다. 이 조건은 c가 다음과 같아야 함을 의미한다.

$$c = k\pi, \quad k = 0, 1, 2, \ldots$$

그러므로 해는 다음과 같은 형으로 주어진다.

$$u(x, y) = f(x) \cdot g(y) = C_k \sin(k\pi x)(e^{k\pi y} - e^{-k\pi y})$$

여기서 C_k는 구해야 할 어떤 상수이다.

또한 $u(x, 1) = h(x)$이어야 한다. 여기서 라플라스 작용소가 선형이며 여러 해가 더해질 수 있음을 사용할 필요가 있다. $c = k\pi$에 대한 다양한 해를 더하게 되면

$$u(x, y) = \sum C_k (e^{k\pi y} - e^{-k\pi y}) \sin(k\pi x)$$

가 된다. 이제 C_k를 구하는 일이 남아있다. $u(x, 1) = h(x)$이므로 다음과 같이 쓸 수 있다.

$$h(x) = \sum C_k (e^{k\pi} - e^{-k\pi}) \sin(k\pi x)$$

이는 사인 급수이므로 앞 장에서 다룬 푸리에 해석에 의해 계수를 다음과 같이 구할 수 있다.

$$C_k (e^{k\pi} - e^{-k\pi}) = 2 \int_0^1 h(x) \sin(k\pi x) \, dx = \frac{2h(x)(1 - \cos k\pi)}{k\pi}$$

그러므로 구하는 해는 다음과 같다.

$$u(x, y) = \frac{2h(x)}{\pi} \sum_{k=1}^{\infty} \frac{1 - \cos k\pi}{k(e^{k\pi} - e^{-k\pi})} \sin(k\pi x)(e^{k\pi y} - e^{-k\pi y})$$

깔끔해 보이지는 않지만 정확한 해이다.

17.3.3 복소해석학에의 응용

조화 함수의 응용을 빠르게 보고자 한다. 13장의 목표는 복소해석 함수 $f : U \to \mathbb{C}$를 연구하는 것이었다. 여기서 U는 복소수 내의 하나의 열린집합이다. $f = u + iv$와 같이 표현하는 방법은 바로 f의 실수부와 허수부가 다음과 같은 코시-리만 방정식을 만족시켜야 한다고 말하는 것이었다.

$$\frac{\partial u(x, y)}{\partial x} = \frac{\partial v(x, y)}{\partial y}$$

$$\frac{\partial u(x, y)}{\partial y} = -\frac{\partial v(x, y)}{\partial x}$$

두 실수 함수 u와 v는 조화적이다. u의 조화성(v도 유사하게)은 코시-리만 방정식을 사용해 확인된다.

$$\begin{aligned}
\triangle u &= \frac{\partial^2 u}{\partial x^2} + \frac{\partial^2 u}{\partial y^2} \\
&= \frac{\partial}{\partial x}\frac{\partial v}{\partial y} + \frac{\partial}{\partial y}\frac{-\partial v}{\partial x} \\
&= 0
\end{aligned}$$

복소해석학에의 한 가지 접근은 실수 함수 u와 v의 조화성에 대해 깊이 연구하는 것이다.

17.4 열 방정식

먼저 열 방정식이라고 부르는 편미분 방정식을 기술하고 왜 이 특별한 PDE가 열 유속을 모델로 하는지 물리학 형태의 경험적 주장을 펼치자. 일반적인 좌표가 x, y, z인 $\mathbb{R}^3$ 영역에서 다음과 같이 설정하자.

$$u(x, y, z, t) = \text{시간 } t \text{와 위치 } (x, y, z) \text{에서의 온도}$$

정의 17.4.1 열 방정식은 다음과 같이 주어진다.

$$\frac{\partial^2 u}{\partial x^2} + \frac{\partial^2 u}{\partial y^2} + \frac{\partial^2 u}{\partial z^2} = c\frac{\partial u}{\partial t}$$

여기서 c는 상수이다.

구체적으로 값을 아는 함수 $f(x, y, z)$를 구체적인 초기 온도로 설정하며 시작하자.

$$u(x, y, z, 0) = f(x, y, z),$$

놀랍게도 다양한 문맥에서 열이나 온도에 대한 개념이 분명하지 않음에도 수학과 과학 전반에 걸쳐 열 방정식이 등장한다. 공통적인 주제는 열이 일종의 확산 과정diffusion process 이며 열 방정식이 임의의 확산 과정을 잘 포착하는 PDE라는 것이다. 또한 열 방정식을 푸는 수많은 기법이 존재한다. 사실 16장에서 1차원인 경우에 대해 푸리에 해석학을 사용해 문제를 풀었다. 전 장에서 라플라스 작용소를 풀기 위해 사용한 변수 분리 방법을 사용할 수도 있다.

위 PDE가 왜 '열 방정식'이라는 명칭을 가질 자격이 있는지를 살펴보자. 전 절에서 봤듯이

$$\triangle u = \frac{\partial^2 u}{\partial x^2} + \frac{\partial^2 u}{\partial y^2} + \frac{\partial^2 u}{\partial z^2}$$

는 라플라스 작용소이다. 비-직선 좌표계에서는 라플라스 작용소는 다르게 보이는 형태를 가지지만 열 방정식은 항상 다음과 같다.

$$\triangle u = c\frac{\partial u}{\partial t}$$

단순성을 위해 1차원의 경우로 제한하고 x축이라고 부르는 무한히 긴 막대를 고려하자.

열과 온도에 대한 기본적인 정의는 과거와 현재에 어려움으로 가득 찼지만 온도에 대한 개념이 존재하고 열이 온도의 변화에 의해 측정된다고 가정하자. 그리고 $u(x, t)$를 시간 t 와 위치 x에서의 온도라고 하자. 또한 변수의 변화를 각각 $\triangle u$, $\triangle x$, $\triangle t$ 등으로 표기하자.

여기서 Δ는 이런 변수의 라플라스 작용소는 아니다.

이 막대와 관련해 현실 세계에서 사용하는 3개의 중요한 상수가 있는데 밀도 ρ, 열전도도 k, 구체적인 열 σ이다. 거리 Δx에 대한 막대의 질량은 곱 $\rho \cdot \Delta x$로 주어진다. 구체적인 열은 값 σ로서 Δx길이의 막대의 온도가 u에서 $u + \Delta u$까지 올라가면 막대의 온도는 $\sigma \cdot$(질량)$\cdot \Delta u$만큼 변화된다. 마지막 값이 $\sigma \cdot \rho \cdot \Delta x \cdot \Delta u$와 같음에 유의하자. 여기서 열은 온도 변화의 측도라는 개념을 사용하자. 끝으로 열전도도 k는 상수로서 막대를 통해 고정점 x까지 흐르는 열의 양을 다음과 같이 정의한다.

$$k \cdot \left. \frac{\Delta u}{\Delta x} \right|_x$$

물리적인 실험을 통해 이러한 상수가 존재하는 것을 확인할 수 있다.

이제 구간 $[x, x + \Delta x]$의 안과 밖으로 얼마나 많은 열이 흐르는지 알려고 한다. 두 가지 방법을 통해 이 열 유속을 계산함으로써, 또한 $\Delta x \to 0$으로 접근시킴으로써 열 방정식이 등장한다. 첫째, 온도가 Δu만큼 변하면 열은 다음만큼 같이 변한다.

$$\sigma \cdot \rho \cdot \Delta x \cdot \Delta u$$

둘째, $x + \Delta x$ 점에서 Δt 시간에 걸쳐 흘러 나가는 열의 양은 다음과 같다.

$$k \cdot \left. \frac{\Delta u}{\Delta x} \right|_{x+\Delta x} \Delta t$$

$-k \left. \dfrac{\Delta u}{\Delta x} \right|_x \Delta t = x$ 밖으로 나가는 열 유속

$k \left. \dfrac{\Delta u}{\Delta x} \right|_{x+\Delta x} \Delta t = x + \Delta x$ 밖으로 나가는 열 유속

한편 x 점에서 Δt 시간에 걸쳐 흘러 나가는 열의 양은 다음과 같다.

$$-k \cdot \frac{\triangle u}{\triangle x}\bigg|_x \triangle t$$

따라서 구간 $\triangle x$에서의 열 변화는

$$\left(k\frac{\triangle u}{\triangle x}\bigg|_{x+\triangle x} - k\frac{\triangle u}{\triangle x}\bigg|_x \right) \triangle t$$

가 되고 이는 다음과 같이 된다.

$$k \cdot \left(\frac{\triangle u}{\triangle x}\bigg|_{x+\triangle x} - \frac{\triangle u}{\triangle x}\bigg|_x \right) \triangle t = \sigma\rho\triangle x\triangle u$$

그러므로 다음과 같이 정리된다.

$$\frac{\left(\frac{\triangle u}{\triangle x}|_{x+\triangle x} - \frac{\triangle u}{\triangle x}|_x \right)}{\triangle x} = \frac{\sigma\rho}{k}\frac{\triangle u}{\triangle t}$$

$\triangle x$와 $\triangle t$를 0으로 접근시키면 다음과 같은 편미분 열 방정식을 얻게 된다.

$$\frac{\partial^2 u}{\partial x^2} = \frac{\sigma\rho}{k} \cdot \frac{\partial u}{\partial t}$$

사실 상수 c가 다음과 같음을 보게 된다.

$$c = \frac{\sigma\rho}{k}$$

다시 언급하지만 열 방정식을 푸는 방법이 최소 두 가지 이상 존재한다. 예를 들면 푸리에 변환을 이용할 수 있는데 이는 16장에서 해를 찾기 위해 사용한 것이다. 또한 변수 분리법을 사용할 수 있으며 이는 앞 절에서 다뤘다.

17.5 파동 방정식

17.5.1 유도

명칭이 제시하듯이 이 편미분 방정식은 원래 파동의 운동을 기술하기 위해 유도됐다. 열 방정식에서처럼 기본적인 형은 파동이 아닌 것처럼 보이는 많은 분야에서 나타난다. 파동 방정식에 관해 설명하고 왜 파동 방정식이 파동을 기술하는지 경험적인 짧은 설명을 하려고 한다.

xy평면에서 x방향으로 진행하는 횡파transverse wave는 다음처럼 보인다.

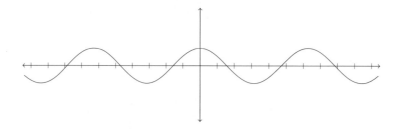

해 함수는 $y(x, t)$로 표기하는데 이는 위치 x와 시간 t일 때의 파의 y 좌표이다. 두 독립적인 변수로 표현되는 파동 방정식은 다음과 같다.

$$\frac{\partial^2 y}{\partial x^2} - c\frac{\partial^2 y}{\partial t^2} = 0$$

여기서 c는 양수이다. 일반적으로 파동의 초기 위치와 같은 어떤 형태의 지식을 가지고 시작한다. 이는 당연히 다음과 같은 초기 함수 $f(x)$가 주어짐을 의미한다.

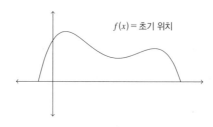

$f(x)$ = 초기 위치

$$y(x, 0) = f(x)$$

일반적으로 초기 조건 $f(x_1, \ldots, x_n)$을 갖는 n개 변수 $x_1, \ldots, x_n$의 파동 방정식은

$$\frac{\partial^2 y}{\partial x_1{}^2} + \cdots + \frac{\partial^2 y}{\partial x_n{}^2} - c \cdot \frac{\partial^2 y}{\partial t^2} = 0$$

이며 초기 조건은

$$y(x_1, \ldots, x_n, 0) = f(x_1, \ldots, x_n)$$

이다. 비-직선 좌표계에서는 파동 방정식은 다음과 같다.

$$\triangle y(x_1, \ldots, x_n, t) - c \cdot \frac{\partial^2 y}{\partial t^2} = 0$$

이러한 편미분 방정식이 왜 파동 방정식이라고 부르는지 그 배경의 경험적 내용을 보자. 물론 일종의 물리적인 가정이 필요하다. 파동이 임의의 '탄성' 매체에 있는 움직이는 노끈string이라고 가정하자. 이는 어떤 이동에 대해서도 노끈이 원위치로 움직이려는 복원력이 존재한다는 것이다. 또한 초기의 방해는 적다고 가정하자. 이에 대해 다음 식이 사용된다.

$$\text{힘} = (\text{질량}) \cdot (\text{가속도})$$

노끈의 밀도가 ρ이고 노끈의 장력이 T라고 가정하자(이 장력이 복원력이 될 것이다). 장력은 노끈에 접선 방향으로 작용한다. 끝으로 노끈이 수직으로만 움직일 수 있다고 가정하자. 다음과 같은 파동을 고려하자.

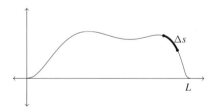

곡선의 호의 길이를 s로 표기하자. 곡선의 조각 Δs에 작용하는 복원력을 두 가지 다른 방법으로 계산하고 $\Delta s \to 0$으로 접근시키자. 밀도가 ρ이므로 조각 Δs의 질량은 곱

$(\rho \cdot \Delta s)$이다. 가속도는 2차 도함수이며 곡선이 수직으로만 (y방향으로) 움직일 수 있다고 가정하고 있으므로 가속도는 $\frac{\partial^2 y}{\partial t^2}$이다. 따라서 힘은 다음과 같이 표현된다.

$$(\rho \cdot \Delta s) \cdot \frac{\partial^2 y}{\partial t^2}$$

이동이 매우 작으므로 호의 길이 Δs를 x방향의 변화만으로 근사화할 수 있다.

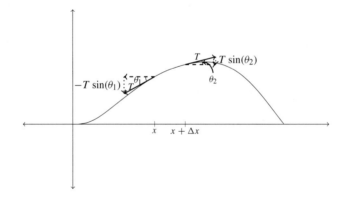

$$\Delta s \sim \Delta x$$

그러므로 복원력은 다음과 같다고 가정하고 있다.

$$(\rho \Delta x) \cdot \frac{\partial^2 y}{\partial t^2}$$

완전히 다른 방법으로 복원력을 계산해 보자. 다음 그림의 각 점에서

장력 T는 곡선의 접선 방향으로 가속도를 일으킨다. 우리의 관심은 y 성분이므로 점 $x + \Delta x$에서의 복원력은

$$T \sin \theta_2$$

이며 점 x에서의 복원력은

$$-T \sin \theta_1$$

이 된다. 각 θ_1, θ_2가 작으므로 다음과 같은 근사화를 사용할 수 있다.

$$\sin \theta_1 \sim \tan \theta_1 = \left.\frac{\partial y}{\partial x}\right|_x ,$$

$$\sin \theta_2 \sim \tan \theta_2 = \left.\frac{\partial y}{\partial x}\right|_{x+\triangle x}$$

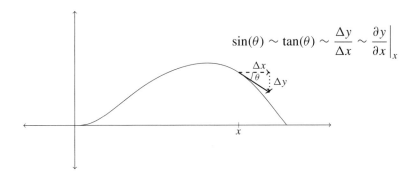

$$\sin(\theta) \sim \tan(\theta) \sim \frac{\Delta y}{\Delta x} \sim \left.\frac{\partial y}{\partial x}\right|_x$$

그러면 복원력을 다음과 같이 설정할 수 있게 된다.

$$T \left(\left.\frac{\partial y}{\partial x}\right|_{x+\triangle x} - \left.\frac{\partial y}{\partial x}\right|_x \right)$$

지금까지 두 가지의 다른 방법으로 복원력을 계산했으므로 두 공식을 같다고 놓으면

$$T \left(\frac{\partial y}{\partial x}|_{x+\triangle x} - \frac{\partial y}{\partial x}|_x \right) = \rho \triangle x \cdot \frac{\partial^2 y}{\partial t^2}$$

또는

$$\frac{\frac{\partial y}{\partial x}|_{x+\triangle x} - \frac{\partial y}{\partial x}|_x}{\triangle x} = \frac{\rho}{T} \frac{\partial^2 y}{\partial t^2}$$

이 된다. $\triangle x \to 0$으로 접근시키면 다음과 같은 파동 방정식을 얻게 된다.

$$\frac{\partial^2 y}{\partial x^2} = \frac{\rho}{T} \frac{\partial^2 y}{\partial t^2}$$

이제 해가 무엇처럼 보이는지 확인하자. 먼저 $y(0) = 0$과 상수 L에 대해 $y(L) = 0$을 가정하자. 즉 양쪽 끝점이 있는 파동으로 관심을 제한하고 있다.

이 장 마지막 연습 문제에서 푸리에 변환을 통한 변수 분리법을 사용해 파동 방정식을 풀도록 하고 있다. 그 답은 사실은 다음과 같다.

$$y(x,t) = \sum_{n=1}^{\infty} k_n \sin\left(\frac{n\pi x}{L}\right) \cos\left(\frac{n\pi t}{L}\right)$$

여기서 계수는 다음과 같다.

$$k_n = \frac{2}{L} \int_0^L f(x) \sin\left(\frac{n\pi x}{L}\right) dx$$

17.5.2 변수 변환

때로는 현명한 변수 변환$^{\text{Change of Variables}}$은 원 PDE를 다루기 쉬운 것으로 축소시킨다. 파동 방정식의 다음과 같은 해에서 이를 알게 된다. 무한히 긴 노끈을 취하자. 노끈의 중간을 구부려 놓고 그대로 두자.

잠시 후에 두 파동이 서로 반대 방향으로 그러나 같은 속력으로 움직이는 것처럼 다음과 같은 결과를 얻을 것이다.

고심 끝에 이 두 파동을 포착하기 위해 좌표 시스템을 바꾸려고 할지도 모른다.

다음 방정식을 푼다고 가정하자.

$$\frac{\partial^2 y}{\partial x^2} - \frac{1}{c^2}\frac{\partial^2 y}{\partial t^2} = 0$$

여기서 초기 조건은 함수 $g(x)$와 $h(x)$가 주어질 때 다음과 같다.

$$y(x,0) = g(x) \quad \text{및} \quad \frac{\partial y}{\partial t}(x,0) = h(x)$$

파동 방정식의 계수를 $\frac{1}{c^2}$으로 변경했음에 유의하라. 편리한 표기를 위해 변경함을 밝힌다.

이제 다음과 같이 변수 변화를 시도하자.

$$u = x + ct \quad \text{및} \quad v = x - ct$$

연쇄 법칙을 사용하면 이 좌표 변화는 원 파동 방정식을 다음과 같이 변환시킨다.

$$\frac{\partial^2 y}{\partial u \partial v} = 0$$

이 PDE는 두 번의 직접적인 적분으로 풀 수 있다. 먼저 변수 u에 대해 적분을 취하면 다음을 얻는다.

$$\frac{\partial y}{\partial v} = a(v)$$

여기서 $a(v)$는 변수 v만의 미지 함수다. 이 새로운 함수 $a(v)$는 '적분 상수'로서 u 변수에 대해 상수라는 의미이다. 다시 변수 v에 대해 적분을 취하면 다음을 얻는다.

$$y(u,v) = A(v) + B(u)$$

여기서 $A(v)$는 $a(v)$의 적분이며 $B(u)$는 v변수에 대해 '적분 상수'를 나타내는 항이다. 그러므로 해 $y(u,v)$는 현재는 알지 못하는 단일 변수만의 함수인 두 함수의 합이다. u, v를 원 좌표로 바꾸면 해는 다음과 같은 형태를 가진다.

$$y(u,v) = A(x - ct) + B(x + ct)$$

$A(x-ct)$와 $B(x+ct)$를 결정하기 위해 초기 조건을 사용하면

$$g(x) = y(x,0) = A(x) + B(x)$$

$$h(x) = \frac{\partial y}{\partial t}(x,0) = -cA'(x) + cB'(x)$$

를 얻는다. 마지막 식을 x에 대해 적분해 다음과 같은 식을 얻게 된다.

$$\int_0^x h(s)\,ds + C = -cA(x) + cB(x)$$

함수 $g(x)$와 $h(x)$가 주어져 있다고 가정하므로 $A(x)$와 $B(x)$를 다음과 같이 구할 수 있다.

$$A(x) = \frac{1}{2}g(x) - \frac{1}{2c}\int_0^x h(s)\,ds - \frac{C}{2c}$$

$$B(x) = \frac{1}{2}g(x) + \frac{1}{2c}\int_0^x h(s)\,ds + \frac{C}{2c}$$

그러므로 구하는 해는 다음과 같다.

$$y(x,t) = A(x-ct) + B(x+ct)$$
$$= \frac{g(x-ct) + g(x+ct)}{2} + \frac{1}{2c}\int_{x-ct}^{x+ct} h(s)\,ds$$

이 해를 달렘베어 공식d'Alembert formula이라 부른다. 초기 속도가 $h(x) = 0$면 해는 단순히

$$y(x,t) = \frac{g(x-ct) + g(x+ct)}{2}$$

가 돼 초기 위치를 바라보며 서로 반대 방향으로 진행하는 두 파동을 나타낸다(이것이 파동 방정식을 푸는 표준적인 방법이지만 필자는 데이비스Davis의 『Fourier Series and Orthogonal Functions』(1989)[41]의 접근을 따랐다).

이 방법은 어떻게 좋은 좌표 변환을 찾는지에 대한 질문에는 답하지 않는다. 예술이지 과학은 아니다.

17.6 해의 실패: 적분 가능 조건

편미분 방정식이 언제 해를 갖는지를 결정하는 일반적인 방법은 알려지지 않았다. 하지만 자주 해가 존재하기 위한 필요조건(보통 '적분 가능 조건'이라 부르는)이 존재한다.

그들 중 가장 쉬운 경우를 살펴보자. 평면 $\mathbb{R}^2$상에서 정의되는 2변수 함수 $f(x, y)$가 두 함수 g_1과 g_2가 미분 가능 함수일 때 언제

$$\frac{\partial f}{\partial x} = g_1(x, y)$$

와

$$\frac{\partial f}{\partial y} = g_2(x, y)$$

를 만족시키는가? 이러한 다변수 미적분학으로부터의 표준 결과에서 해 함수 f가 존재할 명확한 필요충분조건을 발견할 수 있다.

정리 17.6.1   위와 같은 편미분 연립 방정식이 해를 가질 필요충분조건은

$$\frac{\partial g_1}{\partial y} = \frac{\partial g_2}{\partial x}$$

이다.

이 경우 적분 가능 조건은 $\frac{\partial g_1}{\partial y} = \frac{\partial g_2}{\partial x}$이다. 곧 알게 되지만 이는 위 정리의 쉬운 부분이다. 또한 일반적으로 적분 가능 조건에 대한 기준이다.

증명: 먼저 해 f가 $\frac{\partial f}{\partial x} = g_1(x, y)$와 $\frac{\partial f}{\partial y} = g_2(x, y)$를 만족한다고 가정하자. 그러면

$$\frac{\partial g_1}{\partial y} = \frac{\partial}{\partial y}\frac{\partial f}{\partial x} = \frac{\partial}{\partial x}\frac{\partial f}{\partial y} = \frac{\partial g_2}{\partial x}$$

가 성립한다. 따라서 적분 가능 조건은 편미분을 취하는 순서와는 상관이 없는 결과이다.

반대 방향은 더 큰 노력이 필요하다. 경고 한마디! 그린의 정리는 결정적이다. 주어진 PDE 시스템을 만족하는 함수 $f(x, y)$를 찾아야 한다. 평면상의 임의의 점 (x, y)가 주어

질 때 γ가 원점 $(0,0)$으로부터 (x,y)까지의 임의의 매끄러운 경로라 하자. 이때 다음과 같이 함수 $f(x,y)$를 정의하자.

$$f(x,y) = \int_{\gamma} g_1(x,y)\,\mathrm{d}x + g_2(x,y)\,\mathrm{d}y$$

먼저 보여야 할 것은 함수 $f(x,y)$가 잘 정의됐는지, 즉 적분값이 어떤 경로 γ를 선택하든지 경로에 무관함을 보여야 한다. 다음으로는 $\frac{\partial f}{\partial x} = g_1(x,y)$와 $\frac{\partial f}{\partial y} = g_2(x,y)$를 보여야 할 것이다. τ가 원점 $(0,0)$으로부터 (x,y)까지의 새로운 매끄러운 경로라 하자.

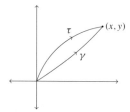

증명해야 할 것은 다음과 같다.

$$\int_{\gamma} g_1(x,y)\,\mathrm{d}x + g_2(x,y)\,\mathrm{d}y = \int_{\tau} g_1(x,y)\,\mathrm{d}x + g_2(x,y)\,\mathrm{d}y$$

$\gamma - \tau$를 영역 R을 둘러싸는 폐루프^{loop}라고 생각하자(주: $\gamma - \tau$가 여러 영역을 둘러싸는 경우일 수도 있지만 각 영역에 다음을 적용하면 된다). 그린의 정리에 따라 다음이 성립한다.

$$
\begin{aligned}
\int_{\gamma} g_1\,\mathrm{d}x + g_2\,\mathrm{d}y - \int_{\tau} g_1\,\mathrm{d}x + g_2\,\mathrm{d}y &= \int_{\gamma - \tau} g_1\,\mathrm{d}x + g_2\,\mathrm{d}y \\
&= \int_{R} \left(\frac{\partial g_2}{\partial x} - \frac{\partial g_1}{\partial y} \right) \mathrm{d}x\,\mathrm{d}y \\
&= 0
\end{aligned}
$$

여기서 $\frac{\partial g_1}{\partial y} = \frac{\partial g_2}{\partial x}$를 가정하고 있다. 위 결과는 $f(x,y)$가 잘 정의됐음을 보여준다.

이제 함수 f가 $\frac{\partial f}{\partial x} = g_1(x,y)$와 $\frac{\partial f}{\partial y} = g_2(x,y)$를 만족함을 보이자. 뒤 식이 유사하므로 앞 식이 성립함을 먼저 보이자. 핵심은 이 문제를 미적분학의 기본 정리로 축소시키는 것이다. 점 (x_0, y_0)를 고정하자. 원점 $(0, 0)$으로부터 (x, y)까지의 임의의 경로 γ와 (x_0, y_0)에서 (x, y_0)까지의 수평선 τ를 결합한 확장 경로 $\gamma' = \gamma + \tau$를 고려하자.

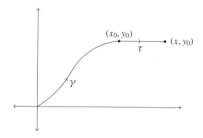

그러면 y방향으로는 변이가 없으므로 경로 적분의 g_2 부분이 강제로 떨어져 나가기 때문에

$$\frac{\partial f}{\partial x} = \lim_{x \to x_0} \frac{f(x, y_0) - f(x_0, y_0)}{x - x_0}$$
$$= \lim_{x \to x_0} \frac{\int_{x_0}^{x} g_1(t, y_0)\, \mathrm{d}t}{x - x_0}$$

가 된다. 마지막 극한값은 바라던 대로 미적분학의 기본 정리에 의해 g_1이다. □

17.7 레비의 예

일단 편미분 연립 방정식에 임의의 자연스러운 적분 가능 조건을 부여한다면 그 후 항상 해가 존재하는지 질문하게 된다. 실제로 자주 해의 존재에 관한 그러한 일반적인 진술을 할 수 있다. 예를 들어 20세기 중반에 주어진 임의의 복소수 $a_1, \ldots, a_n$과 임의의 매끄러운 함수 $g(x_1, \ldots, x_n)$에 대해 다음을 만족하는 매끄러운 해 $f(x_1, \ldots, x_n)$가 항상 존재함을 보였다.

$$a_1 \frac{\partial f}{\partial x_1} + \cdots + a_n \frac{\partial f}{\partial x_n} = g$$

부분적으로 이러한 형식의 결과에 기반해 모든 합리적인 PDE는 해를 가질 것이라는 믿음이 있었다. 그리고 1975년 한스 레비[Hans Lewy]는 다음과 같은 놀라운 결과를 보였다. 즉

선형 PDE

$$\frac{\partial f}{\partial x} + i\frac{\partial f}{\partial y} - (x + iy)\frac{\partial f}{\partial z} = g(x, y, z)$$

는 g가 실해석적이면 해 f를 가짐을 보였다. 이 PDE가 상수 계수를 가지지 않은 반면 계수는 일반적으로 어느 정도는 합리적이다. 레비의 증명은 힘들지는 않지만(PDE에 대한 폴란드Folland의 책[62]을 보라) 왜 해가 존재하지 않는지에 대한 실제적인 어떤 표시도 제공하지 않았다. 1970년대 초에 니런버그Nirenberg는 레비 PDE가 해를 가지고 있지 않음을 보였다. 그 이유는 복소 공간에 내재될 수 없는 3차원 CR 구조CR structure(일종의 다양체)가 존재하기 때문에 기하적 조건을 이 PDE의 존재에 대한 질문과 연결하고 있다고 했다. 이는 공통의 지침으로 해가 어떤 형태로든 기하적 의미를 가지는 PDE에 집중하기 위한 것이다. 그렇게 되면 해를 찾으려 할 때 기하학을 지침으로 사용하라는 것이다.

17.8 참고 서적

미분 방정식 입문은 대학 2학년 표준 과목이므로 많은 교재가 나와 있다. 보이스Boyce와 디프리마Diprima의 책[22]은 오랫동안 표준이 돼왔다. 시몬스Simons의 책[168] 또한 좋은 교재다. 기본적인 ODE를 배우는 방법 중 하나는 관련 과목을 자원해서 가르치거나 돕는 것이다(선형 대수와 벡터해석학을 먼저 가르치라고 추천하지만). PDE의 세계로 들어갈수록 교재의 수준은 더 힘들고 더 추상적이다. 필자는 폴란드Folland의 책[62]으로부터 대단히 많은 것을 배웠다. 프리츠 존Fritz John의 책[105]도 오랫동안 표준이 돼왔다. 에반스Evans의 최근의 책[57] 또한 탁월하다고 들은 바 있다.

연습 문제

1. 가장 기본적인 미분 방정식은 아마도 경계 조건이 $y(0) = 1$인

$$\frac{dy}{dx} = y$$

일 것이다. 해는 물론 $y(x) = e^x$이다. 피카르의 반복법을 사용해 이것이 정말 $\frac{dy}{dx} = y$의 해임을 보여라(물론 멱급수로서 답을 얻고 그 멱급수가 e^x임을 인식할 필요가 있다. 지수 함수의 멱급수를 안다면 그의 도함수도 알고 있다고 필자는 생각한다. 이 문제의 목표는 어떻게 피카르의 반복법이 가능한 가장 단순한 미분 방정식에 작용하는지 확연하게 보는 것이다).

2. $f(x)$가 정의역이 구간 $[0, 1]$이며 1차 도함수가 연속인 단일 변수 함수라 하자. f가 립시츠임을 보여라.

3. $f(x) = e^x$는 실수 상에서 립시츠가 아님을 보여라.

4. 경계 조건 $y(0, t) = 0$, $y(L, t) = 0$과 초기 조건 $y(x, 0) = f(x)$를 가진 다음 파동 방정식을 풀어라.

$$\frac{\partial^2 y}{\partial x^2} - c\frac{\partial^2 y}{\partial t^2} = 0$$

a. 라플라스 작용소에 대한 절에 기술된 것처럼 변수 분리법을 사용하라.

b. 푸리에 변환을 사용해 해를 구하라.

18

조합론과 확률론

> 기본 목표: 대형 유한 집합에 대한 영리한 셈법
>
> 중심 극한 정리

초급 확률론은 기본적으로 대형 유한 집합을 어떻게 세는지에 관한 공부로서 다른 말로 표현하면 조합론의 응용이다. 따라서 이 장의 첫째 절은 기본적인 조합론을 다룬다. 다음 세 절은 확률론의 기본을 다룬다. 안타깝게도 셈법은 확률론에서는 그 정도까지이다. 예를 들어 게임을 계속해서 반복함에 따라 무슨 일이 일어나는지 보려면 미적분학의 방법이 중요하게 된다. 가우스^{Gauss}의 유명한 종^{bell} 모양의 곡선이 나타나는 중심 극한 정리 Central Limit Theorem에 집중하려고 한다. 중심 극한 정리의 증명은 영리한 추정과 대수적 트릭으로 가득 차 있다. 이 증명을 포함한 것은 중심 극한 정리가 중요할 뿐만 아니라 또한 이러한 형태의 추정과 트릭이 수학에서 이따금 필요함을 독자에게 보이려는 것이기 때문이다.

18.1 셈법

세는^{count} 방법은 다양하다. 가장 순진한 방법은 아이들처럼 단지 집합 내의 원소를 하나하나 세는 것이다. 이는 작은 집합에 대해서는 최고의 방법이다. 안타깝게도 많은 집합은 너무 커서 원소를 단순히 셀 수 없다. 확실히 포커나 브릿지와 같은 카드 게임의 매력은 크게 보면 유한한 족보가 있지만 실제 가능한 숫자는 엄청나게 커서 직접적으로 다룰 수 없어서 게임을 하는 사람들이 전략이나 다양한 경험 도구를 개발하도록 한다. 조합론은 영리하게 세는 방법에 대한 연구이다. 이 주제가 빠르게 어려워지며 수학에서 점점 더 중요해지고 있음에 유의해야 한다.

가장 간단한 조합 공식, 즉 수 세기 동안 알려진 것을 먼저 살펴보자. n개의 공에서 시작해 보자. 각각의 공을 $1, 2, \ldots, n$으로 표시하고 주머니 속에 넣자. 하나를 꺼내 공의 숫자를 기록하고 다시 주머니에 넣자. 또다시 공 하나를 꺼내 공의 숫자를 기록하고 다시 주머니에 넣자. 이를 계속 k번째 공까지 시행하자. 얼마나 많은 서로 다른 k-짝^{tuples}이 가능할까?

공이 3개 들어 있는 주머니에서 2개의 공을 꺼내는 실험($n = 3$, $k = 2$)에 대해서는 모든 가능성을 나열할 수 있다.

$$(1, 1), (1, 2), (1, 3), (2, 1), (2, 2), (2, 3), (3, 1), (3, 2), (3, 3)$$

그러나 공이 99개 들어 있는 주머니에서 76개의 공을 꺼내는 실험($n = 99$, $k = 76$)에 대해서 모든 가능성을 나열하는 것은 우스꽝스럽다.

그럼에도 불구하고 정확한 수를 찾을 수 있다. 첫째 수에 대해 n개의 가능성이 존재하고 둘째 수에 대해서도 n개의 가능성이 존재하고 셋째 수에 대해서도 n개의 가능성이 존재한다 등등. 그러므로 n개의 공에서 k-짝을 선택하는 가능한 방법은 n^k임을 이미 알고 있다. 이는 얼마나 많은 공을 가지고 있든지 또는 얼마나 많이 선택하던지 올바로 작동하는 하나의 공식이다.

다음 셈법을 위해 n개의 공이 담긴 주머니로 돌아가자. 공 하나를 꺼내 공의 숫자를 기록하고 주머니에 넣지 않고 밖에 놓는다. 또다시 공 하나를 꺼내 공의 숫자를 기록하고 공을 밖에 놓는다. 이를 계속 k번째 공까지 시행하되 공은 주머니에 다시 넣지 않는다. 제자리에 넣지 않는^{without replacement} n수로부터 얼마나 많은 서로 다른 k-짝^{tuples}이 가능할까? 첫째 수에 대해서는 n개의 가능성이 존재하고, 둘째 수에 대해서는 $(n-1)$, 셋째는 $(n-2)$ 등등. 따라서 n개의 공으로부터 제자리에 넣지 않고 k번 취하는 방법의 수는 다음과 같다.

$$n(n-1)(n-2) \cdots (n-k+1)$$

다음 셈법의 문제는 n개의 공이 담긴 주머니로부터 k개의 공을 꺼내는 방법의 수를 구하되 제자리에 넣지 않을 뿐 아니라 공의 순서도 상관하지 않는다. 즉 공 $(1, 2, 3)$을 꺼내는 것과 공 $(2, 1, 3)$을 꺼내는 것은 동등한 것으로 본다. k개의 공을 이미 꺼냈다고 가정하자. 이 k개의 공을 섞는 방법의 수는 바로 k개의 공으로부터 k번 취하는 방법의 수와 같다. 즉

$$k(k-1)(k-2) \cdots 2 \cdot 1 = k!$$

n개의 공으로부터 순서를 고려해 k번 취하는 방법의 수는 $n(n-1)(n-2) \cdots (n-k+1)$이고 순서를 섞는 방법이 $k!$이므로 n개의 공으로부터 k번 취하되 제자리에 넣지 않고 순서를 고려하지 않는 방법의 수는 다음과 같다.

$$\frac{n(n-1) \cdots (n-k+1)}{k!} = \frac{n!}{k!\,(n-k)!}$$

이 값은 자주 등장하는데 다음과 같은 기호로 표기되며

$$\binom{n}{k} = \frac{n!}{k!\,(n-k)!}$$

'n개에서 k개 선택'으로 읽는다. 이항 계수^{binomial coefficient}라고 흔히 부르는 이유는 이항 정리^{Binomial Theorem}

$$(a+b)^n = \sum_{k=0}^{n} \binom{n}{k} a^k b^{n-k}$$

에서 나타나기 때문이다. 아이디어는 $(a+b)^n = (a+b)(a+b) \cdots (a+b)$이다.

$a^k b^{n-k}$항이 얼마나 많은지 계산하는 것은 n개로부터 k개를 취하되 제자리에 넣지 않고 순서를 고려하지 않고 세는 것과 같다.

18.2 기본 확률 이론

기초 확률 이론의 기본적인 정의를 세워 나가자. 이러한 정의는 이미 알고 있는 결과와 같아야 한다. 즉 동전이 뒤집힐 기회는 50 대 50이며 52장의 표준 카드로부터 한 장을 뽑았을 때 하트일 확률은 4분의 1이다. 물론 기본적인 정의에 대해 염려하는 이유는 앞면이 나오는 분명한 행운을 단지 이해하는 것이 아니라 올바른 기본적인 정의를 통해 더 복잡한 사건의 확률을 계산하기 위함이다.

표본 공간^{sample space} ω의 개념으로부터 출발하자. 이는 기술적으로 집합에 대한 또 다른 명칭이다. 직관적으로 표본 공간 ω는 일어날 수 있는 모든 원소의 집합이다. 또는 더 정확하게 사건의 가능한 결과^{outcomes}이다. 예를 들어 동전을 2회 던지면 ω는 4개의 원소

{(앞면, 앞면), (앞면, 뒷면), (뒷면, 앞면), (뒷면, 뒷면)}

들의 집합이다.

정의 18.2.1 ω를 표본 공간 A를 ω의 부분집합이라 하자. A의 **확률**^{probability} $P(A)$는 A의 원소의 수를 표본 공간 ω의 원소의 수로 나눈 값이다. 즉

$$P(A) = \frac{|A|}{|\omega|}$$

로서 $|A|$는 A의 원소의 수를 나타낸다.

예를 들어

$$\omega = \{(앞면, 앞면), (앞면, 뒷면), (뒷면, 앞면), (뒷면, 뒷면)\}$$

이고 $A = \{(앞면, 앞면)\}$이면 동전을 두 번 던질 때 앞면이 두 번 나올 확률은

$$P(A) = \frac{|A|}{|\omega|} = \frac{1}{4}$$

이 돼 상식과 일치한다.

이와 같은 구조에서 많은 기본적인 확률의 규칙은 집합 이론의 규칙으로 요약된다. 예를 들면 집합을 통해

$$P(A \cup B) = P(A) + P(B) - P(A \cap B)$$

임을 알고 있다. 흔히 표본 공간 ω의 부분집합 A를 사건^{event}이라 부른다. 현실 세계의 확률 문제를 집합의 크기의 질문으로 실제로 전환하는 데는 많은 어려움이 존재하는 경우가 있다. 예를 들어 앞면을 얻을 기회가 3/4, 뒷면을 얻을 기회가 1/4인 불공정한 동전을 던진다고 가정하자. 이 경우 표본 공간을

$$\omega = \{ \text{앞면}_1, \text{앞면}_2, \text{앞면}_3, \text{뒷면} \}$$

으로 설정해 앞면을 얻는 경우를 다르게 표현할 수 있으나 부자연스러워진다. 더 자연스러운 표본 공간은

$$\omega = \{ \text{앞면}, \text{뒷면} \}$$

으로 설정해 앞면이 뒷면보다 훨씬 더 얻을 것 같은 사실을 설명하도록 한다. 이는 확률 공간의 또 다른 정의로 나아가게 한다.

정의 18.2.2 확률 공간은 표본 공간이라고 부르는 집합 ω와 함수

$$P : \omega \to [0, 1]$$

로서 함수는 다음을 만족한다.

$$\sum_{a \in \omega} P(a) = 1$$

그리고 'a'를 얻을 확률은 $P(a)$값이라고 한다.

표본 공간 ω 상에서 ω의 임의의 한 원소를 얻기가 동일하게 가능하면^{equally likely}, 즉 모든 $a \in \omega$에 대해

$$P(a) = \frac{1}{|\omega|}$$

이면 확률에 대한 '집합의 크기' 정의는 위와 같은 둘째 정의와 일치한다. 불공정한 동전 던지기 모델의 한 가지 경우 이 정의는 표본 집합이

$$\omega = \{앞면, 뒷면\}$$

이지만 $P(앞면) = 3/4$, $P(뒷면) = 1/4$이다.

이제 랜덤변수$^{\text{random variable}}$의 개념으로 눈을 돌려보자.

정의 18.2.3 표본 공간 ω 상의 랜덤변수 **X**는 다음과 같은 ω 상의 실수 함수이다.

$$\mathbf{X}: \omega \to \mathbb{R}$$

예를 들어 동전을 두 번 던지는 간단해 보이는 게임을 만들어 보자. 표본 공간이 다음과 같다고 하자.

$$\omega = \{(앞면, 앞면), (앞면, 뒷면), (뒷면, 앞면), (뒷면, 뒷면)\}$$

첫째 동전이 앞면이면 10달러를 따고, 뒷면이면 5달러를 잃는다고 가정하자. 그리고 둘째 동전이 앞면이면 15달러를 따고, 뒷면이면 12달러를 잃는다고 하자. 이와 같은 판돈 (물론 지루한 게임이지만)을 포착하기 위해 랜덤변수를 다음과 같이 정의하자.

$$\mathbf{X}: \omega \to \mathbb{R}$$

여기서

$$\mathbf{X}(앞면, 앞면) = 10 + 15 = 25$$
$$\mathbf{X}(앞면, 뒷면) = 10 - 12 = -2$$
$$\mathbf{X}(뒷면, 앞면) = -5 + 15 = 10$$
$$\mathbf{X}(뒷면, 뒷면) = -5 - 12 = -17$$

이다.

18.3 독립

파란 주사위와 빨간 주사위 한 쌍을 던져보자. 파란 주사위 눈의 수와 빨간 주사위 눈의 수는 아무런 상관이 없다. 사건들은 어떤 면으로는 독립적 또는 서로소^{disjoint}이다. 이와

같은 독립의 직관에 따라 명확한 정의를 내려보자.

독립에 대한 정의를 내리기 전에 조건부 확률$^{\text{conditional probability}}$에 대해 논의할 필요가 있다. 표본 공간 ω에서 출발하자. 이미 사건 B가 일어났음을 알고 있을 때 사건 A가 발생할 확률을 이해하려고 한다. 예를 들어 한 개의 주사위를 던질 때 여섯 개의 가능한 결과를 ω라 하자. 또한 4가 나오는 사건을 A라 하자. 확실하게

$$P(A) = \frac{|A|}{|\omega|} = \frac{1}{6}$$

이다. 그러나 어떤 사람이 말하기를 우리가 주사위를 보기 전에 그 주사위는 확실히 짝수임을 알고 있었다고 한다. 이때 4가 발생할 확률은 달라야 한다. 집합 $B = \{2, 4, 6\}$은 짝수가 발생할 사건이다. 따라서 4가 발생할 확률은 B에는 3개의 원소밖에 없으므로 1/3이어야 한다. 다음 결과를 주목하라.

$$\frac{1}{3} = \frac{|A \cap B|}{|B|} = \frac{\frac{|A \cap B|}{|\omega|}}{\frac{|B|}{|\omega|}} = \frac{P(A \cap B)}{P(B)}$$

정의 18.3.1 B가 발생했음이 주어졌을 때 A가 발생할 조건부 확률$^{\text{conditional probability}}$은 다음과 같다.

$$P(A|B) = \frac{P(A \cap B)}{P(B)}$$

사건 A가 사건 B로부터 독립적이라는 것이 무엇을 의미할까? 적어도 사건 B가 일어날 가능도^{likelihood}를 아는 것이 사건 A가 일어날 가능도와 상관이 없다는 것이다. 즉 사건 B에 대해 아는 것이 A에 절대로 영향을 미치지 않는다. 따라서 A와 B가 독립적이면 다음이 성립한다.

$$P(A|B) = P(A)$$

$P(A|B) = \frac{P(A \cap B)}{P(B)}$를 이용하면 이는 독립에 대한 합리적인 정의가 다음과 같음을 의미한다.

정의 18.3.2 두 사건 A와 B가 다음 조건을 만족하면 **독립적**independent이다.

$$P(A \cap B) = P(A) \cdot P(B)$$

18.4 기대값과 분산

당신은 게임에서 장기적으로 이길 승산이 얼마나 될 것으로 기대하는가? 이 양이 기대값expected value이다. 또한 일반적으로 성공할 것이라고 기대값은 말하더라도 크게 실패할 가능성은 얼마나 되는가? 이러한 형태의 정보가 분산variance과 그의 제곱근인 표준편차standard deviation에 들어 있다.

정의 18.4.1 표본 공간 ω상의 랜덤변수 $\mathbf{X}$의 기대값expected value은 다음과 같이 정의된다.

$$E(\mathbf{X}) = \sum_{a \in \omega} \mathbf{X}(a) \cdot P(a)$$

예를 들어 18.2절의 끝에 정의됐던 간단한 게임을 기억해 보면 동전을 두 번 던지고 랜덤변수가 다음과 같았다. $\mathbf{X}$(앞면, 앞면) $= 10 + 15 = 25$, $\mathbf{X}$(앞면, 뒷면) $= 10 - 12 = -2$, $\mathbf{X}$(뒷면, 앞면) $= -5 + 15 = 10$, $\mathbf{X}$(뒷면, 뒷면) $= -5 - 12 = -17$. 기대값은 간단하게

$$E(\mathbf{X}) = 25 \left(\frac{1}{4}\right) + (-2) \left(\frac{1}{4}\right) + 10 \left(\frac{1}{4}\right) + (-17) \left(\frac{1}{4}\right)$$
$$= 4$$

와 같다. 직관적으로 이는 매번 게임을 하면 평균적으로 4달러를 따리라는 것이다. 물론 운이 나빠서 꽤 잃을 수도 있다.

기대값은 모든 랜덤변수의 집합으로부터 실수로의 함수로 볼 수 있다. 함수로서 기대값은 선형이다.

정리 18.4.2 확률 공간상에서 기대값은 선형이므로 모든 랜덤변수 $\mathbf{X}$, $\mathbf{Y}$와 모든 실수 λ, μ에 대해 다음 식이 성립한다.

$$E(\lambda \mathbf{X} + \mu \mathbf{Y}) = \lambda E(\mathbf{X}) + \mu E(\mathbf{Y})$$

증명: 이는 기대값의 정의로부터 다음과 같이 직접 계산된다.

$$E(\lambda \mathbf{X} + \mu \mathbf{Y}) = \sum_{a \in \omega} (\lambda \mathbf{X} + \mu \mathbf{Y})(a) \cdot P(a)$$

$$= \sum_{a \in \omega} (\lambda \mathbf{X}(a) + \mu \mathbf{Y}(a)) \cdot P(a)$$

$$= \sum_{a \in \omega} \lambda \mathbf{X}(a) \cdot P(a) + \sum_{a \in \omega} \mu \mathbf{Y}(a) \cdot P(a)$$

$$= \lambda \sum_{a \in \omega} \mathbf{X}(a) \cdot P(a) + \mu \sum_{a \in \omega} \mathbf{Y}(a) \cdot P(a)$$

$$= \lambda E(\mathbf{X}) + \mu E(\mathbf{Y}) \qquad \square$$

하지만 기대값은 이야기의 일부만을 알려준다. 10명으로 구성된 두 학급을 보자. 시험 결과 한 학급의 5명이 100점과 또 다른 5명이 50점을 맞은 반면, 다른 학급에서는 10명이 모두 75점을 맞았다. 두 학급 모두 평균은 75점이지만 성과는 많이 달랐다. 기대값은 평균과 같아 평균으로부터 얼마나 떨어져 있는지 알려 주지 않는다. 예를 들면 첫째 학급에서는 평균으로부터 25점 떨어져 있음을 보장하지만, 둘째 학급에서는 평균에 있음을 보장한다. 기대값으로부터 얼마나 떨어져 있는지에 대한 척도가 존재한다.

정의 18.4.3 표본 공간 ω상의 랜덤변수 $\mathbf{X}$의 분산^{variance}은 다음과 같이 정의된다.

$$V(\mathbf{X}) = E[\mathbf{X} - E(\mathbf{X})]^2$$

아이디어는 다음과 같은 새로운 랜덤변수를 설정하는 것이다.

$$[\mathbf{X} - E(\mathbf{X})]^2$$

기대값 $E(\mathbf{X})$는 단지 수임에 유의하라. $\mathbf{X}$가 기대값 $E(\mathbf{X})$로부터 멀리 떨어져 있을수록 $[\mathbf{X} - E(\mathbf{X})]^2$은 커지게 된다. 그러므로 이는 평균으로부터 얼마나 멀리 떨어져 있을지 기대하는 척도이다. 모든 값이 음이 되지 않도록 $\mathbf{X} - E(\mathbf{X})$를 제곱한다.

분산 V를 랜덤변수로부터 실수로의 사상으로 생각할 수 있다. 또한 높은 수준의 선형은 아닐지라도 선형에 근접함을 보게 된다. 하지만 먼저 분산 공식을 다른 식으로 쓸 수 있음을 보여주자.

보조 정리 18.4.4 확률 공간상의 랜덤변수 $\mathbf{X}$에 대해 다음과 같이 쓸 수 있다.

$$V(\mathbf{X}) = E(\mathbf{X}^2) - [E(\mathbf{X})]^2$$

증명: 이는 직접적인 계산의 결과이다. 새로운 랜덤변수

$$[\mathbf{X} - E(\mathbf{X})]^2$$

를 흥미롭게 살펴보자. 식을 전개하면 다음과 같다.

$$[\mathbf{X} - E(\mathbf{X})]^2 = \mathbf{X}^2 - 2\mathbf{X}E(\mathbf{X}) + [E(\mathbf{X})]^2$$

$E(\mathbf{X})$가 단순한 수이고 기대값이 랜덤변수로부터 실수로의 사상이므로 선형이다. 그러므로

$$
\begin{aligned}
V(\mathbf{X}) &= E[\mathbf{X} - E(\mathbf{X})]^2 \\
&= E[\mathbf{X}^2 - 2\mathbf{X}E(\mathbf{X}) + [E(\mathbf{X})]^2] \\
&= E(\mathbf{X}^2) - 2E(\mathbf{X})E(\mathbf{X}) + [E(\mathbf{X})]^2 \\
&= E(\mathbf{X}^2) - [E(\mathbf{X})]^2
\end{aligned}
$$

이 돼 기대하는 바와 같다. □

이는 분산이 거의 선형임을 보이고 있다.

정리 18.4.5 $\mathbf{X}$, $\mathbf{Y}$가 확률 공간 상의 독립적인 임의의 두 랜덤변수라고 하고 λ가 임의의 실수라 하자. 이때 다음 식이 성립한다.

$$V(\lambda\mathbf{X}) = \lambda^2 V(\mathbf{X})$$

$$V(\mathbf{X} + \mathbf{Y}) = V(\mathbf{X}) + V(\mathbf{Y})$$

분산이 선형임을 방해하는 것이 바로 λ^2 항이다.

증명: 기대값이 선형이므로 $E(\lambda\mathbf{X}) = \lambda E(\mathbf{X})$임을 이미 알고 있다. 따라서

$$
\begin{aligned}
V(\lambda\mathbf{X}) &= E[(\lambda\mathbf{X})^2] - [E(\lambda\mathbf{X})]^2 \\
&= \lambda^2 E(\mathbf{X}^2) - [\lambda E(\mathbf{X})]^2
\end{aligned}
$$

$$= \lambda^2[E(\mathbf{X}^2) - [E(\mathbf{X})]^2]$$
$$= \lambda^2 V(\mathbf{X})$$

가 된다.

둘째 식에 대해서는 $\mathbf{X}$, $\mathbf{Y}$의 독립성이

$$E(\mathbf{XY}) = E(\mathbf{X})E(\mathbf{Y})$$

를 의미함을 사용할 필요가 있다. 위 보조 정리의 분산의 정의에 따라 $\mathbf{X} + \mathbf{Y}$의 분산이 다음과 같이 계산된다.

$$
\begin{aligned}
V(\mathbf{X} + \mathbf{Y}) &= E[(\mathbf{X} + \mathbf{Y})^2] - [E(\mathbf{X} + \mathbf{Y})]^2 \\
&= E[\mathbf{X}^2 + 2\mathbf{XY} + \mathbf{Y}^2] - [E(\mathbf{X}) + E(\mathbf{Y})]^2 \\
&= E[\mathbf{X}^2] + 2E[\mathbf{XY}] + E[\mathbf{Y}^2] \\
&\quad - [E(\mathbf{X})]^2 - 2E(\mathbf{X})E(\mathbf{Y}) - [E(\mathbf{Y})]^2 \\
&= (E[\mathbf{X}^2] - [E(\mathbf{X})]^2) + (2E[\mathbf{XY}] - 2E(\mathbf{X})E(\mathbf{Y})) \\
&\quad + (E[\mathbf{Y}^2] - [E(\mathbf{Y})]^2) \\
&= V(\mathbf{X}) + V(\mathbf{Y})
\end{aligned}
$$

이는 기대하던 바다. □

분산과 관계 있는 값은 제곱근인 **표준편차**이다.

$$\text{표준편차}(\mathbf{X}) = \sigma(\mathbf{X}) = \sqrt{V(\mathbf{X})}$$

18.5 중심 극한 정리

앞 절에서 확률의 기본 개념을 셈법으로 정의했다. 안타깝게도 조합론의 역할은 그곳까지다. 동전 던지기를 생각해 보자. 동전을 많이 던지고 난 후 앞면이 나오는 전체 수는 동전 던지기 회수의 절반에 매우 근접할 것이라고 기대한다. 반복되는 동전 던지기의 개념을 포착하려고 할 때 다음 개념을 소개할 필요가 있다.

정의 18.5.1 매번 실험 결과가 두 가지며 확률이 전체 시행을 통해 변하지 않으면 반복되는 독립적인 시행을 베르누이 시행 Bernoulli trials이라고 부른다.

한 번의 실험 결과 중 하나가 A이며 A의 확률을 $P(A) = p$라 하자. A가 일어나지 않을 확률은 $1 - p$이며 q라 표기하자. 표본 공간은

$$\omega = \{A, A \text{ 아님}\}$$

이며

$$P(A) = p, \quad P(A \text{ 아님}) = q$$

이다.

수많은 반복 시행을 통해 어떤 일이 일어나는지 볼 때 다음 정리가 핵심이다.

정리 18.5.2(베르누이 시행 중심 극한 정리 Bernoulli Trial Central Limit Theorem) $P(A) = p$, $P(A \text{ 아님})$ $= 1 - p = q$인 표본 공간 $\omega = \{A, A \text{ 아님}\}$를 고려하자. n개의 독립 랜덤변수 $\mathbf{X}_1, \dots, \mathbf{X}_n$ 이 각각

$$\mathbf{X}_i(A) = 1, \ \mathbf{X}_i(A \text{ 아님}) = 0$$

일 때

$$S_n = \sum_{i=1}^{n} \mathbf{X}_i$$

와

$$S_n^* = \frac{S_n - E(S_n)}{\sqrt{V(S_n)}}$$

을 정의하자. 이때 임의의 실수 a, b에 대해 다음이 성립한다.

$$\lim_{n \to \infty} P\{a \le S_n^* \le b\} = \frac{1}{\sqrt{2\pi}} \int_a^b e^{\frac{-x^2}{2}} \, \mathrm{d}x$$

이 정리가 말하고 있는 것은 매우 큰 횟수의 베르누이 시행을 실시하면 S_n의 분포는 다음과 같이 된다는 것이다.

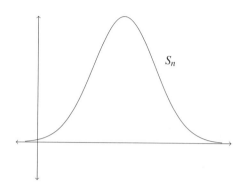

더 나아가 S_n을 정규화해 새로운 랜덤변수 S_n^*(곧 보게 되지만 평균이 0이며 분산이 1인)로 만들게 돼 현실 세계의 어떤 상황에서 출발하던지 현실 세계의 문제를 베르누이 시행으로 모델링할 수 있으면 항상 동일한 분포를 갖는다는 것이다. 한편 임의의 베르누이 시행의 분포는 단순히 극한 함수 $\lim_{n \to \infty} S_n$의 그래프이다. S_n^*을 정규 분포normal distribution라고 부른다. 그래프는 가우스 종 곡선Gauss bell curve이다.

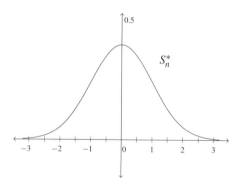

하지만 이것은 시작에 불과하다. 베르누이 시행 중심 극한 정리는 일반적인 중심 극한 정리의 매우 특별한 경우이다(더 일반적인 버전 중 하나인 밀러Miller[137]의 정리 20.2.2의 진술을 참고하라).

중심 극한 정리의 개괄적 증명(일반적인 개요는 청Chung[30]을 따른다)을 보기 전에 랜덤변수 S_n과 S_n^*을 좀 더 자세히 살펴보자.

보조 정리 18.5.3 S_n의 기대값은 np이며 분산은 npq이다. 또한 S_n^*의 기대값은 0이며 분산은 1이다.

보조 정리 증명: 모든 k에 대해 다음이 성립함을 알고 있다.

$$E(\mathbf{X}_k) = \mathbf{X}_k(A)P(A) + \mathbf{X}_k(A \text{ 아님})P(A \text{ 아님}) = 1 \cdot p + 0 \cdot q = p$$

기대값 함수의 선형성에 따라

$$
\begin{aligned}
E(S_n) &= E(\mathbf{X}_1 + \cdots + \mathbf{X}_n) \\
&= E(\mathbf{X}_1) + \cdots + E(\mathbf{X}_n) \\
&= np
\end{aligned}
$$

이 된다. 분산에 대해서는 임의의 k에 대해 다음이 성립함을 알고 있다.

$$
\begin{aligned}
V(\mathbf{X}_k) &= E(\mathbf{X}_k^2) - [E(\mathbf{X}_k)]^2 \\
&= \mathbf{X}_k^2(A)P(A) + \mathbf{X}_k^2(A \text{ 아님})\,P(A \text{ 아님}) - p^2 \\
&= 1^2 \cdot p + 0^2 \cdot q - p^2 \\
&= p - p^2 \\
&= p(1 - p) \\
&= pq
\end{aligned}
$$

그러므로 다음 식이 성립한다.

$$
\begin{aligned}
V(S_n) &= V(\mathbf{X}_1 + \cdots + \mathbf{X}_n) \\
&= V(\mathbf{X}_1) + \cdots + V(\mathbf{X}_n) \\
&= npq
\end{aligned}
$$

또한

$$
\begin{aligned}
E(S_n^*) &= E\left(\frac{S_n - E(S_n)}{\sqrt{V(S_n)}} \right) \\
&= \frac{1}{\sqrt{V(S_n)}} E(S_n - E(S_n))
\end{aligned}
$$

$$= \frac{1}{\sqrt{V(S_n)}} (E(S_n) - E(E(S_n)))$$

이 성립하고 $E(S_n)$이 상수이므로 $E(E(S_n)) = E(S_n)$이 돼 전체식은 0이 된다.

분산에 대해서는 우선 임의의 랜덤변수가 상수 함수이면 분산은 0이 돼야 함에 유의하자. 또한 랜덤변수의 기대값은 상수이므로 기대값의 분산은 0이다.

$$V(E(\mathbf{X})) = 0$$

이를 이용해 다음과 같은 결과를 얻는다.

$$\begin{aligned}
V(S_n^*) &= V\left(\frac{S_n - E(S_n)}{\sqrt{V(S_n)}}\right) \\
&= \left(\frac{1}{\sqrt{V(S_n)}}\right)^2 V(S_n - E(S_n)) \\
&= \frac{1}{V(S_n)} (V(S_n) - V(E(S_n))) \\
&= 1
\end{aligned}$$

이는 기대하던 바다. □

베르누이 시행 중심 극한 정리의 증명을 논하기 전에 다음 공식을 살펴보자.

$$\lim_{n \to \infty} P(a \leq S_n^* \leq b) = \frac{1}{\sqrt{2\pi}} \int_a^b e^{\frac{-x^2}{2}} \mathrm{d}x$$

임의의 a와 b의 선택에 대해 적분 $\frac{1}{\sqrt{2\pi}} \int_a^b e^{\frac{-x^2}{2}} \mathrm{d}x$를 명시적으로 계산하는 것은 불가능하지만 대신 답의 수리적 근사값을 계산할 수 있다. 이는 표준 소프트웨어 패키지인 메이플^{Maple}, 매스매티카^{Mathematica}, 세이지^{Sage} 등을 이용해 구할 수 있다. 놀랍게도 $\frac{1}{\sqrt{2\pi}} \int_{-\infty}^{\infty} e^{\frac{-x^2}{2}} \mathrm{d}x$가 정확하게 1임을 보일 수 있다. 먼저 중심 극한 정리가 진실이면 왜 위 내용이 성립하는지를 보이고 적분이 1임을 명시적으로 증명하자.

사건의 임의 수열과 임의의 n에 대해 S_n^*는 하나의 값이다. 그러므로 모든 n에 대해

$$P(-\infty \leq S_n^* \leq \infty) = 1$$

이 성립하고 n이 무한대로 갈 때 극한값은 1이 된다. 이는 적분값이 1이라는 의미이다. 따라서 $\frac{1}{\sqrt{2\pi}}\int_{-\infty}^{\infty} e^{-\frac{x^2}{2}}\mathrm{d}x$가 1이 아니라면 중심 극한 정리는 사실이 아니다. 따라서 적분값이 1임을 증명할 필요가 있다. 사실 적분값이 1임을 증명하는 것은 그 자체로 흥미롭다.

정리 18.5.4

$$\frac{1}{\sqrt{2\pi}}\int_{-\infty}^{\infty} e^{-\frac{x^2}{2}}\,\mathrm{d}x = 1$$

증명: 놀랍게도 적분의 제곱을 살펴보자.

$$\left(\frac{1}{\sqrt{2\pi}}\int_{-\infty}^{\infty} e^{-\frac{x^2}{2}}\,\mathrm{d}x\right)^2 = \left(\frac{1}{\sqrt{2\pi}}\int_{-\infty}^{\infty} e^{-\frac{x^2}{2}}\,\mathrm{d}x\right)\left(\frac{1}{\sqrt{2\pi}}\int_{-\infty}^{\infty} e^{-\frac{x^2}{2}}\,\mathrm{d}x\right)$$

심볼 x는 적분변수이므로 둘째 적분의 x를 y로 바꾸어도 적분값에는 변화가 없이 동일하다.

$$\left(\frac{1}{\sqrt{2\pi}}\int_{-\infty}^{\infty} e^{-\frac{x^2}{2}}\,\mathrm{d}x\right)^2 = \left(\frac{1}{\sqrt{2\pi}}\int_{-\infty}^{\infty} e^{-\frac{x^2}{2}}\,\mathrm{d}x\right)\left(\frac{1}{\sqrt{2\pi}}\int_{-\infty}^{\infty} e^{-\frac{y^2}{2}}\,\mathrm{d}y\right)$$

x와 y는 서로 아무런 관계가 없으므로 두 적분을 다음과 같이 하나의 이중적분으로 결합할 수 있다.

$$\left(\frac{1}{\sqrt{2\pi}}\int_{-\infty}^{\infty} e^{-\frac{x^2}{2}}\,\mathrm{d}x\right)^2 = \frac{1}{2\pi}\int_{-\infty}^{\infty}\int_{-\infty}^{\infty} e^{-\frac{x^2}{2}} e^{-\frac{y^2}{2}}\,\mathrm{d}x\,\mathrm{d}y$$

$$= \frac{1}{2\pi}\int_{-\infty}^{\infty}\int_{-\infty}^{\infty} e^{-\frac{(x^2+y^2)}{2}}\,\mathrm{d}x\,\mathrm{d}y$$

이는 실수 평면 전체에 대한 적분이다. 다음 전략은 극좌표계로 변환해 적분 가능한 적분으로 바꾸는 것이다. 극좌표계에서는 $\mathrm{d}x\,\mathrm{d}y = r\,\mathrm{d}r\,\mathrm{d}\theta$와 $x^2 + y^2 = r^2$임을 상기하자.

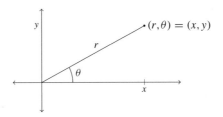

그러므로

$$\left(\frac{1}{\sqrt{2\pi}}\int_{-\infty}^{\infty}e^{-\frac{x^2}{2}}\mathrm{d}x\right)^2 = \frac{1}{2\pi}\int_0^{2\pi}\int_0^{\infty}e^{-\frac{r^2}{2}}r\,\mathrm{d}r\,\mathrm{d}\theta$$

$$= \frac{1}{2\pi}\int_0^{2\pi}-e^{-\frac{r^2}{2}}|_0^{\infty}\,\mathrm{d}\theta$$

$$= \frac{1}{2\pi}\int_0^{2\pi}\,\mathrm{d}\theta$$

$$= 1$$

이 돼 기대하던 바다. □

베르누이 시행 중심 극한 정리의 증명: (이는 다시 청[Chung][30] 주장을 따른다). 이 증명의 결정적 단계에서 다음과 같은 형태의 항

$$\binom{n}{k}p^k q^{n-k}$$

의 합이 존재할 것이며 이는

$$\frac{1}{\sqrt{2\pi npq}}e^{-\frac{x_k^2}{2}}$$

으로 교체될 것이다. 여기서 x_k는 곧 정의된다. 이와 같은 교체의 정당성은 다음 절의 주제인 $n!$에 대한 스털링의 공식[Stirling's formula]의 따름정리에 근거한다.

이제 $P(a \le S_n^* \le b)$에 대해 논의해 보자. 그러나 아직은 랜덤변수 S_n이 약간 더 다루기 쉽다. 그리고 S_n을 S_n^*와 연결하면 된다. $S_n = k$, 즉 n번 시행 후에 정확하게 k번 A가 발생했음을(n − k번 A 아님이 발생함) 알고 있다고 가정하자. 그리고 x_k가 S_n에 있어서의 상응하는 값이라고 하자. 그러면

$$x_k = \frac{k - E(S_n)}{\sqrt{V(S_n)}}$$

이 된다. $E(S_n) = np$, $V(S_n) = npq$이므로

$$x_k = \frac{k - np}{\sqrt{npq}}$$

가 되고 다시

$$k = np + \sqrt{npq}\, x_k$$

가 된다. 따라서 구하고자 하는 확률은

$$P(a \le S_n^* \le b) = \sum_{\{a \le x_k \le b\}} P(S_n = k)$$

가 된다. 먼저 보여야 할 것은

$$P(S_n = k) = \binom{n}{k} p^k q^{n-k}$$

이다. 여기서 $S_n = k$가 의미하는 것은 n번 시행 후에 정확하게 k번 A가 발생하는 것이다. 한번 시행할 때 $P(A) = p$, $P(A$ 아님$) = q$이므로 k번 A가 발생하는(n − k번 A 아님이 발생하는) 확률은 $p^k q^{n-k}$이다. 또한 n번 시행 중에 k번 A가 발생하는 방법은 $\binom{n}{k}$의 서로 다른 방법이 있으므로 $P(S_n = k) = \binom{n}{k} p^k q^{n-k}$가 된다.

그러므로

$$P(a \le S_n^* \le b) = \sum_{\{a \le x_k \le b\}} \binom{n}{k} p^k q^{n-k}$$

가 된다. 여기서 $\binom{n}{k} p^k q^{n-k}$를 $\frac{1}{\sqrt{2\pi npq}} e^{-\frac{x_k^2}{2}}$로 치환하면(다음 절에서 정당화될 것이다)

$$P(a \leq S_n^* \leq b) = \sum_{\{a \leq x_k \leq b\}} \frac{1}{\sqrt{2\pi npq}} e^{-\frac{x_k^2}{2}}$$

$$= \sum_{\{a \leq x_k \leq b\}} \frac{1}{\sqrt{2\pi}} \frac{1}{\sqrt{npq}} e^{-\frac{x_k^2}{2}}$$

과 같이 된다. 또한

$$x_{k+1} - x_k = \frac{k+1-np}{\sqrt{npq}} - \frac{k-np}{\sqrt{npq}} = \frac{1}{\sqrt{npq}}$$

가 돼 다음과 같이 쓸 수 있다.

$$P(a \leq S_n^* \leq b) = \sum_{\{a \leq x_k \leq b\}} \frac{1}{\sqrt{2\pi}} e^{-\frac{x_k^2}{2}} (x_{k+1} - x_k)$$

n을 무한대로 접근시킴에 따라 구간 $[a, b]$는 x_k에 의해 매우 작은 구간으로 나뉜다. 위의 합은 리만 합이므로 n이 무한대로 접근함에 따라 우리가 원하는 적분으로 치환된다.

$$\lim_{n \to \infty} P(a \leq S_n^* \leq b) = \frac{1}{\sqrt{2\pi}} \int_a^b e^{\frac{-x^2}{2}} \mathrm{d}x \qquad \square$$

18.6 $n!$에 대한 스털링의 근사화

스털링 공식은 n이 클 경우에 $n!$을 $\sqrt{2\pi n} n^n e^{-n}$으로 치환할 수 있다고 한다. 이 근사화는 중심 극한 정리의 증명을 완성하기 위해 필요하다(아직도 청Chung[30]을 따르고 있다).

첫째 두 함수 $f(n)$과 $g(n)$이 주어지고 0이 아닌 다음과 같은 상수 c가 존재하면

$$\lim_{n \to \infty} \frac{f(n)}{g(n)} = c$$

두 함수 $f(n)$과 $g(n)$에 대해

$$f(n) \sim g(n)$$

이라고 한다. 즉 n이 무한대로 갈 때 $f(n)$과 $g(n)$은 같은 비율로 증가한다. 예를 들어

$$n^3 \sim 5n^3 - 2n + 3$$

이 성립한다.

정리 18.6.1(스털링의 공식^{Stirling's Formula})

$$n! \sim \sqrt{2\pi n} n^n e^{-n}$$

증명: 이는 어느 정도의 노력과 대수적 조작이 필요하다.

우선

$$\sqrt{2\pi n} n^n e^{-n} = \sqrt{2\pi} n^{n+\frac{1}{2}} e^{-n}$$

임을 주의해 보자. 또한

$$\lim_{n \to \infty} \frac{n!}{n^{n+\frac{1}{2}} e^{-n}} = k$$

를 보이려 한다. 여기서 k는 상수이다. $k = \sqrt{2\pi}$임을 보이기 위해서는 다음과 같은 뒤얽힌 주장을 따른다. $n! \sim kn^{n+\frac{1}{2}} e^{-n}$임을 이미 보였다고 가정하자. 이 근사값을 다음과 같은 따름정리에서 $\binom{n}{k} p^k q^{n-k}$ 대신 사용해 더 중요하게 중심 극한 정리의 마지막 부분의 정리에 사용하자. 증명의 단계를 따르면 다음과 같은 결과에 이른다.

$$\lim_{n \to \infty} P(a \leq S_n^* \leq b) = \frac{1}{k} \int_a^b e^{\frac{-x^2}{2}} \, \mathrm{d}x$$

각각의 n에 대해 S_n^*는 어떤 수와 같아야 하므로 $P(-\infty \leq S_n^* \leq \infty) = 1$임이 당연하다. 따라서 $\lim_{n \to \infty} P(-\infty \leq S_n^* \leq \infty) = 1$이다. 그러므로

$$\frac{1}{k} \int_{-\infty}^{\infty} e^{\frac{-x^2}{2}} \, \mathrm{d}x = 1$$

을 얻게 되는데 앞 절에서 이미 $\int_{-\infty}^{\infty} e^{\frac{-x^2}{2}} \, \mathrm{d}x = \sqrt{2\pi}$임을 계산했다. 그러므로 k는 $\sqrt{2\pi}$이어야 한다.

이제 주장의 중심인 k가 존재하는지 살펴보자. 이 일은 노력이 필요하고 다양한 계산 관련 트릭이 포함된다. 목표는 다음과 같은 식을 만족하는 0이 아닌 상수 k가 존재함을 보이는 것이다.

$$\lim_{n \to \infty} \frac{n!}{n^{n+\frac{1}{2}} e^{-n}} = k$$

현재로선 k가 무엇인지 아무런 단서도 없으므로 양의 값 e^c라고 하자. 여기서 c는 상수이다(로그를 취할 것이므로 e^c를 사용하는 것이 표기상 쉬울 것이다). 즉

$$\lim_{n \to \infty} \frac{n!}{n^{n+\frac{1}{2}} e^{-n}} = e^c$$

에 로그를 취하면

$$\lim_{n \to \infty} \log \left(\frac{n!}{n^{n+\frac{1}{2}} e^{-n}} \right) = c$$

이 된다. 로그가 곱과 나눔을 합과 차로 바꿔 주기 때문에 식은 다음과 같이 된다.

$$\lim_{n \to \infty} (\log(n!) - \left(n + \frac{1}{2} \right) \log(n) + n) = c$$

편리한 표기를 위해 다음과 같이 설정하자.

$$d_n = \log(n!) - \left(n + \frac{1}{2} \right) \log(n) + n$$

n이 무한대로 갈 때 d_n이 어떤 수로 수렴하는 것을 보이자. 여기서 트릭 하나를 사용해 보자. 다음과 같은 수열을 고려하자.

$$\sum_{i=1}^{n} (d_i - d_{i+1}) = (d_1 - d_2) + (d_2 - d_3) + \cdots + (d_n - d_{n+1}) = d_1 - d_{n+1}$$

무한급수 $\sum_{i=1}^{\infty} (d_i - d_{i+1})$이 수렴하는 것을 보일텐데, 이는 부분 합 $\sum_{i=1}^{\infty} (d_i - d_{i+1}) = d_1 - d_{n+1}$함을 뜻하고, 이는 또한 d_{n+1}이 수렴한다는 우리의 목표에 이르게 된다.

이제 비교판정법^{comparison test}을 통해 $\sum_{i=1}^{\infty}(d_i - d_{i+1})$이 수렴하는 것을 보이자. 구체적으로 다음을 보이려 한다.

$$|d_n - d_{n+1}| \leq \frac{2n+1}{2n^3} - \frac{1}{4n^2}$$

$\sum_{i=1}^{\infty}\frac{2n+1}{2n^3}$과 $\sum_{i=1}^{\infty}\frac{1}{4n^2}$이 수렴하므로 고려하고 있는 수열은 수렴한다.

긴 계산이 될 것 같다. $|x| < \frac{2}{3}$인 임의의 x에 대해

$$\log(1+x) = x - \frac{x^2}{2} + \theta(x)$$

이 성립한다. 여기서 $\theta(x)$는 모든 $|x| < \frac{2}{3}$에 대해 다음과 같은 함수이다.

$$|\theta(x)| < |x|^3$$

이는 $\log(1+x)$의 테일러급수 전개를 따른 것이다. 조건 $|x| < \frac{2}{3}$가 결정적인 것은 아니지만 $|x|$가 1보다 아주 작음을 확신하려는 것이다. 이제 $|d_n - d_{n+1}|$을 계산하자.

$$
\begin{aligned}
|d_n - d_{n+1}| &= \left[\log(n!) - \left(n + \frac{1}{2}\right)\log(n) + n\right] \\
&\quad - \left[\log((n+1)!) - \left(n + 1 + \frac{1}{2}\right)\log(n+1) + n + 1\right] \\
&= \left[\log(n) + \cdots + \log(1) - \left(n + \frac{1}{2}\right)\log(n) + n\right] \\
&\quad - \left[\log(n+1) + \cdots + \log(1)\right. \\
&\qquad \left. - \left(n + 1 + \frac{1}{2}\right)\log(n+1) + n + 1\right] \\
&= -\left(n + \frac{1}{2}\right)\log(n) + \left(n + \frac{1}{2}\right)\log(n+1) - 1 \\
&= \left(n + \frac{1}{2}\right)\log\left(\frac{n+1}{n}\right) - 1 \\
&= \left(n + \frac{1}{2}\right)\log\left(1 + \frac{1}{n}\right) - 1
\end{aligned}
$$

$$= \left(n + \frac{1}{2}\right)\left(\frac{1}{n} - \frac{1}{2n^2} + \theta\left(\frac{1}{n}\right)\right) - 1$$

$$= \left(n + \frac{1}{2}\right)\theta\left(\frac{1}{n}\right) - \frac{1}{4n^2}$$

$$\leq \frac{(n + \frac{1}{2})}{n^3} - \frac{1}{4n^2}$$

이는 원하는 결과이다. □

스털링의 공식은 그 자체적으로 중요할 뿐 아니라 중심 극한 정리의 증명에서 다음 보조 정리를 사용할 필요가 있다.

보조 정리 18.6.2 A를 하나의 상수라 하자. 이때 $x_k \leq A$에 대해 다음과 같은 관계가 성립한다.

$$\binom{n}{k}p^k q^{n-k} \sim \frac{1}{\sqrt{2\pi npq}}e^{-\frac{x_k^2}{2}}$$

여기에서 사용되는 표기는 앞 절에서 사용된 것과 동일하다. 특히 $S_n = k$이면 $S_n^* = x_k$로 설정한다. 그러면

$$k = np + \sqrt{npq}\,x_k$$

이며 k는 다음과 같게 된다.

$$n - k = n - np - \sqrt{npq}\,x_k = nq - \sqrt{npq}\,x_k$$

위 보조 정리에서와 같이 $x_k \leq A$이면 다음과 같은 관계가 성립한다.

$$k \sim np$$

$$n - k \sim nq$$

이어지는 증명에서 결정적인 단계에서 k를 np로 $n - k$를 nq로 치환할 것이다.

보조 정리의 증명: 정의에 의해 그리고 스털링의 공식을 사용해 다음과 같이 전개된다.

$$\binom{n}{k} p^k q^{n-k} = \frac{n!}{k!\,(n-k)!} p^k q^{n-k}$$

$$\sim \frac{(\frac{n}{e})^n \sqrt{2\pi n}}{(\frac{k}{e})^k \sqrt{2\pi k}(\frac{n-k}{e})^{n-k}\sqrt{2\pi(n-k)}} p^k q^{n-k}$$

$$= \sqrt{\frac{n}{2\pi k(n-k)}} \left(\frac{np}{k}\right)^k \left(\frac{nq}{n-k}\right)^{n-k}$$

$$\sim \sqrt{\frac{n}{2\pi(np)(nq)}} \left(\frac{np}{k}\right)^k \left(\frac{nq}{n-k}\right)^{n-k}$$

여기서 $k \sim np$와 $n - k \sim nq$가 사용됐다. 이는 아래와 같이 정리된다.

$$\sqrt{\frac{1}{2\pi npq}} \left(\frac{np}{k}\right)^k \left(\frac{nq}{n-k}\right)^{n-k}$$

다음을 보일 수 있으면

$$\left(\frac{np}{k}\right)^k \left(\frac{nq}{n-k}\right)^{n-k} \sim e^{-\frac{x_k^2}{2}}$$

증명은 끝난다. 작은 x에 대해 $\log(1+x)$를 $x - \frac{x^2}{2}$로 치환할 수 있으므로 다음을 보이려 한다.

$$\log\left(\left(\frac{np}{k}\right)^k \left(\frac{nq}{n-k}\right)^{n-k}\right) \sim -\frac{x_k^2}{2}$$

식을 전개하면

$$\log\left(\left(\frac{np}{k}\right)^k \left(\frac{nq}{n-k}\right)^{n-k}\right) = k\log\left(\frac{np}{k}\right) + (n-k)\log\left(\frac{nq}{n-k}\right)$$

$$= k\log\left(1 - \frac{\sqrt{npq}\,x_k}{k}\right)$$

$$+ (n-k)\log\left(1 + \frac{\sqrt{npq}\,x_k}{n-k}\right)$$

가 된다. $k = np + \sqrt{npq}x^k$이므로

$$\frac{np}{k} = \frac{k - \sqrt{npq}x_k}{k} = 1 - \frac{\sqrt{npq}x_k}{k}$$

를 사용했고 $(n-k)$에 대해서도 유사하게 적용했다. 위 식에서 로그 항을 다항식의 형태로 아래와 같이 전개할 수 있게 된다.

$$\sim k \left(-\frac{\sqrt{npq}x_k}{k} - \frac{npqx_k^2}{2k^2} \right) + (n-k) \left(\frac{\sqrt{npq}x_k}{n-k} - \frac{npqx_k^2}{2(n-k)^2} \right)$$

$$= -\frac{npqx_k^2}{2k} - \frac{npqx_k^2}{2(n-k)}$$

$$= -\frac{npqx_k^2}{2} \left(\frac{1}{k} + \frac{1}{n-k} \right)$$

$$= -\frac{npqx_k^2}{2} \left(\frac{n}{k(n-k)} \right)$$

$$= -\frac{x_k^2}{2} \left(\frac{np}{k} \right) \left(\frac{nq}{n-k} \right)$$

$$\sim -\frac{x_k^2}{2}$$

여기서도 이미 앞에서 보인 $np \sim k$와 $nq \sim n-k$를 사용했다. □

스털링의 공식과 보조 정리의 증명은 영리한 계산이 가득 차 있다. 이러한 단계를 여기에 보인 이유 중 일부는 현대 수학의 추상적 장치에도 불구하고 계산상의 영리함이 여전히 필요함을 깨닫게 하려는 것이다.

18.7 참고 서적

브루알디^{Brualdi}의 책[24]은 조합론에 대한 좋은 입문서이다. 탁월하지만 어려운 반 린트 van Lint와 윌슨^{Wilson}의 책[194]도 있다. 카메론^{Cameron}의 책[28] 역시 좋다. 폴야^{Polya}, 타잔 Tarjan, 우즈^{Woods}의 책[153]은 매력적이다. 요즘의 조합론이 어떻게 사용되는지 느끼기 위해서는 그레이엄^{Graham}, 커누스^{Knuth}, 퍼태시닉^{Patashnik}의 책[74]이 훌륭하다. 스탠리^{Stanley}

의 책[178]은 조합론을 공부하는 신입 대학원생을 위한 표준 교재로 적합하다.

확률론을 위해서는 펠러^{Feller}의 책[58]보다 나은 책을 상상하기 힘들다. 이 책은 직관뿐 아니라 사소하지 않은 훌륭한 예로 가득 차 있다. 초급 확률론으로는 그리메트^{Grimmett}와 스티르자커^{Stirzaker}의 책[78]을 추천하며 그린스테드^{Grinstead}와 스넬^{Snell}의 책[79]도 마찬가지다. 또 다른 좋은 참고서는 청^{Chung}의 책[30]으로서 중심 극한 정리에 대한 필자의 위와 같은 주장을 가져온 책이다.

최근 윌리엄스 대학^{Williams College}의 동료인 스티븐 제이 밀러^{Steven J. Miller}가 저술한 『The Probability Lifesaver: All the Tools You Need to Understand Chance』(2017)[137]은 확률론의 탁월한 입문서이다. 로자노프^{Rozanov}의 얇은 책인 『Probability Theory: A, Concise Course』(1977)[159]을 필자가 여러 해 동안 얼마나 자주 참고했는지 모른다. 확률론의 더 고급 작업은 측도론 부분이다.

연습 문제

1. 이 연습 문제의 목표는 확률에 대한 정의를 카드 게임에 어떻게 적용하는지 보는 것이다.

   a. 주어진 52장의 표준 카드 한 세트로부터 얼마나 많은 5장의 카드 패가 가능할까? (순서는 상관하지 않음)

   b. 5장의 카드 패에서 얼마나 많은 한 쌍^{pair}[1] 족보가 가능할까?(이는 한 쌍의 카드를 가지고 있지만 세 장의 같은 숫자^{three-of-a-kind} 두 쌍^{two pair} 등을 가지지 않음을 의미한다)

   c. 카드 패에서 한 쌍을 가질 확률은 얼마인가?

2. 이 연습 문제의 목표는 $\binom{n}{k}$에 대한 공식이 어떻게 파스칼의 삼각형^{Pascal's triangle}과 연관돼 있는지 보는 것이다.

   a. 귀납법^{induction}을 통해 다음을 증명하라.

$$\binom{n}{k} = \binom{n-1}{k} + \binom{n-1}{k-1}$$

---

1 '한 쌍'이란 숫자가 같은 두 장의 카드를 의미함 – 옮긴이

b. n개의 객체로부터 k개를 선택하는 셈법을 통해 두 가지 다른 방식으로 이 공식을 증명하라(순서는 상관하지 않음).

c. 이항 계수 $\binom{n}{k}$를 파스칼의 삼각형으로부터 결정할 수 있음을 보여라. 첫 5행은 다음과 같다.

$$
\begin{array}{ccccccccc}
 & & & & 1 & & & & \\
 & & & 1 & & 1 & & & \\
 & & 1 & & 2 & & 1 & & \\
 & 1 & & 3 & & 3 & & 1 & \\
1 & & 4 & & 6 & & 4 & & 1
\end{array}
$$

d. 다음 식이 성립함을 조합론적으로 증명하라.

$$\sum_{k=0}^{n} \binom{n}{k} = 2^n$$

3. n개의 변수로부터 k차 다항식을 만들 수 있는 총개수의 공식을 구하라. 따라서 두 변수 x, y에 대해 만들 수 있는 2차 단항식의 개수는 3이다. 이는 가능한 목록을 단순히 세면 된다.

$$(x^2, xy, y^2)$$

4. 비둘기집 원리pigeonhole principle는 다음과 같이 진술한다.

$(n+1)$ 객체를 n개의 상자에 넣는다면 적어도 하나의 상자에는 최소한 2개의 객체를 넣어야 한다.

정수 $a_1, \ldots, a_{n+1}$을 고려하자. 이때 $a_i - a_j$가 정수 n으로 나눠지는 정수의 짝이 적어도 하나 이상임을 보여라.

5. 이 문제의 목표는 포함 배제의 원리Inclusion-Exclusion Principle를 증명하는 것이다. 이 원리의 진술은 c에 주어진다.

a. 임의의 두 집합 A, B에 대해 다음을 증명하라.

$$|A \cup B| = |A| + |B| - |A \cap B|$$

b. 임의의 세 집합 A_1, A_2, A_3에 대해 다음을 증명하라.

$$|A_1 \cup A_2 \cup A_3| = |A_1| + |A_2| + |A_3| - |A_1 \cap A_2| - |A_1 \cap A_3|$$
$$- |A_2 \cap A_3| + |A_1 \cap A_2 \cap A_3|$$

c. 임의의 n개의 집합 $A_1, \ldots, A_n$에 대해 다음을 증명하라.

$$|A_1 \cup \cdots \cup A_n| = \Sigma |A_i| - \Sigma |A_i \cap A_j| + \cdots + (-1)^{n+1} |A_1 \cap \cdots \cap A_n|$$

6. 다음을 증명하라.

$$\binom{2n}{n} \sim (\pi n)^{-1/2} 2^{2n}$$

알고리듬

기본 대상: 그래프와 트리

기본 목표: 알고리듬의 효율 계산하기

1800년대 말과 1900년대 초에 수학적 대상의 존재 의미에 대한 진지한 논쟁이 있었다. 어떤 이에게는 수학적 대상이 계산할 방법이 있다면 의미가 있을 뿐이었다. 다른 이들은 모순에 이르지 않는 모든 정의는 존재를 보장할 만큼 충분했다(이것이 수학자들이 자신 있게 택한 길이었다). 9장의 선택 공리에 대한 절로 돌아가 보자. 이 절에서는 만드는 것이 불가능한 대상이 존재한다고 주장했다. 이러한 논쟁은 다양한 방법으로 1930년대까지 잠잠해졌다. 부분적으로는 괴델^{Gödel}의 노력이 있었지만 궁극적으로는 생성된 알고리듬의 본성에 의한 것이었다. 1800년대 후반까지 알고리듬에 의해 만들어진 대상은 너무 덩치가 크고 시간이 오래 걸리는 편이라 사람의 손으로는 감히 계산할 수 없었다. 대부분의 사람에게는 존재의 주장과 우주의 나이만큼의 계산 완료 시간과의 실질적인 차이는 너무 작아서, 특히 존재의 증명이 명쾌하다면 그 차이를 신경쓰지 않았다.

컴퓨터의 등장으로 이 모든 것이 변했다. 갑자기 손으로는 여러 세대에 걸쳐 이뤄진 계산이 개인 컴퓨터에서 수백만분의 몇 초 안에 쉽게 계산됐다. 매스매티카^{Mathematica}와 메이플^{Maple} 같은 소프트웨어 표준 패키지는 얼마 전 살았던 수학자의 야성의 꿈보다 성공적으로 계산해 낸다. 하지만 컴퓨터는 존재를 증명하는 것에는 문제가 있는 것처럼 보인다. 건설적인 주장에 대한 요구가 다시 힘을 얻게 됐다. 그러나 현재는 구성의 효율성 또는 알고리듬의 복잡성에 대한 염려도 함께 나타났다. 확실한 구성은 본질적인 복잡성을 가진다는 아이디어가 수학의 대부분의 분야에서 기본이 됐다.

19.1 알고리듬과 복잡성

하나의 알고리듬에 대한 정확하고 구체적인 정의는 자명하지 않고 또한 그렇게 계몽적이지도 않다. 이는 코멘^{Cormen}, 레이서손^{Leiserson}, 리베스트^{Rivest}의 책 『Introduction to Algorithms』(1990)[35]의 앞부분에서 다음과 같이 언급된 바와 같다.

> 비공식적으로 **알고리듬**^{algorithm}은 잘 정의된 계산적 순서로서 어떤 값 또는 값의 세트를 **입력** ^{input}으로 받아서 값 또는 값의 세트를 **출력**^{output}으로 내는 것이다. 그러므로 알고리듬은 입력을 출력으로 변환하는 계산적 단계의 순열이다.

이 책에서 논의된 많은 부분은 알고리듬의 언어로 다시 만들어질 수 있다. 확실히 디터미넌트의 정의와 가우스 소거법과 같은 1장의 선형 대수학의 많은 부분은 성질상 근본적으로 알고리듬적이다.

우리가 관심을 가지는 것은 알고리듬의 효율이다. 함수의 증가에 대한 점근적 제한^{asymptotic bounds}에 관심을 가질 필요가 있다.

정의 19.1.1 두 함수 $f(x)$, $g(x)$가 단일 변수의 실수 함수라 하자. 양수 C와 양수 N이 존재해 모든 $x > N$에 대해 $|f(x)| \leq C|g(x)|$가 성립하면 $f(x)$는 $O(g(x))$에 있다고 한다.

이는 비공식적으로 큰 O 표기법^{Big O notation}으로 알려져 있다.

전형적으로 심볼 'x'를 사용하지 않고 'n'을 사용한다. 이때 $O(n)$에 속한 함수의 급^{class}은 최대한 선형으로 증가한다. $O(n^2)$에 속한 함수의 급은 제곱으로 증가하는 것이다, 등등. 그러므로 다항식 $3n^4 + 7n - 19$는 $O(n^4)$에 속한다.

알고리듬에 있어서 **입력 크기**input size n이 있다. 이는 초기에 주어질 필요가 있는 정보의 양이며 **실행 시간**running time은 입력 크기의 함수로서 알고리듬이 얼마나 오래 걸리는지를 말한다. 실행 시간 $r(n)$이 $O(n)$에 속하면 알고리듬이 선형이며 실행 시간 $r(n)$이 어떤 정수 k에 대해 $O(n^k)$에 속하면 알고리듬이 다항식이다.

또한 알고리듬의 공간 크기와 같은 것에 대한 관심이 있는데 이는 입력 크기의 함수로서 동작해야 하는 알고리듬 공간의 크기를 말한다.

19.2 그래프: 오일러 회로와 해밀톤 회로

최근의 알고리듬 분석은 **그래프**graphs 연구까지 내려가곤 한다. 이 절은 그래프를 정의하고 **오일러 회로**Euler circuits와 **해밀톤 회로**Hamiltonian circuits를 갖는 그래프에 대해 논의한다. 이 둘은 정의가 유사해 보이지만 알고리듬적 성질은 꽤 다르다.

직관적으로 그래프는 다음과 같이 생겼다.

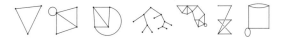

핵심은 그래프는 **꼭지점**vertices과 꼭지점 사이의 **변**edges으로 구성된다. 문제가 되는 것은 어느 꼭지점이 변과 연결돼 있는지이다. 그러므로 다음 두 그래프가 평면상에서 서로 다른 모양이지만 동등한 것으로 보기 원한다.

정의 19.2.1 그래프 G는 꼭지점 집합 $V(G)$와 변 집합 $E(G)$와 함수

$$\sigma : E(G) \rightarrow \{\{u, v\} : u, v \in V(G)\}$$

로 구성된다. 이때 $\sigma(e) = \{v_i, v_j\}$이면 $V(G)$의 원소 v_i, v_j가 변 e에 의해 연결된다고 한다.

$\{v_i, v_j\}$는 두 꼭지점 v_i, v_j로 구성된 집합을 나타낸다. 다음과 같은 그래프 G

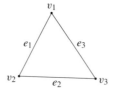

에 대해 $V(G)$ $E(G)$ σ는 다음과 같다.

$$V(G) = \{v_1, v_2, v_3\},$$
$$E(G) = \{e_1, e_2, e_3\}$$
$$\sigma(e_1) = \{v_1, v_2\}, \quad \sigma(e_2) = \{v_2, v_3\}, \quad \sigma(e_3) = \{v_1, v_3\}$$

그래프에 관련된 인접 행렬$^{\text{adjacency matrix}}$ $A(G)$를 정의하자. n개의 꼭지점이 있다면 $n \times n$ 행렬이 될 것이다. 다음과 같은 꼭지점 행렬을 고려하자.

$$V(G) = \{v_1, v_2, \ldots, v_n\}$$

인접 행렬 $A(G)$의 (i, j)-성분으로는 v_i, v_j 사이에 k개의 변이 존재하면 k를 넣고 없으면 0을 넣는다. 따라서 그래프

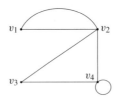

의 인접 행렬은 다음과 같은 4×4 행렬이 된다.

$$A(G) = \begin{pmatrix} 0 & 2 & 0 & 0 \\ 2 & 0 & 1 & 1 \\ 0 & 1 & 0 & 1 \\ 0 & 1 & 1 & 1 \end{pmatrix}$$

성분 $(4, 4)$의 1은 v_4로부터 자신으로의 변이 존재하는 것을 반영하고 성분 $(1, 2)$와 $(2, 1)$의 2는 v_1으로부터 v_2로 2개의 변이 존재하는 것을 반영한다.

그래프에서 **경로**^{path}란 서로 연결된 변의 열이다. **회로**^{circuit}는 동일한 꼭지점에서 시작하고 끝나는 경로를 말한다. 예를 들어 그래프

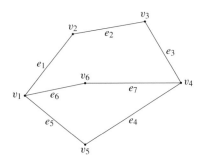

에서 경로 $e_6 e_7$은 꼭지점 v_1에서 출발해 v_4에서 마치는 반면 $e_1 e_2 e_3 e_4 e_5$는 v_1에서 출발해 v_1에서 마치는 회로이다.

오일러 회로^{Euler circuit}에 대해 이야기를 시작하자. 먼저 쾨니히스베르그 다리 문제^{Königsberg bridge problem}에 대해 전통적인 접근 방식으로 바라보자. 쾨니히스베르그 마을은 다음과 같은 모양으로 돼 있었다.

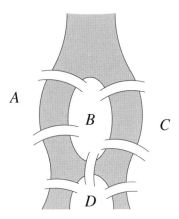

여기서 A, B, C, D는 땅이다.

이야기는 1700년대로 넘어간다. 쾨니히스베르그 사람들은 모든 다리를 정확히 한 번만 건너서 마지막에는 출발한 곳으로 돌아올 수 있는지 알고 싶었다. 오일러는 이 게임을 그래프 이론 문제로 해석했다. 각각 연결된 땅에는 꼭지점을 부여하고 땅을 연결하는 각각

의 다리에는 변을 부여했다. 따라서 쾨니히스베르그는 다음과 같은 그래프가 됐다.

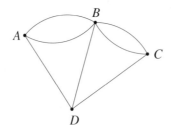

이 그래프에서 각 변을 정확히 한 번 포함하는 회로가 존재한다면 게임이 풀릴 것이다. 이러한 회로는 오일러를 기념해 특별한 이름을 갖게 됐다.

정의 19.2.2 그래프상에서 오일러 회로는 각 변을 정확히 한 번 포함하는 회로이다.

쾨니히스베르그 다리 문제를 풀기 위해서 오일러는 임의의 그래프가 언제 오일러 회로를 가질 것에 대한 명쾌한 허용기준을 생각해 냈다.

정리 19.2.3 그래프가 오일러 회로를 가지는 필요충분조건은 각 꼭지점이 짝수로 들어오는 변을 가지는 것이다.

따라서 쾨니히스베르그에서는 꼭지점 A가 3개의 변을 가지므로(또한 이 경우 다른 모든 꼭지점 역시 홀수의 변을 가진다) 누구도 각각의 다리를 한 번만 건널 수는 없다.

각 꼭지점이 짝수의 변에 연결돼야 한다는 사실을 깨닫는 것은 그렇게 힘들지는 않다. 오일러 회로가 하나 존재한다고 가정하자. 그래프의 변을 지날 때마다 그 변을 지운다고 상상하자. 매번 꼭지점으로 들어가고 떠날 때 2개의 변이 지워져 그 꼭지점을 포함하는 변의 수는 2개 감소한다. 마지막에는 변이 남아있지 않게 돼 각각의 꼭지점에서의 변의 수는 짝수이어야 한다는 의미이다.

반대 방향의 증명은 약간 복잡하지만 더 중요하다. 최고의 방법은 (우리가 시도하지는 않지만) 실제로 오일러 회로를 만드는 알고리듬을 구성하는 것이다. 우리에게 중요한 점은 오일러 회로의 존재를 결정하는 깨끗하고 쉬운 허용기준이 존재한다는 것이다.

이제 오일러 회로의 정의에 사소한 것처럼 보이는 수정을 가하자. 각 변을 한 번만 포함하는 오일러 회로를 찾기보다 각 꼭지점을 한 번만 포함하는 회로를 찾도록 노력해 보자.

이러한 회로가 다음과 같이 정의된다.

정의 19.2.4 각 꼭지점을 정확히 한번 포함하는 회로가 존재한다면 그 그래프는 해밀톤 회로Hamiltonian circuit이다.

예를 들면 다음과 같은 그래프

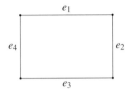

에서 회로 $e_1 e_2 e_3 e_4$는 해밀톤 회로인 반면 다음 그래프

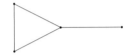

에서 해밀톤 회로는 존재하지 않는다. 마지막 그래프에서는 모든 가능한 회로를 나열하고 그들 중 하나가 해밀톤임을 체크할 수 있다. 모든 가능한 회로를 나열하는 이 알고리듬은 회로의 수가 유한일 때 가능하지만 안타깝게도 이 목록 작업을 변의 수 n에 대해 $O(n!)$번 해야 한다. 꽤 많은 변을 가진 그래프에 있어서 이 접근은 시간을 엄청나게 소비한다. 그렇지만 이는 해밀톤 회로의 존재를 결정하는 최고의 방법에 꽤 근접한다. 19.4절에서 보게 되듯이 해밀톤 회로를 찾는 문제는 본질적으로 어렵고 중요한 것으로 보인다.

19.3 소팅과 트리

한 세트의 실수가 주어졌다고 가정하자. 흔히 가장 작은 수에서 시작해 큰 수로 순서를 정하곤 한다. 유사하게 책상 위에 한 무더기의 시험문제가 쌓여 있다. 이들을 알파벳 순서로 정리할 수 있다. 이 둘 다 소팅 문제sorting problems이다. 소팅 알고리듬은 순서가 존재할 수 있는 원소의 집합에 대해 실제로 순서를 만들어 내는 것이다. 이 절에서는 이와 같은 소팅 알고리듬이 트리tree라고 부르는 특별한 그래프와 어떻게 연관이 되는지 논의하고 임의의 소팅 알고리듬에 대한 하계^{lower bound}가 $O(n \log(n))$임을 보인다.

기술적으로 트리^{tree}는 서로 연결돼 있으나(임의의 꼭지점에서 임의의 다른 꼭지점 사이에 경로가 존재한다는 의미) 회로를 가지지 않는 임의의 그래프이다. 따라서 다음 그래프들

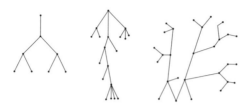

은 트리이지만

들은 트리가 아니다. 정확하게 하나의 가지^{edge}를 갖는 꼭지점을 잎^{leaf}이라고 부른다. 이들은 어떤 의미로는 트리가 멎는(정지하는) 지점이다. 우리가 관심을 가지는 것은 이진^{binary} 트리로서 다음과 같이 만들어진다. 루트^{root}라고 부르는 꼭지점에서 출발한다. 루트로부터 2개의 변이 나오게 한다. 두 변의 끝의 새로운 2개의 꼭지점으로부터 2개의 새로운 변이 나오게 하거나 또는 정지한다. 이 과정을 유한한 단계까지 계속한다. 이렇게 만들어진 트리는 다음과 같다.

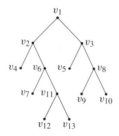

여기서 v_1은 루트이며 v_4, v_5, v_7, v_9, v_{10}, v_{12}, v_{13}은 잎이다. 이진 트리를 그릴 때는 루트를 제일 높은 곳에 두고 잎을 바닥에 둔다. 각 꼭지점에서 나오는 두 가지^{edge}는 각각 왼쪽 가지^{left edge}와 오른쪽 가지^{right edge}라 부른다. 이 가지의 끝에 있는 두 꼭지점을 왼쪽 자식^{left}

child과 오른쪽 자식^{right child}이라 부른다. 트리의 높이^{height}는 루트에서 잎까지의 최대 경로에 있는 변의 수이다. 다음 트리

의 높이는 3이며

의 높이는 6이다.

소팅이 왜 이진 트리와 관련이 되는지 확인하자. 원소의 집합 $\{a_1, \dots, a_n\}$이 주어지고 우리가 할 수 있는 것은 두 원소의 크기를 비교하는 것뿐이다. 즉 두 원소 a_i, a_j가 주어졌을 때 $a_i < a_j$ 또는 $a_j < a_i$를 결정하는 것이다. 이러한 소팅 알고리듬이 각 단계에서 할 수 있는 것은 a_i, a_j 중 어느 것이 큰지를 근거로 다음 단계에서 무엇을 할지를 알려 주는 것이다. 이러한 알고리듬이 트리로 표현될 수 있음을 알아보자. 루트는 알고리듬에서 첫 쌍이 비교되는 곳에 해당한다. 이 쌍이 a_i, a_j라 하자. a_i, a_j의 순서에 대해서는 두 가지의 가능성이 존재한다. $a_i < a_j$이면 좌변으로, $a_j < a_i$이면 우변으로 내려가라. 이제 이 단계에서 알고리듬은 원소의 어느 쌍을 지금 비교할지를 말해준다. 새로운 꼭지점을 이 쌍으로 이름을 붙인다. 더 이상 비교할 쌍이 남아있지 않을 때까지 이 과정을 계속한다. 그러므로 집합의 원소의 쌍으로 이름 붙여진 꼭지점과 집합의 순서에 해당하는 각 잎으로 구성된 트리가 완성된다.

예를 들어 세 원소로 된 집합 $\{a_1, a_2, a_3\}$의 예를 보자. 다음과 같은 간단한 알고리듬(간단한 이것도 알고리듬이라고 불릴 자격이 있다)을 살펴보자.

a_1, a_2를 비교하라. $a_1 < a_2$이면 a_2, a_3을 비교하라. $a_2 < a_3$이면 순서는 $a_1 < a_2 < a_3$이 된다. $a_3 < a_2$이면 a_1, a_3을 비교하라. $a_1 < a_3$이면 순서는 $a_1 < a_3 < a_2$가 된다. $a_3 < a_1$이

면 순서는 $a_3 < a_1 < a_2$가 된다. 이제 다시 $a_2 < a_1$ 경우로 돌아가자. 다음으로 a_1, a_3을 비교하라. $a_1 < a_3$이면 순서는 $a_2 < a_1 < a_3$이 된다. $a_3 < a_1$이면 a_2, a_3을 비교하라. $a_2 < a_3$이면 순서는 $a_2 < a_3 < a_1$이 된다. $a_3 < a_2$이면 순서는 $a_3 < a_2 < a_1$이 돼 끝난다. 이 간단한 예에 대해서도 각 단계를 이와 같은 방법으로 나타내면 혼란스럽다. 그러나 이 방법을 트리로 표현하면 명확해진다.

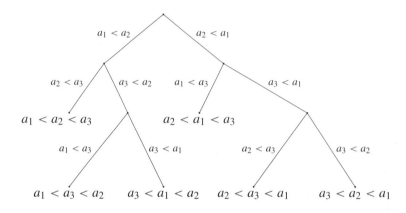

이제 이진 트리에 있어서 그 높이의 본질적인 하한, 즉 소팅에 필요한 시간에 대한 본질적인 하한이 존재함을 보이려 한다.

정리 19.3.1 높이가 n인 이진 트리는 최대 2^n의 잎을 가진다.

증명: 귀납법 적용. 트리 높이가 0이라 가정하면 하나의 꼭지점만 있어 $2^0 = 1$이 된다. 즉 잎은 하나이자 루트이며 소팅하기 쉽다.

이제 높이가 $n - 1$인 트리에 있어서 위 정리가 참이라고 가정하자. 높이 n인 트리를 바라보자. 그러므로 루트로부터 길이가 n인 잎까지 최소 하나의 경로가 존재한다. 모든 잎과 또한 함께 붙어있는 루트로부터 길이가 n인 변을 제거한다. 이제 높이가 $n - 1$인 새로운 트리를 갖게 됐다. 귀납법의 가설이 이제 치고 들어온다. 이 새로운 트리는 최대 2^{n-1}개의 잎이 존재한다. 이 2^{n-1}개의 잎에서부터 2개의 변이 나오도록 하면 높이가 n인 또 다른 새로운 트리가 돼 원래의 트리를 포함하게 된다. 높이가 $n - 1$인 트리의 2^{n-1}개의 각각의 잎에 2개의 새로운 꼭지점을 더함으로 이 마지막 새로운 트리는 최대 $2 \cdot 2^{n-1} = 2^n$의 잎을 가진다. 원래 트리의 잎이 바로 이 트리의 잎이므로 증명이 완료된다. □

마침내 이를 통해 n개의 대상을 분류하는 어떤 알고리듬이라도 최소한 $O(n \log(n))$ 내에 있어야 함을 알게 된다.

정리 19.3.2 짝비교$^{\text{pairwise comparisons}}$에 근거하는 임의의 소팅 알고리듬은 최소한 $O(n \log(n))$ 내에 있어야 한다.

증명: n개의 원소를 가진 집합이 주어질 때 $n!$개의 소팅 순서가 처음에 존재한다. 임의의 소팅 알고리듬에 있어서 해당되는 트리에는 루트에서 출발해 $n!$개의 서로 다른 초기의 소팅 순서 중 하나에 도착하는 길이 틀림없이 존재한다. 따라서 트리는 최소한 $n!$개의 잎을 가지고 있고 앞 정리에 의해 트리는 다음과 같은 높이 h를 가진다.

$$2^h \geq n!$$

따라서

$$h \geq \log_2(n!)$$

를 얻게 된다. 소팅 알고리듬은 최소한 h 단계를 거쳐야 하므로 최소한 $O(\log_2(n!))$내에 있어야 한다. 임의의 수 K에 대해 자연로그 $\log(K) = \log_e(K) = \log(2) \log_2(K)$이다. 또한 스털링의 공식에 의해 n이 큰 경우에

$$n! \sim \sqrt{2\pi n} n^n e^{-n}$$

이므로 $\log(n!)$은 다음 식이 성립한다.

$$\log(n!) \sim \log(\sqrt{2\pi n}) + n \log(n) - n \log(e)$$

그러므로

$$\begin{aligned} O(\log(n!)) &= O(\log(\sqrt{2\pi n}) + n \log(n) - n \log(e)) \\ &= O(n \log(n)) \end{aligned}$$

을 얻게 된다. 이는 $n \log(n)$이 다른 항을 지배하기 때문이다. 따라서 어떤 소팅 알고리듬의 복잡도도 최소한 $O(\log_2(n!))$내에 있어야 하며 이는 증명하려던 바와 같이 $O(n \log(n))$과 같다. $\qquad\square$

소팅이 실제로 $O(n \log(n))$과 같음을 보이기 위해 $O(n \log(n))$ 내에 동작하는 알고리듬을 찾을 필요가 있다. 이와 관련해 $O(n \log(n))$ 안에 있는 소팅으로는 힙 분류^{Heapsort}, 병합 외에 다른 알고리듬이 존재한다.

19.4 P=NP?

이 절의 목표는 수학에서 아마도 가장 중요한 열린 문제인 'P=NP?'를 논하는 것이다. 이 문제는 문제에 대한 하나의 해를 찾는 것과 문제에 대한 후보 해를 체크하는 것과의 차이를 결정하는 데에 초점을 맞춘다. 이것이 열려 있다는(또한 이것이 수학의 다른 공리와는 독립적일 수 있다는) 사실은 수학자가 아직도 수학적 존재의 의미 대 구성의 의미를 충분히 이해하지 못하고 있음을 보이고 있다.

입력 크기 n이 주어질 때 어떤 양의 정수 k에 대해 $O(n^k)$ 안에 속하는 알고리듬이 존재한다면 다항^{polynomial} 시간에서 문제가 존재한다. 주어진 입력 크기 n이 주어질 때 후보 해가 다항 시간 안에 정확성을 위해 체크될 수 있다면 NP에서 문제가 존재한다.

직소 퍼즐^{jigsaw puzzle}을 생각해 보자. 직소 퍼즐을 맞추는 것은 매우 시간 소비적일 수 있으나 누군가 퍼즐을 끝냈는지를 쉽게 그리고 재빨리 말할 수 있다. 더 수학적인 예를 위해 $n \times n$ 행렬 A의 역행렬을 구한다고 하자. 구할 수는 있지만 실제로 A^{-1}를 재빨리 만드는 것이 특별히 쉽지는 않다. 그러나 어떤 사람이 행렬 B를 건네주며 역행렬이라고 한다면 체크할 수 있는 것은 곱 AB를 구해 항등원 I가 되는지 확인하는 것이다. 또 다른 예로 그래프 G로 이야기해 보자. G가 해밀톤 회로를 포함하는지 결정하기는 어렵다. 그러나 누군가 후보 회로를 준다면 회로가 모든 꼭지점을 정확히 한번 지나는지 아닌지를 체크하기는 쉽다. 해를 찾는 문제는 해의 정확성을 체크하는 문제보다 본질적으로 더 어려울 것처럼 보이는 것이 확실하다.

놀랍게도 사람들은 NP 문제의 급^{class}이 다항 시간 문제(P 문제로 표기됨)의 급보다 더 큰지를 모른다. 'P=NP?'가 질문이다.

P에 있는 문제의 급이 NP에 있는 문제의 급과 동일한가?

이는 여러 해 동안 열려 있어 왔고 수학에서 가장 중요한 열린 문제 중 하나이다.

훨씬 더 흥미를 끄는 것은 NP 완전 문제의 존재이다. 이러한 문제는 NP에 있을 뿐만 아니라 예/아니오 질문이어야 한다. 또한 가장 중요하게 모든 다른 NP 문제가 다항 시간 안에 이 문제로 번역될 수 있어야 한다. 그러므로 이 NP 예/아니오 문제에 대한 다항 시간 해가 존재한다면 모든 NP 문제의 다항 시간 해가 존재할 것이다.

수학의 모든 영역은 자신의 NP 완전 문제를 가지고 있는 것 같다. 예를 들면 그래프가 해밀톤 회로를 가지는지 아닌지에 대한 질문은 본질적인 NP 완전 문제이며 또한 약간의 고급 수준의 수학으로 설명될 수 있기 때문에 해설적인 일에 있어서는 인기 있는 선택이다.

19.5 수치 해석학: 뉴턴의 방법

미적분학의 발견 이래 사람들이 실제로 사용할 수 있는 수학 질문에 대한 답을 찾는 일은 중요하게 생각돼 왔다. 그러다 보니 이 일은 자주 근사해를 찾는 것만으로 축소되곤 한다. 수치 해석학은 정확한 문제에 대한 근사해를 찾으려고 하는 분야이다. 얼마나 근사해야 좋은지 그리고 얼마나 빨리 근사해를 찾을 수 있는지가 수치 해석가에게는 기본 질문이다. 이 주제의 뿌리는 수 세기에 걸쳐 이어졌지만 컴퓨터의 부흥은 이 분야를 대 변혁시켰다. 손으로 수행하기에 불합리한 알고리듬도 보통의 컴퓨터를 이용해 쉽게 풀 수 있다. 궁극적으로는 수치 해석학 알고리듬의 효율이 염려되기 때문에 이 장에 이 절을 넣었다. 현재의 수학 세계에서 수치 해석가와 복잡도 이론가가 동일한 학문 분야에 있는 사람들이라고 보이지는 않음을 유의하자. 이는 그들이 서로 대화하지 않는다는 것을 암시하는 것도 아니고 더욱이 복잡도 이론이 컴퓨터 과학에서 진화됐고 수치 해석학이 항상 수학의 일부였음을 암시하는 것도 아니다.

수치 해석학에는 확실한 시금석 문제가 있다. 이 문제는 계속해서 돌고 도는 문제다. 확실히 선형 대수학에서 계산을 위한 효율적인 알고리듬은 매우 중요하다. 여기서 염려하는 또 하나는 함수의 영점을 찾는 문제이다. 수학의 많은 문제는 함수의 영점을 찾는 문제로 재해석될 수 있다. 먼저 실수 미분 가능 함수 $f : \mathbb{R} \to \mathbb{R}$의 영점을 근사화 하기 위한 뉴턴의 방법을 살펴보려고 한다. 그리고 바로 이 방법의 이면에 있는 아이디어가 다른 형태의 함수를 근사화하는 데 어떻게 때때로 사용될 수 있는지 보려고 한다.

$f : \mathbb{R} \to \mathbb{R}$이 미분 가능 함수라 하자. 먼저 뉴턴의 방법 이면의 기하를 대강 살펴보자. 다음과 같이 함수의 그래프(물론 실제로는 거의 알지 못하고 그렇지 않으면 영점을 근사화 하는 문제가 쉬운)

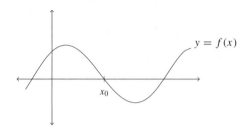

를 알고 있다고 가정하자. 점 x_0을 근사화 하려고 한다. 임의의 한 점 x_1을 선택해 점 $(x_1, f(x_1))$에서 곡선 $y = f(x)$의 접선을 그려 x축과 만나는 점을 $(x_2, 0)$이라 하자.

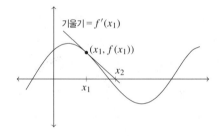

따라서

$$f'(x_1) = \frac{0 - f(x_1)}{x_2 - x_1}$$

을 얻게 되고 x_2에 대해 풀면 다음과 같다.

$$x_2 = x_1 - \frac{f(x_1)}{f'(x_1)}$$

그림에서 보면 새로 구한 x_2가 x_1보다 x_0에 가까워 보인다. 같은 방법으로 이 일을 해 보되 x_1을 x_2로 교체하자. 점 $(x_2, f(x_2))$를 지나 $y = f(x)$의 접선과의 교차점의 x좌표를 x_3으로 표시하면

$$x_3 = x_2 - \frac{f(x_2)}{f'(x_2)}.$$

를 얻게 된다. 또다시 x_3이 x_0에 더 가까워진 것처럼 보인다. 뉴턴의 방법은 이 과정을 계속하는 것이다. 말하자면 다음과 같다.

$$x_{k+1} = x_k - \frac{f(x_k)}{f'(x_k)}$$

이것이 작동하려면 $x_k \to x_0$이 필요하다. 여기에 어려움이 존재한다. 다음 그림을 보자.

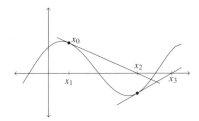

이러한 초기값 x_1의 선택으로 다른 영점에 접근하는 것처럼 보이지만 x_k는 확실히 x_0에 접근하지 않을 것이다. 물론 문제는 이러한 x_1의 선택이 국부 최대값에 가깝기 때문에 도함수 $f'(x_1)$이 매우 작게 돼 $x_2 = x_1 - f(x_1)/f'(x_1)$이 x_0에서 멀리 떨어져 있음을 의미한다.

이제 이를 기술적으로 바로잡으려 한다. 구체적인 조건에서 뉴턴의 방법이 항상 실제 영점에 대한 근사값을 만들어냄을 증명하는 데 결정적인 역할을 하는 많은 미적분학의 아이디어를 만나게 된다. 연속 2차 도함수를 갖는 함수 $f : [a, b] \to [a, b]$, 즉 벡터 공간 $C^2[a, b]$ 내의 함수를 살펴보자. 전체적으로 평균값 정리를 사용하게 되는데 이는 임의의 함수 $f \in C^2[a, b]$에 대해 $a \le c \le b$인 c가 존재하며 다음을 만족한다.

$$f'(c) = \frac{f(b) - f(a)}{b - a}$$

목표는 다음과 같은 결과이다.

정리 19.5.1 $f \in C^2[a, b]$에 대해 $f(x_0) = 0$과 $f'(x_0) \ne 0$을 만족하는 점 $x_0 \in [a, b]$가 존재한다고 가정하자. 그러면 $\delta > 0$가 존재해 주어진 임의의 점 $x_1 \in [x_0 - \delta, x_0 + \delta]$에 있어

서 모든 k에 대해

$$x_k = x_{k-1} - \frac{f(x_{k-1})}{f'(x_{k-1})}$$

를 정의하면 $x_k \to x_0$으로 수렴한다.

이 정리는 초기 선택 x_1이 영점에 충분히 가까우면 뉴턴의 방법이 영점의 근사값을 만들어 냄을 진술하고 있다.

증명: 함수 f의 영점을 찾는 문제를 다음과 같은 함수 g의 고정점을 찾는 문제로 변형하자.

$$g(x) = x - \frac{f(x)}{f'(x)}$$

$f(x_0) = 0$의 필요충분조건이 $g(x_0) = x_0$임을 유의하라. 뉴턴의 방법이 g의 고정점에 대한 근사값을 만들어 내는 것을 보게 될 것이다.

먼저 $\delta > 0$을 어떻게 선택해야 하는지 알아야 한다. 미분을 취하고 약간의 대수 계산을 통해

$$g'(x) = \frac{f(x) f''(x)}{(f'(x))^2}$$

를 얻게 된다. f의 2차 도함수가 여전히 연속 함수이므로 $g'(x)$도 연속 함수가 된다. 또한 $f(x_0) = 0$이므로 $g'(x) = 0$를 얻는다. 연속의 정의에 의해 임의의 양수 α가 주어질 때 $\delta > 0$가 존재해 모든 $x \in [x_0 - \delta, x_0 + \delta]$에 대해

$$|g'(x)| < \alpha$$

이 성립한다. α를 1보다 작게 선택하자(이 제한 조건의 이유가 곧 분명해진다).

문제를 다음 3가지 보조 정리를 증명하는 것으로 축소하자.

보조 정리 19.5.2 $g : [a, b] \to [a, b]$가 임의의 연속 함수라 하자. 그러면 $[a, b]$ 내에 하나의 고정점이 존재한다.

보조 정리 19.5.3 $g : [a, b] \to [a, b]$가 임의의 미분 가능 함수라 하자. 이때 모든 $x \in [a, b]$와 어떤 상수 α에 대해 다음 식이 성립하면

$$|g'(x)| < \alpha < 1$$

$[a, b]$ 내에 하나의 고유한 고정점이 존재한다.

보조 정리 19.5.4 $g : [a, b] \to [a, b]$가 임의의 미분 가능 함수라 하자. 또한 모든 $x \in [a, b]$와 어떤 상수 α에 대해 다음 식이 성립한다.

$$|g'(x)| < \alpha < 1$$

이때 임의의 주어진 $x_1 \in [a, b]$에 대해

$$x_{k+1} = g(x_k)$$

이면 x_k가 g의 고정점에 접근한다.

잠시 동안 세 보조 정리 모두 사실이라고 가정하자. δ의 선택에 의해 위의 보조 정리의 조건 중 하나를 만족하는 함수 $g(x) = x - \frac{f(x)}{f'(x)}$가 존재함에 유의하자. 또한 함수 $f(x)$의 영점 x_0가 $g(x)$의 고정점임을 알고 있다. 따라서 $[x_0 - \delta, x_0 + \delta]$ 내의 임의의 점을 g에 따라 반복해서 구하면 x_0에 접근하게 될 것이다. 이 반복을 기술한 것이 바로 뉴턴의 방법이다.

이제 보조 정리를 증명하자.

첫째 보조 정리의 증명: 이는 중간값 정리의 단순한 응용이다. $g(a) = a$ 또는 $g(b) = b$이면 a 또는 b는 고정점이므로 증명이 끝난다. 둘 다 성립하지 않는다고 가정하자. g의 치역이 $[a, b]$에 포함되므로 이는 다음을 의미한다.

$$a < g(a) \quad \text{그리고} \quad b > g(b)$$

다음과 같이 함수 h를 설정하자.

$$h(x) = x - g(x)$$

이 함수는 연속이며 다음 성질을 가진다.

$$h(a) = a - g(a) < 0$$

또한 다음이 성립한다.

$$h(b) = b - g(b) > 0$$

따라서 중간값 정리에 따라 다음을 만족하는 하나의 $c \in [a, b]$가 존재해야 한다.

$$h(c) = c - g(c) = 0$$

그러므로 고정점을 제공한다. □

둘째 보조 정리의 증명: 평균값 정리를 이용하자. 서로 다른 두 고정점 c_1, c_2가 존재한다고 가정하자. 이 점은 $c_1 < c_2$이다. 평균값 정리에 따라 $c_1 \leq c \leq c_2$인 어떤 c가 존재해

$$\frac{g(c_2) - g(c_1)}{c_2 - c_1} = g'(c)$$

를 만족한다. 한편 $g(c_1) = c_1$, $g(c_2) = c_2$이므로

$$g'(c) = \frac{c_2 - c_1}{c_2 - c_1} = 1$$

이 돼 모든 점에서 도함수의 절대값이 1보다 적다는 가정에 모순된다. 두 개의 고정점이 존재할 수 없다. □

셋째 보조 정리의 증명: 이는 평균값 정리의 또 다른 응용이다. 서로 다른 두 고정점 c_1, c_2가 존재한다고 가정하자. 둘째 보조 정리에 의해 g가 고유한 하나의 고정점을 가짐을 알고 있다. 이 고정점을 x_0라 하자. 때때로 x_0을 $g(x_0)$로 치환할 것이다.

목표는 $|x_k - x_0| \to 0$을 보이는 것이다. 따라서 모든 k에 대해 다음을 보일 것이다.

$$|x_k - x_0| \leq \alpha |x_{k-1} - x_0|$$

이는 또한 첨자를 이동해 다음을 얻는다.

$$|x_{k-1} - x_0| \leq \alpha |x_{k-2} - x_0|$$

따라서

$$|x_k - x_0| \leq \alpha |x_{k-1} - x_0| \leq \alpha^2 |x_{k-2} - x_0| \leq \cdots \leq \alpha^k |x_1 - x_0|$$

를 얻는다. α가 1보다 작으므로 $|x_k - x_0| \to 0$이 된다.

이제 다음이 성립한다.

$$|x_k - x_0| = |g(x_{k-1}) - g(x_0)|$$

평균값 정리에 따라 x_0과 x_{k-1} 사이에 어떤 점 c가 존재해 다음을 만족시킨다.

$$\frac{g(x_{k-1}) - g(x_0)}{x_{k-1} - x_0} = g'(c)$$

이는

$$g(x_{k-1}) - g(x_0) = g'(c)(x_{k-1} - x_0)$$

이 돼 양변에 절댓값을 취하면

$$|g(x_{k-1}) - g(x_0)| = |g'(c)||x_{k-1} - x_0|$$

이 된다. 가정에 의해 $|g'(c)| \leq \alpha$이므로 증명하려는 것을 얻게 된다. □

함수의 영점에 충분히 가까운 초기점에서 출발하면 뉴턴의 방법이 진실로 영점에 수렴함을 이 정리는 말하고 있다. 하지만 어떻게 초기점을 선택하는지와 수렴의 속도에 대해서도 말하지 않는다.

이제 다른 문맥에서 뉴턴의 방법을 어떻게 사용하는지 살펴보자. 하나의 벡터 공간에서 다른 공간으로의 사상 $L : V \to W$를 가정하자. 이 사상의 영점을 어떻게 근사화할 수 있을까? 사상 L에 대한 미분 개념, 즉 DL이 존재한다고 가정하자. 그러면 공식적으로 뉴턴의 방법을 따라서 임의의 원소 $v_1 \in V$로부터 출발해 귀납적으로 다음과 같이 정의하고

$$v_{k+1} = v_k - DL(v_k)^{-1}L(v_k)$$

v_k가 사상의 영점에 접근하기를 바라는 것이다. 이는 적어도 일반적인 접근의 개관일 수 있다. 하지만 DL을 이해하는 데, 특히 DL이 어떤 형태의 역함수를 가지는 것에 어려움이 존재한다.

예를 들어 함수 $F : \mathbb{R}^2 \to \mathbb{R}^2$가 국소 좌표계로 다음과 같이 정의된다고 가정하자.

$$F(x, y) = (f_1(x, y), f_2(x, y))$$

F의 미분은 2×2 야코비안 행렬이 된다.

$$DF = \begin{pmatrix} \frac{\partial f_1}{\partial x} & \frac{\partial f_1}{\partial y} \\ \frac{\partial f_2}{\partial x} & \frac{\partial f_2}{\partial y} \end{pmatrix}$$

임의의 $(x_1, y_1) \in \mathbb{R}^2$로부터 시작해 다음을 얻게 된다.

$$\begin{pmatrix} x_{k+1} \\ y_{k+1} \end{pmatrix} = \begin{pmatrix} x_k \\ y_k \end{pmatrix} - DF^{-1}(x_k, y_k) \cdot \begin{pmatrix} f_1(x_k, y_k) \\ f_2(x_k, y_k) \end{pmatrix}$$

(x_k, y_k)가 F의 영점에 접근하면 뉴턴의 방법은 제대로 작동하는 것이다. $\det(DF(x_0, y_0))$ $\neq 0$을 요구하는 것과 같이 F의 영점에 대한 적절한 제한을 둠으로써 1차원의 경우와 유사한 증명을 찾을 수 있다. 사실 임의의 유한 차원에 대해 일반화가 가능하다.

더 어려운 문제는 무한 차원의 공간 V, W 경우에 발생한다. 이들은 미분 방정식을 연구할 때 자연스럽게 등장한다. 사람들은 여전히 뉴턴 형태의 방법을 따르려고 하지만 이제는 DL에 대한 바른 개념을 다루는 데 있어서의 어려움이 주요 장애물이 된다. 이것이 미분 방정식을 푸는 데 있어서 무한 차원의 선형 사상에 대한 연구와 고유값의 행동에 관심을 가지게 되는 이유이다. 고유값이 0이거나 또는 0에 가까울 때 어떤 일이 일어나는지를 제어하고 이해하기를 원하기 때문이다. 이점이 DL의 역함수를 제어하는데 핵심이다. 이러한 고유값 문제의 연구는 스펙트럼 정리Spectral Theorems의 표제로 귀착되는데 이는 왜 스펙트럼 정리가 초급 함수해석학의 주요 부분과 PDE 이론의 주요 도구인지를 보여준다.

19.6 참고 서적

알고리듬에 대한 기본 교재는 코멘Cormen, 레이서손Leiserson, 리베스트Rivest의 『Introduction to Algorithms』(1990)[35]이다. 또 다른 책은 아호Aho, 홉크로프트Hopcroft, 울만Ullman의 『The Design and Analysis of Computer Algorithms』(1974)[4]이다.

수치 해석학은 오랜 역사를 가진다. 또한 다양한 수학적 배경을 가진 많은 사람이 어느 정도의 수치 해석학을 배울 필요가 있다. 따라서 많은 초급 교재가 존재한다(이들 교재에 대한 나의 지식이 제한됨을 밝힌다). 앳킨슨Atkinson의 『An Introduction to Numerical

Analysis』(1989)[13]를 강력하게 추천한다. 보험계리사 시험의 수치 해석학 부문을 공부하는 사람들에게 오랫동안 주요 참고 도서가 돼온 또 다른 기본 교재는 버든^{Burden}과 페어레스^{Faires}의 『Numerical Methods, Seventh edition』(2001)[25]이다. 트레프던^{Trefethon}, 바우^{Bau}의 책[190]은 선형 대수를 위한 수치 해석에 대한 좋은 자료이다. 미분 방정식을 위한 좋은 자료들은 이설레스^{Iserles}[101]와 스트릭워다^{Strikwerda}[186]의 책이다. 최적화 이론과의 연결을 위해서는 시아렛^{Ciarlet}의 『Introduction to Numerical Linear Algebra and Optimisation』(1989)[31]이 있다. 끝으로 최근에 발간된 스티븐 제이 밀러$^{Steven\ J.}$ ^{Miller}의 『Mathematics of Optimization: How to Do Things Faster』(2017)[138]는 탁월하다.

그래프 이론은 많은 곳에서 배울 수 있다. 벨라 볼로바스$^{Béla\ Bollobás}$의 『Graph Theory: An Introductory Course』(2012)는 좋은 자료다.

알고리듬으로 수학을 생각하는 것은 수학에 엄청난 충격을 가져왔었다. 기하학에서의 이러한 영향의 시작 부분을 알려면 사티안 데바도스$^{Satyan\ Devadoss}$와 조셉 오루크^{Joseph} $^{O'Rourke}$의 『Discrete and Computational Geometry』(2011)[45]이 있다.

연습 문제

1. 각각 정확하게 k개의 꼭지점을 갖는 무한개의 많은 비-동형 그래프들이 존재함을 보여라.

2. 3개의 꼭지점과 4개의 변을 갖는 비-동형 그래프들이 정확하게 몇 개인가?

3. 두 수를 곱하고 더하는 데 걸리는 시간이 정확히 1이라 가정하자.
   a. n개의 수를 더하는 $(n-1)$ 시간 동안 돌아가는 알고리듬을 구하라.
   b. $(2n-1)$ 시간 동안 $\mathbb{R}^2$상의 두 벡터의 내적을 계산하는 알고리듬을 구하라.
   c. 동시에 두 가지 연산을 할 수 있다고 가정하자. 즉 병렬로 서로 의존하지 않는 항목들을 계산하는 알고리듬이 가능하다는 의미이다. n개의 수를 $\log_2(n-1)$ 시간 안에 계산할 수 있음을 보여라.
   d. $\log_2(n)$ 시간 안에 $\mathbb{R}^2$상의 두 벡터의 내적을 계산하는 알고리듬을 구하라.

4. A가 그래프 G에 대한 인접 행렬이라 하자.

   a. 행렬 A^2에 0이 아닌 성분 (i, j)가 존재할 필요충분조건은 꼭지점 i에서 꼭지점 j까지 두 개의 변을 포함하는 경로가 존재한다는 것이다.

   b. 문제 a를 일반화해 A^k의 0이 아닌 성분을 정확하게 k개의 변을 갖는 다양한 꼭지점 사이의 경로의 존재와 연결시켜라.

   c. 주어진 그래프가 연결됐는지 아닌지를 결정하는 알고리듬을 구하라.

5. 뉴턴의 방법과 계산기를 사용해 다항식 $x^2 - 2$의 근의 근사화를 통해 $\sqrt{2}$를 근사화 하라.

6. $f : \mathbb{R}^n \to \mathbb{R}^n$이 $\mathbb{R}^n$으로부터 자신으로의 임의의 미분 가능 함수라 하자. x_0가 $\mathbb{R}^n$의 한 점으로서 $f(x_0) = 0$이며 $\det(Df(x_0)) \neq 0$이다. 여기서 DF는 함수 f의 야코비안이다. 점 x_0을 고정점으로 갖는 함수 $g : \mathbb{R}^n \to \mathbb{R}^n$를 구하라.

20

범주론

기본 대상: 대상

기본 사상: 함자(functor)/화살표

기본 목표: 수학을 '화살표'(함수)를 통해 구조화하기

20.1 기본 정의

범주론^{category theory}은 세상을 보는 하나의 방법이다. 수학의 많은 다른 것 중의 하나의 특별한 영역처럼 봐서는 안 되며 수학의 많은 부분을 통합하는 방법으로서 더욱 봐야 한다.

1940년 초 사무엘 에일렌베르크^{Samuel Eilenberg}와 선더스 매클레인^{Saunders MacLane}은 서로 다른 것처럼 보이는 증명이 근본적인 유사성을 가지고 있기 때문에 그들의 노력으로 증명을 하나의 공통 언어로 나타낼 수 있었다. 1945년 발간된 논문 「General theory of natural transformations」[55]에서 그들은 범주론의 첫 번째 언어를 확립했다. 당시에 그들이 올바른 언어를 확립했다고 생각했기에 이 주제에 대해 필요한 논문은 이 한 편의 논문뿐이리라 생각했다. 훗날 그들 모두 그들이 얼마나 틀렸는지를 깨달았다.

기본 구조는 다음과 같다(이 모든 것이 표준임에도 필자는 서지 랭^{Serge Lang}의 『Algebra』(1993)[118]의 범주론 절을 사용한다). 범주 $\mathcal{C}$는 두 부분, 즉 대상^{objects}이라고 부르는 부분(Obj($\mathcal{C}$)로 표기)

과 사상^{morphisms}이라고 부르는 부분(Mor($\mathcal{C}$))으로 구성돼 있다.

$$\mathcal{C} = (\text{Obj}(\mathcal{C}), \text{Mor}(\mathcal{C}))$$

Mor($\mathcal{C}$))의 원소를 자주 화살표 →로 표기한다.

이제 $\mathcal{C}$를 실제적인 하나의 범주로 만들기 위해 이 두 부분을 하나로 엮는 기본적인 규칙을 설정해야 한다.

임의의 두 $A, B \in \text{Obj}(\mathcal{C})$를 Mor($\mathcal{C}$)의 하나의 부분집합과 다음과 같은 표기법으로 연결하자.

$$\text{Mor}(A, B) \subset \text{Mor}(\mathcal{C})$$

Mor(A, B)를 A로부터 B로의 사상^{morphisms}이라고 부른다. $f \in \text{Mor}(A, B)$이면 때로는 $f : A \to B$라고 쓰기도 하고 더욱더 자주 이 원소를 다음과 같이 표기한다.

$$A \xrightarrow{f} B$$

또는 더 간단히

$$\xrightarrow{f}$$

로 표기한다.

3개의 대상 $A, B, C \in \text{Obj}(\mathcal{C})$가 주어질 때 다음과 같은 함수(합성이라고 부르는)를 요구할 수 있다.

$$\text{Mor}(B, C) \times \text{Mor}(A, B) \to \text{Mor}(A, C)$$

$f \in \text{Mor}(B, C)$와 $g \in \text{Mor}(A, B)$에 대해 위 함수를 $f \circ g$에 의해 또는 화살표로 다음과 같이 표기한다.

$$A \xrightarrow{f \circ g} C = (B \xrightarrow{f} C) \circ (A \xrightarrow{g} B)$$

또는 간략하게

$$\xrightarrow{f \circ g} \; = \; \xrightarrow{f} \; \circ \; \xrightarrow{g}$$

로 표기한다. 이러한 합성composition은 다음과 같은 3개의 공리를 만족해야 한다(이것도 랭
[118]을 따른다).

1. 두 집합 $\mathrm{Mor}(A, B)$와 $\mathrm{Mor}(A', B')$은 서로소이다. 그렇지 않으면 $A = A'$, $B = B'$이
   돼 두 집합은 동일하다.

2. 모든 $A \in \mathrm{Obj}(\mathcal{C})$에 대해 원소 $I_A \in \mathrm{Mor}(A, A)$가 존재해 모든 $f \in \mathrm{Mor}(A, B)$와 모
   든 $g \in \mathrm{Mor}(B, A)$에 대해 $I_A \circ f = f$와 $g \circ I_A = g$가 성립한다. 이는

$$\xrightarrow{I_A \circ f} \; = \; \xrightarrow{f} \quad \text{와} \quad \xrightarrow{g \circ I_A} \; = \; \xrightarrow{g}$$

   를 의미한다. I_A를 항등 사상identity morphism이라고 부른다.

3. 모든 $f \in \mathrm{Mor}(A, B)$, $g \in \mathrm{Mor}(B, C)$, $h \in \mathrm{Mor}(C, D)$에 대해 다음이 성립한다.

$$h \circ (g \circ f) = (h \circ g) \circ f$$

   또는

$$\xrightarrow{h} \; \circ \; \xrightarrow{g \circ f} \; = \; \xrightarrow{h} \; \circ \; \xrightarrow{g} \; \circ \; \xrightarrow{f}$$
$$= \; \xrightarrow{h \circ g} \; \circ \; \xrightarrow{f}$$

   이 돼 결합 법칙이 성립한다.

이제 상황에 대한 직관적인 아이디어를 생각해 보자. 범주의 대상은 우리가 다루는 수
학적인 대상으로 생각할 수 있다. 또한 사상은 이 대상 사이에 존재하는 함수의 형태가
된다.

20.2 예제

집합 이론(9.2절)의 모든 것이 범주론의 언어가 될 수 있다. 범주는 SET로 표기하고 대상
$\mathrm{Obj}(SET)$는 모든 집합이라 하고 $\mathrm{Mor}(A, B)$는 집합 A로부터 집합 B로의 모든 함수라
하자. 중요한 기술적인 관점에 유의하자. 즉 9.2절에서 논의된 바와 같이 모든 집합의 집
합이 있다면 수학에 근본적인 모순들이 발생하므로 $\mathrm{Obj}(SET)$의 모임은 그 자체가 집합

은 아니다.

그룹(11.1절)은 하나의 범주 $\mathcal{G}$를 만든다. 대상 $\mathrm{Obj}(\mathcal{G})$는 모든 그룹이고 $\mathrm{Mor}(A, B)$는 그룹 A로부터 그룹 B로의 모든 그룹 동형 사상^{homomorphisms}이다.

유사하게 링(11.3절)의 범주가 존재하며 대상은 링이 되고 사상은 링 동형 사상이 되며 또한 필드 k상의 벡터 공간(1.3절)의 범주에서 대상은 벡터 공간이 되고 사상은 선형 사상이 된다.

수학의 모든 영역이 범주론으로 재구성될 수 있다.

20.3 함자

20.3.1 동등성 문제와의 연결

이는 '후원자로부터의 메시지'이다. 이 책의 앞부분인 '수학의 구조에 대해'에서 논의했듯이 많은 수학자들은 동등성 문제를 푸는 것, 즉 언제 두 대상이 동일한지를 결정하는 것으로 귀결된다. 물론 '동일함'이 의미하는 것은 수학의 한 분야를 다른 분야와 구분하는 것을 의미한다.

범주론의 수사학에서는 '동일함'은 동형 사상^{isomorphism}에 해당한다.

정의 20.3.1 범주 $\mathcal{C}$의 두 대상 X, Y에 대해 사상 $F \in \mathrm{Mor}(x, y)$와 사상 $G \in \mathrm{Mor}(x, y)$가 존재해

$$F \circ G = I_Y, \quad G \circ F = I_X$$

를 만족하면 X, Y는 동형^{isomorphic}이라고 한다.

진지한 화살표 표현으로는 다음 식을 만족하는 함자^{functors}가 존재하면 X, Y는 동형이다.

$$X \xrightarrow{F} Y \xrightarrow{G} X = X \xrightarrow{I_X} X \text{와} \quad Y \xrightarrow{G} X \xrightarrow{F} Y = Y \xrightarrow{I_Y} Y$$

따라서 범주의 용어로는 동등성의 문제는 주어진 범주의 두 대상이 언제 동형인지를 결정하는 것으로 귀결된다. 일반적으로 이 일은 꽤 힘들다. 이전에 유행했던 수학의 분야는 동등성 문제가 완전히 해결됐거나 또는 남아있는 동등성 문제가 현재는 접근 가능하

지 않은 것으로 인식되는 분야였다. 단지 미래 세대가 연구하기에 적합한 수학의 분야는 우리로서는 어떻게 동등성 문제를 풀려고 시작해야 할지 아무런 단서도 없는 분야다(물론 지금으로부터 수 천 년 동안 연구될 수학은 아마도 우리가 꿈도 꿀 수 없는 동등성 문제를 포함할 것이다).

현재 관심을 두는 분야는 부분적인 답을 갖는 분야다. 부분적인 답을 갖는 주요한 방법의 하나는 수학의 한 분야의 동등성 문제를 혹시 풀 수 있는 다른 분야의 동등성 문제로 해석하는 방법이다. 이것이 한 범주를 다른 범주로 사상하는 도구인 함자의 핵심이다.

20.3.2 함자의 정의

수학의 한 분야로부터 다른 분야로 평행 이동해 보자. 언급한 것처럼 함자의 언어로 해석하려고 한다.

정의 20.3.2 범주 $\mathcal{C}$로부터 범주 $\mathcal{D}$로의 **공변함자**^{covariant functor} F는 $\mathrm{Obj}(\mathcal{C})$로부터 $\mathrm{Obj}(\mathcal{D})$로의 사상($F$로 표기)으로서 임의의 $X, Y \in \mathrm{Obj}(\mathcal{C})$와 임의의 $f \in \mathrm{Mor}(X, Y)$에 대해 다음을 만족하는 사상($\mathrm{Mor}(F(X), F(Y))$ 상에서 $F(k)$로 표기)이 존재한다.

1. $F(id_X) = id_{F(X)}$,
2. 모든 대상 $X, Y, Z \in \mathrm{Obj}(\mathcal{C})$와 모든 사상 $f \in \mathrm{Mor}(X, Y)$, $g \in \mathrm{Mor}(X, Y)$에 대해 다음이 성립한다.

$$F(f \circ g) = F(f) \circ F(g)$$

따라서 다음 다이어그램에서 교환 법칙이 성립한다.

$$
\begin{array}{ccccc}
X & \xrightarrow{f} & Y & \xrightarrow{g} & Z \\
\downarrow & \square & \downarrow & \square & \downarrow \\
F(X) & \xrightarrow{F(f)} & F(Y) & \xrightarrow{F(g)} & F(Z)
\end{array}
$$

심볼 □의 사용은 다이어그램에서 교환 법칙이 성립함을 의미하며 이는 다이어그램

$$
\begin{array}{ccc}
X & \xrightarrow{f} & Y \\
\alpha \downarrow & \square & \downarrow \beta \\
A & \xrightarrow{g} & B
\end{array}
$$

가 사상 $g \circ \alpha : X \to B$가 정확하게 $\beta \circ f : X \to B$와 동일해 함자의 순서와 무관하면 교환법칙이 성립한다는 것이다.

또한 반공변함자contravariant functors도 존재하는데 이는 화살표를 반대 방향으로 바꾼 것이다.

정의 20.3.3 범주 $\mathcal{C}$로부터 범주 $\mathcal{D}$로의 반공변함자 F는 $\mathrm{Obj}(\mathcal{C})$로부터 $\mathrm{Obj}(\mathcal{D})$로의 사상($F$로 표기)으로서 임의의 $X, Y \in \mathrm{Obj}(\mathcal{C})$와 임의의 $f \in \mathrm{Mor}(X, Y)$에 대해 다음을 만족하는 사상morphism($\mathrm{Mor}(F(X), F(Y))$상에서 $F(f)$로 표기)이 존재한다.

1. $F(I_X) = I_{F(X)}$,
2. 모든 대상 $X, Y, Z \in \mathrm{Obj}(\mathcal{C})$와 모든 사상 $f \in \mathrm{Mor}(X, Y)$, $g \in \mathrm{Mor}(X, Y)$에 대해 다음이 성립한다.

$$F(f \circ g) = F(g) \circ F(f)$$

따라서 다음 다이어그램에서 교환 법칙이 성립한다.

$$
\begin{array}{ccccc}
X & \xrightarrow{f} & Y & \xrightarrow{g} & Z \\
\downarrow & \square & \downarrow & \square & \downarrow \\
F(X) & \xleftarrow{F(f)} & F(Y) & \xleftarrow{F(g)} & F(Z)
\end{array}
$$

'단순히 화살표를 반대로 한다'고 단순하게 언급한 것에 유의하라. 범주론에서는 화살표의 방향이 중요하다. 더 기술적으로 말하면 집합론에서 정의되지 않은 개념은 '…의 원소'이며 범주론에서 정의되지 않은 개념은 '화살표'이다.

20.3.3 함자의 예

역사적으로 범주론의 많은 부분은 대수적 위상 수학의 발전으로부터 유래했다.

위상적 다양체 X, Y가 위상적으로 동등한지를 알고 싶어 한다고 가정하자. 이는 일대일 그리고 위로의 연속 함수 $f : X \to Y$가 존재하며 역함수 f^{-1}도 연속인지를 묻는 것을 의미한다. 물론 동등성을 보이는 가장 직접적인 방법은 원하는 함수 f를 구하는 것이다. 그러나 단순히 쉽게 찾을 수 없다면 어떻게 할까? 충분히 열심히 찾지 않아서일까? 아니면 함수 f가 존재하지 않기 때문일까?

각각의 다양체 X에 하나의 그룹 $F(X)$를 연합할 수 있다고 가정하자. 나아가 다음을 가정하자.

1. 그룹 $F(X)$를 계산할 수 있다.
2. X, Y가 위상적으로 동등하면 그룹 $F(X)$, $F(Y)$는 그룹으로서 동형이어야 한다.

따라서 $F(X)$, $F(Y)$가 비동형 그룹이면 X, Y가 위상적으로 동등할 수 없다. 실제로 일어나고 있는 일은 위성 공간의 범주로부터 그룹의 범주로의 함자 F를 만들어 내기를 원하는 것이다.

이러한 함자가 많이 존재해 각각은 다양한 연속 변형 그룹homotopy groups과 다양한 상동성 그룹homology groups과 같은 위성 공간에 대한 다양한 형태의 정보를 제공한다.

20.4 자연 변환

함자는 하나의 범주를 다른 범주로 평행 이동시킨다. 추상화의 수준에 더해 하나의 함자를 다른 함자로 해석하기 위한 자연 변환natural transformations을 정의하려고 한다.

두 범주 $\mathcal{C}$, $\mathcal{D}$와 그들 사이의 다음과 같은 두 개의 다른 함자 F, G를 가정하자.

$$F : \mathcal{C} \to \mathcal{D}, \quad G : \mathcal{C} \to \mathcal{D}$$

X, Y가 $\mathcal{C}$의 대상이면 $F(X)$, $G(X)$, $F(Y)$, $G(Y)$는 $\mathcal{D}$의 네 개의 서로 다른 대상이다.

함자 F에 대한 정보를 함자 G에 대한 정보에 어떻게든 전달하는 하나의 자연 변환을 원하고 있다. 그 '어떻게'는 다음과 같다. X로부터 Y로의 임의의 사상을 $\phi \in \mathrm{Mor}_{\mathcal{C}}(X, Y)$라 하자. 이 모든 것은 범주 $\mathcal{C}$ 내에서 일어난다. 함자의 정의에 의해 이에 해당하는 사상 $F(\phi) = \mathrm{Mor}_{\mathcal{D}}(F(X), F(Y))$와 사상 $G(\phi) = \mathrm{Mor}_{\mathcal{D}}(G(X), G(Y))$가 존재한다. 자연 변환은 다음과 같이 사상 $F(\phi)$와 $G(\phi)$를 연결한다.

정의 20.4.1 두 범주 C, D와 각각 C로부터 D로의 함자를 F, G라 하자. F와 G 사이의 자연 변환은 하나의 사상

$$T : \mathrm{Obj}(\mathcal{C}) \to \mathrm{Mor}(\mathcal{D})$$

로서 각각의 대상 $A \in \mathcal{C}$에 대해 $\mathcal{D}$에서 하나의 사상^{morphism}

$$T_A \in \mathrm{Mor}_{\mathcal{D}}(F(A), G(A))$$

가 존재해 모든 사상 $\phi \in \mathrm{Mor}_{\mathcal{C}}(X, Y)$에 대해 교환 법칙이 성립하는 다음과 같은 다이어그램을 가진다.

$$
\begin{array}{ccc}
F(X) & \xrightarrow{F(\phi)} & F(Y) \\
T_X \downarrow & \square & \downarrow T_Y \\
G(X) & \xrightarrow{G(\phi)} & G(Y),
\end{array}
$$

이는 다음을 의미한다.

$$G(\phi) \circ T_X = T_Y \circ F(\phi)$$

이 정의의 문맥으로부터 무언가를 파악하기는 약간은 힘들다. 예를 들면 소박한 디터미넌트가 자연 변환으로 해석될 수 있음을 보게 될 것이다. 물론 이것이 단 하나의 예라면 이러한 모든 정의에 대해 노력할 만한 가치는 없을 것이다. 이를 통해 보이려는 것은 디터미넌트와 같은 상당히 일상적인 수학적 대상이 자연 변환의 수사학이 될 수 있다.

범주 $\mathcal{C}$가 필드의 범주라고 하면 사상은 필드 준동형 사상이 되며 범주 $\mathcal{D}$는 그룹의 범주가 될 것이다.

$\mathcal{C}$에서 $\mathcal{D}$로의 합리적인 두 함수는 다음과 같다. 양의 정수 n에 대해 사상

$$F : \mathcal{C} \to \mathcal{D}$$

는 임의의 필드 K를 K의 원소로 된 가역적인 $n \times n$ 행렬들의 그룹으로 보낸다. 이것이 하나의 함자다.

각각의 필드 K의 또 다른 함자

$$G : \mathcal{C} \to \mathcal{D}$$

에 대해 다음과 같이 정의하자.

$$G(K) = K^*$$
$$= \{a \in K : a \neq 0\}$$

곱셈 아래에서 K^*는 하나의 그룹이다.

다음과 같은 하나의 필드 준동형 사상을 가정하자.

$$f : K \to L$$

이때 $F(f)$와 $G(f)$를 다음과 같이 기술할 수 있다.

K의 계수로 이뤄진 $n \times n$ 행렬 A로부터 출발하자.

$$A = \begin{pmatrix} k_{11} & \cdots & k_{1n} \\ & \vdots & \\ k_{n1} & \cdots & k_{nn} \end{pmatrix}$$

그러면

$$F(f)(A) = \begin{pmatrix} f(k_{11}) & \cdots & f(k_{1n}) \\ & \vdots & \\ f(k_{n1}) & \cdots & f(k_{nn}) \end{pmatrix}$$

는 필드 L의 계수로 이뤄진 하나의 행렬이 된다.

사상 $G(f)$는 훨씬 더 쉽다. 필드 K에서 하나의 $k \neq 0$가 주어질 때 단순히 다음과 같이 설정하자.

$$G(f)(k) = f(k)$$

f가 필드 준동형 사상이면 K에 있어서의 곱셈 항등원은 L에서의 곱셈 항등원으로 사상해야 한다. 이것이 $f(k) \neq 0$을 보장할 것이다.

이제 이를 자연 변환과 연결시켜 보자. 디터미넌트가 정답이다.

K의 계수로 이뤄진 가역적 $n \times n$ 행렬 A와 L의 계수로 이뤄진 가역적 $n \times n$ 행렬 B가 주어질 때 자연 변환은 다음과 같다.

$$T_K(A) = \det(A), \quad T_L(B) = \det(B)$$

다음과 같은 교환 법칙이 성립하는 다이어그램에 따라 이는 자연스러운 결과이다.

$$
\begin{array}{ccc}
F(K) & \xrightarrow{F(f)} & F(L) \\
\det \downarrow & \square & \downarrow \det \\
G(K) & \xrightarrow{G(f)} & G(L)
\end{array}
$$

이것이 우리가 디터미넌트를 취할 때 밑에 깔린 필드가 무엇인지 크게 염려하지 않는 이유이다. 단지 알고리듬을 따르기만 하면 된다.

20.5 수반

수반^{adjoint}은 수학에 깊이 스며든 개념이다. 이 절과 다음 절에서는 몇 개 안 되는 예를 만나게 되지만 그보다 훨씬 많다. 수반의 힘이 미치는 범위를 느끼기 원하면 매클레인^{Mac} ^{Lane}[126]의 4.2절에 나열된 많은 예를 참고하라.

수반에 접근하는 한 가지 방법으로부터 시작해 범주적 접근을 거쳐 초기의 접근을 공식적인 범주적 정의에 연결하는 예를 다루며 이 절을 마무리하자.

X, Y, Z가 3개의 공간이며 함수

$$X \times Y \to Z$$

가 존재해 각각의 $x \in X$와 $y \in Y$에 대해 $\langle x, y \rangle \in Z$라 하자. 이때 함수 $T : Y \to Y$를 가정할 때 T^*가 함수 $T^* : X \to X$이며 모든 $x \in X$와 모든 $y \in Y$에 대해

$$\langle T^*(x), y \rangle = \langle x, T(y) \rangle$$

가 성립하면 T는 수반 T^*를 가진다고 한다. 이는 수반의 한 형태로서 공간 X를 Y에 대한 일종의 쌍대^{dual}로 생각하는 '쌍대성^{duality}' 접근으로서 모호하게 생각될 수 있다.

이제 공식적인 범주적 접근을 살펴보자. $\mathcal{C}$, $\mathcal{D}$를 두 범주라고 하고

$$F : \mathcal{C} \to \mathcal{D}$$

를 하나의 함자라고 가정하자. 이는 $\mathcal{C}$ 내의 임의의 대상 U가 주어지면 $F(U)$가 $\mathcal{D}$ 내의 대상임을 의미한다. 가장 일반적인 용어로 임의의 수학적인 대상을 이해하기 위해 그에 해당하는 함수를 이해해야 한다. 모호한 용어로는 정의역^{domain}으로서의 그 대상을 가지며 공역^{co-domain}으로서의 대상을 갖는 함수를 이해해야 한다. 그러므로 $F(U)$를 $\mathcal{D}$ 내의 대상으로 이해하기 위해 $\mathcal{D}$ 내의 모든 대상(여기서 $F(U)$를 정의역으로 갖는 '함수'을 생각함)에 대한 집합

$$\mathrm{Mor}_{\mathcal{D}}(F(U), V)$$

를 살피는 것과 $\mathcal{D}$ 내의 모든 대상(여기서는 $F(U)$를 공역으로 갖는 '함수'을 생각함)에 대한 집합

$$\mathrm{Mor}_{\mathcal{D}}(V, F(U))$$

를 살피는 것은 자연스럽다. 이를 똑바로 유지하는 것이 조금은 귀찮은 일이다. 이것이 기술적으로 다음과 같이 정의된다.

정의 20.5.1 $\mathcal{C}$, $\mathcal{D}$가 두 범주라고 하자. 두 함자

$$F : \mathcal{C} \to \mathcal{D} \text{와} \quad G : \mathcal{D} \to \mathcal{C}$$

가 존재해 $\mathcal{C}$ 내의 임의의 대상 U와 $\mathcal{D}$ 내의 임의의 대상 V에 대해 하나의 자연 일대일과 위로의 사상이

$$\mathrm{Mor}_{\mathcal{D}}(V, F(U))$$

로부터

$$\mathrm{Mor}_{\mathcal{C}}(G(V), U)$$

로 존재한다면 $\mathcal{C}$와 $\mathcal{D}$ 사이에 **첨가**^{adjunction}가 존재한다. F는 함자 G의 우 수반^{right adjoint}, G는 함자 F의 좌 수반^{left adjoint}이라 한다.

(필자는 이 정의를 데이빗 스피박[David Spivak]의 『Categories for the Sciences』(2014)[174]로부터 거의 그대로 가져왔다).

예를 하나 살펴보자. 대부분의 많은 사람이 처음 '수반'이라는 단어를 듣게 되는 것은 $n \times m$ 행렬에 관한 것이다. $A = (a_{ij})$가 실수 원소를 갖는 $n \times m$ 행렬이라면 전통적인 수반은 ij 원소가 a_{ji}인 $m \times n$ 행렬이다. 즉

$$A = \begin{pmatrix} a_{11} & a_{12} & a_{13} \\ a_{21} & a_{22} & a_{23} \end{pmatrix}$$

이면 전통적인 수반은 다음과 같다.

$$A^* = \begin{pmatrix} a_{11} & a_{21} \\ a_{12} & a_{22} \\ a_{13} & a_{23} \end{pmatrix}$$

여기서 수반은 행렬의 전치[transpose] 행렬과 같다. 이러한 행렬의 전통적인 수반이 어떻게 범주론을 설명하는 데 적합할까?

범주 $\mathcal{C}$에 있어서 대상은 모든 가능한 음이 아닌 정수 n에 대해 각 벡터 공간에서 열벡터를 각각의 원소로 하는 모든 벡터 공간 $\mathbb{R}^n$이 될 것이다. 사상[morphism]은 선형 사상[linear map]이며 따라서 행렬이 될 것이다. 그러므로 $A \in \mathrm{Mor}_{\mathcal{C}}(R^n, R^m)$은 $m \times n$ 행렬이다. 범주 $\mathcal{D}$에 있어서 대상은 역시 각 벡터 공간에서 이제는 행벡터를 각각의 원소로 하는 벡터 공간 $\mathbb{R}^n$이 될 것이다. 역시 사상은 선형 사상이므로 행렬이 될 것이다. 그러나 $B \in \mathrm{Mor}_{\mathcal{D}}(R^n, R^m)$은 $n \times m$ 행렬이 되는데 이는 $\mathbb{R}^n$의 행벡터를 A와 곱해 $\mathbb{R}^m$의 행벡터를 얻게 된다.

다양한 $\mathbb{R}^n$을 추적하기 위해 양의 정수 n에 대해 $\mathcal{C}$의 하나의 대상을

$$C^n = \left\{ \begin{pmatrix} x_1 \\ \vdots \\ x_n \end{pmatrix} : x_i \in \mathbb{R} \right\}$$

로 그리고 양의 정수 m에 대해 $\mathcal{D}$의 하나의 대상을

$$R^m = \{ (y_1, \ldots, y_m : y_i \in \mathbb{R} \}$$

로 표기하자.

이제 두 개의 자연 수반 함자 $F : \mathcal{C} \to \mathcal{D}$와 $G : \mathcal{D} \to \mathcal{C}$를 정의해 보자. F를 다음과 같이 정의하자.

$$F \begin{pmatrix} x_1 \\ \vdots \\ x_n \end{pmatrix} = \begin{pmatrix} x_1 \\ \vdots \\ x_n \end{pmatrix}^* = (x_1, \ldots, x_n)$$

함자 $G : \mathcal{D} \to \mathcal{C}$ 역시 전치이지만 다음과 같다.

$$G(y_1, \ldots, y_n) = (y_1, \ldots, y_n)^* = \begin{pmatrix} y_1 \\ \vdots \\ y_n \end{pmatrix}$$

임의의 2×3 행렬 A가 다음과 같다고 가정하자.

$$A = \begin{pmatrix} a_{11} & a_{12} & a_{13} \\ a_{21} & a_{22} & a_{23} \end{pmatrix}$$

이 행렬이 집합 $\mathrm{Mor}(C^3, C^2)$ 내에 있는 $\mathcal{C}$의 사상으로 다음과 같이 주어진다고 하자.

$$\begin{pmatrix} a_{11} & a_{12} & a_{13} \\ a_{21} & a_{22} & a_{23} \end{pmatrix} \begin{pmatrix} x_1 \\ x_2 \\ x_3 \end{pmatrix}$$

또한 이에 대한 전통적인 수반은

$$A^* = \begin{pmatrix} a_{11} & a_{21} \\ a_{12} & a_{22} \\ a_{13} & a_{23} \end{pmatrix}$$

로서 집합 $\mathrm{Mor}(R^3, R^2)$ 내에 있는 $\mathcal{D}$의 사상으로 다음과 같이 주어진다.

$$(y_1, y_2, y_3) \begin{pmatrix} a_{11} & a_{21} \\ a_{12} & a_{22} \\ a_{13} & a_{23} \end{pmatrix}$$

또한 이는 하나의 범주적 수반으로서 다음과 같은 일반적인 사실로 귀결된다.

$$(Av)^* = (v)^* A^*$$

따라서

$$\mathrm{Mor}_{\mathcal{D}}(V, F(U))$$

로부터

$$\mathrm{Mor}_{\mathcal{C}}(G(V), U)$$

로의 일대일 사상은 단순히

$$A \to A^*$$

이다.

이제 이 절의 처음을 어떻게 시작했는지 그곳으로 돌아가자. Y가 벡터 공간 $\mathbb{R}^n$이고 X도 $\mathbb{R}^n$이라 하자. 공간 Z는 실수 $\mathbb{R}$이 될 것이다. 짝함수 $\mathbb{R}^n \times \mathbb{R}^n \to \mathbb{R}$은 단지 다음과 같은 내적이 될 것이다.

$$\langle x, y \rangle = \left\langle \begin{pmatrix} x_1 \\ \vdots \\ x_n \end{pmatrix}, \begin{pmatrix} y_1 \\ \vdots \\ y_n \end{pmatrix} \right\rangle = x_1 y_1 + \cdots + x_n y_n$$

$\mathbb{R}^n$으로부터 $\mathbb{R}^n$으로의 함수는 선형 변환이며 또한 $n \times n$ 행렬 A가 될 것이다. 따라서 수반 함수는 바로 A^*가 될 것이며 다음이 성립한다.

$$\langle x, Ay \rangle = \langle A^* x, y \rangle$$

그러나 이는 바로 이 A^*가 행렬 A의 전치행렬이 될 것임을 의미한다.

20.6 수반으로서 '존재한다'와 '모든 …에 대해'

언급됐듯이 수학의 매우 많은 부분이 수반을 어떻게 설명하는지에 놓여 있다. 이 절에서 '존재한다'와 '모든 …에 대해'의 개념들이 어떻게 수반인지를 보게 된다. '모든 …에 대해'와 '존재한다'와 같은 기본적인 용어와 행렬의 전치가 어떻게 같은 형태인지 놀라울 뿐이다.

집합 X로부터 시작하자. 이는 범주는 아니다. 그러나 이에 해당하는 범주가 존재한다. 즉 파워 집합 범주 $\mathcal{P}(X)$이다. $\mathcal{P}(X)$의 대상은 X의 부분집합이 될 것이다. 또한 관련되는 사상은 다음과 같다.

X의 두 부분집합 U와 V에 대해 U가 V에 포함되지 않으면 $\mathrm{Mor}(U,V)$는 공집합이 되고 U가 V에 포함되면 $\mathrm{Mor}(U,V)$는 단지 하나의 원소를 가진다. 예를 들어 $X = \{a,b\}$이면 $\mathcal{P}(X)$의 대상은

$$\mathrm{Obj}(\mathcal{P}(X)) = \{\emptyset, \{a\}, \{b\}, \{a,b\}\}$$

이다. 따라서 다음과 같은 사상 집합은 정확히 하나의 원소를 가진다.

$$\begin{array}{ccc} \mathrm{Mor}(\emptyset,\emptyset), & \mathrm{Mor}(\emptyset,\{a\}), & \mathrm{Mor}(\emptyset,\{b\}), \\ \mathrm{Mor}(\emptyset,\{a,b\}), & \mathrm{Mor}(\{a\},\{a\}), & \mathrm{Mor}(\{a\},\{a,b\}), \\ \mathrm{Mor}(\{b\},\{b\}), & \mathrm{Mor}(\{b\},\{a,b\}), & \mathrm{Mor}(\{a,b\},\{a,b\}) \end{array}$$

그러나 다음과 같은 사상 집합은 공집합이다.

$$\begin{array}{ccc} \mathrm{Mor}(\{a,b\},\emptyset), & \mathrm{Mor}(\{a,b\},\{a\}), & \mathrm{Mor}(\{a,b\},\{b\}), \\ \mathrm{Mor}(\{b\},\emptyset), & \mathrm{Mor}(\{b\},\{a\}), & \mathrm{Mor}(\{a\},\emptyset), \\ \mathrm{Mor}(\{a\},\{b\}) \end{array}$$

이제 X,Y가 두 집합이며 다음과 같이 X로부터 Y로의 함수를 고려하자.

$$f : X \to Y$$

이때 범주 $\mathcal{P}(Y)$로부터 범주 $\mathcal{P}(X)$로의 자연 함자가 존재한다. 즉 Y의 임의의 부분집합 V에 대해

$$f^{-1}(V) = \{x \in X : f(x) \in V\}$$

가 존재한다. 이는 다음과 같이 표현된다.

$$X \xrightarrow{\ f\ } Y,$$

$$\mathcal{P}(Y) \xrightarrow{\ f^{-1}\ } \mathcal{P}(X)$$

이제 함수 f^{-1}의 좌 수반과 우 수반을 정의하자. f^{-1}의 방향을 반대로 하면 각각은 범주 $\mathcal{P}(X)$로부터 범주 $\mathcal{P}(Y)$로의 함자가 될 것이다.

X의 임의의 부분집합 U에 대해 함자

$$\exists(U) = \{y \in Y : f(x) = y \text{를 만족하는 하나의 } x \in U \text{가 존재하는}\}$$

를 정의하고 함자

$$\forall(U) = \{y \in Y : f(x) = y \text{를 만족하는 모든 } x \in U \text{이면 } x \in X \text{인}\}$$

를 정의하자.

집합론적으로 $\exists(U)$는 다음을 만족하는 모든 $y \in Y$의 집합이며

$$f^{-1}(y) \cap U \neq \emptyset$$

$\forall(U)$는 다음을 만족하는 모든 $y \in Y$의 집합이다.

$$f^{-1}(y) \subset U$$

정리 20.6.1 함자 $\exists$는 f^{-1}의 좌 수반인 반면 함자 $\forall$는 f^{-1}의 우 수반이다. 따라서 Y의 모든 부분집합 U와 X의 모든 부분집합 V에 대해

$$\mathrm{Mor}(\exists(U), V) \approx \mathrm{Mor}(U, f^{-1}(V))$$

와

$$\mathrm{Mor}(V, \forall(U)) \approx \mathrm{Mor}(f^{-1}(V), U)$$

이 성립한다.

증명은 주로 정의를 하나하나 풀어 나가는 형태이다. 예를 들면 $\mathrm{Mor}(U, f^{-1}(V))$에 대한 단지 두 가지의 가능성이 존재한다. 즉 공집합이거나(U가 $f^{-1}(V)$에 포함되지 않는다면) 또는

공집합이 아닌 경우이다(U가 $f^{-1}(V)$에 포함된 경우). 먼저 공집합이라고 가정하자. 이는 집합 U가 집합 $f^{-1}(V)$에 포함되지 않음을 의미한다. 따라서 $f(x) \notin V$를 만족하는 하나의 $x \in U$가 존재한다. 그러나 이는

$$f(x) \notin \exists(U)$$

를 의미한다. 따라서 집합 $\exists(U)$가 집합 V에 포함될 수 없다. 이는 집합 $\mathrm{Mor}(\exists(U), V)$가 공집합임을 의미한다. 반대 방향의 증명도 연습 문제에서 보게 되듯이 유사하게 풀어 나갈 수 있다.

20.7 요네다 보조 정리

수학에서는 자주 한 분야에 있는 정리와 증명이 다른 분야에 있는 정리와 증명과 놀랍게도 유사해 보이는 경우가 있다. 기술적으로 서로 다른 정리지만 수학자에게는 사실상 그들이 동일한 것처럼 보인다. 범주론의 관점은 이러한 유사성을 실제의 동등성으로 해석하는 것이다.

이것이 이 절의 목표 중 하나인 요네다 보조 정리^{Yoneda Lemma}이다. 이는 함수가 후퇴한다_{Functions Pull Back}는 깊은 사실을 포착하는 감각적이고 기술적인 방법이다. 동기를 먼저 설명하고 나서 요네다 보조 정리의 실제 진술에 대해 논의하자.

두 공간 X, Y를 고려하자(용어 '공간'을 의도적으로 모호하게 사용하고 있다). '함수가 세상을 기술한다'는 철학에 따라 X, Y를 이해하기 위해서는 X, Y에 대한 함수를 이해해야 한다는 아이디어로 연결된다.

다음과 같은 공간을 고려하자.

$$\mathcal{C}(X) = \{f : X \to Z\}, \quad \mathcal{C}(Y) = \{f : Y \to Z\}$$

여기서 Z는 어떤 제3의 공간이다(Z를 실수 $\mathbb{R}$로 생각해도 좋다). 이때 다음과 같은 사상이 존재한다고 가정하자.

$$T : X \to Y$$

핵심은 이 경우 또 다른 사상

$$T^* : \mathcal{C}(Y) \to \mathcal{C}(X)$$

가 존재하며 다음과 같이 정의된다. 주어진 함수

$$f : Y \to Z$$

에 대해 새로운 함수 $T^*(f) : X \to \mathbb{R}$을 찾아야 한다. 따라서 한 점 $x \in X$가 주어지면 x에 대해 새로운 값 $T^*(f)(x)$를 할당한다. 이 값은 단순히

$$T^*(f)(x) = f(T(x))$$

이다. 다시 말하면

$$x \xrightarrow{T} y \xrightarrow{f} f(y)$$

이며 $T(x) = y$이다. 따라서 함수 $T^*(f)$는 아래의 대각 화살표를 의미한다.

$$
\begin{array}{ccc}
 & X & \\
T\downarrow & \searrow & \\
Y & \xrightarrow{f} & Z
\end{array}
$$

아래 진술에 충분한 설명이 요약돼 있다.

함수가 후퇴한다 Functions Pull Back

함수 f와 T가 특별한 성질, 즉 연속 미분 가능 등등의 제한 조건을 만족하면 이 모든 것이 동작해야 하고 실제로 동작한다.

이를 통해 요네다 보조 정리의 일반적인 진술을 시작할 수 있다. 구체적 설정은 약간의 시간이 걸린다.

범주 $\mathcal{C}$를 고려하자. 또다시 '함수가 세상을 기술한다'는 철학에 따라 대상 A를 이해하기 위해 그에 해당하는 함수를 연구해야 한다. 범주론에서 이는 대상 A로부터 범주 $\mathcal{C}$의 임

의의 다른 대상으로의 모든 사상을 연구해야 하는 것을 의미한다. 이것이 다음을 촉진시킨다. $\mathcal{C}$의 임의의 대상 A에 대해 범주 $\mathcal{C}$로부터 집합의 범주 SET로의 함자 h^A를 다음과 같이 정의하자.

$$h^A : \mathcal{C} \to SET$$

사상

$$h^A : \mathrm{Obj}(\mathcal{C}) \to \mathrm{Obj}(SET)$$

는 대상 A로부터 대상 C로의 $\mathcal{C}$ 내의 모든 사상의 집합 $h^A(C)$를 다음과 같이 설정함으로 정의된다.

$$h^A(C) = \mathrm{Mor}(A, C)$$

h^A가 함자가 되려면 $\mathcal{C}$ 내의 사상morphisms을 SET 내의 사상morphisms에게 사상map할 필요가 있다.

$$h^A : \mathrm{Mor}(\mathcal{C}) \to \mathrm{Mor}(SET)$$

$C, D \in \mathrm{Obj}(\mathcal{C})$라 하고 다음을 가정하자.

$$\phi \in \mathrm{Mor}(C, D)$$

그리고

$$h^A(\phi) \in \mathrm{Mor}(h^A(C), h^A(D))$$

를 정의해 다음 식이 성립하게 하자.

$$h^A(\phi)(f) = \phi \circ f$$

이제 마지막 사상을 어떻게 풀어 나가는지 보자. $\phi \in \mathrm{Mor}(C, D)$가

$$\phi : C \to D$$

또는

$$C \xrightarrow{\phi} D$$

를 의미함을 알고 있다. $f \in h^A(C)$라 하자. 이는 $f \in \mathrm{Mor}(A, C)$를 의미하며 또한

$$f : A \to C$$

를 의미한다. 또는 다음과 같이 쓸 수 있다.

$$A \xrightarrow{f} C.$$

현재 요구되는 것은 $h^A(\phi)(f) \in h^A(D)$이다. 따라서 정의가

$$h^A(\phi)(f) : A \to D$$

또는

$$A \xrightarrow{f} C$$

를 만족해야 한다. 그러나 이는 다음과 같이 정확하게 합성이 하는 일이다.

$$A \xrightarrow{h^A(\phi)(f)} D = (C \xrightarrow{\phi} D) \circ (A \xrightarrow{f} C)$$

한 가지 미묘한 점이 여기 있다. 모든 범주 중에서 대상 A와 대상 C를 포함하는 범주 $\mathcal{C}$가 존재해 A에서 C로의 모든 사상의 모음이 집합을 형성하지는 않는다(이 책 전체에서 이와 같은 미묘한 점은 피해 왔다). 이에 대한 염려를 피하고 싶다. 따라서 이러한 형태의 범주에 관해 이야기하는 것을 단순히 피하자. 기술적으로 모든 대상 A와 C에 대해 $\mathrm{Mor}(A, C)$가 잘 정의된 집합이라면 $\mathcal{C}$는 국부적으로 작은 범주라고 한다. 따라서 $h^A(C)$가 실제로 하나의 집합이어야 한다. 사상 $h^A : \mathcal{C} \to SET$가 논리적으로 합당하기 위해서 위와 같은 요구가 필요하다.

범주 $\mathcal{C}$의 두 대상 A, B에 대해

$$\mathrm{Nat}(h^A, h^B)$$

는 함자 h^A로부터 함자 h^B로의 모든 자연 변환을 표기한다.

정리 20.7.1(요네다 보조 정리^{Yoneda Lemma}**)** $\mathcal{C}$가 국부적으로 작은 범주라고 하자. 그러면 $\mathrm{Nat}(h^A, h^B)$로부터 모든 사상

$$\mathrm{Mor}(B, A)$$

로의 일대일 대응이 존재한다.

이는 진실로 함수가 **후퇴한다**^{Functions Pull Back}라고 말하는 감각적이고 기술적인 방법이다.

개괄적인 증명을 죽 훑어 나갈 것이다. 범주론의 대부분의 증명에서와 같이 정의를 풀어 나가는 방식으로 진술이 이어질 것이다. 각각의 개별적인 단계는 힘들지 않다. 일종의 수학적인 '트릭' 형태가 전혀 필요하지 않다. 어려움이 있다면 단지 모든 정의를 잘 따라가는 것에 있다.

증명하려는 것은 $\mathrm{Nat}(h^A, h^B)$의 원소와 $\mathrm{Mor}(B, A)$의 원소 사이에 일대일 대응이 존재함을 보이는 것이다. 여기서 A, B는 범주 $\mathcal{C}$ 내의 두 개의 고정 대상이다. 임의의 $\psi \in \mathrm{Mor}(B, A)$를 고정하자. 이를 다음과 같이 쓸 수 있다.

$$\psi : B \to A$$

또는

$$B \xrightarrow{\psi} A$$

로 또는

$$\xrightarrow{\psi}$$

로도 쓸 수 있다.

ψ가 하나의 원소 $T \in \mathrm{Nat}(h^A, h^B)$를 정의하는지 보이려고 한다. 이는 먼저 임의의 $C \in \mathrm{Obj}(\mathcal{C})$에 대해 하나의 사상

$$T_C \in \mathrm{Mor}(h^A(C), h^B(C))$$

를 정의해야 함을 의미한다. 그러므로 $f \in h^A(C)$가 주어지면 하나의 $T_C(f) \in h^B(C)$를 생성해야 한다. 정의에 의해 $f \in h^A(C)$는 하나의 원소 $f \in \text{Mor}(A, C)$이며 따라서

$$f : A \to C \quad \text{또는} \quad A \xrightarrow{f} C \quad \text{또는} \quad \xrightarrow{f}$$

로 쓸 수 있다. 또한 단순하게 다음과 같이 정의하자.

$$T_C(f) = f \circ \psi \in \text{Mor}(B, C) = h^B(C)$$

이는 다음과 같은 합성을 의미한다.

$$f \circ \psi : B \to C = (A \xrightarrow{f} C) \circ (B \xrightarrow{\psi} A)$$
$$= \xrightarrow{f} \circ \xrightarrow{\psi}$$

T가 자연 준동형 사상이 되고 $\text{Obj}(\mathcal{C})$내의 임의의 두 대상 C, D와 $\text{Mor}(C, D)$ 내의 임의의 사상 ϕ가 교환 법칙이 성립하려면 다음과 같은 다이어그램이 필요하다.

$$
\begin{array}{ccc}
h^A(C) & \xrightarrow{h^A(\phi)} & h^A(D) \\
T_C \downarrow & \square & \downarrow T_D \\
h^B(C) & \xrightarrow{h^B(\phi)} & h^B(D)
\end{array}
$$

이는 조심스럽게 모든 사상을 하나하나 기록하도록 한다. $f \in h^A(C) = \text{Mor}(A, C)$로부터 시작해 다음을 보여야 한다.

$$T_D \circ h^A(\phi)(f) = h^B(\phi) \circ T_C(f)$$

정의에 따라 왼쪽 항은 다음과 같게 된다.

$$T_D \circ h^A(\phi)(f) = T_D \circ \phi \circ f$$
$$= \phi \circ f \circ \psi$$
$$= (C \xrightarrow{\phi} D) \circ (A \xrightarrow{f} C) \circ (B \xrightarrow{\psi} A)$$
$$= \xrightarrow{\phi} \circ \xrightarrow{f} \circ \xrightarrow{\psi}$$

유사하게 오른쪽 항은

$$h^B(\phi) \circ T_C(f) = h^B(\phi \circ f)$$
$$= \phi \circ f \circ \psi$$
$$= (C \xrightarrow{\phi} D) \circ (A \xrightarrow{f} C) \circ (B \xrightarrow{\psi} A)$$
$$= \xrightarrow{\phi} \circ \xrightarrow{f} \circ \xrightarrow{\psi}$$
$$= T_D \circ h^A(\phi)(f)$$

가 돼 원하는 결과를 얻는다. 그러므로 $\mathrm{Mor}(B,A)$로부터 $\mathrm{Nat}(h^A, h^B)$로의 사상을 가진다.

이제는 자연 변환 $T \in \mathrm{Nat}(h^A, h^B)$로부터 시작해 이를 $\psi \in \mathrm{Mor}(B,A)$에 사상하자. 이것은 좀 더 쉽다. T가 자연 변환이므로 $\mathcal{C}$ 내의 임의 대상 C가 주어지면 사상

$$T_C : h^A(C) \to h^B(C)$$

가 존재함을 알고 있다. 여기서 단순히 C를 A로 선택하자. 그러면 다음과 같게 된다.

$$T_C : h^A(A) \to h^B(A)$$

$h^A(A) = \mathrm{Mor}(A,A)$이므로 적어도 하나의 원소가 그 안에 항상 존재한다. 바로 항등 사상 I_A이다. 따라서 단순하게 다음과 같이 설정한다.

$$T_C : h^A(A) \to h^B(A)$$

이는 B로부터 A로의 사상morphism이 틀림없다.

이러한 사상maps이 $\mathrm{Nat}(h^A, h^B)$와 $\mathrm{Mor}(B,A)$ 사이에 일대일 대응을 설정한다는 사실은 연습 문제로 남긴다.

20.8 화살표, 화살표들, 모든 곳의 화살표들

이 책의 처음에 다음과 같은 주문을 남겼다.

> 함수가 세상을 기술한다.

필자가 가르치는 대부분의 과목을 이 구절로 시작했다. '어른' 수학자에 대해서는 진리의 말은 다음과 같이 된다.

> 화살표가 세상을 기술한다.

중요한 것은 화살표(범주에서의 사상)이다.

이것이 필자가 2판을 위해 쓰는 마지막 구절이다. 자판에서 시선을 돌려 내 사무실 칠판을 볼 때 내가 지금 이해하려고 애쓰는(현재로서는 수론 분할 함수와 동적시스템의 혼합물) 수학이 가득 차 있다. 숫자, 심볼, 무슨 이유에서인지 흩어진 $\log(P(A))$식이 눈에 띈다. 그러나 결정적인 것은 화살표가 거기 있다. 많은 독자 여러분에게 있어서 당신의 칠판은 곧 화살표로 덮일 것이다. 그러고는 그들을 이해하려고 많이 즐거운 시간을 보낼 것이다.

따라서 화살표를 찾아라. 그들은 모든 곳에 있다. 바라건대 그 화살표로부터 새로운 수학적 구조들과 맞닥뜨리고 새로운 발견을 만날 것이다. 그것이 결국 수학 대학원에 다니는 주요 목적이다.

20.9 참고 서적

범주론을 배우는 최고의 방법은 아마도 범주론 교재를 바로 공부하는 것은 아니다. 예를 들면 필자는 기본을 서지 랭^{Serge Lang}의 『Algebra』(1993)[118]의 초판에서 배웠다.

시작하기 좋은 책은 시간이 있다면 로비어^{Lawvere}와 샤누엘^{Schanuel}의 『Conceptual Mathematics: A First Introduction to Categories』(2009)[121]이다. 이 책은 수학자를 위해 쓰이지 않았고 비과학 전공 1년차를 위해 쓰였다. 문제가 수학 대학원을 시작하는 누구에게나 쉽다. 건너뛰지 말고 모두 풀기 바란다. 끝에 다다를 즈음에는 범주론의 밑에 깔린 중요성에 대한 좋은 느낌이 들 것이다. 이 책에 대해서 존 바에즈^{John Baez}는 그의 유명한 '수학적 물리에서의 이번 주의 발견'의 136번째 주의 글에서 '범주론이 무엇에 관한 것인지 의아해하고 너무 큰 고통없이 약간을 배우기 원하는 당신의 모든 친구들에게 줄 책이 바로 이것이다'라고 썼다. 바에즈는 이 '이번 주의 발견'을 1993년부터 쓰기 시작했다. 바에즈는 나중에 블로깅이라고 이름 붙인 일을 처음 시도한 사람 중 하나이다.

최근 좋은 초급 교재가 발간됐다. 필자는 데이빗 스피박David Spivak의 『Category Theory for the Sciences』(2014)[174]으로부터 많은 것을 배웠다. 그가 브렌단 퐁Brendan Fong과 최근에 공저한 『An Invitation to Applied Category Theory: Seven Sketches in Compositionality』(2019)[64]는 좋아 보인다. 에밀리 릴Emily Riehl의 『Category Theory in Context』(2016)[155], 마르코 그랜디스Marco Grandis의 『Category Theory and Applica-tions: A Textbook for Beginners』(2018)[75], 톰 라인스터Tom Leinster의 『Basic Category Theory』(2014)[122], 해롤드 시몬스Harold Simmons의 『An Introduction to Category Theory』(2011)[169]도 좋다. 또한 매클레인Mac Lane과 모어데익Moerdijk의 『Sheaves in Geometry and Logic: A First Introduction to Topos Theory』(1994)[128]의 책도 있다.

끝으로 범주론의 설립자 중 하나인 선더스 매클레인Saunders Mac Lane이 저술해 오랫동안 고전으로 자리 잡은 『Categories for the Working Mathematician』(1998)[126]이 있다.

연습 문제

1. 이 연습 문제는 자연 변환으로서의 디터미넌트에 대한 예제이다. 다만 필드가 아닌 정수 $\mathbb{Z}$의 계수로 된 행렬을 다룬다.

   a. 다음과 같은 행렬

   $$A = \begin{pmatrix} 3 & 2 & -1 \\ 2 & 1 & 3 \\ 5 & 7 & 1 \end{pmatrix}$$

   의 $\det(A)$와 $\det(A) \bmod 3$을 구하라.

   b. A의 성분에 mod 3 계산을 하고 $\mathbb{Z}/3\mathbb{Z}$에서의 결과 행렬의 디터미넌트를 구하라. 문제 a에서와 동일한 답을 구했음을 보여라.

2. 이 문제와 다음 문제는 함수의 후퇴성의 일반적인 성질에 대한 것이다. X, Y를 집합이라 하자. X^*를 X로부터 $\mathbb{R}$로의 모든 함수라 하고 Y를 Y로부터 $\mathbb{R}$로의 모든 함수라 하자. 이때

   $$f: X \to Y$$

를 가정하면 20.7절의 요네다 보조 정리에서처럼

$$f^*(g) = g \circ f$$

를 만족하는

$$f^* : Y^* \to X^*$$

를 얻게 된다. f가 일대일 사상이면 f^*가 위로의 사상임을 보여라.

3. 문제 2의 표기법을 사용해 f가 위로의 사상이면 f^*가 일대일 사상임을 보여라.

4. X, Y를 집합이라 하자. Y의 모든 부분집합 U와 X의 모든 부분집합 V에 대해 다음이 성립함을 보여라.

$$\mathrm{Mor}(\exists(U), V) \approx \mathrm{Mor}(U, f^{-1}(V))$$

5. X, Y를 집합이라 하자. Y의 모든 부분집합 U와 X의 모든 부분집합 V에 대해 다음이 성립함을 보여라.

$$\mathrm{Mor}(V, \forall(U)) \approx \mathrm{Mor}(f^{-1}(V), U)$$

6. $\mathrm{Nat}(h^A, h^B)$로부터 $\mathrm{Mor}(B, A)$로의 사상이 일대일과 위로의 사상임을 보여라.

부록

이 책 전체를 통해 동치 관계$^{\text{Equivalence Relation}}$ 또는 동등관계가 사용됐다. 여기에 동치 관계에 대한 기본적인 사실을 모아 놓았다. 핵심적으로 동치 관계는 동일함의 일반화이다.

정의 A.0.1(동치 관계) 집합 A에서의 동치 관계는 $x, y \in X$에 대해 임의의 관계 $x \sim y$로서 다음 조건이 성립하는 관계이다.

1. (반사성^{Reflexivity}) 임의의 $x, y \in X$에 대해 $x \sim x$.
2. (대칭성^{Symmetry}) 모든 $x, y \in X$에 대해 $x \sim y$이면 $y \sim x$.
3. (전이성^{Transitivity}) 모든 $x, y, z \in X$에 대해 $x \sim y$와 $y \sim z$이면 $x \sim z$.

기본적인 예는 등식의 동치 관계다. 또 다른 예는 $X = \mathbb{R}$이며 $x - y$가 정수이면 $x \sim y$라고 말할 때이다. 한편 $x \leq y$이면 관계 $x \sim y$로는 동치 관계가 아니다. 대칭이 아니기 때문이다.

순서 짝 $X \times X$의 부분집합으로 다음과 같이 동치 관계를 정의할 수 있다.

정의 A.0.2(동치 관계) 집합 A에서의 동치 관계는 다음 조건이 성립하는 부분집합 $R \subset X \times X$로서의 관계이다.

1. (반사성) 임의의 $x \in X$에 대해 $(x, x) \in R$.
2. (대칭성) 모든 $x, y \in X$에 대해 $(x, y) \in R$이면 $(y, x) \in R$.
3. (전이성) 모든 $x, y, z \in X$에 대해 $(x, y) \in R$이과 $(y, z) \in R$이면 $(x, z) \in R$.

두 정의 사이의 연결은 물론 $x \sim y$가 $(x, y) \in R$과 같음을 의미한다.

동치 관계는 집합 X를 서로소^{disjoint}인 부분집합, 즉 동치류로 분할한다.

정의 A.0.3(동치류$^{\text{Equivalence Classes}}$**)**   동치류 C는 집합 X의 부분집합으로서 $x, y \in C$이면 $x \sim y$이며 $x, y \in C$이며 $x \sim y$이면 $y \in C$이다.

다양한 동치류들은 서로소이다. 이는 전이성으로부터 나온 사실이다.

연습 문제

1. G가 그룹이며 H가 부분 그룹이라 하자. 모든 $x, y \in G$에 대해 $xy^{-1} \in H$일 때는 항상 $x \sim y$임을 정의하자. 이것이 그룹 G 상에서 동치 관계를 형성함을 보여라.

2. 임의의 두 집합 A, B에 대해 A로부터 B로의 일대일과 위로의 사상이 존재할 때 $A \sim B$로 정의하자. 이것이 동치 관계임을 보여라.

3. (v_1, v_2, v_3)와 (w_1, w_2, w_3)가 $\mathbb{R}^3$상의 두 개의 3차원 벡터라 하자. 원소 $A \in GL(n, \mathbb{R})$이 존재해 $Av_1 = w_1$, $Av_2 = w_2$, $Av_3 = w_3$을 만족하면 $(v_1, v_2, v_3) \sim (w_1, w_2, w_3)$로 정의하자. 이것이 동치 관계임을 보여라.

4. 실수에서 $x - y$가 유리수이면 $x \sim y$라 하자. 이것이 실수 상에서 동치 관계를 형성함을 보여라(이 동치 관계가 9장에서 비-측정 가능 집합의 존재를 증명하는 데 사용됐다).

[1]   Adams, C., *The Knot Book*, American Mathematical Society, Providence, RI, 2004.

[2]   Adams, C. and Franzosa, R., *Introduction to Topology: Pure and Applied*, Pearson, 2011.

[3]   Ahlfors, Lars V., *Complex Analysis: An Introduction to the Theory of Analytic Functions of One Complex Variable*, Third edition, International Series in Pure and Applied Mathematics, McGraw-Hill, New York, 1978.

[4]   Aho, A., Hopcroft, J. and Ullman, J., *The Design and Analysis of Computer Algorithms*, Addison-Wesley, Reading, MA, 1974.

[5]   Apostol, T., *Introduction to Analytic Number Theory*, corrected Fifth edition, Springer-Verlag, New York, 1998.

[6]   Artin, E., Galois Theory, Edited and with a supplemental chapter by Arthur N. Milgram, Reprint of the 1944 Second edition, Dover, Mineola, NY, 1998.

[7]   Artin, Emil, *The Gamma Function*, Dover, Mineola, NY, 2015.

[8]   Artin, M., *Algebra*, Prentice Hall, Englewood Cliffs, NJ, 1995.

[9]   Ash, Avner and Gross, Robert, *Fearless Symmetry: Exposing the Hidden Patterns of Numbers*, Princeton University Press, Princeton, NJ, 2008.

[10]   Ash,Avner and Gross, Robert, *Elliptic Tales: Curves,Counting, and Number Theory*, Princeton University Press, Princeton, NJ, 2014.

[11]   Ash,Avner and Gross, Robert, *Summing It Up: FromOne Plus One toModern Number Theory*, Princeton University Press, Princeton, NJ, 2018.

[12]   Ash, R., *A Course in Algebraic Number Theory*, Dover, Mineola, NY, 2010.

[13]   Atkinson, Kendall E., *An Introduction to Numerical Analysis*, Second edition, JohnWiley and Sons, New York, 1989.

[14]   Bartle, Robert G., *The Elements of Real Analysis*, Second edition, John Wiley and Sons, New York, 1976.

[15]   Berberian, Sterling K., *A First Course in Real Analysis*, Undergraduate Texts in Mathematics, Springer-Verlag, New York, 1998.

[16]   Berenstein, Carlos A. and Gay, Roger, *Complex Variables: An Introduction*, Graduate Texts in Mathematics, Volume 125, Springer-Verlag, New York, 1997.

[17]   Birkhoff, G. andMac Lane, S., *A Survey ofModern Algebra*, AKP Classics,AKPeters, Natick, MA, 1997.

[18]   Bocher, M., *Introduction to Higher Algebra*, MacMillan, New York, 1907.

[19]   Bollobas, B., *Graph Theory: An Introductory Course*, Graduate Texts inMathematics, Volume 63, Springer-Verlag, New York, 1979.

[20]   Borwein, Jonathan, van der Poorten, Alf, Shallit, Jeffrey and Zudilin, Wadim, *Neverending Fractions: An Introduction to Continued Fractions*, Cambridge University Press, Cambridge, 2014.

[21]   Borwein, Peter, Choi, Stephen, Rooney, Brendan and Weirathmueller, Andrea, *The Riemann Hypothesis: A Resource for the Aficionado and Virtuoso Alike*, CMS Books in Mathematics, Volume 27, Springer, 2008.

[22]   Boyce, W. F. and Diprima, R. C., *Elementary Differential Equations and Boundary Value Problems*, Sixth edition, John Wiley and Sons, 1996.

[23]   Bressoud, David M., *A Radical Approach to Real Analysis*, Classroom Resource Materials Series, Volume 2, Mathematical Association of America, Washington, DC, 1994.

[24]   Brualdi, Richard A., *Introductory Combinatorics*, Second edition, North-Holland, New York, 1992.

[25]   Burden,R. and Faires, J., *NumericalMethods*, Seventh edition, Brooks/Cole Publishing, Pacific Grove, CA, 2001.

[26]   Burger, Edward B., *Exploring the Number Jungle: A Journey into Diophantine Analysis*, Student Mathematical Library, Volume 8, American Mathematical Society, Providence, RI, 2000.

[27]   Burger, Edward B. and Tubbs, Robert, *Making Transcendence Transparent: An Intuitive Approach to Classical Transcendental Number Theory*, Springer, 2004.

[28]   Cameron, Peter J., *Combinatorics: Topics, Techniques, Algorithms*, Cambridge University Press, Cambridge, 1995.

[29]   Cederberg, Judith N., *A Course in Modern Geometries*, Second edition, Undergraduate Texts in Mathematics, Springer-Verlag, New York, 2001.

[30]   Chung, Kai Lai, *Elementary Probability Theory with Stochastic Processes*, Second printing of the Second edition, Undergraduate Texts in Mathematics, Springer-Verlag, New York, 1975.

[31]   Ciarlet, Phillippe, *Introduction to Numerical Linear Algebra and Optimisation*, Cambridge Texts in Applied Mathematics, Volume 2, Cambridge University Press, Cambridge, 1989.

[32]   Cohen, Paul J., *Set Theory and the Continuum Hypothesis*, W. A. Benjamin, New York, 1966.

[33]   Conway, John B., *Functions of One Complex Variable*, Second edition, Graduate Texts in Mathematics, Volume 11, Springer-Verlag, New York, 1995.

[34]   Conway, John H. and Guy, Richard, *Book of Numbers*, Copernicus, New York, 1995.

[35]   Cormen, Thomas H., Leiserson, Charles E. and Rivest, Ronald L., *Introduction to Algorithms*, MIT Electrical Engineering and Computer Science Series, MIT Press, Cambridge,MA, 1990.

[36]   Corry, Leo, *A Brief History of Numbers*, Oxford University Press, Oxford, 2015.

[37]   Cox, David A., *Galois Theory*, Second edition, Wiley, Hoboken, NJ, 2012.

[38]   Cox, David A., *Primes of the Form $x^2 + ny^2$: Fermat, Class Field Theory, and Complex Multiplication*, Wiley, Hoboken, NJ, 2013.

[39]   Coxeter, H. S. M., *Introduction to Geometry*, Second edition, Reprint of the 1969 edition, Wiley Classics Library, John Wiley and Sons, New York, 1989.

[40]   Davenport, H., *The Higher Arithmetic: An Introduction to the Theory of Numbers*, Eighth edition, Cambridge University Press, Cambridge, 2008.

[41]   Davis, Harry, *Fourier Series and Orthogonal Functions*, Dover, New York, 1989.

[42]   Davis, Philip J., *The Schwarz Function and Its Applications*, Carus Mathematical Monographs, Volume 17, Mathematical Association of America, Buffalo, NY, 1974.

[43]   Derbyshire, John, *Prime Obsession: Bernhard Riemann and the Greatest Unsolved Problem in Mathematics*, Plume, New York, 2004.

[44]   De Souza, P. and Silva, J., *Berkeley Problems in Mathematics*, Springer-Verlag, New York, 1998.

[45]   Devadoss, S. and O'Rourke, J., *Discrete and Computational Geometry*, Princeton University Press, Princeton, NJ, 2011.

[46]   do Carmo, Manfredo P., *Differential Forms and Applications*, Universitext, Springer-Verlag, Berlin, 1994.

[47]   do Carmo, Manfredo P., *Riemannian Geometry*, Translated from the Second Portuguese edition by Francis Flaherty, Mathematics: Theory & Applications, Birkhauser, Boston, MA, 1994.

[48] do Carmo, Manfredo P., *Differential Geometry of Curves and Surfaces*, Prentice Hall, Englewood Cliffs, NJ, 1976.

[49] Doxiadis, Apostolos and Papadimitriou, Christos, *Logicomix: An Epic Search for Truth*, Bloomsbury, London, 2009.

[50] du Sautoy, Marcus, *The Music of the Primes: Searching to Solve the Greatest Mystery in Mathematics*, Harper Perennial, London, 2012.

[51] Dugundji, James, *Topology*, Allyn and Bacon, Boston, MA, 1966.

[52] Dunham, William, *Journey through Genius: The Great Theorems of Mathematics*, Penguin Books, New York, 1991.

[53] Edwards, Harold, *Galois Theory*, Graduate Texts inMathematics, Volume 101, Springer, New York, 1984.

[54] Edwards, Harold, *Riemann's Zeta Function*, Dover, Mineola, NY, 2001.

[55] Eilenberg, Samuel and Mac Lane, Saunders, "General theory of natural transformations," *Transactions of the American Mathematical Society*, 58 (2), (September, 1945), 231–294.

[56] Euclid, *Euclid's Elements*, Translated by Thomas Heath, Edited by Dana Densmore, Green Lion Press, Santa Fe, NM, 2002.

[57] Evans, Lawrence C., *Partial Differential Equations*, Graduate Studies in Mathematics, Volume 19, American Mathematical Society, Providence, RI, 1998.

[58] Feller, William, *An Introduction to Probability Theory and Its Applications*, Volume I, Third edition, John Wiley and Sons, New York, 1968.

[59] Feynman, R., Leighton, R. and Sands, M., *Feynman's Lectures in Physics*, Volumes I, II and III, Addison-Wesley, Reading, MA, 1988.

[60] Fleming, Wendell, *Functions of Several Variables*, Second edition, Undergraduate Texts in Mathematics, Springer-Verlag, New York, 1987.

[61] Folland, Gerald B., *Fourier Analysis and Its Applications*, Wadsworth and Brooks/Cole Mathematics Series, Wadsworth and Brooks/Cole Advanced Books and Software, Pacific Grove, CA, 1992.

[62] Folland, Gerald B., *Introduction to Partial Differential Equations*, Second edition, Princeton University Press, Princeton, NJ, 1995.

[63] Folland, Gerald B., *Real Analysis: Modern Techniques and their Application*, Second edition, Pure and Applied Mathematics, Wiley-Interscience Publication, New York, 1999.

[64] Fong, Brendan and Spivak, David, *An Invitation to Applied Category Theory: Seven Sketches in Compositionality*, Cambridge University Press, Cambridge, 2019.

[65] Fraleigh, John B., *A First Course in Abstract Algebra*, Sixth edition, Addison-Wesley, Reading, MA, 1998.

[66] Fulton, W. and Harris, J., *Representation Theory: A First Course*, Graduate Texts in Mathematics, Volume 129, Springer-Verlag, New York, 1991.

[67] Gallian, J., *Contemporary Abstract Algebra*, Fourth edition, Houghton Mifflin, Boston, MA, 1998.

[68] Gans, David, *An Introduction to Non-Euclidean Geometry*, Academic Press, New York, 1973.

[69] Garling, D. J. H., *A Course in Galois Theory*, Cambridge University Press, Cambridge, 1987.

[70] Garrity, Thomas, *Electricity and Magnetism for Mathematicians: A Guided Path from Maxwell's Equations to Yang-Mills*, Cambridge University Press, New York, 2015.

[71] Goldrei, Derek, *Classic Set Theory: For Guided Independent Study*, Chapman & Hall/CRC Press, Boca Raton, FL, 2017.

[72] Goldstern, Martin and Judah, Haim, *The Incompleteness Phenomenon*, A K Peters, Natick, MA, 1998.

[73] Gowers, Timothy (editor), *The Princeton Companion to Mathematics*, Princeton University Press, Princeton, NJ, 2008.

[74] Graham, Ronald L., Knuth, Donald E. and Patashnik, Oren, *Concrete Mathematics: A Foundation for Computer Science*, Second edition, Addison-Wesley, Reading, MA, 1994.

[75] Grandis, Marco, *Category Theory and Applications: A Textbook for Beginners*, World Scientific, Singapore, 2018.

[76] Gray,Alfred, *Modern DifferentialGeometry ofCurves and Surfaceswith Mathematica*, Second edition, CRC Press, Boca Raton, FL, 1997.

[77] Greene, Robert E. and Krantz, Steven G., *Function Theory of One Complex Variable*, Pure and Applied Mathematics, Wiley-Interscience Publication, New York, 1997.

[78] Grimmett, G. R. and Stirzaker, D. R., *Probability and Random Processes*, Second edition, Clarendon Press, New York, 1992.

[79] Grinstead, Charles and Snell, J. Laurie, *Introduction to Probability*, Second revised edition, American Mathematical Society, Providence, RI, 2012.

[80] Halliday, D., Resnick, R. and Walker, J., *Fundamentals of Physics*, Fifth edition, John Wiley and Sons, 1996.

[81] Halmos, Paul R., *Finite-Dimensional Vector Spaces*, Reprint of the 1958 Second edition, Undergraduate Texts in Mathematics, Springer-Verlag, New York, 1993.

[82]   Halmos, Paul R. *Naive Set Theory*, Reprint of the 1960 edition, Undergraduate Texts in Mathematics, Springer-Verlag, New York, 1974.

[83]   Halmos, Paul R., *Measure Theory*, Graduate Texts in Mathematics, Volume 18, Springer-Verlag, New York, 1976.

[84]   Hardy, G. H. and Wright, E. M., *An Introduction to the Theory of Numbers*, Sixth edition, Oxford University Press, Oxford, 2008.

[85]   Hartshorne, Robin, *Geometry: Euclid and Beyond*, Undergraduate Texts in Mathematics, Springer-Verlag, New York, 2000.

[86]   Havil, Julian, *The Irrationals:AStory of theNumbers You Can't Count On*, Princeton University Press, Princeton, NJ, 2012.

[87]   Havil, Julian, *Gamma: Exploring Euler's Constant*, Princeton Science Library, Volume 53, Princeton University Press, Princeton, NJ, 2017.

[88]   Henderson,David, *Differential Geometry:AGeometric Introduction*, PrenticeHall, Englewood Cliffs, 1998.

[89]   Hensley, Doug, *Continued Fractions*, World Scientific, Singapore, 2006.

[90]   Herstein, I., *Topics in Algebra*, Second edition, John Wiley & Sons, New York, 1975.

[91]   Higham, Nigel, *The Princeton Companion to Applied Mathematics*, Princeton University Press, Princeton, NJ, 2015.

[92]   Hilbert, D. and Cohn-Vossen, S., *Geometry and the Imagination*, AMS Chelsea, Providence, RI, 1999.

[93]   Hill, Victor E., IV, *Groups and Characters*, Chapman and Hall/CRC, Boca Raton, FL, 1999.

[94]   Hintikka, Jaakko, *The Principles of Mathematics Revisited*, With an appendix by Gabriel Sandu, Cambridge University Press, Cambridge, 1998.

[95]   Hofstadter, Douglas R., *Gödel, Escher, Bach: An Eternal Golden Braid*, Basic Books, New York, 1979.

[96]   Howard, Paul and Rubin, Jean, *Consequences of the Axiom of Choice*, Mathematical Surveys and Monographs, Volume 59, American Mathematical Society, Providence, RI, 1998.

[97]   Hubbard, Barbara Burke, *The World According to Wavelets: The Story of a Mathematical Technique in the Making*, Second edition, A K Peters, Wellesley, MA, 1998.

[98]   Hubbard, J. and Hubbard, B., *Vector Calculus, Linear Algebra, and Differential Forms: A Unified Approach*, Prentice Hall, Englewood Cliffs, NJ, 1999.

[99]   Hungerford, T., *Algebra*, Eighth edition, Graduate Texts inMathematics, Volume 73, Springer, New York, 1997.

[100] Ireland, Kenneth and Rosen, Michael, *A Classical Introduction to Modern Number Theory*, Graduate Texts in Mathematics, Volume 84, Springer, New York, 1998.

[101] Iserles, Arieh, *A First Course in the Numerical Analysis of Differential Equations*, Cambridge Texts in Applied Mathematics, Cambridge University Press, Cambridge, 1996.

[102] Jackson, Dunham, *Fourier Series and Orthogonal Polynomials*, Carus Monograph Series, Volume 6, Mathematical Association of America, Oberlin, OH, 1941.

[103] Jacobson, N., *Basic Algebra*, Volumes I and II, Second edition,W. H. Freeman, San Francisco, CA, 1985.

[104] Jarvis, Frazer, *Algebraic Number Theory*, Springer Undergraduate Mathematics Series, Springer, Cham, 2014.

[105] John, Fritz, *Partial Differential Equations*, Reprint of the Fourth edition, Applied Mathematical Sciences, Volume 1, Springer-Verlag, New York, 1991.

[106] Jones, Frank, *Lebesgue Integration on Euclidean Space*, Revised edition, Jones and Bartlett, Boston, MA, 2001.

[107] Kac, Mark, *Statistical Independence in Probability, Analysis and Number Theory*, Carus Mathematical Monographs, Volume 12, Mathematical Association of America, New York, 1969.

[108] Karpenkov, Oleg, *Geometry of Continued Fractions*, Algorithms and Computation in Mathematics, Volume 26, Springer, Berlin, 2013.

[109] Kelley, John L., *General Topology*, Graduate Texts in Mathematics, Volume 27, Springer-Verlag, New York, 1975.

[110] Khinchin, A. Ya. *Continued Fractions*, Dover, Mineola, NY, 1997.

[111] Kline, Morris, *Mathematics and the Search for Knowledge*, Oxford University Press, New York, 1972.

[112] Kobayashi, Shoshichi and Nomizu, Katsumi, *Foundations of Differential Geometry*, Volume I, Wiley Classics Library, Wiley-Interscience Publication, New York, 1996.

[113] Kobayashi, Shoshichi and Nomizu, Katsumi, *Foundations of Differential Geometry*, Volume II, Wiley Classics Library, Wiley-Interscience Publication, New York, 1996.

[114] Kolmogorov, A. N. and Fomin, S. V., *Introductory Real Analysis*, Translated from the second Russian edition and edited by Richard A. Silverman, Dover Publications, New York, 1975.

[115] Koukoulopoulos, Dimitris, *The Distribution of Prime Numbers*, Graduate Studies in Mathematics, Volume 203, American Mathematical Society, Providence, RI, 2019.

[116] Krantz, Steven G., *Function Theory of Several Complex Variables*, Second edition, AMS Chelsea, Providence, RI, 2001.

[117] Krantz, Steven G., *Complex Analysis: The Geometric Viewpoint*, Carus Mathematical Monographs, Volume 23, Mathematical Association of America, Washington, DC, 1990.

[118] Lang, Serge, *Algebra*, Third edition, Addison-Wesley, Reading, MA, 1993.

[119] Lang, Serge, *Undergraduate Analysis*, Second edition, Undergraduate Texts in Mathematics, Springer-Verlag, New York, 1997.

[120] Lang, Serge and Murrow, Gene, *Geometry*, Second edition, Springer-Verlag, New York, 2000.

[121] Lawvere, F.William and Schanuel, Stephen H., *Conceptual Mathematics: A First Introduction to Categories*, Second edition, Cambridge University Press, Cambridge, 2009.

[122] Leinster, Tom, *Basic Category Theory*, Cambridge University Press, Cambridge, 2014.

[123] Lieber, Lillian, *Galois and the Theory of Groups: A Bright Star in Mathesis*, Science Press Printing Company, Lancaster, PA, 1932.

[124] Livio, Mario, *The Equation that Couldn't Be Solved: How Mathematical Genius Discovered the Language of Symmetry*, Simon & Schuster, New York, 2005.

[125] Loepp, S. and Wootters, W., *Protecting Information: From Classical Error Correction to Quantum Cryptography*, Cambridge University Press, 2006.

[126] Mac Lane, S., *Categories for the Working Mathematician*, Second edition, Springer-Verlag, New York, 1998.

[127] Mac Lane, Saunders, *Mathematics, Form and Function*, Springer-Verlag, New York, 1986.

[128] Mac Lane, S. and Moerdijk, I., *Sheaves in Geometry and Logic: A First Introduction to Topos Theory*, Springer-Verlag, New York, 1994.

[129] Maor, Eli, *e: The Story of a Number*, Princeton University Press, Princeton, NJ, 2011.

[130] Maor, Eli, *Trigonometric Delights*, Third edition, Princeton University Press, Princeton, NJ, 2020.

[131] Maor, Eli, *The Pythagorean Theorem: A 4,000-Year History*, Princeton Science Library Book, Volume 71, Princeton University Press, Princeton, NJ, 2019.

[132] Marcus, David, *Number Fields*, Second edition, Universitext, Springer, Cham, 2018.

[133] Marsden, Jerrold E. and Hoffman, Michael J., *Basic Complex Analysis*, Third edition, W. H. Freeman and Company, New York, 1999.

[134] Mazur, Barry, *Imagining Numbers (Particularly the Square Root of Minus Fifteen)*, Farrar, Straus and Giroux, New York, 2003.

[135] Mazur, Barry and Stein, William, *Prime Numbers and the Riemann Hypothesis*, Cambridge University Press, New York, 2016.

[136] McCleary, John, *Geometry from a Differentiable Viewpoint*, Cambridge University Press, Cambridge, 1995.

[137] Miller, Steven J., *The Probability Lifesaver: All the Tools You Need to Understand Chance*, Princeton University Press, Princeton, NJ, 2017.

[138] Miller, Steven J., *Mathematics of Optimization: How to Do Things Faster,* American Mathematical Society, Providence, RI, 2017.

[139] Miller, Steven and Takloo-Bighash, Ramin, *An Introduction to Modern Number Theory*, Princeton University Press, Princeton, NJ, 2006.

[140] Millman, Richard and Parker, George D., *Elements of Differential Geometry*, Prentice Hall, Englewood Cliffs, NJ, 1977.

[141] Morgan, Frank, *Riemannian Geometry: A Beginner's Guide*, Second edition, A K Peters, Wellesley, MA, 1998.

[142] Morgan, Frank, *Real Analysis*, American Mathematical Society, Providence, RI, 2005.

[143] Morgan, Frank, *Real Analysis and Applications: Including Fourier Series and the Calculus of Variations*, American Mathematical Society, Providence, RI, 2005.

[144] Moschovakis, Yiannis N., *Notes on Set Theory*, Undergraduate Texts in Mathematics, Springer-Verlag, New York, 1994.

[145] Munkres, James R., *Topology: A First Course*, Second edition, Prentice Hall, Englewood Cliffs, NJ, 2000.

[146] Nagel, Ernest and Newman, James R., *Gödel's Proof*, New York University Press, New York, 1960.

[147] Nahin, Paul, *An Imaginary Tale: The Story of $\sqrt{-1}$*, Princeton Science Library Book, Volume 42, Princeton University Press, Princeton, NJ, 2016.

[148] Neale, Vicky, *Closing the Gap: The Quest to Understand Prime Numbers*, Oxford University Press, Oxford, 2017.

[149] Olver, P., *Applications of Lie Groups to Differential Equations*, Second edition, Graduate Texts in Mathematics, Volume 107, Springer-Verlag, New York, 1993.

[150] O'Neill, Barrett, *Elementary Differential Geometry*, Second edition, Academic Press, New York, 1997.

[151] Palka, Bruce P., *An Introduction to Complex Function Theory*, Undergraduate Texts in Mathematics, Springer-Verlag, New York, 1991.

[152] Pollack, Paul, *A Conversational Introduction to Algebraic Number Theory: Arithmetic beyond* $\mathbb{Z}$, Student Mathematical Library, Volume 84, American Mathematical Society, Providence, RI, 2017.

[153] Polya, George, Tarjan, Robert E. andWoods,Donald R., *Notes on Introductory Combinatorics*, Progress in Computer Science, Volume 4, Birkhauser, Boston, MA, 1990.

[154] Protter, Murray H. and Morrey, Charles B., Jr., *A First Course in Real Analysis*, Second edition, Undergraduate Texts in Mathematics, Springer-Verlag, New York, 1991.

[155] Riehl, Emily, *Category Theory in Context*, Dover, Mineola, NY, 2016.

[156] Rockmore, Dan, *Stalking the Riemann Hypothesis: TheQuest to Find theHidden Law of Prime Numbers*, Vintage, 2006.

[157] Rosen, Michael (editor), *Exposition by Emil Artin: A Selection*, History of Mathematics, Volume 30, American Mathematical Society, Providence, RI, 2006.

[158] Royden, H. L., *Real Analysis*, Third edition, Prentice Hall, Englewood Cliffs, NJ, 1988.

[159] Rozanov, Y. A., *Probability Theory: A Concise Course*, Dover, New York, 1977.

[160] Rudin,Walter, *Principles of Mathematical Analysis*, Third edition, International Series in Pure and Applied Mathematics, McGraw-Hill, New York, 1976.

[161] Rudin, Walter, *Real and Complex Analysis*, Third edition, McGraw-Hill, New York, 1986.

[162] Sabbagh, Karl, *The Riemann Hypothesis, Farrar*, Strauss and Giroux, New York, 2004.

[163] Schweiger, Fritz, *Multidimensional Continued Fractions*, Oxford University Press, Oxford, 2000.

[164] Schweiger, Fritz, *Continued Fractions and their Generalizations: A Short History of f-Expansions*, Docent Press, Boston, MA, 2016.

[165] Seeley, Robert T., *An Introduction to Fourier Series and Integrals*, W. A. Benjamin, New York, 1966.

[166] Silva, Cesar, *Invitation to Real Analysis*, Pure and Applied Undergraduate Texts, Volume 36, American Mathematical Society, Providence, RI, 2019.

[167] Silverman, Joseph, *A Friendly Introduction to Number Theory*, Fourth Edition, Pearson Modern Classics for Advanced Mathematics Series, Pearson, Upper Saddle River, NJ, 2017.

[168] Simmons, George, *Differential Equations with Applications and Historical Notes*, McGraw-Hill Higher Education, 1991.

[169] Simmons, Harold, *An Introduction to Category Theory*, Cambridge University Press, Cambridge, 2011.

[170] Simon, Barry, *Real Analysis: A Comprehensive Course in Analysis*, Part 1, American Mathematical Society, Providence, RI, 2015.

[171] Simoson, Andrew, *Exploring Continued Fractions: From the Integers to Solar Eclipses*, Dolciani Mathematical Expositions, Volume 53, American Mathematical Society, Providence, RI, 2019.

[172] Smullyan, Raymond M., *Gödel's Incompleteness Theorems*, Oxford Logic Guides, Volume 19, Clarendon Press, New York, 1992.

[173] Spiegel, M., *Schaum's Outline of Complex Variables*, McGraw-Hill, New York, 1983.

[174] Spivak, D., *Category Theory for the Sciences*, MIT Press, Cambridge, MA, 2014.

[175] Spivak, M., *Calculus*, Third edition, Publish or Perish, Houston, TX, 1994.

[176] Spivak, Michael, *Calculus on Manifolds: A Modern Approach to Classical Theorems of Advanced Calculus*, Westview Press, Boulder, CO, 1971.

[177] Spivak,Michael, *A Comprehensive Introduction to Differential Geometry*, Volumes I–V, Third edition, Publish or Perish, Houston, TX, 1979.

[178] Stanley, Richard P., *Enumerative Combinatorics*, Volume 1, Cambridge Studies in Advanced Mathematics, Volume 49, Cambridge University Press, Cambridge, 1997.

[179] Stark, Harold M., *An Introduction to Number Theory*, MIT Press, Cambridge, MA, 1978.

[180] Sternberg, S., *Group Theory and Physics*, Cambridge University Press, Cambridge, 1995.

[181] Stewart, Ian, *Galois Theory*, Second edition, Chapman and Hall, London, 1990.

[182] Stewart, Ian and Tall, David, *Algebraic Number Theory and Fermat's Last Theorem*, Fourth edition, Chapman and Hall/CRC Press, Boca Raton, FL, 2015.

[183] Stewart, J., *Calculus*, Third edition, Brooks/Cole, Pacific Grove, CA, 1995.

[184] Stopple, J., *A Primer of Analytic Number Theory: From Pythagoras to Riemann*, Cambridge University Press, Cambridge, 2003.

[185] Strang, G., *Linear Algebra and its Applications*, Third edition, Harcourt Brace Jovanovich, 1988.

[186] Strikwerda, John C., *Finite Difference Schemes and Partial Differential Equations*, Wadsworth and Brooks/Cole Mathematics Series, Wadsworth and Brooks/Cole Advanced Books and Software, Pacific Grove, CA, 1989.

[187] Tenebaum, Gérald and Mendès France, Michel, *The Prime Numbers and Their Distribution*, Student Mathematical Library, Volume 6, American Mathematical Society, Providence, RI, 2000.

[188] Thomas, G., and Finney, R., *Calculus and Analytic Geometry*, Ninth edition, Addison-Wesley, Reading, MA, 1996.

[189] Thorpe, John A., *Elementary Topics in Differential Geometry*, Undergraduate Texts in Mathematics, Springer-Verlag, New York, 1994.

[190] Trefethen, Lloyd and Bau, David, III, *Numerical Linear Algebra*, Society for Industrial and Applied Mathematics (SIAM), Philadelphia, PA, 1997.

[191] van der Veen, Roland and van de Craats, Jan, *The Riemann Hypothesis*, Anneli Lax New Mathematical Library, Volume 46, American Mathematical Society, Washington, DC, 2015.

[192] van derWaerden, B. L., *Modern Algebra*, Volume 1, Based in part on lectures by E. Artin and E. Noether,Translated from the Seventh German edition by FredBlum and John R. Schulenberger, Springer-Verlag, New York, 1991.

[193] van derWaerden, B. L., *Modern Algebra*, Volume 2, Based in part on lectures by E. Artin and E. Noether, Translated from the Fifth German edition by John R. Schulenberger, Springer-Verlag, New York, 1991.

[194] van Lint, J. H. and Wilson, R. M., *A Course in Combinatorics*, Second edition, Cambridge University Press, Cambridge, 2001.

[195] Weissman,M., *An Illustrated Theory of Numbers*, AmericanMathematical Society, Providence, RI, 2017.

[196] Zygmund, A., *Trigonometric Series*, Volumes I, II, Reprint of the 1968 version of the Second edition with Volumes I and II bound together, Cambridge University Press, Cambridge, 1988.

찾아보기

C

$C^k[0,1]$ 44

G

$GL(n, \mathbb{R})$ 272

L

$\mathbf{L}^2$ 공간 369

N

NP-알고리듬 450

O

$O(n)$ 169

대학 때 놓친 수학 2/e

2판 발행 | 2024년 1월 2일

옮긴이 | 정 대 권
지은이 | 토마스 A. 개리티

펴낸이 | 권 성 준
편집장 | 황 영 주
편 집 | 김 진 아
         임 지 원
디자인 | 윤 서 빈

에이콘출판주식회사
서울특별시 양천구 국회대로 287 (목동)
전화 02-2653-7600, 팩스 02-2653-0433
www.acornpub.co.kr / editor@acornpub.co.kr